***ACCESO GRATIS** a la Lectura en la Nube*

Para visualizar el libro electrónico en la nube de lectura envíe junto a su nombre y apellidos una fotografía del código de barras situado en la contraportada del libro y otra del ticket de compra a la dirección:

ebooktirant@tirant.com

En un máximo de 72 horas laborales le enviaremos el código de acceso con sus instrucciones.

La visualización del libro en **NUBE DE LECTURA** excluye los usos bibliotecarios y públicos que puedan poner el archivo electrónico a disposición de una comunidad de lectores. Se permite tan solo un uso individual y privado

DERECHOS DE LOS MIGRANTES
Y DISCRIMINACIÓN:
UNA MIRADA CONSTITUCIONAL

DERECHOS DE LOS MIGRANTES Y DISCRIMINACIÓN: UNA MIRADA CONSTITUCIONAL

Directores
Francisco Javier Díaz Revorio
Magdalena González Jiménez

Editora
María Ruiz Dorado

Coordinadores
Adriana Travé Valls
Francisco Javier Díaz Majano

tirant lo blanch
Valencia, 2024

En caso de erratas y actualizaciones, la Editorial Tirant lo Blanch publicará la pertinente corrección en la página web www.tirant.com.

© TIRANT LO BLANCH
EDITA: TIRANT LO BLANCH
C/ Artes Gráficas, 14 - 46010 - Valencia
TELFS.: 96/361 00 48 - 50
FAX: 96/369 41 51
Email: tlb@tirant.com
www.tirant.com
Librería virtual: www.tirant.es
DEPÓSITO LEGAL: V-2075-2024
ISBN: 978-84-1056-588-3

Índice

PARTE II. MIGRACIÓN, TRASVERSALIDAD Y DOBLE DISCRIMINACIÓN

Prólogo

La publicación que presentamos tiene su origen en el Proyecto de la Unión Europea Erasmus+ *REpensando los MOvimientos migratorios desde la frontera de VEnezuela: nuevo programa académico en movilidad humana y convivencia en la Comunidad Andina (REMOVE),* [618506-EPP-1-2020-1-IT-EPPKA2-CBHE-JP]. De tres años de duración, ha estado financiado por la Comisión Europea, en el marco de la acción clave KA2: desarrollo de capacidades en el ámbito de la Educación Superior. Este libro recoge un conjunto de textos que abordan diversos elementos, escritos por el equipo de profesores de la Universidad de Castilla-La Mancha, y por el colaborador del proyecto José María Porras Ramírez.

La elección del tema abordado en este proyecto debe enmarcase en el contexto de una compleja y a veces dramática situación que se vive en varios países de Suramérica como consecuencia de los enormes movimientos migratorios con origen en Venezuela. Principalmente desde 2018, millones de venezolanos han abandonado su país por la crisis económica y política que vive el país. Actualmente hay 7,71 millones de refugiados y migrantes procedentes de Venezuela en todo el mundo (más del 25% del total de su población). Más de 6,5 millones de ellos (alrededor del 80%) en países de Iberoamérica y el Caribe, siendo Colombia, Perú y Ecuador, junto a Brasil, los principales receptores. En Colombia se encuentran alrededor de 2,9 millones, siendo el mayor receptor. Perú es el segundo, con al menos a 1,5 millones. Y le sigue Ecuador, con alrededor de 500.000. La migración de Venezuela es un fenómeno sin precedentes en la historia de la región. Con estas cifras, además, Venezuela se sitúa entre los tres países con mayores refugiados en el mundo, junto con Ucrania y Siria, con la diferencia de que no ha sido bombardeada ni ha sufrido una guerra armada.

El proyecto REMOVE surgió con el objetivo de desarrollar una oferta formativa intercultural e incluyente en materia de movilidad humana, fomentando la creación de un marco jurídico común dentro de la Comunidad Andina de Naciones (CAN), para la promoción y la protección de los derechos de los migrantes.

En este proyecto participan 11 universidades pertenecientes a la Comunidad Andina y a la Unión Europea, todas ellas bajo la coordinación de la Universidad de Bolonia (Italia): Universidad de Cádiz, Universidad de Castilla-La Mancha, Instituto de Estudios Políticos de París Science Po (Francia), Universidad de Siena (Italia), Universidad Libre (Colombia), Colegio Mayor Nuestra Señora del Rosario (Colombia), Pontificia Universidad Católica del Perú (Perú), Universidad Nacional de Trujillo (Perú), Universidad Andina Simón Bolívar (Ecuador), y la Facultad Latinoamericana de Ciencias Sociales (Ecuador). Y, además, numerosas otras organizaciones con intereses comunes para el desarrollo del proyecto: https://proyectoremove.com/stakeholders

REMOVE ha contado con una dilatada colaboración científica previa entre sus universidades. La mayoría, miembros también del proyecto europeo *OPT-IN: Formación de Operadores Transnacionales Interculturales en Programas de Posgrado en la Comunidad Andina* [585789-EPP-1-2017-1-IT-EP], su antecesor y germen.

Las universidades *partners* europeas se han ocupado, principalmente, de las *Escuelas de Capacitación*, para que profesores iberoamericanos de los países involucrados adquieran las competencias precisas para impartir nuevos programas académicos, con diseños curriculares innovadores, que permitirán capacitar adecuadamente a sus funcionarios públicos y operadores que trabajan sobre migración en Iberoamérica, en la búsqueda de soluciones coherentes, integrales y compatibles con el respeto a los derechos humanos. Y lo han hecho aprovechando la dilatada experiencia de las instituciones de la Unión Europea y sus países miembros en políticas migratorias, lo que les posibilita ofrecer modelos de gestión aplicables a la actual crisis migratoria en la CAN.

Gracias a estas actividades, los docentes iberoamericanos han abordado temáticas y metodologías de investigación jurídica y social novedosas respecto a la oferta formativa existente en sus respectivos países: derecho comparado, sistema europeo de garantía de los derechos humanos, derecho transnacional, enfoque diferencial e intercultural, derecho migratorio, *management* de las crisis migratorias, modelos de *burden sharing*, seguridad y políticas de relación con los países fronterizos, instrumentos jurídicos y sociales de gestión de la movilidad humana, y desarrollo de programas de integración cultural y prácticas de acogida.

La escuela de capacitación de la UCLM se desarrolló en Toledo en julio de 2022, centrada en los derechos humanos de los migrantes y sus garantías. Con la participación de expertos en la materia, altamente cualificados, autores de estudios y publicaciones relevantes, y profesionales de instituciones dedicadas a la tutela de los derechos de los migrantes. Nuestra universidad asumió también la presidencia del grupo o "panel" encargado de las labores de difusión y divulgación del proyecto.

El proyecto se ha centrado en aspectos formativos, pero en su seno también se han desarrollado actividades de investigación. En este contexto, y gracias a Tirant Lo Blanch, presentamos ahora esta obra, una de las diversas publicaciones vinculadas al proyecto, y que recoge principalmente, como se ha dicho, los trabajos elaborados por los investigadores de la Universidad de Castilla-La Mancha. Estudios que, en gran parte, han reconducido al ámbito migratorio temáticas que han centrado especialmente el interés de los autores a lo largo de su amplia trayectoria y de las que son expertos, o, bien, versan sobre problemáticas que han suscitado su preocupación en los últimos tiempos.

Obviamente, por el enfoque y la perspectiva de los autores, los trabajos que forman parte de esta obra colectiva no se centran en el análisis específico de las situaciones generadas como consecuencia de los movimientos migratorios procedentes de Venezuela. Más bien se trata de abordar una perspectiva general de los derechos de los migrantes, de los múltiples factores de discriminación que se producen en este ámbito y, en términos más amplios, de los problemas jurídico-constitucionales de los movimientos migratorios. Algunos trabajos asumen una perspectiva más europea de estos problemas, pero es importante apuntar que en ningún caso se busca equiparar los problemas y circunstancias de fenómenos migratorios muy distintos, ni mucho menos tratar de presentar la situación europea como modelo, ni este ámbito ni en ningún otro. Pero sí creemos que puede ser útil, tanto para los lectores europeos como para los americanos, el conocimiento de esta referencia europea y de los muy numerosos retos que plantea en el ámbito jurídico-constitucional.

Con este contexto, la obra parte así, a modo de teoría general, de una construcción del estatuto iusfundamental de los migrantes, y luego desciende a estudios concretos, de marcado interés actual, bien de carácter general, bien más específicos del ámbito europeo, como los relativos a minorías o mujeres; o nacional: asilo, discapacidad, segregación escolar, seguridad, o algunos derechos del inmigrante irregular. En definitiva, una nueva sugerente aportación al creciente y desafiante fenómeno de la migración.

Humildemente, y en un ámbito en el que la bibliografía es ya amplia y multidisciplinar, creemos que esta obra puede aportar algunos textos de utilidad para todos los interesados en el estudio de los movimientos migratorios desde la perspectiva de los derechos fundamentales y la discriminación, con un enfoque amplio. Escrita desde el contexto europeo, pero útil para quienes quieren entender el tema desde una visión general y comparada.

Francisco Javier Díaz Revorio
Magdalena González Jiménez
Universidad de Castilla-La Mancha

PARTE I.
INTRODUCCIÓN Y ASPECTOS GENERALES

Capítulo 1.

HACIA LA CONSTRUCCIÓN DEL ESTATUTO IUSFUNDAMENTAL DE LOS MIGRANTES

FRANCISCO JAVIER DÍAZ REVORIO

Catedrático de Derecho Constitucional

Universidad de Castilla-La Mancha (Toledo).

1. PLANTEAMIENTO

Los derechos fundamentales nacieron como una vía para la protección de las minorías frente a la mayoría, y más ampliamente frente al poder del Estado. Con independencia de la tesis que se suscriba sobre el concepto y fundamento de los derechos, o la eventual diferencia entre derechos humanos y derechos fundamentales, lo cierto es que la construcción histórica de la dogmática de los derechos fundamentales, que parte de su consideración como derechos públicos subjetivos, los concibe como espacios de inmunidad o facultades de actuación del ciudadano frente al Estado, y en definitiva, de protección de la más minoritaria de las minorías (el individuo) frente al poder público.

Desde luego, muchos de los aspectos básicos de esa dogmática, desde la propia titularidad (que ha pasado del individuo a colectivos, grupos, o incluso derechos de titularidad difusa, llegando a plantearse también titulares no humanos) hasta la parte pasiva, que ya no siempre es el Estado, pudiendo actuar como tal otros particulares, han cambiado. Pero creo que permanece una idea esencial, como es su función protectora de la minoría, de la parte más débil en una relación en la que la otra parte ocupa una posición de dominio.

Las personas migrantes (que por pura economía del lenguaje denominaremos aquí migrantes, dando por hecho la obviedad de que nos referimos en todo caso a seres humanos) son, sin duda una minoría. Incluso, como veremos algo más adelante, en la propia definición del concepto de migrante va implícita la idea de una situación de necesidad o de vulnerabilidad. Sin embargo, a pesar de los ya numerosos estudios sobre la materia, desde las más variadas perspectivas, no es usual el planteamiento de la necesidad de construir su estatuto o posición jurídica desde la perspectiva de esa consideración como minoría preterida o desfavorecida. Más usual ha sido la desconsideración jurídica de esta categoría específica, ofreciendo la respuesta jurídica a las situaciones generadas por los movimientos migratorios desde la consideración del migrante como "extranjero". Lo cual ha llevado en general a construir su posición jurídica desde la perspectiva exclusiva de las limitaciones, restricciones o privaciones de derechos que han de sufrir por no ostentar la condición de nacional o "ciudadano" que se considera imprescindible para la titularidad de algunos derechos o para el ejercicio pleno de otros.

Tampoco la invocación de la dignidad logra alterar ese planteamiento si se extrae la consecuencia, como ha hecho el Tribunal Constitucional español, de que no todos los derechos se vinculan con la misma intensidad a ese valor. Si todos compartimos la misma dignidad, esta debería igualarnos, pero para ello hay que considerar, por un lado, que las personas pertenecientes a ciertas minorías están en una situación inicial de inferioridad o desventaja; y, por otro, que ningún derecho puede considerarse tal si aparece desvinculado de la dignidad.

Con estas premisas, en las siguientes páginas se pretende aportar alguna idea para construir adecuadamente la posición de los migrantes desde la perspectiva de los derechos fundamentales. Para ello, como vamos a desarrollar, partiremos de las pautas que se derivan del llamado Derecho Antidiscriminatorio, en lugar de la invocación general, a veces inocua pero a veces incluso inicua, de la dignidad, que a nuestro juicio ha sido la base utilizada, por ejemplo, por el Tribunal Constitucional español.

2. LOS MOVIMIENTOS MIGRATORIOS Y LAS PARADOJAS DE LOS DERECHOS

Viajamos, nos desplazamos de un lugar a otro por muchos motivos, pero seguramente el que nos define como especie ha sido la necesidad. Muchas especies se desplazan por necesidad y no encuentran más fronteras que las que eventualmente impone la naturaleza. El ser humano lo hace hoy por diversos motivos, pero el primero de ellos fue (y sigue siendo) esa necesidad de sobrevivir o de mejorar las condiciones de vida. En realidad, somos una especie nómada. Los pocos miles de años que llevamos de vida sedentaria no son gran cosa al lado del inmenso período en el que, desde los orígenes de nuestra especie, nos hemos desplazado continuamente en busca del sustento y de la supervivencia. El carácter nómada está en nuestros genes [1], y los movimientos de grupos humanos con la finalidad de conseguir una vida mejor han existido a lo largo de toda la

---

[1] No lo afirmo solo en sentido figurado, sino que hay estudios que parecen demostrarlo. Véase Dobbs, David, "Genes inquietos", en *National Geographic España,* enero 2013, pp. 16 ss., también accesible en web

historia, si bien en medida muy distinta según los momentos y situaciones. Pero es indudable que los movimientos migratorios alcanzan una dimensión cualitativamente diferente desde finales del siglo XX, y sobre todo en el presente siglo XXI. En este sentido, puede afirmarse sin duda que son uno de los grandes retos del presente siglo, cuya respuesta ha de afrontarse desde las más diversas perspectivas, y cuyo estudio debe abordarse desde las más variadas disciplinas científicas.

El análisis de estos movimientos requiere muy distintos enfoques. En nuestro caso, la perspectiva que nos va a interesar es la de los derechos fundamentales de los migrantes, partiendo de que de algún modo en la propia idea o definición de emigrante está la característica de la necesidad de ese desplazamiento para buscar un sustento, unas condiciones de vida dignas, o para huir de la persecución [2]. Pero si bien -como ya he

---

https://www.nationalgeographic.com.es/ciencia/grandes-reportajes/genes-inquietos-2_6842/2 (fecha de consulta 13 de diciembre de 2023).

2 Conviene hacer una breve aclaración terminológica. Como es sabido, los términos "migrante", "emigrante" e "inmigrante" son básicamente sinónimos, pero los dos últimos enfatizan una perspectiva concreta, correspondiente con la salida o la entrada en un lugar determinado. En efecto, de acuerdo con el *Diccionario de la lengua española*, consulta en web www.rae.es (fecha 13 de diciembre de 2023), migrar es simplemente "Trasladarse desde el lugar en que se habita a otro diferente". En cambio, para "emigrar" se ofrecen varias acepciones, siendo las dos primeras: "1. Intr. Dicho de una persona: Abandonar su propio país para establecerse en otro extranjero.
2. intr. Dicho de una persona: Abandonar la residencia habitual en busca de mejores medios de vida dentro de su propio país".
Por último, "inmigrar" tiene dos acepciones referidas a personas: "1. intr. Dicho de una persona: Llegar a un país extranjero para radicarse en él. 2. intr. Dicho de una persona: Instalarse en un lugar distinto de donde vivía dentro del propio país, en busca de mejores medios de vida".
Cabe hacer los siguientes comentarios a las anteriores definiciones: a) Aunque existe una tendencia reciente a preferir el término genérico "migrar" o "migrante" no parece existir razón alguna, más allá de ese

señalado- movimientos de este tipo han existido siempre, las dimensiones que actualmente alcanzan en términos globales y estables no son equiparables a movimientos anteriores, incluso cuando estos puntual o temporalmente pudieran resultar

---

carácter menos definido cuando proceda; pero igualmente es adecuado, e incluso puede resultar preferible cuando se quiera destacar la perspectiva concreta de movimiento de entrada o de salida, utilizar los términos "inmigrante" o "emigrante" respectivamente. También es cierto que el término "migración" o "migrante" es más adecuado desde la perspectiva de los lugares que son frecuentemente de tránsito, como es el caso de México, país que es atravesado por muchas personas cuyo destino u objetivo final (o al menos el que buscan) serían los Estados Unidos de América; b) la idea que aquí ya hemos destacado de que la finalidad del desplazamiento es la búsqueda de mejores medios de vida solo se utiliza en la RAE en las acepciones de emigración e inmigración referidas específicamente a movimientos dentro del mismo país; obviamente creemos que ese dato, como veremos relevante desde la perspectiva de este trabajo, también existe en los movimientos migratorios entre países diferentes, pues quienes entran o salen de Estados con otros propósitos no suelen considerarse propiamente migrantes; y c) de las definiciones anteriores se deduce también que los migrantes no son necesariamente personas que se desplazan a otro país, en el cual son considerados extranjeros, ya que también hay movimientos migratorios internos en el seno de muchos países. Por tanto, aunque en este trabajo nos vamos a centrar en el supuesto más frecuente de las migraciones entre Estados, e incluso analizaremos, como base para determinar los derechos de los migrantes, la jurisprudencia constitucional sobre derechos de los extranjeros, no cabe olvidar el resto de movimientos migratorios, y sobre todo hay que destacar ya desde este momento la idea de que lo característico de las migraciones, y por tanto el elemento central para plantear la cuestión de los derechos de los migrantes, no es tanto el que se trate de personas que se desplacen entre Estados, sino más correctamente, que se trata de personas que se desplazan por necesidad de mejorar sus condiciones de vida, lo que habitualmente les ubica como minoría o como colectivo vulnerable o en riesgo de preterición o marginación, y en no pocos casos implica además la existencia de una situación (al menos temporal) de pobreza.

habituales, como bien sabemos en España [3], o incluso masivos. En este sentido, en realidad, las migraciones actuales pueden considerarse uno de los elementos propios de un fenómeno mucho más amplio, cuyo nombre puede resumir seguramente mejor que ninguna otra palabra esta cuarta parte inicial del siglo. Ese fenómeno, obvio es decirlo, es la globalización.

Un poco más adelante volveré a esta idea, pero ahora quiero destacar que esta intensificación de los fenómenos migratorios se produce en el contexto de una situación en la que esa globalización parecería agudizar la crisis de la que ha sido la gran estructura jurídico-política en los últimos cinco siglos: el Estado. Pero a pesar de esa crisis, el Estado sigue siendo hoy el marco principal de los ordenamientos jurídicos y el protagonista central de las relaciones políticas. Es más, podría decirse incluso que en la actualidad es todavía mayor la crisis de las estructuras que de momento se superponen, y acaso en el futuro estarían llamadas a sustituir a los Estados, al menos en lo relativo a su protagonismo en el marco global.

Ahora quisiera detenerme en la consideración de los derechos humanos en esa tensión entre el marco estatal y el global. Los derechos son creación cultural originada en la civilización occidental, aunque hoy pretendidamente universal; nacieron y se desarrollaron en el marco de las constituciones, esto es, de los Estados. En dicho marco alcanzaron la consideración de "derechos fundamentales", lo que -sin poder entrar ahora

---

[3] Como es bien sabido, la emigración española a la América hispana ha sido constante, y especialmente intensa en la segunda parte del siglo XIX y la primera del siglo XX, antes incluso de los grandes movimientos de salida hacia países europeos e iberoamericanos que se produjeron en el franquismo. Un repaso histórico de nuestra legislación en la materia puede verse en Pérez-Prendes y Muñoz Arraco, J.M., *El marco legal de la emigración española en el constitucionalismo,* Fundación Archivo de Indianos, Colombres (Asturias), 1993.

en profundidad en las diferencias entre ambos términos- implicaba su plena incorporación al ordenamiento con garantías jurídicas, y sobre todo el establecimiento de una teoría dogmática que permitía explicar su significado, sus elementos y su contenido. Los derechos fundamentales son así un concepto profundamente enraizado en el marco estatal. Es verdad que, aproximadamente desde mediados del siglo XX, se inician esfuerzos por su proclamación universal, siendo de destacar, por supuesto, la Declaración Universal de Derechos Humanos y los tratados internacionales en la materia posteriormente auspiciados por Naciones Unidas. Pero desde el punto de vista de su consideración y garantía jurídica, y hablando en términos generales, solo en reducidos ámbitos regionales (Europa, América, más recientemente África) se ha logrado un cierto grado de plasmación y configuración como verdaderos derechos. Y aun en esos ámbitos, hoy persisten dificultades notorias no solo en cuanto a la garantía efectiva, sino también en lo relativo a su incardinación y relación con el marco estatal. Y la crisis siempre amenaza de algún modo a estos sistemas supranacionales de protección. En suma, aunque hoy ya es imprescindible una visión de los derechos en el marco del llamado "constitucionalismo multinivel", estos siguen ubicándose de forma principal en el ámbito estatal, y en todo caso arrastran las características configuradoras de su nacimiento en ese marco.

Y es así como nos encontramos una de las grandes paradojas de los derechos humanos y fundamentales: su pretendido carácter universal choca con los límites del marco estatal en el que encuentran sus principales garantías y sus principales esfuerzos de configuración jurídica. Esta paradoja se traduce en algo que me parece innegable: si bien, en general, los derechos se predican de todo ser humano, al final todo Estado reserva algunos derechos en plenitud solo para sus ciudadanos, de tal manera que a los extranjeros les priva por completo de algunos de ellos (el sufragio o la participación en otros asuntos públicos suelen ser los ejemplos más notorios de derechos que se predican solo de los ciudadanos), o les restringe muchos otros. De este modo, el concepto de frontera, esencial para la propia configuración de un Estado, actúa también sobre el reconocimiento y garantía de determinados derechos. Pero, obviamente, si los derechos tienen fronteras, no pueden ser universales en ese sentido... De ahí la necesidad de encontrar un difícil equilibrio entre la prerrogativa inherente todavía hoy a todo Estado, consistente en establecer los supuestos y requisitos en los que es posible traspasar sus fronteras, y la obligación que también todo Estado debe tener de respetar los derechos de toda persona que de cualquier modo entre en relación con él. Respecto a lo primero, creo que tan populista y demagógico es proponer la construcción de un muro pretendidamente infranqueable a lo largo de toda una frontera, como imaginar que hoy un Estado puede realmente suprimir sus fronteras y "abrir sus puertas" de forma irrestricta (fuera de los limitados casos de procesos de integración intensos como el de la Unión Europea, y aun así con matices, como apuntaré, y sobre todo sustituyendo las fronteras internas por una frontera exterior). Por ello, el verdadero núcleo de la cuestión es el de los derechos, de quienes pretenden traspasar una frontera legal o ilegalmente, de quienes efectivamente lo consiguen, y en definitiva de cualquier persona con independencia de su nacionalidad y de su condición de inmigrante; derechos que han de respetarse en cuanto el Estado entra en relación con esa persona, sea porque pretende entrar, está en la misma frontera o porque ha entrado legal o ilegalmente y en un momento dado, de acuerdo con el derecho del Estado legalmente procede su expulsión... [4]

---

[4] En este trabajo no voy a abordar en profundidad todos estos temas de los derechos de las personas que pretenden entrar o han entrado legal ilegalmente en un Estado, ni los aspectos relacionados con el derecho de asilo. Pero no cabe dejar de mencionar la trascendencia de las controvertidas sentencias del Tribunal Europeo de Derechos Humanos

3. ¿REALMENTE HAY GLOBALIZACIÓN? UN NUEVO CONCEPTO DE FRONTERA

La globalización, fenómeno al que antes aludía, estaba llamada a superar ese marco, y por tanto a mitigar o eliminar, de algún modo, esos efectos de las fronteras. Desde esta perspectiva, y en lo que el fenómeno podría tener de positivo, supondría un paso importante en esa verdadera universalización de los derechos. Como hemos visto, a fecha de hoy los esfuerzos de integración solo han dado algunos frutos (y muy mitigados) en reducidos ámbitos regionales, pero cabría pensar que estamos en una primera fase, y que más adelante ese objetivo podría alcanzarse en un ámbito global. Sin embargo, me parece que no hay demasiadas esperanzas de que finalmente así sea. En primer lugar, aunque las fronteras interiores se mitiguen o casi desaparezcan en estos ámbitos de integración regional, la actual fase de la globalización nos trae un nuevo concepto de frontera, basado en factores económicos, sociales, y culturales, como refleja magistralmente (si se me permite la referencia no estrictamente académica) la película "Babel" dirigida en 2006

---

en el caso *N.D y N. T. contra España*, sobre las llamadas "devoluciones en caliente" en la valla de Melilla, asunto en el que tras la sentencia parcialmente estimatoria de Sala de 3 de octubre de 2017, la Gran Sala en sentencia de 13 de febrero de 2020 rectificó la decisión sosteniendo que España no vulneró ningún derecho de los recurrentes, toda vez que estos disponían de un acceso real y efectivo para solicitar la entrada invocando la protección del Convenio, a través de los puestos fronterizos existentes. La sentencia cita ampliamente jurisprudencia anterior sobre las distintas cuestiones que aborda.

Sobre el asilo en el ámbito de la Unión Europea, como trabajo reciente de gran interés, véase Porras Ramírez, José María, "Un pacto sobre inmigración y asilo en la Unión Europea", en *Migraciones y asilo en la Unión Europea,* coord. José María Porras Nadales, Aranzadi, Cizur Menor, 2020, pp. 145 ss., así como otros capítulos de la misma obra colectiva.

por Alejandro González Iñárritu [5]. Así, por ejemplo, dos de las grandes fronteras de este mundo globalizado son la que separa Europa de África, y la que hace lo propio entre Estados Unidos y toda Iberoamérica. Desde luego, hay muchas más, pero todas tienen algunos elementos en común: 1) es, sobre todo, la diferencia en el nivel de vida y en el bienestar económico la que marca el efecto de la frontera; 2) esa diferencia va a provocar siempre movimientos migratorios desde las zonas más pobres a las más prósperas, en busca de un mínimo bienestar; 3) los países (o las integraciones de Estados) situados en el lado más próspero de la frontera tenderán a fortalecer la propia frontera en un sentido jurídico y físico, para dificultar que dicha frontera sea traspasada sin el cumplimiento de determinados requisitos y procedimientos que ellos mismos establecen; 4) es imposible parar esos movimientos migratorios, porque la desigualdad en el nivel de bienestar y la necesidad de acceder a unas condiciones de vida mínimamente dignas empujarán siempre con más fuerza que las restricciones que intenten establecer los Estados más prósperos; 5) solo una mayor igualdad, o al menos una equiparación en las condiciones básicas de vida -que hoy se antoja casi utópica- conseguiría mitigar la existencia de esas nuevas fronteras.

Así las cosas, la paradoja antes apuntada, y sus muchas consecuencias, parecen hoy casi insuperables: con el actual marco jurídico-político, todos los Estados tienen pleno derecho a imponer requisitos y restricciones para ingresar en su territorio; pero mientras no se eliminen o mitiguen notoriamente las fronteras económicas y sociales, la globalización no estará en condiciones de sustituir esos efectos propios del mar-

---

5 Además de la propia película, puede verse el comentario de Pereira Domínguez, Carmen, Solé Blanch, Jordi, y Valero Iglesias, Luis Fernando, "Babel: Cine y comunicación en un mundo globalizado", en *Polis. Revista Latinoamericana*, nº 26, 2010, pp. 1 ss.

co estatal. Habrá, por tanto, globalización en ciertos sentidos (económico, tecnológico, cultural o incluso en cierta medida social), pero no se logrará una globalización en cuanto al establecimiento de una estructura jurídico-política que supere -o al menos complemente- al Estado para afrontar los retos indudablemente globales. Y, por supuesto, en esas condiciones, será imposible la globalización de los derechos, que supondría al fin su auténtica universalización y la igualdad entre todos los seres humanos, y que, en caso de conseguirse, sería acaso el efecto más beneficioso de la globalización.

En estas condiciones, creo que, al menos en el presente, solo cabe admitir la existencia de esas fronteras y el derecho de los Estados a su control. Pero cabe, eso sí, exigir que en ese control los Estados sean, al menos, plenamente respetuosos con los derechos que deben concederse de forma indudable porque, como veremos, resultan estrechamente vinculados a la condición humana. Y ello, tanto respecto de quienes han logrado traspasar esas fronteras (ya sea por las vías legalmente establecidas como por otras), como en relación con quienes pretenden hacerlo, pero se han ubicado ya bajo la jurisdicción o soberanía del Estado. Es decir, los Estados no están obligados a admitir en su territorio de forma irrestricta a cualquier persona que lo pretenda, y ni siquiera deben necesariamente reconocer todos los derechos de forma idéntica a todas las personas, en la medida en que caben restricciones razonables y proporcionales o, a la inversa, acciones afirmativas que amplíen el ámbito protegido de ciertos derechos para determinados colectivos; pero sí han de respetar al menos los derechos más básicos de quienes, de un modo u otro, se colocan bajo su poder soberano o se relacionan con ellos.

De hecho, la visión del tema requiere un dinamismo tal, que las circunstancias ocurridas en los últimos años añaden elementos para la reflexión, bien para cuestionar lo que hasta hace poco parecía ya bien asentado, bien para reforzarlo. Si antes he apuntado que la globalización pone en crisis al Estado, ahora cabe añadir que cada vez parece más claro que la propia globalización, que creíamos llegada para quedarse y ser la señal de identidad de todo el siglo XXI, parece entrar en crisis de forma notoria, al menos en algunos aspectos. En realidad, el propio siglo comenzó ya apuntando algunos elementos que podían poner en jaque a la naciente globalización. Los atentados del 11-S, y otros atentados fruto del terrorismo internacional, por un lado abrieron nuevos escenarios de lo que podríamos denominar "guerra global", pero por otro acentuaron la preocupación por la seguridad de los desplazamientos, inaugurando una etapa de mayores restricciones y controles en dichos movimientos, y especialmente en los que implican el tránsito de una frontera; de este modo, contribuyeron a "endurecer" ciertas fronteras. No mucho después, la gran crisis económica iniciada en los años 2007-2008 pudo propagarse casi en todo el mundo gracias al "caldo de cultivo" de la globalización, y puso de relieve algunas de las debilidades de esta, como la falta de controles en ese importante plano global, que hacía del nuevo escenario económico mundial un *far west* en el que las estructuras jurídico-políticas depositarias de cierta legitimidad democrática son sustituidas en esa esencial función por "agencias" y otras entidades de perfil variado, que asumen el protagonismo de establecer y ejecutar las pocas normas existentes en ese ámbito global.

Pocos años después, cabe añadir el auge de ciertos gobiernos populistas, casi siempre acompañados de un sesgo nacionalista, que pretenden recuperar la fortaleza de las fronteras estatales, así como los aranceles, y volver, en suma, a Estados cerrados en sí mismos y protegidos del exterior[6]. A ello hay

---

6 Sobre la relación entre globalización y migraciones, y específicamente sobre la relación entre los movimientos migratorios y el auge de los nacionalismos y populismos, véase Balaguer Callejón, Francisco, "Globalización y migraciones", en *Migraciones y asilo en la Unión*

que añadir (y muchas veces de forma muy estrechamente relacionada) el auge de ciertos movimientos xenófobos y racistas, que, como indica Pérez Vera, "partiendo de planteamientos populistas, inundan las redes sociales y la opinión pública con manifestaciones excluyentes de todo lo que se considera diferente de una pretendida identidad nacional, que se presenta tanto mejor cuanto más monolítica. Y no hay duda de que los inmigrantes encarnan de manera paradigmática esa diferencia que se percibe como una amenaza"[7].

En fin, en el caso concreto de la Unión Europea (que por supuesto no es tampoco ajena a los factores ya mencionados), el *Brexit* ha supuesto una indudable crisis en el siempre frágil y complejo proceso de integración, y ha introducido una cierta sombra de pesimismo sobre su futuro. Y algunos ejemplos muy notorios del torpe y lento funcionamiento de la orden europea

---

Europea, coord. José María Porras Ramírez, Aranzadi, Cizur Menor, 2020, pp. 21 ss., especialmente pp. 32 ss. Más ampliamente, sobre diversos aspectos de los movimientos migratorios en el mundo actual, se recomiendan también las siguientes obras con una perspectiva más global o específicamente latinoamericana: Cepeda Rincón, Francisco de Jesús, y Lucho González, Guadalupe Friné (coords.), *Migrantes, refugiados y derechos humanos,* Tirant Lo Blanch, México, 2019; Islas Colín, Alfredo, *Migrantes y refugiados. Protección de derechos humanos,* Porrúa-Universidad Juárez Autónoma de Tabasco, México, 2018; Islas Colín, Alfredo (coord.), *Derechos humanos y globalización,* Flores Editor, Ciudad de México, 2018; Morales Sánchez, Julieta, *Migración irregular y derechos humanos,* Tirant Lo Blanch, México, 2018. En fin, existe muy abundante bibliografía sobre la globalización, e incluso si nos ceñimos a la perspectiva jurídica no sería posible abarcarla en este espacio. Pero no podemos dejar de citar este ambicioso trabajo: García Guerrero, José Luis y Martínez Alarcón, María Luz (dirs.), *Constitucionalizando la globalización,* Tirant Lo Blanch, Valencia, 2 vols., 2019.

7 Pérez Vera, Elisa, "Prólogo" a *Inmigración: retos para el Derecho del siglo XXI,* dir. María Victoria Cuartero Rubio, Aranzadi, Cizur Menor, 2019, p. 16.

de detención y entrega, pilar y complemento básico de la libre circulación de personas dentro de su territorio, no ayudan a mejorar la imagen del proceso integrador, toda vez que lo que se había transmitido a la ciudadanía como un instrumento ágil y automático no viene funcionando así en modo alguno, al menos en esos casos que han adquirido la mayor difusión. Todas estas situaciones pueden alimentar las "tentaciones" de recuperar de algún modo los efectos de las antiguas fronteras interiores.

Resulta también imprescindible referirse al impacto en este ámbito de la pandemia de Covid-19 y su expansión por casi todo el mundo. En cuestión de semanas, esta epidemia provocó el cierre de fronteras en numerosos países, pero sobre todo el confinamiento de muchos millones de personas en todo el planeta, lo que obviamente impide cualquier tipo de movimiento transfronterizo (legal) en las zonas afectadas, y frena en seco la idea que tenemos de globalización. En el caso concreto de la Unión Europea, de la noche a la mañana se recuperaron las fronteras interiores, aunque no precisamente por primera vez, lo que demuestra la fragilidad del principio de su eliminación [8]. Y una vez más, frente a la práctica inacción de la Unión, cada Estado volvió a recuperar el protagonismo. Es verdad que la Unión trató de sobreponerse a esta situación y jugó un importante papel solidario con la aprobación de trascendentales fondos para que los Estados pudieran afrontar las

---

8 Sobre el tema de la recuperación temporal de controles en las fronteras interiores de la Unión Europea y la fragilidad del principio estructural de libre circulación de personas, véanse por ejemplo las interesantes reflexiones que realiza Cuartero Rubio, Victoria, "Devoluciones en caliente, controles en fronteras interiores, Golden visa: imágenes en las fronteras del siglo XXI", en *Inmigración: retos para el Derecho del siglo XXI*, dir. María Victoria Cuartero Rubio, Aranzadi, Cizur Menor, 2019, pp. 52 ss., escritas antes de la pandemia de coronavirus que no hizo sino acentuar esa fragilidad de la libertad de circulación.

consecuencias de la pandemia, pero la fragilidad del propio acuerdo y la lentitud en su ejecución, así como algunas dudas sobre los objetivos finales de los fondos, introdujeron nuevas interrogantes sobre si la Unión llega a justificar el cumplimiento de algunos de los objetivos por los cuales fue creada.

Aunque la pandemia se ha superado y las fronteras internas han vuelto a suprimirse, las dudas sobre la futura evolución económica y social siguen presentes. Y, sobre todo, la Unión Europea sigue sin lograr articular una respuesta global y coherente a la presión migratoria y a la entrada continua de migrantes en sus fronteras, especialmente al sur y al este. Todo ello acentuado por nuevas crisis bélicas exteriores, especialmente la invasión de Ucrania por Rusia y la guerra en Gaza.

No es fácil saber si estas crisis serán más o menos intensas o transitorias, pero creo van a dejar una profunda huella en el mundo, provocando un claro efecto de desgaste y debilidad en el proceso de globalización. Cabe esperar que la Unión Europea logre finalmente consolidar la integración, y sobre todo no olvide la solidaridad ante estas graves crisis, aparentemente externas pero que le afectan directamente, pues lo contrario heriría el proceso tan gravemente que no sería fácil apostar por su continuidad a medio plazo, al menos en los términos en los que dicho proceso de integración se concibió. En cualquier caso, estas crisis parecen haber tenido claros efectos sobre la globalización, y puede que propicien políticas de aislamiento más intensas y prolongadas, sobre todo en los países con gobiernos de corte claramente populista. En cualquier caso, no termina de vislumbrarse con claridad una situación, inicialmente previsible, según la cual la globalización contribuiría a la eliminación o debilidad de las fronteras entre los Estados, facilitando una mayor comunicación y movimientos más fluidos, lo que a su vez contribuiría a sociedades más plurales, abiertas y verdaderamente interculturales. Al menos, las tensiones y resistencias frente a esa tendencia parecen todavía verdaderamente fuertes. De este modo, resulta inimaginable la supresión de las fronteras entre Estados (o de las fronteras externas de las integraciones supranacionales); y mucho menos resulta imaginable la eliminación de las fuertes desigualdades, la pobreza extrema y las guerras, que son la causas de la mayoría de los movimientos migratorios.

4. LOS DERECHOS DE LOS MIGRANTES: UN ENFOQUE GENERAL DESDE LA DIGNIDAD

Suele afirmarse que la dignidad es el fundamento de los derechos humanos. Pero como acabo de destacar, estos conviven todavía con la idea de frontera, y necesitan para su reconocimiento y garantía de Estados cuya propia soberanía les permite establecer límites en su aplicación. Eso impide en la práctica, como ya he destacado, la universalidad de los derechos, pero vamos a ver en qué medida ello es compatible con la idea de la dignidad como fundamento de estos derechos, que requiere sin duda dicha universalidad.

Desde luego, es verdad que la afirmación de la dignidad como fundamento de los derechos es susceptible de crítica y de dudas, como lo es la propia idea o necesidad de la fundamentación de los derechos, o el mismo concepto de dignidad. Aquí no es posible profundizar en estas dudas, ni en los muy numerosos problemas jurídicos que plantea la dignidad [9]. Pero es incuestionable que la mayor parte de las declaraciones de derechos le dan un valor esencial, desde que la Ley Funda-

---

9 Recientemente he profundizado algo sobre este tema: Díaz Revorio, Francisco Javier, "A vueltas con la fundamentación de los derechos y la dignidad humana. Reflexiones de un constitucionalista", en *El compromiso constitucional del iusfilósofo. Homenaje a Luis Prieto Sanchís*, ed. Perfecto Andrés Ibáñez *et alii*, Palestra, Lima, 2020, pp. 153 ss.

mental de Bonn proclamase solemnemente que "La dignidad humana es intangible". Hoy, la Carta de los Derechos Fundamentales de la Unión Europea comienza proclamando que "La dignidad humana es inviolable. Será respetada y protegida", y como es sabido, la Constitución española coloca en su artículo 10.1 a la dignidad de la persona como "fundamento del orden político y la paz social" [10]

Por ello parece haber un amplio consenso sobre la trascendencia de la dignidad y su consideración como valor del máximo nivel; en este sentido cabe aceptar que, como el Tribunal Constitucional español ha dicho en alguna ocasión, "la dignidad es un valor espiritual y moral inherente a la persona" [11]. En el ámbito europeo, la dignidad es considerada la base misma de los derechos fundamentales, y se ha utilizado en varias ocasiones para precisar los derechos de los migrantes [12]. En efecto, si entendemos que la dignidad, a pesar de las enormes dificultades para definir este concepto, se refiere al específico valor de los seres humanos, resultará aplicable a toda persona con independencia de su situación, sus características y sus circunstancias concretas. Como todos compartimos ese mismo valor y condición, la dignidad nos hace iguales en nuestra condición y en los derechos que de ella derivan. Pero también, por la dignidad cada persona es única a irrepetible, no puede ser

---

10 He abordado con más profundidad la relación entre dignidad y valores superiores y su práctica equiparación: Díaz Revorio, Francisco Javier, *Valores superiores e interpretación constitucional,* 3ª ed., Tirant Lo Blanch, Ciudad de México, 2018, pp. 126 ss.

11 STC 53/1985, de 11 de abril, f. j. 8, y otras muchas sentencias posteriores.

12 Véase por ejemplo Escajedo San-Epifanio, Leire, "Artículo 1. Dignidad humana", en *La Carta de los Derechos fundamentales de la Unión Europea. Diez años de jurisprudencia,* dir. Antonio López Castillo, Tirant Lo Blanch, Valencia, 2019, p. 66, y en especial pp. 76 ss. respecto a su aplicación a las normas comunitarias relativas a migrantes.

instrumentalizada por ninguna otra, y no puede ver coartado el libre desarrollo de su personalidad. Y en virtud de ello, la igualdad no se impone, y por ello no puede haber dos personas totalmente iguales, pues ello sería incompatible con la posibilidad de que cada quien pueda regir su propio destino. La igualdad y la libertad, que tantas veces parecen entrar en tensión, encuentran en la dignidad su fundamento común. Ya la Declaración de Independencia de Filadelfia de 1776 afirmaba: "Sostenemos como evidentes estas verdades: que los hombres son creados iguales; que son dotados por su Creador de ciertos derechos inalienables; que entre estos están la vida, la libertad y la búsqueda de la felicidad", uniendo así la idea de igualdad y de libertad. Y mucho más recientemente, el propio Tribunal Constitucional español ha señalado que la dignidad "se manifiesta singularmente en la autodeterminación consciente y responsable de la propia vida y (...) lleva consigo la pretensión al respeto por parte de los demás" [13].

En lo que ahora nos interesa, creo que lo anterior tiene una clara consecuencia desde la perspectiva de los derechos de los emigrantes, y más ampliamente, de los derechos de los extranjeros, en relación con los derechos de los ciudadanos que ostentan la nacionalidad: si aceptamos la premisa de que la dignidad es el fundamento de todos los derechos, y la dignidad se predica de toda persona, y por lo tanto es aplicable por igual al nacional y al extranjero, al residente originario y al inmigrante, al ciudadano y a quien no tiene tal condición, entonces la base para afrontar la cuestión de los derechos de los extranjeros es la igualdad y el derecho a no ser discriminado. Desde luego, ello no quiere decir que no quepa un trato diferente basado en estas características, sino que, como veremos, tal eventual trato necesita una justificación objetiva y razonable y ha de resultar necesario y proporcionalidad en relación con dicha finalidad.

---

13 STC 53/1985, de 11 de abril, f. j. 8.

Creo que esta idea deriva del propio concepto de dignidad y de su reconocimiento como valor esencial y fundamento de los derechos, entre otros en los textos antes citados. Sin embargo, el Tribunal Constitucional español, a pesar de dar un protagonismo incuestionable a la dignidad a la hora de determinar los derechos de los extranjeros, lo ha hecho desde presupuestos un tanto extraños, y ello le ha llevado a la necesidad de evolucionar, sin haber superado a mi juicio los problemas derivados del incorrecto planteamiento inicial. Algunos autores han comentado esta evolución jurisprudencial [14], que aquí no podemos analizar de forma exhaustiva, pero voy a tratar de plantear sus presupuestos y la evolución posterior.

En síntesis, el Tribunal partió inicialmente de una clasificación tripartirta de los derechos de los extranjeros, siendo la dignidad el principal fundamento para establecer su pertenencia a uno u otro grupo, ya que, dejando a un lado los derechos de participación política de cuya titularidad se excluye constitucionalmente a los extranjeros (artículo 13.2, con las excepciones que el mismo señala), las otras dos categorías se distinguirían precisamente porque los derechos vinculados con la dignidad humana han de reconocerse a los extranjeros en idénticos términos que a los españoles, mientras que los demás

---

14 Como muestra, puede verse Rebato Peño, María Elena, "Los extranjeros como titulares de derechos. Una cuestión recurrente", en *Inmigración: retos para el Derecho en el siglo XXI,* dir. María Victoria Cuartero Rubio, Aranzadi, Cizur Menor, 2019, pp. 82 ss.; Vidal Fueyo, María del Camino, "La jurisprudencia del Tribunal Constitucional en materia de derechos fundamentales de los extranjeros a la luz de la STC 236/2007", en *Revista Española de Derecho Constitucional,* nº 85, 2009, pp. 353 ss.; o Balaguer Callejón, Francisco, "El contenido esencial de los derechos constitucionales y el régimen jurídico de la inmigración. Un comentario a la STC 236/2007 de 7 de noviembre", en *Revista de Derecho Constitucional Europeo,* nº 10, en web https://www.ugr.es/~redce/REDCE10/articulos/15FranciscoBalaguerCallejon.htm (fecha de consulta 13 de diciembre de 2023).

derechos, si bien se admite que su reconocimiento a los extranjeros deriva de la propia Constitución, pueden ser objeto de una regulación diferente mediante la ley o los tratados. La primera sentencia que viene a establecer esta clasificación "tripartita" fue la STC 107/1984. En ella, partiendo de que "una completa igualdad entre españoles y extranjeros (...) efectivamente se da respecto de aquellos derechos que pertenecen a la persona en cuanto tal y no como ciudadano, o, si se rehuye esta terminología, ciertamente equívoca, de aquellos que son imprescindibles para la garantía de la dignidad humana" [15], se afirma a continuación:

"Existen derechos que corresponden por igual a españoles y extranjeros y cuya regulación ha de ser igual para ambos; existen derechos que no pertenecen en modo alguno a los extranjeros (los reconocidos en el art. 23 de la Constitución, según dispone el art. 13.2 y con la salvedad que contienen); existen otros que pertenecerán o no a los extranjeros según lo dispongan los tratados y las Leyes, siendo entonces admisible la diferencia de trato con los españoles en cuanto a su ejercicio" [16].

Como se aprecia, el Tribunal comenzó distinguiendo nítidamente unos derechos que se predican de los extranjeros en idénticas condiciones que de los nacionales, sin que quepa distinción alguna, de otros que, cuando se refieren a los extranjeros, parecen quedar a la plena disposición de la ley y los tratados. Pero esta nítida clasificación, por un lado, no lo es tanto a la hora de precisar qué derechos pertenecen a una categoría o a otra (el Tribunal ofrece algunos ejemplos, pero desde luego no un catálogo cerrado); y, sobre todo, tiene el problema fundamental de que su presupuesto no parece muy correcto, toda vez que supone que algunos derechos quedan desvinculados de la dignidad humana.

---

[15] STC 107/1984, de 23 de noviembre de 1984, f. j. 3.

[16] STC 107/1984, de 23 de noviembre de 1984, f. j. 4.

Por eso en años posteriores el propio Tribunal fue iniciando una evolución que venía a flexibilizar las barreras entre unos y otros derechos (dejando de lado la citada exclusión de los derechos políticos derivada del artículo 13.2), y sobre todo a ir cerrando el margen que el legislador tenía a la hora de regular las diferencias entre extranjeros y españoles en el ejercicio de los derechos pertenecientes a ese bloque.

Así, por ejemplo, la STC 115/1987, de 7 de julio, declaró inconstitucionales diversos aspectos de la anterior ley sobre derechos y libertades de los extranjeros en España, aprobada en 1985, y específicamente ciertos requisitos diferentes que se exigían en lo relativo al ejercicio del derecho de reunión y al de asociación, así como la imposibilidad de acordar la suspensión de las resoluciones administrativas impugnadas en la vía contenciosa en lo relativo a los extranjeros. Con ello comenzó un proceso de intensificación de los requisitos exigibles al legislador para que se considere justificado el trato diferente a los extranjeros en el ejercicio de derechos fundamentales que, en principio, no formaban parte del bloque de aquellos en los que la dignidad exige un trato igual que a los españoles. Años después, las SSTC 94/1993, de 22 de marzo y 116/1993, de 29 de marzo, reconocen inequívocamente la titularidad por parte de los extranjeros de los derechos de libertad de residencia y circulación reconocidos en el artículo 19 de la Constitución, a pesar de que el tenor literal de este se refiere solo a los españoles. Por su parte, la STC 91/2000, de 30 de marzo, profundiza en las consecuencias que la dignidad tiene en este ámbito, y además de remitirse a la Declaración Universal de los Derechos Humanos y a los tratados internacionales de derechos como vías para determinar esas consecuencias, introduce la idea de que la dignidad implica que hay una parte o núcleo "absoluto" en cada derecho que tiene un valor universal: "al contenido absoluto de los derechos fundamentales (...) que, según lo dicho, comporta necesariamente, una proyección *ad extra*, no pertenecen todas y cada una de las características con las que la Constitución consagra cada uno de ellos, por más que, en el plano interno, todas ellas vinculen inexcusablemente incluso al legislador, en razón de su rango. Sólo el núcleo irrenunciable del derecho fundamental inherente a la dignidad de la persona puede alcanzar proyección universal; pero, en modo alguno podrían tenerla las configuraciones específicas con que nuestra Constitución le reconoce y otorga eficacia" [17].

Pero, sin duda, el salto más notorio en la evolución de esta jurisprudencia se ha producido con la STC 236/2007, de 7 de noviembre, y todas las que, siguiendo su estela, se pronunciaron sobre diversos aspectos de la Ley Orgánica 8/2000, de 22 de diciembre, de reforma de la Ley Orgánica 4/2000, de 11 de enero, sobre derechos y libertades de los extranjeros en España y su integración social. Aun partiendo básicamente de las mismas premisas, el Tribunal Constitucional revisa expresamente la doctrina establecida en la STC 107/1984. En realidad, el Tribunal sustituye la clasificación basada en la existencia o no de conexión con la dignidad, por otra basada en el mayor o menor grado de conexión, y de este modo va a pasar, como ha destacado por ejemplo Vidal Fueyo [18], a una clasificación cuatripartita.

En efecto, en relación con el primer grupo (derechos vinculados con la dignidad y en los que no cabría la diferencia) ahora va a considerar que "la aplicación del criterio fijado en su día por este Tribunal para determinar si un concreto derecho pertenece o no a este grupo ofrece algunas dificultades por cuanto todos los derechos fundamentales, por su misma naturaleza, están vinculados a la dignidad humana". Y en consecuencia, "resulta decisivo el grado de conexión con la dignidad humana que mantiene un concreto derecho, pero en

---

17 STC 91/2000, de 30 de marzo, f. j. 8.

18 Vidal Fueyo, Camino, "La jurisprudencia del Tribunal Constitucional...", cit., p. 361.

todo caso en este grupo el legislador `no podrá modular o atemperar su contenido´ (STC 99/1985, de 30 de septiembre, FJ 2) ni por supuesto negar su ejercicio a los extranjeros, cualquiera que sea su situación, ya que se trata de derechos `que pertenecen a la persona en cuanto tal y no como ciudadano´". En suma, "el grado de conexión de un concreto derecho con la dignidad debe determinarse a partir de su contenido y naturaleza, los cuales permiten a su vez precisar en qué medida es imprescindible para la dignidad de la persona concebida como un sujeto de derecho, siguiendo para ello la Declaración universal de derechos humanos y los tratados y acuerdos internacionales a los que remite el art. 10.2 CE" [19].

De este modo, la "introducción" de la idea de que la conexión con la dignidad se produce en todos los derechos, pero admite -por decirlo de algún modo- diversos niveles de intensidad, se completa con la aparente introducción de lo que parece una "nueva categoría" de derechos, que sin estar tan estrechamente unidos a la dignidad, sí parecen mantener ese vínculo y, sobre todo, son reconocidos expresamente a los extranjeros en la Constitución. En tales casos, aunque su situación no sea idéntica al primer bloque, sí se aproxima, pues si bien se abre alguna posibilidad de regulación diferente para el legislador, esta se limita a algún tipo de "condicionamientos adicionales":

"El legislador contemplado en el art. 13 CE se encuentra asimismo limitado al regular aquellos derechos que, según hemos declarado, `la Constitución reconoce directamente a los extranjeros´ (STC 115/1987, de 7 de julio, FJ 2), refiriéndonos en concreto a los derechos de reunión y asociación. Ello implica, de entrada, que el legislador no puede negar tales derechos a los extranjeros, aunque sí puede establecer `condicionamientos adicionales´ respecto a su ejercicio por parte de aquéllos"

---

[19] Todas las citas son de la STC 236/2007, de 7 de noviembre, f. j. 3.

[20]. De este modo, esta categoría se sitúa en una posición intermedia entre los que se vinculan estrechamente a la dignidad y requieren un trato idéntico, y aquellos que sí permiten esas diferenciaciones.

Pero también en la categoría de derechos que sí permiten la diferenciación hay exigencias constitucionales que respetar: "El legislador goza, en cambio, de mayor libertad al regular los `derechos de los que serán titulares los extranjeros en la medida y condiciones que se establezcan en los Tratados y las Leyes´. En este caso el legislador puede "establecer `restricciones y limitaciones´ a tales derechos, pero esta posibilidad no es incondicionada por cuanto no podrá afectar a aquellos derechos que `son imprescindibles para la garantía de la dignidad de la humana´ (...) ni `adicionalmente, al contenido delimitado para el derecho por la Constitución o los tratados internacionales suscritos por España´ (STC 242/1994, de 20 de julio, FJ 4). De nuestra jurisprudencia se deduce que éste sería el régimen jurídico de derechos tales como el derecho al trabajo (STC 107/1984, de 23 de noviembre, FJ 4), el derecho a la salud (STC 95/2000, de 10 de abril, FJ 3), el derecho a percibir una prestación de desempleo (STC 130/1995, de 11 de septiembre, FJ 2), y también con matizaciones el derecho de residencia y desplazamiento en España (SSTC 94/1993, de 22 de marzo, FJ 3; 242/1994, de 20 de julio, FJ 4; 24/2000, de 31 de enero, FJ 4)".

En suma, parece ahora asumirse que todos los derechos se vinculan con la dignidad humana, pero ese vínculo puede ser más o menos intenso o estrecho, llegando a configurarse tres categorías a este respecto (a las que habría que añadir una cuarta, que se mantiene desde la primera jurisprudencia, y que se refiere a los derechos cuya titularidad está constitucional-

---

[20] STC 236/2007, de 7 de noviembre, f. j. 4.

mente excluida para los extranjeros, y que básicamente son los derechos de sufragio, con las excepciones que la propia Constitución establece).

Como se ve, la dignidad parece jugar un papel fundamental a la hora de determinar los derechos de los extranjeros. Pero si la dignidad es la base y el fundamento de todos los derechos, probablemente la utilización que hace el Tribunal Constitucional de este valor no resulta afortunada. Aunque el reconocimiento expreso de que todos los derechos se vinculan con la dignidad supone un avance, tratar de clasificar estos derechos desde la perspectiva de una mayor o menor intensidad de esa vinculación resulta cuestionable y criticable. Para empezar, la cuestión de la mayor o menor intensidad de la vinculación de un derecho con la dignidad puede resultar dudosa. Por ello, en algunos casos puede resultar bastante difícil ubicar los derechos en una u otra categoría, y en los casos en los que el Tribunal ya lo ha hecho, su apreciación no parece basarse en un criterio muy claro. Por lo demás, tampoco es fácil la labor de precisar las diferencias entre el establecimiento de "condicionamientos" que se permite en una categoría, y el de "restricciones y limitaciones" que se permite en otra, frente a la imposibilidad de "modular o atemperar su contenido" en el caso de los extranjeros, que caracteriza a los derechos de la primera categoría. En fin, el recurso a los tratados internacionales y a la Declaración Universal de los Derechos Humanos, si bien es imprescindible para la interpretación de nuestros derechos constitucionales, no parece adecuado para determinar qué derechos tienen un vínculo más estrecho con la dignidad, no solo porque prácticamente todos los derechos se reconocen en algunos de estos textos internacionales, sino porque no se aprecia cuál es el argumento que permitiría justificar que su presencia en tratados internacionales equivalga a un vínculo más intenso con la dignidad.

En realidad, y en mi modesta opinión, el valor de la dignidad es sin duda útil para enfatizar la titularidad de los derechos (de todos los derechos) por parte de los extranjeros, pero en absoluto para intentar establecer diversas categorías entre ellos, aumentando el margen de configuración legal (y en definitiva, de diferencias entre la regulación legal del derecho para españoles y extranjeros) en algunos de ellos. Como ha destacado por ejemplo Rey Martínez [21], en algunos casos esto parece suponer una cierta desconstitucionalización de los derechos de los extranjeros, que vendría a resultar incompatible con la propia afirmación de que son titulares del derecho fundamental. No deja de ser significativo que esta argumentación conduzca directamente a debilitar para los extranjeros la garantía constitucional de ciertos derechos de contenido prestacional, a pesar de que en algún caso (como por ejemplo el derecho a la salud) resulte prácticamente imposible negar su estrecha conexión con la dignidad.

En realidad, creo que lo que implica la dignidad a la hora de analizar los derechos de los extranjeros, es que hay que partir de una equiparación general entre estos y los españoles en la titularidad de todos los derechos [22], en la medida en que todo ser humano comparte, sin duda, la misma dignidad. Ahora bien, por un lado, la propia Constitución puede establecer excepciones, en las cuales los extranjeros se ven privados de la titularidad de determinados derechos (este es, como ya hemos reiterado, el caso de determinados derechos políticos según el artículo 13 de la Constitución española). Pero aun en este caso, la tradicional exclusión de los extranjeros, más o menos matizada según los sistemas, creo que no deriva de una falta de vinculación de estos derechos con la dignidad, sino del habitual entendimiento de que se trata de derechos-función

---

21 Rey Martínez, Fernando, *Derecho Antidiscriminatorio,* Aranzadi, Pamplona, 2019, p. 362.

22 En esta línea se pronuncia también Rey Martínez, Fernando, *Derecho Antidiscriminatorio,* cit., p. 364.

(cuando no de derechos-deberes) vinculados esencialmente a la condición de ciudadano; pero incluso esta idea quizá merezca una revisión [23].

Y por otro lado, para españoles y para extranjeros, como es obvio, el legislador puede establecer límites y restricciones, siempre que estos respeten el contenido esencial del derecho y respondan a un fin constitucionalmente lícito, sean idóneos y necesarios para conseguirlo, y resulten proporcionales. Por tanto, la pregunta sería si esos límites o restricciones han de ser siempre idénticos para todos, o bien pueden ser diferentes en algunos casos. Y creo que a esta cuestión no se pude responder de forma apriorística ubicando al derecho de que se trate en una u otra categoría, sino de acuerdo con los parámetros generales derivados del principio de igualdad y el derecho a no ser discriminado. En efecto, caben diferencias por razón de nacionalidad, o incluso por razón de origen, pero dichas diferencias requieren una justificación objetiva y razonable, es decir, han de superar también un juicio de proporcionalidad en sentido amplio y estricto, que puede tener, sin duda, características específicas cuando se trata de valorar los derechos de los migrantes. Voy a intentar desarrollar algo esta idea en los próximos apartados.

5. DERECHOS DE LOS MIGRANTES, IGUALDAD Y NO DISCRIMINACIÓN

Como se deduce de lo anterior, no se trata de que la dignidad no juegue un papel relevante en la determinación de

---

23 Sobre esta cuestión, aun con una perspectiva más amplia, véase el sugerente trabajo de Coello Garcés, Clicerio, *Repensar la ciudadanía. Derechos políticos de las minorías y grupos vulnerables,* Tirant Lo Blanch, México, 2016, y especialmente el capítulo 2, dedicado a los derechos políticos de los inmigrantes, pp. 111 ss.

los derechos de los extranjeros, sino de que ese papel no debería ir en la línea de la posible diferenciación en cuanto a titularidad o condiciones de ejercicio, en función de la mayor o menor conexión con la dignidad, sino más bien en el sentido de igualar, como regla general, a extranjeros y nacionales en el ejercicio de los derechos, de tal modo que las diferencias, si no derivan expresamente de la propia Constitución (o de textos internacionales) solo serían lícitas si encuentran un fundamento objetivo y razonable.

Todo ello nos conduce al principio de igualdad y a la prohibición de discriminación como criterios esenciales para abordar la cuestión de los derechos de los migrantes, o de los derechos de los extranjeros en un sentido más amplio. Sería imposible abordar aquí de forma amplia el complejo significado de ambos principios y derechos, y además lo he hecho parcialmente en otro lugar [24]. Pero para los fines del presente trabajo, me interesa destacar los siguientes aspectos:

a) La igualdad encuentra diversas formulaciones en los textos constitucionales e internacionales: como valor, como principio, como derecho, aparte de algunas dimensiones más específicas (por ejemplo, territorial, tributaria, igualdad en el acceso a cargos y funciones públicas...).

b) Desde el punto de vista del entendimiento del concepto, la diferencia principal se produce entre la igualdad ante la ley o igualdad formal, y la igualad real o material. En síntesis, la primera, que se incorpora a las declaraciones de derechos desde el constitucionalismo liberal y se mantiene en la actualidad, implica el deber (o derecho para el ciudadano) de tratar igual los supuestos iguales, y la

[24] Díaz Revorio, Francisco Javier, *Discriminación en las relaciones entre particulares*, Tirant Lo Blanch, México, 2015, especialmente pp. 32 ss., así como la bibliografía que allí cito.

posibilidad de tratar diferente los casos diferentes (si la diferencia es relevante), siempre que exista una justificación objetiva y razonable para este diferente trato, y este sea idóneo y proporcional respecto a un fin constitucional. En cambio, la igualdad real o material es un elemento característico del Estado social, que constitucionalmente aparece de forma explícita por primera vez en la Constitución italiana de 1947, e impone precisamente un trato diferente cuando este va dirigido a corregir desigualdades de partida, habitualmente por la pertenencia a colectivos tradicionalmente preteridos, marginados, especialmente vulnerables [25], o que de cualquier modo se ubican en una situación de inferioridad.

c) Aunque igualdad formal e igualdad material aparecen con frecuencia como conceptos diferentes e incluso se ubican en preceptos distintos (e incluso en algunos sistemas se considera que solo la igualdad ante la ley es un derecho, o que el trato diferente y más favorable requiere una previsión constitucional expresa), en realidad cabe entender que la igualdad real, o al menos ciertas dimensiones de igualdad real, pueden entenderse incluidas en la prohibición de discriminación, cuando esta se refiere a determinadas categorías o colectivos.

d) En relación con lo anterior, es importante la distinción entre igualdad y no discriminación. Aunque obviamente ambos conceptos se relacionen, y con independencia de que se formulen como incisos del mismo precepto (como en el artículo 14 de la Constitución española) o

---

25 Sobre ese concepto de vulnerabilidad, véase el trabajo de Lara Espinosa, Diana, *Grupos en situación de vulnerabilidad*, Comisión Nacional de los Derechos Humanos, México, 2013, especialmente pp. 22 ss. (en p. 30 se menciona a los migrantes como grupos en situación de vulnerabilidad).

en preceptos distintos (como en el caso de los artículos 20 y 21 de la Carta de los Derechos Fundamentales de la Unión Europea), lo cierto es que cabe distinguir la prohibición genérica de todo trato diferente injustificado, en los términos vistos, y la prohibición específica de todo trato o medida, o la falta de ellos, que provoquen un efecto perjudicial hacia alguien por su pertenencia a un colectivo determinado o por otras circunstancias sociales o personales; existiendo en la sociedad un prejuicio peyorativo frente a esos colectivos, que se ubican en una situación de inferioridad. Por ello autores como Esparza Reyes centran el núcleo de la cuestión en la idea de subordinación [26], de manera que la discriminación presupone esa situación, y el sentido de la igualdad sería precisamente su superación.

En cualquier caso, lo relevante es que la prohibición de discriminación -o el correlativo derecho a no ser discriminado- no se limita a la exigencia de un trato igual (o en su caso, a la exigencia de justificación del trato desigual) sino que implica el derecho a superar la posición de subordinación que algunas personas sufren por su pertenencia a determinado colectivo, tradicionalmente preterido o respecto al cual la mayoría mantiene prejuicios peyorativos. Por ello, el papel de la dignidad como fundamento del Derecho antidiscriminatorio es compatible con la idea de la no subordinación, lo que implica que este sector del ordenamiento no puede entenderse sin el contexto grupal [27].

Como también he apuntado, la discriminación supone globalmente un efecto de minusvaloración o perjuicio por la pertenencia a un colectivo determinado o por otras circunstancias

---

26 Esparza Reyes, Estefanía, *La igualdad como no subordinación*, Tirant Lo Blanch, México, 2017, *passim*, y especialmente pp. 45 ss.

27 Rey Martínez, Fernando, *Derecho Antidiscriminatorio*, cit., p. 45.

personales o sociales. Ello quiere decir que la discriminación no siempre es consecuencia de un trato diferente y más perjudicial hacia una persona, sino que cabe también la discriminación indirecta o de impacto, las discriminaciones erróneas, ocultas o por asociación; existen también las llamadas discriminaciones institucionales y sistémicas, e incluso la discriminación por indiferenciación [28]. Pero también conviene destacar que, entre los motivos de discriminación, hay algunos que, por razones históricas, sociales, o jurídicas, se consideran especialmente odiosos, y ello tiene determinadas consecuencias, en especial que el posible trato diferente basado en esos motivos será sometido a un escrutinio más estricto a la hora de valorar si supera el examen de razonabilidad y proporcionalidad. Son las llamadas "categorías sospechosas de discriminación" a las que nos referiremos a continuación.

6. LA CONDICIÓN DE MIGRANTE COMO POSIBLE CATEGORÍA SOSPECHOSA

Aplicadas estas reflexiones al tema en estudio, podríamos decir que la condición de extranjero es una circunstancia sobre la cual, en los términos ya explicados, no cabría ningún trato diferente no justificado adecuadamente. Pero aparte de ello podría funcionar como factor o elemento de discriminación. Sin embargo, es más probable que la discriminación basada en el prejuicio o en la posición de subordinación sea padecida por colectivos definidos por algún rasgo adicional, como el de los migrantes, o bien minorías definidas por un origen étnico, nacional o religioso. Ello implica plantear la cuestión de si la condición de extranjero, o más específicamente la de migran-

---

[28] Rey Martínez, Fernando, *Derecho Antidiscriminatorio*, cit., p. 80 ss., 106 ss., 39 ss., respectivamente.

te, podría considerarse una "categoría sospechosa" de discriminación, en los términos y con las consecuencias a los que antes nos hemos referido.

Ello nos lleva a plantearnos más detenidamente cuál puede ser el criterio para la determinación de estas llamadas "categorías sospechosas" de discriminación. Fue el Tribunal Supremo de los Estados Unidos el primero en establecer esa idea, y dado que la cláusula de *equal protection* de la enmienda XIV no menciona expresamente ninguna categoría específica por la que se prohíba la discriminación, estas han debido también ser creadas por el propio Tribunal. El principal efecto, como ya apunté, es la necesidad de someter a un examen más cuidadoso de constitucionalidad a las leyes que afecten a estas categorías, lo que implica que solo cuando tales leyes sirvan determinados fines (apremiantes o importantes) serán constitucionalmente admisibles [29]. El origen de todas estas ideas está

---

29 En realidad, como ponen de manifiesto, por ejemplo, Rotunda, R.D./ Nowak, J.E. *Treatise on Constitutional Law. Substance and procedure*, 4 vol., West Publishing Co., St. Paul, Minn., 1992, vol. 3, p. 14 y ss., se han utilizado tres tipos de "tests" en las decisiones sobre *equal protection*: a) *el Rational Relationship*, aplicado también en el ámbito del *due process*, y que supone que el Tribunal no realizará una revisión significativa de las leyes que clasifiquen a las personas en cuanto a la legislación económica general; en tales casos, el Tribunal considera que el legislativo está más capacitado para establecer clasificaciones razonablemente relacionadas a determinados fines, y por ello mantiene una actitud de cierta deferencia; b) el *Strict Scrutiny*, que supone que el Tribunal no aceptará cualquier propósito gubernamental como suficiente, sino que exigirá que el gobierno demuestre que la clasificación es necesaria para lograr un fin apremiante o primordial (*compelling or overriding*), o está estrechamente encaminada a él; este test es utilizado habitualmente respecto a la raza y el origen nacional; c) el *Intermediate Test*, que implica un término medio, en el que el Tribunal, sin conceder mucha "deferencia" al legislativo, tampoco exige un *compelling interest;* ello implica que la constitucionalidad de la clasificación se mantendrá si tiene una "relación sustancial" con un interés gubernamental "importante". Como destacan estos autores, el

en la célebre nota a pie de página número 4 de la sentencia *United States v. Carolene Products Co.* [30]., en la que se plantea si el prejuicio contra "minorías aisladas y sin voz" puede justificar un examen judicial más estricto. Como se acaba de indicar, el Tribunal ha ido creando con este fundamento una serie de "categorías sospechosas": raza u origen étnico [31], extranjería [32], hijos ilegítimos [33], y sexo [34], sometidas a un escrutinio "estricto"

"escrutinio intermedio" se ha utilizado respecto a clasificaciones como sexo, ilegitimidad o ciudadanía, aunque estas clasificaciones también han sido objeto en otras ocasiones de "escrutinio estricto". Un extenso estudio del tratamiento por el Tribunal Supremo de los diversos criterios de clasificación puede encontrarse en la misma obra, vol. 3, pp. 67-297.

30 304 U.S. 144 (1938).

31 Por ejemplo, *Brown v. Board of Education*, 347 U.S. 483 (1954); *Hernández V. Texas*, 347 U.S. 475 (1954).

32 *Graham v. Richardson*, 403 U.S. 365 (1971); el Tribunal estableció que los extranjeros son una minoría "aislada y sin voz", y que sería preciso un interés apremiante para privarles de los beneficios del bienestar; *Sugarman V. Dougall*, 413 U.S. 634 (1973), invalidó una ley que exigía la ciudadanía como requisito para el acceso a determinados puestos de servicio gubernamental o civil, cuya función no requería una "lealtad" que justificase la exigencia de la nacionalidad.

33 Así, *Levy v. Louisiana*, 391 U.S. 68 (1968), que afirmó que los hijos ilegítimos eran personas con derecho a plena protección de la cláusula *equal protection*, anulando una ley de Louisiana que los excluía de indemnización en el caso de muerte injusta de uno de sus padres; *Trimble v. Gordon*, 430 U.S. 762 (1977), que declaró la inconstitucionalidad de una ley que excluía de la sucesión intestada a los hijos ilegítimos; en *Clark v. Jeter*, 486 U.S. 456 (1988), el Tribunal invalidó una ley que limitaba las acciones de paternidad a los hijos ilegítimos, estableciendo formalmente un escrutinio intermedio, al referir la distinción constitucionalmente admisible en la materia a un objetivo gubernamental "importante" (a diferencia del interés *compelling or overriding* del escrutinio estricto).

34 Solo a partir de 1971 el sexo se ha considerado por la *Supreme Court* como categoría sospechosa (antes, fue tratado con la deferencia al legislador propia de las materias económicas). En *Reed v. Reed*, 404 U.S. 71 (1971), sin considerar expresamente el sexo como categoría sospechosa, se le

o, en su caso, intermedio. Por tanto, como se ve, la extranjería sí parece ser una categoría sospechosa de discriminación en Estados Unidos [35].

En cambio, en otros sistemas, en los que los preceptos que establecen la prohibición de discriminación mencionan expresamente determinados motivos específicos de dicha prohibición -aun cuando el enunciado pueda terminar con una cláusula abierta o general-, se tiende más bien a interpretar que las posibles categorías sospechosas son precisamente aquellas que se mencionan de forma expresa en la Constitución o en la declaración de derechos que se aplique al caso. En el caso español, y

---

concedió por primera vez efectiva protección, exigiendo que la clasificación fuera razonable, no arbitraria y referida a un objetivo legítimo; por ello se anuló una ley que daba preferencia a los varones para ser elegidos como administradores de una hacienda intestada. *Frontiero v. Richardson*, 411 U.S. 677 (1973) anuló una ley federal que concedía a los hombres, pero no a las mujeres de los servicios armados, una pensión automática para sus cónyuges; también puede citarse *Taylor v. Louisiana*, 419 U.S. 522 (1975) (la exención de las mujeres del deber de participar en el jurado vulnera el derecho de defensa), *Weinberger v. Wiesenfeld*, 420 U.S. 636 (1975) (pagos por fallecimiento de hombre a su mujer e hijos, pero por fallecimiento de mujer solo a los hijos), y *Craig v. Boren* 429 U.S. 190 (1976), que deroga una ley de Oklahoma que prohíbe comprar cerveza de 3,2 % a los varones menores de 21 años, y mujeres menores de 18; en esta decisión, el Tribunal sitúa claramente esta categoría en el ámbito del escrutinio intermedio, al requerir que las clasificaciones basadas en el sexo estén sustancialmente referidas a la consecución de importantes objetivos gubernamentales. Un interesante análisis teórico del sexo como categoría sospechosa se encuentra en D.A.J. Richards, *Conscience and the Constitution*, Princetown University Press, New Jersey, 1993, pp. 178-191.

35 Un análisis evolutivo de la jurisprudencia del Tribunal Supremo de Estados Unidos sobre la igualdad, por ejemplo, en Martín Vida, María Ángeles, "Evolución del principio de igualdad en Estados Unidos. Nacimiento y desarrollo de las medidas de acción afirmativa en derecho estadounidense", en *Revista Española de Derecho Constitucional*, nº 23, 2003, pp. 151 ss.

de acuerdo con el artículo 14 de la Constitución, las "categorías sospechosas" serían, entonces, el nacimiento, la raza, el sexo, la religión y la opinión; y, sin perjuicio de la cláusula abierta establecida al final del precepto, el "escrutinio más estricto" se aplicaría en principio a esas categorías. Como se ve, entre ellas no aparecen los extranjeros ni los migrantes, aunque parte de este colectivo sí podría encuadrarse en cualquiera de los otros ámbitos mencionados. De todos modos, hay argumentos que permiten ampliar la lista de esas categorías sospechosas. Por un lado, el mandato de interpretación de los derechos de acuerdo con la Declaración Universal de los Derechos Humanos y los tratados y convenios ratificados por España nos conduce a entender que algunas de las categorías mencionadas en estos, aunque no en la Constitución española, podrían igualmente ser susceptibles de considerarse "categorías sospechosas". A título de ejemplo, y en lo que nos interesa ahora, encontramos -además de las también mencionadas en la Constitución española- el origen nacional o la posición económica (art. 2 DUDH y del Pacto Internacional de los Derechos Civiles y Políticos), la lengua, el origen nacional o social, la pertenencia a una minoría nacional, la fortuna (art. 14 del Convenio Europeo para la protección de los Derechos Humanos y las Libertades Fundamentales); y en lo que posiblemente sea el texto más completo, orígenes étnicos o sociales, características genéticas, lengua, pertenencia a una minoría nacional, patrimonio, discapacidad, edad u orientación sexual en al artículo 21 de la Carta de los Derechos Fundamentales de la Unión Europea.

Con todo, y como puede apreciarse, ninguno de estos textos cita expresamente la condición de migrante, aunque respecto a la más genérica de extranjero podría invocarse la referencia al origen nacional; y además, como ya se ha indicado, en no pocos casos los orígenes étnicos, la lengua o incluso la religión podrían resultar motivos de discriminación que parte del colectivo podría invocar. Con todo, probablemente, y como ha puesto de relieve Cortina, el motivo que centraliza el prejuicio o incluso el odio a parte de los extranjeros y de los migrantes es la pobreza, de manera que detrás de muchos casos de xenofobia subyace en la realidad la aporofobia [36]. Y esta causa, probablemente un motivo de discriminación más intenso que el de la extranjería en sentido propio, o incluso el de la condición de inmigrante, sí encuentra alguna mención, aunque no con este término, en algunos de los motivos que acabamos de transcribir: posición económica, fortuna o patrimonio.

De todos modos, sigue siendo cierto que la específica condición de migrante no aparece mencionada en ninguno de estos textos, con lo que cabría preguntarse si, como tal, y con independencia de otras circunstancias (que podrían suponer casos de discriminación múltiple), podría afirmarse su configuración como "categoría sospechosa".

Yo creo que la propuesta tiene sentido si podemos considerar a los inmigrantes como una minoría, en el sentido propio de colectivo más "sensible" o expuesto a la discriminación. Para ello, existen criterios doctrinales y jurisprudenciales más o menos asentados [37]: a) compartir un rasgo común que los identifique como grupo; b) historia de discriminación; c) disminución de la posibilidad de defensa de los intereses del colectivo en el proceso político; y d) existencia de prejuicios so-

---

36 Cortina, Adela, *Aporofobia, el rechazo al pobre. Un desafío para la democracia*, Paidós, Barcelona, 2017 (5ª reimpresión, 2020), pp. 17 ss. En p. 21 señala explícitamente: El problema no es entonces de raza, de etnia ni tampoco de extranjería. El problema es de pobreza. Y lo más sensible en este caso es que hay muchos racistas y xenófobos, pero aporófobos, casi todos. Es el pobre, el *áporos*, el que molesta, incluso el de la propia familia, porque se vive al pariente pobre como una vergüenza que no conviene airear…"

37 Seguimos en esta enumeración, como referencia, a Martín Sánchez, María, *Matrimonio homosexual y Constitución*, Tirant Lo Blanch, Valencia, 2008, pp. 83 ss., quien a su vez se remite a otros análisis doctrinales y jurisprudenciales.

ciales contra el colectivo, susceptibles de ser reforzados con la diferenciación normativa [38].

Desde esta perspectiva, sí creo que la categoría de los migrantes (incluso más que la extranjería en sentido más amplio) puede considerarse una minoría, y por lo tanto, existen argumentos para afirmar que la condición de inmigrante podría considerarse categoría sospechosa de discriminación.

Por último, y aunque no es posible entrar en un examen más profundo, hay que apuntar que esta consideración, además de implicar el ya reiterado "escrutinio más estricto" tiene en mi opinión otra serie de importantes consecuencias, como son la extensión de la prohibición de discriminación a los particulares (sin perjuicio de su ponderación con otros derechos) [39], y sobre todo la consideración de colectivo susceptible de ser beneficiario de medidas de acción afirmativa y discriminación inversa, aspecto este al que nos vamos a referir a continuación.

7. HACIA UN DERECHO ANTIDISCRIMINATORIO PARA LOS MIGRANTES

En las páginas anteriores se ha intentado llevar a cabo una crítica de los enfoques clásicos más habituales para afrontar la posición iusfundamental de los migrantes. Los motivos fundamentales de esta crítica serían los siguientes: a) la falta de construcción de un estatuto jurídico de los migrantes; b) la tendencia

---

38 Con base en estos y otros argumentos, por ejemplo, Martín Sánchez, María, *Matrimonio...*, cit., pp. 70 ss., justifica la equiparación de la orientación sexual con las categorías expresamente prohibidas en el artículo 14 de la Constitución. Como veremos, en parte estos argumentos pueden ser aplicables también a la condición de migrante.

39 He tratado este tema mucho más ampliamente en mi obra *Discriminación...*, cit., especialmente pp. 84 ss. y 124 ss.

a aplicar a su situación meramente el régimen de la extranjería, que tiende a restringir o eliminar sus derechos respecto a los nacionales; c) la errónea utilización de la dignidad para establecer diferentes categorías de derechos de los extranjeros basándose en la mayor o menor intensidad del vínculo del derecho de que se trate con ese valor fundamental, justificándose así restricciones más amplias en algunos derechos; d) la falta de consideración de este colectivo -al menos hasta tiempos recientes- como una "minoría", lo que le debería hacer acreedor, al menos en determinadas situaciones, de medidas de acción afirmativa o de Derecho Antidiscriminatorio en su favor.

Obviamente, de esa reflexión se deriva la necesidad de afrontar con rigor la labor de establecer un estatuto iusfundamental general de los migrantes. Esta posición debe partir de su consideración como colectivo habitualmente desfavorecido o preterido, sin perjuicio de que en algunos casos concurran también otros factores como el de extranjería, u otros motivos que provocarán discriminaciones múltiples o interseccionales, como la eventual concurrencia, en algunos casos, de la condición de minorías étnicas, nacionales o religiosas. Todo ello sin dejar de lado la problemática específica de las mujeres migrantes, los migrantes menores o con discapacidad, entre otros colectivos específicos. Pero la primera labor sería la definición del colectivo de migrantes como conjunto de personas que se han visto obligadas a abandonar su lugar de origen en busca de mejores condiciones económicas, sociales o políticas.

En cualquier caso, la conclusión es que la construcción de este estatuto general, así como de los específicos que proceden de los citados casos de discriminaciones múltiples, debería llevarse a cabo desde el Derecho Antidiscriminatorio. La base de este sector del ordenamiento es la igualdad real o material, que impone a veces tratos desiguales, pero más favorables a personas que pertenecen a minorías o colectivos tradicionalmente preteridos. Esta idea, junto a la prohibición de discriminación a la que ya nos hemos referido, son los presupuestos esenciales del llamado Derecho Antidiscriminatorio, que como disciplina autónoma y global comienza a ser objeto de estudio en tiempos recientes. Aparecen así las distintas formas de discriminación, a las que ya hemos hecho referencia, y que no siempre implican un "trato diferente" y más perjudicial hacia una persona por su pertenencia a un colectivo, sino que pueden incluso producirse por indiferenciación o igualación, o por un trato formalmente igual en una situación en la que no hacer nada supone ya una discriminación (discriminaciones estructurales o "estado de cosas inconstitucional"), lo que se produce por ejemplo en las situaciones de segregación.

Aparecen así los conceptos de acción afirmativa y discriminación inversa [40], que suponen la posibilidad (o, incluso, desde cierta perspectiva, la exigencia) de tratos desiguales para conseguir la igualdad real, es decir, una efectiva igualdad de oportunidades que requiere favorecer a quienes más lo necesitan. La diferencia básica está en que las medidas de discriminación inversa el trato más favorable a las personas del colectivo preterido o minoritario supone un perjuicio concreto y efectivo para otras personas no pertenecientes al mismo, en el contexto del reparto de bienes, servicios o derechos limitados por definición. Un ejemplo serían las cuotas. En cambio, las medidas de acción afirmativa son asumidas o sufragadas por la sociedad en su conjunto, sin suponer un perjuicio o pérdida concreta a personas determinadas, como es el caso de los beneficios fiscales o determinados descuentos en el pago individual de otro tipo de servicios públicos [41].

---

40 Sobre esta distinción y su elaboración en la doctrina y jurisprudencia de Estados Unidos, por todos, Giménez Glück, David, *Una manifestación polémica del principio de igualdad: acciones positivas moderadas y medidas de discriminación inversa*, Tirant Lo Blanch, Valencia, 1999, *passim*.

41 Seguimos aquí el criterio diferenciador explicado entre otros por Ridaura Martínez, Mª Josefa, "La igualdad", en López Guerra, L., y Espín, E. (dirs.), *Manual de Derecho Constitucional*, vol. I. *La Constitución*

En ambos casos, y de acuerdo con lo ya mencionado, si el motivo del trato diferente está basado en una de las categorías sospechosas de discriminación, en principio habría que someter dicho trato al escrutinio más estricto. Aunque esta es la interpretación más extendida, creo como Esparza Reyes [42] que produce determinadas disfunciones o consecuencias extrañas, en realidad contrarias al sentido de la creación de "categorías sospechosas", como lo sería someter a ese escrutinio más estricto a los tratos que, lejos de resultar perjudiciales para el colectivo preterido, son más favorables.

En cualquier caso, con las premisas anteriores puede encontrarse un amplio elenco de medidas tendentes a luchar contra la discriminación y a ofrecer a los miembros de los colectivos preteridos una verdadera igualdad de oportunidades. El Derecho Antidiscriminatorio estudia estas medidas y su tipología, clasificándolos de acuerdo con diversos criterios [43].

Aquí no puedo profundizar en esta cuestión, pero sí plantear que, en la medida en que resulten necesarios para la integración real de los inmigrantes en una sociedad, dichos mecanismos han de resultar aplicables al colectivo de los migrantes. Ello no quiere decir que, si implican tratos diferentes, no deban superar un juicio de razonabilidad y de proporcionalidad (aunque, como acabo de explicar, no precisamente el más es-

---

y las fuentes del Derecho. Derechos fundamentales y garantías, Tirant Lo Blanch, Valencia, 2022, pp. 183-184. Sin embargo, otros autores como Díez-Picazo, Luis María, *Sistema de derechos fundamentales,* Aranzadi, Cizur Menor, 5ª ed., 2021, pp. 197 ss., considera ambas expresiones como sinónimas, si bien indica su preferencia por "acción afirmativa" ya que aprecia connotaciones peyorativas en "discriminación inversa".

42 Esparza Reyes, Estefanía, *La igualdad…*, cit., pp. 159-160.

43 Sobre el tema, por ejemplo, Esparza Reyes, Estefanía, y Díaz Revorio, Francisco Javier, "Los mecanismos jurídicos de lucha contra la discriminación: aportaciones para la configuración del Derecho Antidiscriminatorio", en *Revista de Derecho Político,* nº 105, 2019, pp. 57 ss.

tricto). Pero es importante ya destacar que la pertenencia de una persona al colectivo de los migrantes -mucho más que una mera consideración de extranjero- aporta ya un fin constitucionalmente impuesto a las medidas de acción afirmativa, o en su caso de discriminación inversa. Estas medidas pueden ser de diverso tipo, desde facilidades concretas hasta ayudas económicas o prestaciones específicas.

Es verdad que, en otros casos, la vinculación de determinadas prestaciones a un pago específico y parcial por parte del beneficiario, ya sea en un momento o de forma paulatina, puede jugar a favor de supeditar el acceso a dicha prestación a quienes han aportado de algún modo parte del coste de la prestación. De hecho, precisamente en casos de algunos derechos prestacionales de este tipo, como la salud o prestaciones por desempleo, la jurisprudencia reconoce que la libertad del legislador para configurar diferencias entre nacionales y extranjeros es más amplia [44]. Sin embargo, una visión que parte de la igual dignidad y rechace ese diferente vínculo con la dignidad de distintos grupos de derechos, como la que aquí se ha defendido, aunque evidentemente puede admitir diferencias

---

[44] Véase la ya citada STC 236/2007, de 7 de noviembre, f. j. 4. Allí el Tribunal señala, entre estos derechos (aparentemente más "alejados" de la dignidad, aunque ya hemos criticado este enfoque) "derechos tales como el derecho al trabajo (STC 107/1984, de 23 de noviembre, FJ 4), el derecho a la salud (STC 95/2000, de 10 de abril, FJ 3), el derecho a percibir una prestación de desempleo (STC 130/1995, de 11 de septiembre, FJ 2), y también con matizaciones el derecho de residencia y desplazamiento en España (SSTC 94/1993, de 22 de marzo, FJ 3; 242/1994, de 20 de julio, FJ 4; 24/2000, de 31 de enero, FJ 4)". Como se ve, hay aquí algunos derechos prestacionales específicos, aunque otros que no lo son o lo serían en una medida mucho menos intensa, como la residencia y desplazamiento o el derecho al trabajo. Por otro lado, en cambio, el derecho a la educación, inequívocamente prestacional, se ubica según el Tribunal en el grupo de derechos más intensamente vinculados con la dignidad.

de trato más favorables a los nacionales, si cumplen un juicio estricto de proporcionalidad, tampoco ha de excluir diferencias de trato precisamente favorables a los migrantes, cuando sean necesarias, idóneas y proporcionadas respecto al fin de conseguir la igualdad real y su integración social.

De este modo, y como conclusión, un planteamiento que parte de la igual dignidad de todo ser humano conduce a una igualdad general en la titularidad y el ejercicio de los derechos. Y aunque esta igualdad no puede ser nunca absoluta, ya que ha de resultar compatible con diferencias de trato razonables y justificadas (según el tipo de test a que deban someterse), la aportación de un enfoque como el que planteamos supone incorporar esta problemática como parte del Derecho Antidiscriminatorio, y aplicar, cuando proceda, los mecanismos que este ofrece, de cara al importante objetivo de luchar contra la desigualdad sistemática que suelen sufrir quienes abandonaron su país y su hogar movidos por la pobreza y la necesidad, y se encuentran en un lugar nuevo y en principio desconocido en una situación de indudable subordinación, en la que han de afrontar además arraigados prejuicios sociales. Todo ello justifica la aplicación de mecanismos antidiscriminatorios en su favor.

BIBLIOGRAFÍA

BALAGUER CALLEJÓN, F., "El contenido esencial de los derechos constitucionales y el régimen jurídico de la inmigración. Un comentario a la STC 236/2007 de 7 de noviembre", en *Revista de Derecho Constitucional Europeo,* nº 10.

BALAGUER CALLEJÓN, F., "Globalización y migraciones", en *Migraciones y asilo en la Unión Europea,* coord. José María Porras Ramírez, Aranzadi, Cizur Menor, 2020.

CEPEDA RINCÓN, F.d.J., y LUCHO GONZÁLEZ, G.F. (coords.), *Migrantes, refugiados y derechos humanos,* Tirant Lo Blanch, México, 2019.

COELLO GARCÉS, C., *Repensar la ciudadanía. Derechos políticos de las minorías y grupos vulnerables,* Tirant Lo Blanch, México, 2016.

CORTINA, A., *Aporofobia, el rechazo al pobre. Un desafío para la democracia,* Paidós, Barcelona, 2017 (5ª reimpresión, 2020).

CUARTERO RUBIO, V., "Devoluciones en caliente, controles en fronteras interiores, Golden visa: imágenes en las fronteras del siglo XXI", en *Inmigración: retos para el Derecho del siglo XXI,* dir. María Victoria Cuartero Rubio, Aranzadi, Cizur Menor, 2019.

DÍAZ REVORIO, F.J., "A vueltas con la fundamentación de los derechos y la dignidad humana. Reflexiones de un constitucionalista", en *El compromiso constitucional del iusfilósofo. Homenaje a Luis Prieto Sanchís,* ed. Perfecto Andrés Ibáñez *et alii,* Palestra, Lima, 2020.

DÍAZ REVORIO, F.J., *Discriminación en las relaciones entre particulares,* Tirant Lo Blanch, México, 2015.

DÍAZ REVORIO, F.J., *Valores superiores e interpretación constitucional,* 3ª ed., Tirant Lo Blanch, Ciudad de México, 2018.

DÍEZ-PICAZO, L.M., *Sistema de derechos fundamentales,* Aranzadi, Cizur Menor, 5ª ed., 2021.

DOBBS, D., "Genes inquietos", en *National Geographic España,* enero 2013.

ESCAJEDO SAN-EPIFANIO, L., "Artículo 1. Dignidad humana", en *La Carta de los Derechos fundamentales de la Unión Europea. Diez años de jurisprudencia,* dir. Antonio López Castillo, Tirant Lo Blanch, Valencia, 2019.

ESPARZA REYES, E., *La igualdad como no subordinación,* Tirant Lo Blanch, México, 2017.

ESPARZA REYES, E. y DÍAZ REVORIO, F.J., "Los mecanismos jurídicos de lucha contra la discriminación: aportaciones para la configuración del Derecho Antidiscriminatorio", en *Revista de Derecho Político,* nº 105, 2019.

GARCÍA GUERRERO, J.L. y MARTÍNEZ ALARCÓN, M.L. (dirs.), *Constitucionalizando la globalización,* Tirant Lo Blanch, Valencia, 2 vols., 2019.

GIMÉNEZ GLÜCK, D., *Una manifestación polémica del principio de igualdad: acciones positivas moderadas y medidas de discriminación inversa,* Tirant Lo Blanch, Valencia, 1999.

ISLAS COLÍN, A. (coord.), *Derechos humanos y globalización,* Flores Editor, Ciudad de México, 2018.

ISLAS COLÍN, A., *Migrantes y refugiados. Protección de derechos humanos,* Porrúa-Universidad Juárez Autónoma de Tabasco, México, 2018.

LARA ESPINOSA, D., *Grupos en situación de vulnerabilidad,* Comisión Nacional de los Derechos Humanos, México, 2013.

MARTÍN SÁNCHEZ, M., *Matrimonio homosexual y Constitución,* Tirant Lo Blanch, Valencia, 2008.

MARTÍN VIDA, M.A., "Evolución del principio de igualdad en Estados Unidos. Nacimiento y desarrollo de las medidas de acción afirmativa en derecho estadounidense", en *Revista Española de Derecho Constitucional,* nº 23, 2003.

MORALES SÁNCHEZ, J., *Migración irregular y derechos humanos,* Tirant Lo Blanch, México, 2018.

PEREIRA DOMÍNGUEZ, C., SOLÉ BLANCH, J., y VALERO IGLESIAS, L. F., "Babel: Cine y comunicación en un mundo globalizado", en *Polis. Revista Latinoamericana,* nº 26, 2010.

PÉREZ-PRENDES y MUÑOZ ARRACO, J.M., *El marco legal de la emigración española en el constitucionalismo,* Fundación Archivo de Indianos, Colombres (Asturias), 1993.

PÉREZ VERA, E., "Prólogo" a *Inmigración: retos para el Derecho del siglo XXI,* dir. María Victoria Cuartero Rubio, Aranzadi, Cizur Menor, 2019.

PORRAS RAMÍREZ, J.M., "Un pacto sobre inmigración y asilo en la Unión Europea", en *Migraciones y asilo en la Unión Europea,* coord. José María Porras Nadales, Aranzadi, Cizur Menor, 2020.

REBATO PEÑO, M.E., "Los extranjeros como titulares de derechos. Una cuestión recurrente", en *Inmigración: retos para el Derecho en el siglo XXI,* dir. María Victoria Cuartero Rubio, Aranzadi, Cizur Menor, 2019.

REY MARTÍNEZ, F., *Derecho Antidiscriminatorio,* Aranzadi, Pamplona, 2019.

RICHARDS, D.A.J., *Conscience and the Constitution,* Princetown University Press, New Jersey, 1993.

RIDAURA MARTÍNEZ, M.J., "La igualdad", en López Guerra, L., y Espín, E. (dirs.), *Manual de Derecho Constitucional,* vol. I. *La Constitución y las fuentes del Derecho. Derechos fundamentales y garantías,* Tirant Lo Blanch, Valencia, 2022.

ROTUNDA, R.D./NOWAK, J.E. *Treatise on Constitutional Law. Substance and procedure,* 4 vol., West Publishing Co., St. Paul, Minn., 1992, vol. 3.

VIDAL FUEYO, M.d.C., "La jurisprudencia del Tribunal Constitucional en materia de derechos fundamentales de los extranjeros a la luz de la STC 236/2007", en *Revista Española de Derecho Constitucional,* nº 85, 2009.

Capítulo 2.

LA PROTECCIÓN DE LOS MIEMBROS DE LAS MINORÍAS EN LA UNIÓN EUROPEA: UNA CUESTIÓN ABIERTA, DE ALCANCE CONTROVERTIDO

JOSÉ MARÍA PORRAS RAMÍREZ
Catedrático de Derecho Constitucional de la Universidad de Granada y Catedrático Jean Monnet *de Derecho Constitucional Europeo*

Sumario: 1. Las minorías en la Unión Europea. Concepto y tratamiento en el marco internacional. 2. El doble estándar de protección de los derechos de las personas pertenecientes a las minorías. 3. Especial referencia a los migrantes y a los ciudadanos de origen migrante: ¿minoría diferenciada? 4. Bibliografía.

1. LAS MINORÍAS EN LA UNIÓN EUROPEA. CONCEPTO Y TRATAMIENTO EN EL MARCO INTERNACIONAL.

Ya en su art. 2, el Tratado de la Unión Europea (TUE) considera que ésta se fundamenta, no sólo en aquellos valores y principios estructurales que son inherentes al proceso de constitucionalización, vinculado a su integración política, como son la dignidad humana, la libertad, la democracia, la igualdad, el Estado de Derecho y los derechos humanos, sino, también, en el respeto a los *"derechos de las personas pertenecientes a minorías"*[1]. Derechos que se compromete a promover, conforme a los objetivos que se ha fijado, al tiempo que rechaza y combate la exclusión social y la discriminación, salvaguardando la riqueza que ofrece la diversidad cultural y lingüística (art. 3). La Unión perseguirá esos fines de acuerdo con las competencias que le atribuyen los Tratados (art. 4.1), garantizando los derechos, libertades y principios enunciados en la Carta de los Derechos Fundamentales de la Unión Europea (art. 6), cuyo art. 21 prohíbe, expresamente, toda forma de trato diferenciado, injustificado e irrazonable; mientras su art. 22 orienta a la Unión a proteger y valorar la pluralidad cultural, religiosa y lingüística que alberga. Nada, en fin, que no vengan postulando, desde hace décadas, las más avanzadas declaraciones internacionales de derechos, en demostración de una sensibilidad creciente, que viene de muy atrás[2], para con la defensa de esos intereses[3].

---

1 Acerca del alcance de la llamada "cláusula de homogeneidad", expresada en el art. 2 TUE, cfr., MANGIAMELI, S., "Article 2: the homogeneity clause", en BLANKE, H. J. & MANGIAMELI, S. (Eds.), *The Treaty on the European Union. A Commentary*, Heildelberg, Springer, 2013, pp. 109-155.

2 PENTASSUGLIA, G., *Minorities in international law. An introductory study.* Council of Europe Publishing, Koelblin-Fortuna-Druck, Germany, 2002, p. 25 y ss.

3 Vid., *Pacto Internacional de los Derechos Civiles y Políticos*, aprobado por la Asamblea General de la Organización de las Naciones Unidas, mediante su Resolución 2200 A (XXI), de 16 de diciembre de 1966. https://www.ohchr.org/sites/default/files/Documents/ProfessionalInterest/ccpr_SP.pdf. En especial, vid, su art. 27, referido a las minorías, étnicas, religiosas o lingüísticas. A su vez, más específicamente, cfr., la *Declaración de la Organización de las Naciones Unidas sobre los derechos de las personas pertenecientes a minorías nacionales o étnicas, religiosas y lingüísticas*, aprobada por la Asamblea General, mediante su Resolución 47/135, de 18 de diciembre de 1992. Cfr., https://www.ohchr.org/es/instruments-mechanisms/instruments/declaration-rights-persons-belonging-national-or-ethnic. También, vid., *Convenio Marco nº 157*

Así, aunque no contemos con un concepto o definición normativa, internacionalmente acordada, acerca de qué grupos merecen la consideración de *minorías*, debido a la diversidad de situaciones de hecho que se ven afectadas, la Organización de las Naciones Unidas ha venido apelando a una combinación de factores, objetivos y subjetivos. De ese modo, a pesar de que los cambios sociales y la complejidad del fenómeno han desbordado su capacidad descriptiva, fue el Relator Especial F. Capotorti quien estableció, en su día, una propuesta inicial a la que se sigue habitualmente recurriendo. La misma, completada con la expuesta, años después, por J. Deschênes, parte de la constatación de que, en casi todos los Estados de la Tierra, existen grupos numéricamente más reducidos, en el marco de la población general, los cuales se encuentran en una posición no dominante, y cuyos miembros, que son nacionales del Estado, poseen características étnicas, lingüísticas o religiosas, diferentes de las del resto. Además, aquéllos se muestran unidos, siquiera implícitamente, por un vínculo de solidaridad, orientado, tanto a salvaguardar sus diferencias culturales[4], como a alcanzar la igualdad de hecho y de Derecho con la mayoría[5].

---

del Consejo de Europa para la Protección de las Minorías Nacionales. Cfr., https://rm.coe.int/16800c1304.

4 CAPOTORTI, F., *Study on the rights of persons belonging to ethnic, religious and linguistic minorities.* United Nations. Special Rapporteur of the Sub-Commission on Prevention of Discrimination and Protection of Minorities. Geneva, 1977, pp. 1-122; en especial, p. 5 y ss.: E/CN.4/Sub.2/384/Rev.1, párr. 568. Vid., https://digitallibrary.un.org/record/10387.

5 DESCHÊNES, J., *Proposal concerning a definition of the term minority,* en United Nations Economic and Social Council, Commission of Human Rights, Sub-Commission on Prevention of Discrimination and Protection of Minorities, Doc/E/CN4/Sub2/1985/31/Corr.1 https://digitallibrary.un.org/record/88267#record-files-collapse-header

De tal modo, aun habiéndose criticado, hasta el punto de, hoy, rechazarse la exigencia de que los miembros de las minorías hayan de ser nacionales de un Estado[6], el llamado *"estándar Capotorti-Deschênes"* reclama a los poderes públicos que reconozcan a los grupos que reúnen características como las indicadas. Así mismo, insta a aquéllos a que acojan la demanda de expresión y garantía de los derechos que han de asistir a sus miembros, en aras de crear las condiciones que les permitan, en un contexto no siempre propicio, preservar su amenazada identidad[7], entendiéndose por tal, en palabras de J. Habermas: "aquel espacio compartido de experiencia y vida en el que el individuo es socializado"[8].

Por tanto, el *reconocimiento* de la existencia de una minoría (nacional, étnica, religiosa, lingüística...) y de su aportación a una cultura común, ha de constituir el punto de partida, ya que sin aquél no cabe proceder a una defensa de su singularidad genuina. Sólo así podrá evitarse su asimilación por parte de la mayoría, con la consiguiente pérdida de riqueza cultural que ello entraña. No obstante, la protección de estos sujetos colectivos no puede llevarse a cabo sino *indirectamente,* esto es, a través del otorgamiento de derechos a sus miembros, al ser estos quienes, efectivamente, son víctimas habituales de discrimina-

---

6 *Observación General Nº. 23, Comentarios generales adoptados por el Comité de los Derechos Humanos, Artículo 27-Derechos de la Minorías.* 50º Período de Sesiones (1994). ONU. Doc.HRI/GEN/1Rev. 7 at 183 (1994). http://hrlibrary.umn.edu/hrcommittee/Sgencom23.html#:~:text=El%20Comit%C3%A9%20observa%20que%20este,dem%C3%A1s%2C%20en%20virtud%20del%20Pacto.

7 WOLFRUM, R., "Kulturelle Rechte und Minderheitenschutz", en MERTEN, D. & PAPIER, H.J., (Eds.), *Handbuch der Grundrechte,* Vol. VI/1: Europäische Grundrechte I, Heildelberg, C.F. Müller, 2010, p. 143 y ss.

8 HABERMAS, J., *Die Einbeziehung des Anderen* (1999). (Trad. es., Barcelona, Paidós, 1999, p. 210).

ciones, tanto directas, como indirectas, de hecho y de derecho, que no cabe tolerar[9]. No en vano, el Derecho internacional de los derechos humanos prohíbe "toda distinción, exclusión, restricción o preferencia... que tenga por objeto o por resultado anular o menoscabar el reconocimiento, goce o ejercicio, en condiciones de igualdad, de los derechos humanos y las libertades fundamentales"[10] de todas las personas, sin que haya que demostrar ningún propósito discriminatorio. Se rechaza así que, incluso, expresiones aparentemente neutras puedan ser interpretadas de manera tal que generen discriminación, para los individuos y las comunidades a las que se adscriben.

La posición de desventaja social, económica o política en las que se encuentran los miembros de las minorías en las sociedades de acogida, en relación al colectivo mayoritario, explica su vulnerabilidad. Y justifica la adopción de medidas diferenciales, afirmativas o especiales, de carácter temporal. Estas habrán de destinarse a hacer posible que los individuos pertenecientes a aquéllas contrarresten la situación de desigualdad de hecho que padecen. Tales medidas contribuyen a la conservación de su propia cultura, cuyas expresiones se habrán de considerar legítimas, siempre que no atenten contra los principios fundamentales que inspiran a los ordenamientos jurídicos de la Unión y de los Estados miembros. Mas, en todo caso, no se contempla que dichas disposiciones supongan la atribución, a las propias minorías, de *derechos colectivos,* de naturaleza política

---

9 Oficina del Alto Comisariado para los Derechos Humanos de las Naciones Unidas: *Derechos de las Minorías. Normas internacionales y orientaciones para su aplicación,* en https://www.ohchr.org/sites/default/files/Documents/Publications/MinorityRights_sp.pdf.

10 Cfr. art. 1, pár. 1 de la *Convención Internacional sobre la Eliminación de todas las formas de Discriminación Racial,* adoptada por la Resolución 2106/ A (XX), de 21 de diciembre de 1965, de la Asamblea General de la Organización de las Naciones Unidas. https://www.ohchr.org/sites/default/files/cerd_SP.pdf

y carácter permanente, que conformen un estatus singular, derivado de un derecho especial, diferente del general que asiste al resto de la población[11].

Y es que no hay que olvidar que la Unión Europea, en tanto que "primera configuración de una democracia posnacional"[12], se compromete a proteger, desde una óptica genuinamente individualista, ex art. 2 TUE, *"los derechos de las personas pertenecientes a minorías"*, que no los de éstas, en tanto que tales. Ha optado así por asumir la clásica concepción liberal, garante de los derechos de todo ser humano, para, en este caso, corregir y eliminar la discriminación o cualquier forma de exclusión que afecte a esos individuos, por razón de su adscripción a una minoría nacional, étnica, religiosa o lingüística. Y todo ello a fin de proporcionarles una plena o sustancial igualdad de trato, lo que insta a remover cuantos obstáculos impidan su efectiva equiparación con los demás ciudadanos[13].

Se trata, por tanto, de facilitar a las personas que son miembros de minorías el ejercicio de sus derechos, "tanto individual como conjuntamente con otras"[14], lo que entraña la realización de actividades y prácticas, ligadas a determinadas culturas, diferentes a la mayoritaria, con inmunidad de coacción por

---

11 SOLOZÁBAL ECHAVARRÍA, J. J., "Los derechos colectivos desde la perspectiva constitucional española", en *Cuadernos de Derecho Público,* nº 12, 2001, pp. 79-115.

12 HABERMAS, J., *Zur Verfassung Europas. Ein Essay* (2012). (Trad. esp., Madrid, Trotta, 2012, p. 39).

13 Art. 1, pár. 4 y art. 2, pár. 2 de la *Convención Internacional sobre la Eliminación de todas las formas de Discriminación Racial,* cit. Así mismo, alude a estas medidas positivas la *Convención sobre la Eliminación de todas las Formas de Discriminación contra la Mujer,* adoptada por la Resolución 34/180, de 18 de diciembre de 1979, de la Asamblea General de la Organización de las Naciones Unidas. https://www.ohchr.org/sites/default/files/cedaw_SP.pdf

14 Art. 3.2 del *Convenio marco para la protección de las minorías nacionales.*

parte de los poderes públicos. Se busca así allanar su acceso a la educación, al empleo, a la vivienda, a la sanidad, y a los demás servicios sociales, favoreciendo, además, su participación, mediante un cualificado reconocimiento de sus libertades de expresión, lingüística o religiosa, una vez constatadas las dificultades que hallan a ese respecto. De ese modo, se promueve la apreciación, notablemente deferente o atenta, de las peculiaridades y tradiciones que son inherentes a los miembros de tales minorías, a fin de tutelar las manifestaciones características de la cultura que les es propia. Con ello, al reclamar la valoración de sus elementos distintivos, en tanto que factores de diversidad y riqueza culturales, se contribuye a la creación de un espacio plural e intercultural de convivencia, garante de su presencia pública y de la imprescindible cohesión social[15].

Consecuentemente, al haberse descartado el enfoque comunitarista, propio del multiculturalismo, las acciones positivas que se apliquen no se inscribirán en auténticas *"políticas de reconocimiento"*, destinadas a conceder a las propias minorías, de forma permanente, un trato diferenciado y preferencial con respecto al resto de la población, en consideración a una supuesta situación estructural de vulnerabilidad y discriminación histórica, continuamente padecidas. Por tanto, las medidas temporales que se adopten, las cuales deberán estar contempladas en las leyes, ajustándose así a un juicio de razonabilidad, habrán de demostrar su carácter proporcional y necesario en una sociedad democrática, y su adecuación a las demandas y necesidades individuales, de carácter específico, que se desean atender. Eso explica que no conformen un estatus jurídico privilegiado[16], susceptible de presentarse, ya por

---

15 CASTRO JOVER, A. (Coord.), *Interculturalidad y Derecho,* Pamplona, Thomson Reuters Aranzadi, 2013, p. 23 y ss.

16 TAYLOR, C., *Multiculturalism and the politics of recognition* (1992). (Trad. esp., México, Fondo de Cultura Económica, 1993, p. 20 y ss.).

medio de excepciones a las normas generales (*"derechos derogatorios"*); ya de beneficios, de carácter político, concedidos a tales grupos (*"derechos promocionales"*)[17].

No en vano, el propósito que anima al reconocimiento de derechos a los miembros de las minorías no es perpetuar la separación de aquéllos con respecto al resto de la población, sino alcanzar la anhelada inclusión, sin detrimento del respeto a la conservación de las diferencias y de la diversidad, evitando su asimilación por la cultura mayoritaria. Así, en particular, a los miembros de las minorías deberá allanárseles el acceso al pleno disfrute de los derechos sociales, económicos y culturales, y la opción de participar en la esfera pública, impidiendo su exclusión o marginación, al tiempo que se asegura su contribución a la formación de una cultura común[18].

A este respecto, ha de insistirse en que el enfoque adoptado por la Unión evita el riesgo que supone la perspectiva comunitarista, con la apertura a un multiculturalismo de base nacional, étnica, religiosa o lingüística[19]. No en vano, esa perspectiva, al no armonizarse con una garantía efectiva e indiscriminada

---

17 KYMLICKA, W. *Multicultural Citizenship. A liberal theory of minority rights* (1995). (Trad. esp. Barcelona, Paidós, 1996, pp. 111-115.

18 DENNINGER, E., "Recht und rechtliche Verfahren als Klammer in einer multikulturellen Gesellshaft" (2005), en DENNINGER, E. & GRIMM, D., *Derecho constitucional para la sociedad multicultural,* ed. por I. GUTIÉRREZ, Madrid, Trotta, 2007, pp. 27-50; en especial, pp. 31-32.

19 En vivo contraste con la situación europea, el multiculturalismo ha sido acogido por la Asamblea General de la Organización de Estados Americanos (OEA), en la *Declaración Americana sobre los Derechos de los Pueblos Indígenas,* adoptada en Santo Domingo, el 15 de junio de 2016. Su art. VI alude, específicamente, a los "derechos colectivos" que benefician a esa minoría, en cuanto que tal. Vid. https://www.oas.org/es/sadye/documentos/res-2888-16-es.pdf. Sus principios, que cuentan con significativas reservas, formuladas por algunos Estados-parte, como Estados Unidos, Canadá, Brasil y Colombia, han sido desarrollados extensamente en la nueva

de los derechos fundamentales de la persona, conlleva una desnaturalización, cuando no una subversión, de los valores y principios, de carácter universal, sobre los que se asientan las tradiciones constitucionales comunes a los Estados miembros. Estas inspiran el Derecho de la Unión, legitimando la existencia misma del orden político establecido[20]. Por eso, el rechazo a esa otra visión evita el sacrificio de tales valores y principios que, de aceptarse, conduciría derechamente a la creación de formas de división o fragmentación políticas, negadoras de la integración sociocultural que actúa como presupuesto necesario de la convivencia cívica. De tal modo, en las ocasiones en las que se constate un uso maximalista y desproporcionado de los derechos atribuidos a los miembros de las minorías, contrario a la libertad igual de todas las personas, habrán de invocarse los demás principios y valores constitucionales sobre los que se asientan, tanto la Unión, como sus Estados miembros, a fin de frenar los excesos en los que se pueda incurrir. Y es que la legítima y razonable admisión de las especificidades y diferencias, ha de cohonestarse con las exigencias que comporta el principio universal de los derechos humanos[21].

Es, pues, necesario equilibrar y ponderar los bienes jurídicos que los derechos de los miembros de las minorías protegen, en el marco de unos valores y principios comunes, semejantes para todos[22]. De lo contrario, si se presta atención acrítica e

---

Constitución de Bolivia de 2009, cuyo Capítulo Cuarto reconoce los "Derechos de las Naciones y Pueblos indígena originario campesinos".

20 ROCA FERNÁNDEZ, Mª. J., "Diversidad cultural y universalidad de los derechos: retos para la fundamentación del Derecho", en *Anuario Iberoamericano de Justicia Constitucional*, nº 9, 2005, pp. 357-377.

21 SARTORI, G., *Multi-ethnic Society. Pluralism, multiculturalism and foreigners*, (Trad. esp., Barcelona, Taurus, 2001, p. 99 y ss.).

22 ALÁEZ CORRAL, B., (Coord.), *Complejidad del espacio público, democracia y regulación del ejercicio de derechos fundamentales*, Madrid, Centro de Estudios Políticos y Constitucionales, 2016, p. 34 y ss.

incondicionada a los intereses de aquéllas, se estarán sentando las bases de la escisión social y de la disgregación misma del ordenamiento jurídico que los acoge. En consecuencia, han de rechazarse aquellas pretensiones de tales grupos, destinadas a conseguir que sus derechos particulares se sobrepongan a los garantizados indiscriminadamente a todas las personas[23]. Si no es así, se perfilará un modelo de *"ciudadanía diferenciada"*[24], basado en el reconocimiento de un mosaico informe de colectivos humanos, atrincherados en torno a sus privilegios e incomunicados entre sí. De ahí que la Unión apueste, más bien, por un modelo de *"ciudadanía compleja"*, que aúne, tanto el reconocimiento de las diferencias reales que afectan a los miembros de las minorías, en aras de vencer los obstáculos que se interponen de cara a su inclusión efectiva; con la nítida identificación de unos referentes axiológicos universales, que han de actuar como canales de integración y como factores esenciales de ordenación de la convivencia. Y estos no son otros que los derechos fundamentales de la persona, expresión histórica y garantía irrenunciable de la dignidad humana[25].

En suma, pues, el propósito de favorecer a los miembros de las minorías se ha de conciliar, no debiendo entrar, por tanto, en contradicción, con la protección de los demás valores que la Unión promueve (art. 2 TUE), los cuales, en conjunto, son

---

[23] Aludiendo a los múltiples conflictos suscitados, cfr., GRIMM, D., "Multikulturalität und Grundrechte" (2002) en DENNINGER, E. & GRIMM, D., *Derecho constitucional para la sociedad multicultural...*, cit., pp. 51-69; en especial, pp. 54-57.

[24] Modelo éste propuesto por KYMLICKA, W., *Multicultural Citizenship.* (Trad. esp., cit., p. 46 y ss.

[25] RUBIO CARRACEDO, J., "Ciudadanía compleja y democracia" en VVAA, *Ciudadanía, nacionalismo y derechos humanos*, Madrid, Trotta, 2000, pp. 21-45.

expresión de una suerte de *"identidad europea"*[26], basada en los principios comunes, compartidos por sus Estados miembros, que, además de erigirse en condición de ingreso de cualquier socio futuro (art. 49 TUE), fundamentan la confianza mutua existente entre los actuales (art. 2), al tiempo que proyectan legitimidad a su ordenamiento jurídico, cuyas normas han de ser interpretadas y aplicadas de conformidad con aquéllos[27].

Mas se advierte una tensión, no siempre bien resuelta, como revela la jurisprudencia, tanto del TEDH, como del TJUE, entre la pretensión legítima de reconocimiento de sus derechos, que expresan los miembros de las minorías; y la aspiración, manifestada por los Estados, de preservar determinados signos o rasgos que los individualizan, los cuales aparecen recogidos en la Norma Fundamental respectiva que funda sus ordenamientos, y que son expresión de su "identidad nacional" (art. 4.2 TUE)[28].

2. EL DOBLE ESTÁNDAR DE PROTECCIÓN DE LOS DERECHOS DE LAS PERSONAS PERTENECIENTES A LAS MINORÍAS

En todo caso, es importante destacar que el "estándar europeo" de protección de los derechos de las personas pertene-

---

26 MUÑOZ, J.J., "Intercultural Europe: diversity in the EU and the debate on a common European cultural identity", en *Papeles de Europa, 30 (2), 2017, pp. 149-161.*

27 MARTÍN Y PÉREZ DE NANCLARES, J., "La Unión Europea como comunidad de valores. A vueltas con la crisis de la democracia y del Estado de Derecho", en *Teoría y Realidad Constitucional,* nº 43, 2019, pp. 121-159; en especial, p. 129 y ss.

28 Se manifiesta a favor de una interpretación restrictiva de dicho precepto, coincidente con su tenor literal DE WITTE, B. "Article 4.2 TEU as a protection of the institutional diversity of the Member States" en *European Public Law,* 27/3, 2021, pp. 559-570.

cientes a minorías trae causa, aunque no exclusivamente, del *Convenio-marco para la Protección de las Minorías Nacionales*, adoptado por la Asamblea del Consejo de Europa en 1995. Dicho Convenio-marco ha de ser puesto en relación con otros instrumentos provistos, tanto por el propio Consejo de Europa, como por la Unión Europea. En cualquier caso, mediante dicho Convenio se insta a los Estados parte a asumir obligaciones concretas. No obstante, su utilidad práctica se ha visto limitada por tres circunstancias a tener muy en cuenta, que ha señalado oportunamente B. De Witte[29].

Primero, por el hecho de que algunos Estados europeos, y no precisamente de escasa importancia, como Francia, se han negado a ratificarlo.

Segundo, debido al distinto entendimiento que aquéllos tienen del significado y alcance que se ha de atribuir al término "minoría". Así, para unos se trata de una expresión ligada a la presencia histórica, en determinados territorios de ciertos Estados, nacidos o reconstituidos en el siglo XX, de grupos poblacionales con arraigo significativo, que son portadores de una cultura diferenciada de la que resulta, hoy, mayoritaria en aquéllos. De ahí el adjetivo calificativo "*nacional*", que acompaña al concepto, y que es frecuentemente utilizado en la Europa central y oriental[30]. En cambio, para otros Estados, la expresión "minoría" se refiere, también, a grupos que no necesariamente han de contar con una base territorial, sino que se caracterizan por la posesión de rasgos identitarios personales, como los inmigrantes, los cuales, a menudo, se agrupan en comunidades

---

29 DE WITTE, B., "Los derechos europeos de las minorías", en *Revista Española de Derecho Europeo,* nº 28, 2008, pp. 411-432; en especial, pp. 414-415.

30 LIEBICH, A., *Les minorités nationales en Europe Centrale et Orientale,* Genève, Institut Européen de l'Université de Genève, 1997, p. 96 y ss.

que comparten origen, lengua o religión: son las *"ethnics minorities"* a las que se refieren los Estados del Norte y Oeste de Europa[31]. Y, finalmente, se hallan aquellos Estados que abiertamente rechazan el concepto de minoría, negándolo, como Francia, Grecia y Turquía, al considerarlo incompatible con su identidad constitucional.

Y, en tercer lugar, hay que ser conscientes de que el Convenio-marco, en tanto que instrumento de Derecho internacional, se dirige, no a los ciudadanos, sino a los Estados parte, a fin de que incorporen sus directrices, que, consecuentemente, carecen de directa aplicabilidad por sí mismas. De ahí que no expresen, propiamente, derechos, sino normas programáticas, de realización diferida al desarrollo específico que aquéllos lleven a cabo.

Aun así, y a pesar de sus insuficiencias, la construcción de un estándar europeo común, orientado a la tutela de los derechos de los miembros de las minorías, debe mucho a los esfuerzos acometidos, tanto por el Consejo de Europa, como por la propia Unión Europea.

En referencia al *Consejo de Europa*, el Convenio Europeo de los Derechos Humanos, sólo contiene una referencia explícita en su art. 14, al *prohibir la discriminación en el ejercicio de los derechos*, entre otras causas, *por pertenecer a una minoría nacional*[32]. El art. 1 del Protocolo nº 12 insiste en este extremo[33]. Sin embargo, otros derechos declarados en el Convenio poseen, también, un potencial significativo, a esos efectos, habiendo generado una jurisprudencia relevante. De tal modo ha sucedido, por ejemplo, en relación al amparo de las *prácticas reli-*

---

31 TURTON, D. y GONZÁLEZ, J. (Dirs.), *Identidades culturales y minorías étnicas en Europa*, Bilbao, Universidad de Deusto, 2001, pp. 9-23.

32 STEDH *Oršuš y otros v. Croacia*, de 16 de marzo de 2010.

33 STEDH *Selygenenko y otros v. Ucrania*, de 21 de octubre de 2021.

giosas de los miembros de las minorías, sobre todo, aunque no sólo, musulmanas, ex art. 9 del CEDH[34]. Así mismo, la Corte de Estrasburgo se ha mostrado especialmente activa frente a las restricciones al uso de las lenguas minoritarias, las cuales, a su juicio, suponen limitaciones injustificadas, lesivas del derecho al *respeto a la vida privada y familiar* (art. 8 CEDH)[35] y a la *libertad de expresión* (art. 10 CEDH)[36]; violación de este último derecho que ha constatado al sancionar que se prohíba o restrinja la manifestación libre de opiniones disidentes con respecto a las mayoritarias[37]; y cuando se procede al secuestro de publicaciones de miembros de colectivos minoritarios[38]. También, ha rechazado actuaciones lesivas del *derecho a la educación* (art. 2 del Protocolo nº 1 del Convenio), en relación, bien a supuestos de segregación escolar de alumnos caracterizados por su adscripción a minorías[39], bien por no haberse permitido que la enseñanza se desarrolle en la lengua materna de los menores pertenecientes a una minoría numerosa[40]. A su vez, son destacables las resoluciones que obligan a restituir, en su plenitud, el *derecho de reunión y de asociación* (art. 11 CEDH) a los miembros de diferentes minorías[41].

Con carácter especial, en el referido ámbito del Consejo de Europa, el Convenio Marco para la Protección de las Minorías

---

34 De forma paradigmática, cfr., STEDH *Serif v. Grecia*, de 14 de diciembre de 1999. Vid., RELAÑO PASTOR, E., *La protección internacional de las minorías religiosas*, Madrid, Centro de Estudios Políticos y Constitucionales, 2003, p. 32 y ss.

35 STEDH *Mile Novaković v. Croacia*, de 17 de diciembre de 2020.

36 STEDH *Perinçek v. Suiza*, de 15 de octubre de 2015.

37 STEDH *Karatas v. Turquía*, de 8 de julio de 1999.

38 STEDH *Balsyté-Lideikiené v. Lituania*, de 4 de noviembre de 2008.

39 STEDH *Folgero y otros v. Noruega*, de 29 de junio de 2007.

40 STEDH *Egitim Ve Bilim Emekçileri Sendikasi v. Turquía*, de 25 de septiembre de 2012.

41 STEDH *Gozerlik y otros v. Polonia*, de 20 de diciembre de 2001.

Nacionales y la Carta de las Lenguas Regionales o Minoritarias han ampliado la protección, siquiera, mediante la exigencia, destinada a los Estados firmantes, de que presenten informes periódicos a los respectivos comités de expertos, acerca del estado de aplicación de ambos convenios. En la práctica, ello se ha traducido en la creación de canales de diálogo fluido con los gobiernos, en visitas periódicas a los Estados, en consultas a representantes de los colectivos minoritarios, y en la publicación de dictámenes que contienen propuestas a las que los Estados habitualmente se acogen[42].

En este sentido, el referido *Convenio-Marco para la Protección de las Minorías Nacionales* contiene cláusulas más específicas que el Convenio de Roma, en relación, tanto a las prácticas religiosas de las minorías, insistiendo en su derecho a crear instituciones religiosas, organizaciones y asociaciones[43]; como acerca de las lenguas minoritarias. En relación a éstas, promueve su uso público, oral y por escrito; insta a utilizarlas en las relaciones con las autoridades administrativas; pide que sus usuarios sean informados de las causas de su detención y a defenderse en su propia lengua[44] y afirma el derecho de toda persona perteneciente a una minoría a que la educación que reciba se efectúe en su lengua, en los casos en que exista una significativa demanda al respecto[45].

Por su parte, la *Carta Europea sobre Lenguas Regionales o Minoritarias* se aplica sólo a las lenguas consideradas autóctonas europeas y, por tanto, cuestionablemente, no a las de los inmi-

---

[42] ARP, B., *Las minorías nacionales y su protección en Europa*, Madrid, Centro de Estudios Políticos y Constitucionales, 2008, p. 63 y ss.

[43] Art. 8 del Convenio marco.

[44] Art. 10 del Convenio marco.

[45] Art. 14 del Convenio marco.

grantes, que quedan excluidas de su aplicación[46]. Así, insta a los Estados-parte a que supriman las restricciones o exclusiones injustificadas de las lenguas minoritarias; y a que desarrollen, sólo, aquellas iniciativas de promoción que se comprometan a cumplir[47] en los ámbitos de la enseñanza[48], la justicia[49], las relaciones con las Administraciones y los servicios públicos[50], los medios de comunicación[51], las actividades y los servicios culturales[52], además de en relación a la vida económica y social. Más una vez adoptadas aquéllas, las partes se comprometen al envío de informes periódicos a la Secretaría General del Consejo de Europa[53], que serán examinados por un comité de expertos, el cual, tras oír a los actores involucrados, elevará un informe al Comité de Ministros, con propuestas y recomendaciones dirigidas a las partes, que aquél podrá hacer público[54].

A este respecto, es importante subrayar que ambos convenios, no sólo han inspirado las nuevas legislaciones de los Estados, sino que han sido profusamente utilizados en los subsiguientes procesos de ampliación de la Unión, para verificar si los Estados candidatos satisfacen, o no, el estándar de tutela de los derechos de las minorías que dichos convenios, en tanta

46 El art. 1 de la Carta entiende como "lenguas minoritarias" a las "habladas tradicionalmente en un territorio de un Estado por nacionales de ese Estado, que constituyen un grupo numéricamente inferior al resto de la población del Estado, y diferentes de la(s) lengua(s) oficial(es) del Estado", "por lo que no incluye a los dialectos de la(s) lengua(s) oficial(es), ni las lenguas de los inmigrantes".

47 Art. 2.2. y art. 3.3. de la Carta.

48 Art. 8 de la Carta.

49 Art. 9 de la Carta.

50 Art. 10 de la Carta.

51 Art. 11 de la Carta.

52 Art. 12 de la Carta.

53 Art. 15 de la Carta.

54 Arts. 16 y 17 de la Carta.

medida, han contribuido a establecer. El incremento sustancial de la diversidad étnica, lingüística y religiosa en el ámbito de la Unión ha obligado a esta a situar en un lugar preferente de su agenda asegurar el respeto por los derechos de las minorías[55].

En cuanto a *la Unión Europea,* cabe indicar que su ordenamiento jurídico se ha convertido en una importante fuente de derechos para los miembros de las minorías, condicionando la adhesión de nuevos socios de Europa Central y del Este[56]. Así, además de las disposiciones contenidas en los Tratados, orientadas a la lucha contra la discriminación, por motivos, entre otros, étnicos y de religión o convicciones (art. 19 TFUE y 20 y 21 CDFUE), hay que señalar que han sido dos relevantes directivas, publicadas en 2000, quienes mejor han concretado una protección que cabe extender cualificadamente a los miembros de las minorías. En ambas se pone de manifiesto la necesidad de incorporar dicho principio fundamental del Derecho de la Unión al Derecho nacional de los Estados miembros. No obstante, su aplicación ha ocasionado discrepancias acerca de la plena adecuación de éste a aquél, circunstancia que ha generado algunas disputas significativas que ha debido resolver el Tribunal de Justicia de Luxemburgo[57].

---

55 Así, PENTASUGGLIA, G., (2001): «The EU and the Protection of Minorities: The Case of Eastern Europe». En *European Journal of International Law,* vol. 12, n. 1, 2001, pp. 3-38. También, FERRERO TURRIÓN, R., "Los derechos de las minorías nacionales en el contexto de ampliación y constitucionalización de la Unión Europea", en *Revista de Debat Politic,* nº 9, 2004, p. 5 y ss.

56 DÍAZ PÉREZ DE MADRID, A., "Minorías y Unión Europea: implicaciones jurídico-políticas de la ampliación de la Unión al Centro y Este de Europa", en *Revista de Derecho Comunitario Europeo,* nº 21, 2005, pp. 485-533.

57 PORRAS RAMÍREZ, J. Mª "La neutralidad del Estado como garantía de la libertad religiosa en la jurisprudencia del Tribunal Europeo de los Derechos Humanos y del Tribunal de Justicia de la Unión

Así, la primera norma de referencia es la Directiva 2000/78, que tiene por objeto *"establecer un marco general para la igualdad de trato en el empleo y la ocupación"*. En la misma se determina que nadie puede ser objeto de una discriminación, directa o indirecta, entre otras razones consideradas relevantes, por *"motivos de religión o convicciones"* (art. 1), rasgo o componente éste que, con frecuencia, caracteriza a una minoría, al venir a establecer un estrecho vínculo de solidaridad entre sus miembros[58]. Aun así, el art. 4.1 de la Directiva justifica la diferencia de trato, basada en los motivos o características indicadas, "cuando, debido a la naturaleza de la actividad profesional concreta de que se trate o al contexto en que se lleve a cabo, dicha característica constituya un requisito profesional, esencial y determinante, siempre y cuando el objetivo sea legítimo y el requisito, proporcionado".

Así, la apelación a prácticas nacionales para justificar un trato distinto, referido a un motivo de no discriminación basado en las creencias, ha dado lugar a supuestos y resoluciones jurisprudenciales, especialmente polémicas, que han afectado de lleno a los miembros de alguna significativa minoría, como la musulmana. Destacadamente, en el *Asunto Samira Abchita*[59], el TJUE confirmó la decisión de un tribunal nacional que valida-

---

Europea", en ALÁEZ CORRAL, B., y DÍAZ-RENDÓN, S., (Coords.), *Modelos de neutralidad religiosa del Estado: experiencias comparadas*, Tirant lo Blanch, México, 2021, pp. 253-290; en especial, p. 276 y ss. También, PALOMINO LOZANO, R., "El Tribunal de Justicia de la Unión Europea frente a la religión y las creencias", en *Revista de Derecho Comunitario Europeo*, nº 65, 2020, pp. 35-77.

58 Cfr., con carácter general, GHANEA, N., "Are religious minorities really minorities?" en *Oxford Journal of Law and Religion*, Vol. 1, nº 1, 2012, pp. 57-79. También, HENRAD, K., "EU Law´s half-hearted protection of religious minorities. Minority specific rights and freedom of religion for all", en *Religions*, nº 12, 2021, p. 830 y ss.

59 STJUE de 14 de marzo de 2017, C-157/15, *Asunto Samira Abchita y otros v. G4S Secure Solutions NV.*

ba la actuación de una empresa radicada en un Estado miembro, la cual prohibía a sus trabajadores, con carácter general e indiferenciado, cuando tuvieran trato con sus clientes, exhibir signos visibles de naturaleza política o religiosa en el lugar de trabajo, para desarrollar así una política de neutralidad en el marco de las relaciones laborales. Ciertamente, una decisión tal, que hace primar la libertad de empresa, supone limitar la libertad religiosa de los miembros de la minoría musulmana, proyectando una discriminación indirecta sobre los mismos, al ocasionar, de hecho, una desventaja particular a aquellas personas que, profesando esa religión, usan en su atuendo un pañuelo islámico, que es parte inherente a su identidad cultural. A pesar de lo indicado, el TJUE entendió, cuestionablemente, que la diferencia de trato ofrecida se había de considerar conforme a Derecho, no constituyendo, por tanto, forma alguna de discriminación, ni directa, ni indirecta, al justificarse objetivamente en aras de satisfacer una finalidad legítima: aplicar un régimen de neutralidad política, filosófica y religiosa en las relaciones con los clientes; siendo los medios empleados adecuados y necesarios, extremo éste cuya comprobación el Tribunal encomendaba al órgano jurisdiccional nacional competente[60].

Una posterior y más matizada jurisprudencia del TJUE señala que la existencia de una política de neutralidad, la cual se traduce en una norma interna de la empresa que prohíbe la demostración de signos visibles de convicciones o creencias en el lugar de trabajo, si quiere evitar la generación de una discriminación indirecta a los trabajadores pertenecientes, en este caso, a una minoría religiosa, ha de estar objetivamente

---

60 WEILER, J. H. H. "Je suis Abchita!", en *International Journal of Constitutional Law* 15/4/2017. También, PELAYO OLMEDO, J. D., "La prohibición de prendas y símbolos religiosos en el ámbito laboral. Aclaraciones del TJUE sobre la aplicación del principio de igualdad y no discriminación en el caso Samira Abchita v. G4S Secure Solutions Nv", en *Revista General de Derecho Europeo,* nº 46, 2017.

justificada por una necesidad real del empresario. Así, éste deberá probar que esa política de neutralidad preserva su libertad de empresa, por lo que, de no establecerse, supondría para él consecuencias desfavorables o perjudiciales. En todo caso, el TJUE ha dispuesto que la prohibición de emplear cualquier clase de simbología religiosa, sea cual sea su impacto visual, ha de extenderse a todos los trabajadores, limitándose a lo estrictamente necesario. Es decir, ha de ser proporcional a las consecuencias negativas que el empresario pretende evitar[61]. De ahí la insistencia en que la prohibición se aplique de forma general e indiferenciada[62]. Una solución poco convincente, sin duda, ya que, de hecho, a quien afecta dicha limitación es a los miembros de una minoría muy concreta, que quedan así desprotegidos de sus derechos irrazonablemente.

Pero, en todo caso, el Tribunal de Justicia de la Unión ha recordado que, conforme a la Directiva 2000/78, corresponde también a los Estados miembros valorar, en su caso, si una diferencia de trato basada en una característica relacionada con motivos de religión puede justificar un trato distinto, sin que el mismo merezca considerarse discriminatorio. Por tanto, el Tribunal ha resuelto que la voluntad de un empresario de tener en cuenta los deseos de un cliente, a fin de que los servicios de la empresa no le sean prestados por una trabajadora que lleva un pañuelo islámico, en tanto que miembro de una caracterizada minoría religiosa, no puede considerarse un «requisito profesional, esencial y determinante». De ahí que, en principio, el Tribunal haya, por fin, entendido que sí constitu-

---

61 STJUE (Gran Sala), de 15 de julio de 2021, C-804/18 y C-341/19, *Asuntos Wabe y MH Muller Handel.*

62 STJUE de 13 de octubre de 2022, C-344/20, que resuelve el *Asunto L.F. y S.C.R.L.*

ye discriminación acoger una disposición como la indicada, a los efectos de invocarla para motivar un despido[63].

Aun así, más recientemente, el Tribunal de Justicia de la Unión Europea ha entendido que una norma interna, en este caso, de una administración pública, que prohíbe, de manera general e indiferenciada, a los miembros del personal de dicha administración, el uso visible, en el lugar de trabajo, de cualquier signo que revele convicciones filosóficas o religiosas, puede estar justificada por la voluntad de dicha administración de establecer, teniendo en cuenta el contexto que le es propio, un entorno administrativo totalmente neutro, siempre que dicha norma sea adecuada, necesaria y proporcionada, a la luz de ese contexto, y habida cuenta de los diferentes derechos e intereses en juego[64].

A su vez, la jurisprudencia de Luxemburgo ha considerado que constituye discriminación directa por motivos de religión el hecho de que la legislación de un Estado miembro reconozca una festividad religiosa sólo a algunos trabajadores, en tanto que miembros de determinadas minorías cristianas, y no a los demás. Y que considere que sólo los trabajadores a los que se hace ese reconocimiento tienen derecho a beneficiarse de un complemento salarial si se ven obligados a trabajar durante esa jornada. Por eso, en tanto el legislador nacional no restablezca la igualdad de trato en el empleo y la ocupación, aquél deberá

---

63 STJUE de 14 de marzo de 2017, C-188/15, *Asunto Asma Bougnaoui y ADDH v. Micropole SA*. Vid., al respecto, MARTÍ SÁNCHEZ, J. Mª, "Comentario a la Sentencia del TJUE (Gran Sala), de 14 de marzo de 2017, Asma Bougnaoui, ADDH v. Micropole S.A.: el cliente y su libertad religiosa ante la prestación de un servicio por operario con caracterización religiosa", en *Revista General de Derecho Canónico y Derecho Eclesiástico del Estado*, nº 44, 2017.

64 STJUE de 28 de noviembre de 2023, C-148/21, *Asunto OP y Commune d'Ans*.

extender a los demás trabajadores el beneficio de no trabajar en el día festivo señalado y a recibir el complemento salarial por el trabajo, en su caso, realizado. Se apunta así a la falta de neutralidad por parte del Estado miembro[65], el cual promocionó el derecho de unos trabajadores, en razón a sus creencias, en detrimento de otros, con menoscabo del Derecho de la Unión. Vino así a beneficiar, desproporcionada e injustificadamente, a los miembros a ciertas minorías, en detrimento de otros, de modo irrazonable[66].

También ha de insistirse en que un uso exorbitante de sus derechos por parte de las minorías religiosas en el ámbito laboral, es contrario al Derecho de la Unión Europea, ya que conforme a la Directiva 78/2000, también puede generar discriminación a las personas. Así se advierte en aquellas ocasiones en que se efectúa un desviado empleo de la norma recogida en el artículo 4.2 de esa Directiva, la cual permite «a los Estados miembros mantener en su legislación nacional vigente, o establecer en su legislación futura que incorpore prácticas nacionales existentes el día de adopción de la presente Directiva, disposiciones en virtud de las cuales, en el caso de las actividades profesionales de las Iglesias y de otras organizaciones religiosas, por lo que respecta a sus actividades profesionales, no constituya discriminación una diferencia de trato basada en la religión o las convicciones de una persona cuando, por la naturaleza de estas actividades o en el contexto en el que se desarrollen, dicha característica constituya un requisito profesional esencial, legítimo y justificado respecto de la ética de la

---

65 POLO SABAU, J.R., "La Sentencia del TJUE de 22 de enero de 2019 en el Asunto Cresco Investigation GmbH y Markus Achatzi: una nueva muestra de la irrelevancia del art. 17 TFUE", en *Revista General de Derecho Europeo*, nº 50, 2020.

66 STJUE de 11 de septiembre de 2018, C-193/17, *Asunto Cresco Investigation GmbH y Markus Achatzi v. Austria.*

organización». «Esta diferencia de trato se ejercerá respetando las disposiciones y principios constitucionales de los Estados miembros, así como los principios generales del Derecho comunitario y no podrá justificar una disposición basada en otro motivo».

Dicha norma viene así, en definitiva, a facultar al empleador, vinculado a una «empresa» u «organización de tendencia»[67], adscrita a una minoría religiosa, para que proporcione, si así lo considera conveniente, diferencias de trato, por motivos de creencias o convicciones, a sus trabajadores, no incurriendo por ello en discriminación, si demuestra que esas diferencias resultan necesarias para mantener los principios sobre los que se sustenta la actuación de la empresa. Al tiempo, se permite al empresario que exija a sus empleados una actitud de buena fe y lealtad para con esos principios. No obstante, en todo caso, y aun reconociendo la autonomía de que goza, a esos efectos, la organización religiosa, ex art. 17 TFUE, el Tribunal de Justicia de la Unión ha señalado que es necesario que la invocación hecha por el empresario pueda ser objeto de un control judicial efectivo que permita garantizar que, en ese caso concreto, se cumplen los criterios señalados en el artículo 4.2 de la Directiva y no se hace una interpretación abusiva de los mismos. De este modo, se viene a garantizar la aplicación preferente e incondicionada del Derecho primario de la Unión (arts. 21 y 47 de la Carta)[68], frente a cualquier decisión particular, poten-

---

67 ONIDA, F., "Il problema delle organizzazioni di tendenza. La Direttiva 2000/78/CE attuativa dell´art. 13 Trattato della Unione Europea", en *Il Diritto Ecclesiastico*, Vol. 3, 2001, p. 905 y ss.

68 MORENO ANTÓN, "El art. 4.2 de la Directiva 2000/78 y su valoración por el TJUE: la Sentencia de 17 de abril de 2018: Asunto C-414/16, Vera Egenberger", en *Revista General de Derecho Canónico y Derecho Eclesiástico del Estado*, nº 47, 2018.

cialmente exorbitante, que se adopte al amparo de la cláusula concreta de referencia, desarrollada en una norma nacional[69].

Así mismo, el Tribunal de Luxemburgo ha estimado que se produce discriminación por motivos religiosos, atentándose, por tanto, contra el principio de igualdad de trato en el empleo, protegido por la Directiva mencionada, cuando se comprueba que el trabajador ha sido despedido por apartarse, en su vida privada, y no en el ejercicio de su actividad profesional, de los principios religiosos que su empleador eclesiástico le exige que observe, a pesar de no afectar aquéllos a su trabajo. De tal forma ha venido a concluir que la pertenencia confesional o adhesión religiosa como requisito profesional legítimo para ocupar un determinado puesto de trabajo, ha de ligarse necesariamente a la actividad a desarrollar, de forma que, si no media vínculo directo, cualquier decisión lesiva habrá de juzgarla exorbitante, en tanto que discriminatoria[70]. No cabe, por tanto, invocar decisiones intraconfesionales, reconocidas por las legislaciones nacionales, al amparo espurio del derecho a la libertad religiosa, interpretado de consuno con el artículo 17 TFUE, para oponerse a la aplicación general e imperativa de un principio fundamental sobre el que se ha construido el Derecho de la Unión[71].

Más allá del ámbito laboral, la Unión Europea garantiza que nadie pueda ser discriminado por razón de sus creencias, circunstancia ésta que afecta negativamente, de forma especial,

---

69 STJUE de 17 de abril de 2018, C-414/16, *Asunto Vera Egenberger* v. *Evangelisches Werk für Diakonie und Entwicklung e.V.*

70 MORENO ANTÓN, M., "De nuevo el art. 4.2 de la Directiva 2000/78 y la autonomía confesional en Alemania: la Sentencia del TJUE (Gran Sala), de 11 de septiembre de 2018, Asunto C-68/17 IR/JQ", en *Revista General de Derecho Canónico y Derecho Eclesiástico del Estado*, nº 48, 2018.

71 STJUE de 11 de septiembre de 2018, C-68/17, *Asunto IR v. JQ.*

a los miembros de algunas minorías, como la musulmana o la israelita. Así, en relación al sacrificio de animales realizado por algunas comunidades religiosas, conforme a prácticas rituales establecidas, el Derecho de la Unión, en su Reglamento 1099/2009, que trata de garantizar, con carácter general, que la muerte de los animales se produzca sin dolor, sufrimiento o angustia, contempla una excepción a la obligación impuesta de aturdimiento previo a la muerte del animal, basada en motivos religiosos, si bien exigiendo que el sacrificio se realice, cuando menos, en un matadero autorizado[72]. Posteriormente, el TJUE ha insistido en que los Estados no pueden rechazar la excepción contenida en el Reglamento, que permite el sacrificio ritual sin aturdimiento previo, pues ello supondría actuar en contra del Derecho de la Unión, sensible, en este caso, con los derechos de las minorías[73]. No obstante, también se determinó, polémicamente, que la carne procedente de animales que hayan sido objeto de un sacrificio ritual, realizado sin aturdimiento previo, tal y como exige, con carácter general, la legislación de la Unión, no podrá llevar la etiqueta ecológica, a pesar de ser aquélla una práctica excepcionalmente permitida al amparo de la libertad religiosa[74][75].

Aun así, otros "beneficios" solicitados por parte de algunas minorías no han sido aceptados por el TJUE, que ha estimado que no puede considerarse una injerencia en la autono-

---

72 STJUE de 6 de julio de 2018, C-426/16, *Asunto Liga van Moskeeën en Islamitische Organisaties Provincie Antwerpen VZW y otros contra Vlaamst Gewest.*

73 STJUE de 17 de diciembre de 2020, C-336/19, *Asunto Central Israëlitisch Consistorie van België y otros.*

74 STJUE de 26 de febrero de 2019, C-497/17, *Asunto OABA v. Ministerio de Agricultura y Alimentación de Francia.*

75 GARCÍA URETA, A. Mª, "Jurisprudencia del Tribunal de Justicia de la Unión Europea sobre los sacrificios religiosos de animales", en *Revista Vasca de Administración Pública,* nº 114, 2019, pp. 273-289.

mía organizativa de las comunidades religiosas, que se obligue a aquéllas a ser responsables, junto con sus miembros, de los tratamientos de datos personales efectuados por estos últimos en relación con una actividad de predicación puerta a puerta, organizada, coordinada y fomentada, en este caso, por la comunidad de Testigos de Jehová. Se insiste así en que todas las personas y organizaciones religiosas han de cumplir con las normas del Derecho de la Unión en materia de protección de datos personales, en concreto, con lo dispuesto en la Directiva 1995/46, norma que se encontraba en vigor cuando se planteó la cuestión prejudicial. No cabe, por ende, alegar el art. 10.1 de la Carta de los Derechos Fundamentales de la Unión Europea, para eximirse de esa obligación derivada del Derecho de la Unión. No existe, por tanto «excepción religiosa» en beneficio de las confesiones en materia de recogida y tratamiento de los datos de carácter personal, tal y como ha confirmado posteriormente el vigente Reglamento 2016/679, de 27 de abril[76]. En consecuencia, el artículo 17 TFUE, que permite a los Estados miembros la libre determinación del estatuto de las confesiones religiosas, no ha de ser considerado obstáculo alguno en ese sentido frente a la voluntad de aplicación uniforme y general del Derecho de la Unión, en relación a una materia como la señalada que es objeto indiscutido de su competencia[77].

Por otro lado, la segunda norma relevante, objeto de referencia, que afecta de lleno a la protección de los miembros de las minorías, es la Directiva 43/2000, la cual proscribe *toda discriminación laboral basada en la raza o el origen étnico,* lo que es

---

[76] VON DANWITZ, T. "La comunidad de Testigos de Jehová es responsable del tratamiento de los datos personales recogidos durante una actividad de predicación puerta a puerta: TJUE (Gran Sala), Sentencia de 10 de julio de 2018: Asunto C-25/17, Jehovan Todistajat", en *La Ley Unión Europea,* nº 62, 2018.

[77] Sentencia de 10 de julio de 2018, C-25/17, *Asunto Comisión de Protección de Datos de Finlandia v. Comunidad de los Testigos de Jehová.*

extensible a quienes pertenecen a una minoría nacional o lingüística. De ahí que sea aplicable, no sólo a los norteafricanos de origen inmigrante, en los que se pensó inicialmente, sino, también, por ejemplo, a los romaníes o a los húngaros que viven en Rumanía[78]. Así, el TJUE ha explicado que constituye discriminación directa, ex art. 2.2 a) de la referida Directiva, en atención a los motivos indicados, que un empleador declare públicamente que no contratará a trabajadores de determinado origen étnico o racial, ya que tales declaraciones pueden disuadir a determinados candidatos a la hora de solicitar un empleo, lo que dificulta su acceso al mercado de trabajo. Además, hacen presumir la existencia de una política de contratación abiertamente discriminatoria. Por ese motivo, dicho empleador ha de asumir la carga de la prueba (art. 8.1 de la Directiva), debiendo demostrar, por tanto, que no ha vulnerado el principio de igualdad de trato, al no corresponderse sus declaraciones con la política de contratación efectivamente llevada a cabo por su empresa. En cualquier caso, corresponde al Tribunal verificar los hechos denunciados y demostrar su suficiencia para avalar la denuncia; y al Estado aplicar la sanción correspondiente por la discriminación causada, la cual deberá ser efectiva, proporcionada y disuasoria[79]. Así mismo, el TJUE aclara que el requisito profesional, esencial o determinante, para la prestación del servicio, que es exigido al trabajador, el cual se configura como excepción para otorgar un trato distinto, no puede venir referido a meras preferencias de los clientes, si éstas se refieren a estereotipos o prejuicios racistas

---

78 GÓMEZ MUÑOZ, J. M., "La prohibición de discriminación por causas étnicas o raciales. A propósito de la Directiva 43/2000/CE, en *Temas Laborales, Revista Andaluza de Trabajo y Bienestar Social*, nº 59, 2001, pp. 65-92; en especial, p. 78 y ss.

79 TJUE de 10 de julio de 2008, Asunto C-54/07, *Centrum voor gelijkeid van kansen en voor racismebestrijding (Centro para la igualdad de oportunidades y lucha contra el Racismo) v. Firma Geryn NV.*

o xenófobos. También resulta relevante considerar que la Directiva habilita a los Estados para establecer acciones afirmativas, siempre y cuando no generen una discriminación inversa, ni de contenido individual respecto del grupo mayoritario, ni de contenido minoritario colectivo, esto es, en relación a otra minoría[80].

De este modo, la Unión, a través de su normativa, ha pasado de establecer una tutela contra la discriminación ligada a la nacionalidad, a favor de los ciudadanos europeos, por razones estrictamente económicas y no políticas, esto es, a fin de garantizar la unidad del mercado interior, a luchar contra la discriminación y promover la igualdad por razones de sexo, raza, edad, condición física o religión, acogiéndose a lo dispuesto en el art. 19 TFUE (ex art. 13 TCE). Con ello, el Derecho derivado de la Unión y la jurisprudencia del TJUE han ido así, paulatinamente, cubriendo, aunque, quizá, con un exceso de focalización en el ámbito laboral, los diversos ámbitos concernientes a la política antidiscriminatoria, de lo que se han beneficiado los miembros de las más significativas minorías.

Además, el carácter innovador de la legislación europea se ha irradiado a los ordenamientos de los Estados miembros. Así se ha puesto de manifiesto en la definición de nuevas causas de discriminación; en la introducción del concepto de discriminación indirecta, importado de los EEUU; y en la inclusión de normas de organización y procedimiento, exigidas a los Estados, para que promuevan la igualdad de trato, facilitando la impugnación de las prácticas discriminatorias[81].

---

80 BALLESTER PASTOR, M.A., "La lucha contra la discriminación en la Unión Europea", en *Revista del Ministerio de Trabajo e Inmigración*, nº 92, 2011, pp. 207-255; en especial, p. 239.

81 DE WITTE, B., "Los derechos europeos de las minorías", op. cit, pp. 428-429.

A su vez, las mencionadas directivas aseguran su eficacia horizontal, frente a terceros, lo que ha supuesto una extensión muy beneficiosa del principio de igualdad en las relaciones entre particulares. Aun así, la legislación europea, al hacer hincapié en la prohibición de discriminación, no ha previsto, por sí misma, acciones positivas para la inclusión de los miembros de las minorías. Lo ha dejado al criterio de los Estados. En todo caso, su normativa actúa como parámetro de control de las legislaciones nacionales de desarrollo, lo que garantiza su aplicación efectiva, suponiendo un avance muy significativo en la materia.

3. ESPECIAL REFERENCIA A LOS MIGRANTES Y A LOS CIUDADANOS DE ORIGEN MIGRANTE: ¿MINORÍA DIFERENCIADA?

Los integrantes del colectivo de personas migrantes y de origen migrante en los diferentes Estados Miembros de acogida constituyen, sin duda, minorías, que comparten, frecuentemente, una identidad étnica, religiosa o lingüística. En consecuencia, el trato que se les ofrece se ha de basar en el principio de Derecho internacional consuetudinario de la no discriminación, que, al ser de gran relevancia, se refleja en múltiples documentos relativos a los derechos humanos[82]. Así, se proyecta en varios instrumentos que guardan relación directa con las minorías. Entre ellos destacan la *Convención Internacional sobre la protección de los derechos de todos los trabajadores migratorios y de sus familiares*[83], la

---

82 ORTEGA VELÁZQUEZ, E., "Minority rights for immigrants: from multiculturalism to civic participation" en *Mexican Law Review*, 10/1, 2017, pp. 103-126.

83 Aprobada por la Resolución 45/158, de la Asamblea General de la Organización de las Naciones Unidas, de 18 de diciembre de 1990. Cfr.,

Convención sobre el Estatuto de los Apátridas[84], la *Convención sobre el Estatuto de los Refugiados*[85] y la *Declaración sobre los derechos humanos de los individuos que no son nacionales del país en el que viven*[86].

Hablamos, pues, de unas minorías que vienen caracterizadas, primariamente, por el origen extranjero de sus miembros, que son nacionales de terceros Estados o apátridas, los cuales, por razones, ya políticas, en tanto que solicitantes de protección internacional, ya económicas, como demandantes de una oportunidad de trabajo digno, han expresado su voluntad y obtenido el permiso de residir en el territorio europeo. A ellos cabe agregar a los individuos de origen migrante, naturalizados tras adquirir la ciudadanía, pero cuya integración e inclusión plenas no se ha producido todavía. En consecuencia, aludimos a migrantes y a ciudadanos de procedencia migrante, vinculados a un origen extranjero, que son portadores de culturas distintas de la dominante, los cuales muestran rasgos identificativos que los singularizan, que pueden ser de carácter étnico, lingüístico o religioso. A lo indicado cabe añadir, para confirmar su condición de miembros de minorías, la toma de conciencia o autopercepción acerca de su pertenencia a un grupo numeroso y diferenciado del mayoritario. De ahí que reivindiquen un tratamiento específico, orientado a su recono-

---

https://www.ohchr.org/es/instruments-mechanisms/instruments/international-convention-protection-rights-all-migrant-workers

84 Adoptada en Nueva York, Estados Unidos, el 28 de septiembre de 1954, por una Conferencia de Plenipotenciarios convocada por el Consejo Económico y Social, en su Resolución 526 A (XVII), de 26 abril de 1954. Cfr., https://www.acnur.org/fileadmin/Documentos/BDL/2001/0006.pdf

85 Vid., https://www.acnur.org/media/convencion-sobre-el-estatuto-de-los-refugiados

86 Vid., https://www.ohchr.org/es/instruments-mechanisms/instruments/declaration-human-rights-individuals-who-are-not-nationals

cimiento, a fin de garantizar la pervivencia del colectivo; y, al tiempo, a demandar el ejercicio del derecho a expresar libremente su identidad propia, en todas sus manifestaciones, para superar los riesgos de asimilación y la situación de discriminación, en ocasiones múltiple, que padecen[87].

Sin duda, y en atención a lo indicado, es claro que los migrantes y las personas de origen migrante constituyen minorías en las sociedades de acogida[88]. Pero también no es menos cierto que no componen un conjunto homogéneo, dado que la procedencia de sus miembros es dispar, como su cultura. Aun así, la Unión ha unificado la protección y tutela de sus derechos, al ligarla a una estrategia común que requiere la adopción de un enfoque integral u holístico que minimice sus "riesgos y vulnerabilidades", creando condiciones propicias para su desenvolvimiento, compatibles con la dignidad humana[89].

---

87 LEÓN SILVA, G. A., "El resguardo de la identidad cultural de los migrantes como factor clave en la reducción de desigualdades dentro de la Unión Europea: hacia la consecución de los Objetivos de Desarrollo Sostenible", en *Revista de Estudios Europeos*, vol. 79, 2022, pp. 163-182.

88 Acerca del concepto de "vulnerabilidad", hoy, a veces, reemplazado por el eufemístico "necesidades especiales de acogida", vid. LA BARBERA, M., "La vulnerabilidad como categoría en construcción en la jurisprudencia del Tribunal Europeo de Derechos Humanos: límites y potencialidad", en *Revista de Derecho Comunitario Europeo*, nº 62, 2019, pp. 235-257.

89 Vid., a este respecto, en tanto que marco de cooperación no vinculante jurídicamente, el *Pacto Global para una Migración Segura, Ordenada y Regular*, acordado, en el ámbito de la ONU, de 13 de julio de 2018. Dicho pacto internacional aborda el fenómeno migratorio en todas sus dimensiones, de forma integral, evitando la separación entre refugiados políticos y migrantes económicos, a fin de contribuir, en ese aspecto, a la mejora de la gobernanza de la globalización. Cfr., https://refugeesmigrants.un.org/sites/default/files/180713_agreed_outcome_global_compact_for_migration.pdf

En consecuencia, los Tratados instan a promover y desarrollar, de manera efectiva, una *política común de inmigración* (arts. 79.1 y 79.2 TFUE), orientada a la *integración e inclusión social de los individuos que residan legalmente en el territorio de la Unión* (art. 79.4 TFUE), hasta convertirlos en ciudadanos de pleno derecho, en igualdad de condiciones con los demás. En este sentido, el art. 79.4 TFUE, si bien colma una laguna presente en el antiguo art. 63 TCE, al venir a referirse, por vez primera, a la integración de los migrantes, en el marco de una política común, se limita a habilitar al Parlamento Europeo y al Consejo para que implanten, con arreglo al procedimiento legislativo ordinario, medidas que fomenten y apoyen la acción de los Estados miembros, propiciando la integración de los nacionales de terceros países que residan legalmente en su territorio. No obstante, dicho precepto excluye, de manera expresa, la posibilidad de armonizar las disposiciones legales y reglamentarias de los Estados miembros, que siguen siendo, por tanto, los únicos competentes y responsables en la materia.

La Unión asume así una competencia débil, de claro carácter subsidiario o ancilar respecto de la que ostentan los Estados, la cual se orienta meramente a *"fomentar y apoyar"*, de forma, por tanto, indirecta, las actuaciones que aquellos emprenden. Se constata así, cómo la Unión carece de una competencia propia, siquiera concurrente en la materia, lo que la ha llevado, hasta el presente, a seguir adoptando, como en el pasado, meras pautas o guías políticas, dirigidas a los Estados y a recurrir al llamado "método abierto de coordinación", por medio del cual la Comisión favorece la concertación de las políticas a desarrollar, promueve el intercambio de informaciones y prácticas, y evalúa las medidas adoptadas por aquéllos, aconsejando, o no, su generalización[90].

---

[90] PORRAS RAMÍREZ, J. Mª, "La estrategia común europea para la integración e inclusión de los migrantes y de los ciudadanos de

Así, para dar una respuesta actualizada a los desafíos que hoy enfrenta la Unión Europea en la materia, el *Plan de Acción de la Comisión para el período 2021-2027*[91] tiene, de antemano, la virtud de aparecer publicado, de forma simultánea, al nuevo *Pacto sobre Migración y Asilo*[92], que, orientado a modificar el SECA, asume el reto de avanzar en la construcción de una auténtica *política migratoria común* en la Unión Europea. Ambos documentos forman parte de la *respuesta integral* destinada a afrontar los retos asociados a la migración en todas sus facetas. No en vano, unas y otras políticas han de ser complementarias, si se desea que sean eficaces. Además, Plan de Acción aparece, en no menor medida, ligado al *marco financiero plurianual de la Unión (2021-2027)* y al *Instrumento de Vecindad, Desarrollo y Cooperación Internacional.*

Como más destacada novedad, el Plan de Acción se dirige no sólo a los migrantes, recién llegados, sino, también, a los *extranjeros naturalizados de origen migrante, convertidos en ciudadanos de la Unión Europea.* Se viene así a poner de manifiesto la defectuosa integración e inclusión de los miembros de este último y numeroso colectivo. De ahí el interés declarado por

---

origen migrante" en PORRAS RAMÍREZ, J. Mª (Dir.) y REQUENA DE TORRE, Mª D. (Coord.), *La inclusión de los migrantes en la Unión Europea y España. Estudio de sus derechos,* Madrid, Thomson Reuters Aranzadi, 2021, pp. 19-53; en especial, pp. 19-22.

91 Comunicación de la Comisión al Parlamento Europeo, al Consejo, al Comité Económico y Social Europeo y al Comité de las Regiones. *Plan de Acción en materia de Integración e Inclusión para 2020-2027.* Bruselas, 24.11.2020. COM/2020/758 final. https://eur-lex.europa.eu/legal-content/ES/TXT/?uri=COM:2020:758:FIN

92 Comunicación de la Comisión al Parlamento Europeo, al Consejo, al Consejo Económico y Social Europeo y al Comité de las Regiones relativa al *Nuevo Pacto sobre Migración y Asilo.* Bruselas, 23.9.2020. COM(2020) 609 final https://ec.europa.eu/transparency/regdoc/rep/1/2020/ES/COM-2020-609-F1-ES-MAIN-PART-1.PDF

ir más allá de lo dispuesto en el Plan de Acción de 2016, el cual se destinaba sólo a los nacionales de terceros países. La necesidad de adoptar medidas adicionales, más enérgicas, que profundicen en las iniciativas alentadas por aquél, revela muy a las claras las deficiencias y dificultades subsistentes que aún afectan a los migrantes y a los ciudadanos europeos de origen migrante, en relación con áreas clave como el empleo, la educación y el acceso a los servicios básicos como la vivienda y la atención sanitaria[93]. Además, con carácter extraordinario y sobrevenido, como años atrás lo fue la crisis de los refugiados en 2015, la pandemia de COVID-19 vino a agregarse a esos problemas, expresando nuevos u ocultos déficits, que hacen patente la necesidad de adoptar medidas más incisivas, reforzadas y novedosas.

A este respecto, los valores y principios sobre los que se sustenta el Plan de Acción, que son la base de todas las políticas que emprende la Unión Europea en la materia, según establece el pilar europeo de derechos sociales, insisten, en primer lugar, en la promoción de *una inclusión para todos*. Se fundamentan así en la idea-fuerza de que cuantas políticas públicas se emprendan, aun afectando a toda la población, dado que ésta presenta necesidades diversas, han de tener en cuenta, de manera específica, las necesidades particulares que muestran los diferentes colectivos que la integran[94]. De ahí que exhorte a la adopción de medidas generales que lejos de actuar en detrimento de las minorías más vulnerables y desfavorecidas, que asegure a aquellas un "nivel de vida digno"[95]. Es, pues, conve-

---

93 ESPARZA REYES, E. y DÍAZ REVORIO, F.J., "Los mecanismos jurídicos de lucha contra la discriminación: aportaciones para la configuración del Derecho Antidiscriminatorio", en *Revista de Derecho Político,* nº 105, 2019, pp. 57 ss.

94 Con carácter general, vid., REY MARTÍNEZ, F., *Derecho Antidiscriminatorio,* Aranzadi, Pamplona, 2019, pp. 36 y ss.

95 Art. 25 de la Declaración Universal de los Derechos Humanos.

niente que se establezcan *sinergias con las demás estrategias de la Unión*[96], extremo éste que el anterior Plan de Acción apenas promovía, a fin de fomentar la igualdad, la cohesión social y garantizar la inclusión plena, además de la participación de todas las personas en la sociedad de la que forman parte.

Además, con el propósito manifiesto de evitar la propagación de ideologías extremistas que puedan conducir a la violencia e, incluso, al terrorismo, se insiste en la necesidad de realizar *acciones preventivas*. Así, a través de la *Red para la Sensibilización frente a la Radicalización*, la Comisión colabora con profesionales y actores locales para evitar la radicalización de los migrantes que se demuestren escasamente integrados en la sociedad de acogida.

Asimismo, más allá de eso, la Comisión se muestra consciente de la conveniencia de proporcionar un *apoyo específico a determinados países receptores*, a fin de que puedan superar desafíos concretos. Se viene a reconocer, por fin, que determinados Estados miembros sufren una mayor presión migratoria, encontrando más dificultades para gestionarla, por lo que merecen recibir una asistencia reforzada. Y el auxilio de mecanismos de apoyo específicos, dirigidos a los menores, sobre todo a los no acompañados, a las mujeres, a los refugiados, a los migrantes altamente cualificados..., que ayuden a quienes acaban de llegar a integrarse, complementando cuantas iniciativas se adopten con carácter general.

También, constituye una prioridad para la Comisión la *atención a las características personales de los migrantes y de los ciudadanos de la Unión de origen migrante*: como son el género, el ori-

---

[96] En especial, con el Plan de Acción que pone en práctica el pilar europeo de derechos sociales, el Plan de Acción antirracismo, el Marco Estratégico para la igualdad, la inclusión y la participación de los gitanos; la Estrategia para la igualdad de las personas LGBTIQ; la Estrategia para combatir el antisemitismo y el Informe sobre la Ciudadanía de la Unión Europea.

gen étnico, la religión, la orientación sexual y la discapacidad, que plantean frecuentemente dificultades especiales para su deseable inclusión social. En particular, *las mujeres*[97] *y las niñas migrantes*[98] encuentran más obstáculos que los hombres y los niños migrantes para la integración, al tener que hacer frente a barreras estructurales, derivadas de esa combinación de factores. Como se ha indicado, otros factores a tener en cuenta, que complican la inclusión, son el *origen étnico* del migrante[99], así como las *creencias religiosas*, de signo distinto al mayoritario, que manifiesta profesar, en su caso, aquél[100]. Todos esos elementos, a menudo, provocan su *discriminación directa o indirecta,* sobre todo cuando los migrantes o los ciudadanos de origen migrante buscan una vivienda o un empleo, acuden a la escuela, o desarrollan su vida cotidiana en su barrio de residencia o trabajo.

Así, el Plan de Acción se compromete a prestar *apoyo en todas las etapas del proceso de integración*, involucrando a cuantos actores estén interesados, tanto políticos como integrantes de la sociedad civil (organizaciones no gubernamentales, instituciones educativas, empresarios, sindicatos, iglesias…y a los propios colectivos de migrantes). En particular, urge a que dicha

---

97 Vid., ALONSO LÓPEZ, I. D., MANZANO-LEÓN, A. y ÁLVAREZ HERNÁNDEZ, J., "La inclusión de la mujer inmigrante", en ORTIZ JIMÉNEZ, L. y CARRIÓN MARTÍNEZ, J.J. (Coords.), *Educación inclusiva: abriendo puertas al futuro*, Madrid, Dykinson, 2020, pp. 221 y ss.

98 DURÁN RUIZ, F.J., *Los menores extranjeros no acompañados desde una perspectiva jurídica, social y de futuro*, Cizur Menor, Aranzadi Thomson Reuters, 2021, p. 54 y ss.

99 Vid. la Comunicación de la Comisión al Parlamento Europeo, al Consejo, al Comité Económico y Social Europeo y al Comité de las Regiones: una Unión de la igualdad: *Plan de Acción de la UE Antirracismo para 2020-2025*. https://eur-lex.europa.eu/legal-content/ES/ALL/?uri=CELEX:52020DC0565

100 CASTRO JOVER, A., "Inmigración, pluralismo religioso-cultural y educación", en *Laicidad y Libertades: escritos jurídicos*, nº 2, 2002, pp. 89-119.

asistencia se traduzca en una *intervención temprana*, a fin de que la integración satisfactoria de los migrantes se inicie desde un primer momento. Por ello, demanda a los Estados miembros el establecimiento, con el patrocinio de la Unión, de medidas de integración previas a la partida, vinculándolas a otras posteriores a la llegada. En ese aspecto, la organización de cursos de orientación y formación, en función de las necesidades del mercado de trabajo interno, resulta de una gran ayuda.

Asimismo, se apuesta por *invertir en el largo plazo*. El marco financiero plurianual 2021-2027 aspira a que el *Fondo de Asilo y Migración* proporcione asistencia financiera en los ámbitos del empleo, la educación, la asistencia social y sanitaria y la vivienda, a través de los fondos de la política de cohesión: el *Fondo Social Europeo Plus* y el *Fondo Europeo de Desarrollo Regional*, además de otros, como el *Fondo Europeo Agrícola de Desarrollo Rural* y el programa *Erasmus+*.

En concreto, el Plan de Acción promueve *actuaciones en los considerados ámbitos sectoriales principales*, siendo importante subrayar que dichas medidas complementan las incluidas en las últimas y más avanzadas *estrategias en materia de igualdad*, promovidas por la propia Comisión[101].

En primer lugar, en lo que a la *educación y formación* se refiere, se insiste en la necesidad de garantizar, a toda costa, la inclusión y la igualdad de oportunidades en el ámbito de la enseñanza, pues resulta evidente que la escuela ha de ser, en mayor medida que antes, si cabe, un cualificado espacio facilitador de la integración de los niños migrantes y de sus familias. Para alcanzar ese fin, la Comisión Europea ofrece a los Estados

---

101 Vid. la *Estrategia para la Igualdad de Género* 2020-2025, COM(2020)52 final, y el *Plan de Acción de la UE Antirracismo para 2020-2025*, COM(2020) 565 final.

miembros una amplia financiación[102] y herramientas complementarias orientadas a respaldar programas y medidas, conforme a los objetivos que se señalan y las necesidades particulares, advertidas a nivel nacional, regional y local.

Para ello, el Plan de Acción insta a los *docentes* a agenciarse las capacidades necesarias que los conviertan en cualificados instrumentos para la integración y la inclusión social de los migrantes. Por eso no se escatiman medios a fin de dotarlos de recursos y del apoyo pedagógico que precisan para atender aulas multiculturales y multilingües, en beneficio tanto de los niños migrantes, como de los nativos. Gestionar la diversidad étnica, cultural, religiosa y lingüística en las aulas es un reto contemporáneo que requiere la contribución generosa de los fondos y de la red de soporte que la Unión proporciona a los Estados miembros. En este sentido, la *lucha contra la segregación* en las escuelas, que es uno de los objetivos preferentes que, en relación con esta materia, ha definido la Comisión, exige potenciar la interacción entre el alumnado, al margen de su origen[103]. Y, en particular, desde las escuelas se ha de hacer cuanto sea necesario para evitar que los jóvenes se sientan atraídos por ideologías, organizaciones o movimientos extremistas, de carácter violento[104].

---

102 Especialmente, el *Fondo Social Europeo*, el *Fondo de Asilo y Migración* y el *Fondo de Desarrollo Regional*.

103 BONAL, X., ZANCAJO, A., & SCANDURRA, R., "Student mobility and school segregation in an (un) controlled choice system: A counterfactual approach", *British Educational Research Journal*, 47 (1), 2020, pp. 42-64. También, REY MARTÍNEZ, F., *Segregación escolar en España. Marco teórico desde un enfoque de derechos fundamentales y principales ámbitos: socioeconómico, discapacidad, etnia y género*, Madrid, Marcial Pons, 2021.

104 La *Red para la Sensibilización frente a la Radicalización* ha publicado varios documentos destinados a los docentes, para ayudarles a detectar indicios tempranos de radicalización y a atacar sus factores subyacentes. Cfr., https://ec.europa.eu/home/-affairs/what-we-do/

Asimismo, se subraya que los *niños migrantes con discapacidad* precisan de un apoyo adicional para participar en la educación, en pie de igualdad con los demás. Como también los *menores no acompañados* que han superado la edad de escolarización obligatoria y llegan a la Unión como refugiados, requiriendo programas que faciliten su transición a la vida adulta[105]. Todo ello se inscribe en el compromiso adquirido por la Unión a fin de adoptar una *estrategia integral sobre los derechos del menor*[106], acompañada de una *Garantía Infantil Europea*[107]; iniciativas éstas destinadas a asegurar a todos los niños, independientemente de cuál sea su origen, capacidad, entorno socioeconómico, condición jurídica y residencia, unos mismos derechos y una igual protección.

Además, a esto se une el reconocimiento de la situación que, a menudo, sufren los *migrantes jóvenes,* los cuales han de recibir la asistencia que precisan, más allá de la mera orientación y tutoría, para adquirir capacidades y competencias que

---

networks/radicalisation_awareness_network/topics-and-working-groups/ran-y-and-e_en.

105 Acerca de esta problemática, vid., DURÁN RUIZ, F.J., *Los menores extranjeros no acompañados desde una perspectiva jurídica, social y de futuro,* cit., p. 66 y ss.

106 *EU Strategy on the Rights of the Child.* 24 march 2021. Communication from the Commission to the European Parliament, the Council, the European Economic and Social Committee and the Committe of the Regions. Brussels, 24.3.2021 COM(2021) 142 final. https://ec.europa.eu/info/sites/info/files/1_en_act_part1_v7_0.pdf

107 European Commission. Proposal for a Council. Recommendation establishing the *European Child Guarantee.* file:///C:/Users/Usuario/Downloads/KE-02-21-418-EN-N.pdf

permitan su acceso a la educación superior[108] y una pronta incorporación al mercado laboral[109].

En no menor medida, los Estados miembros han de facilitar el *reconocimiento de las cualificaciones* que hayan obtenido los migrantes en terceros países, promover su visibilidad y aumentar la comparabilidad con las cualificaciones europeas. También se insta a los Estados miembros al establecimiento de cursos pasarela que ayuden a los migrantes a complementar sus estudios previos realizados en el extranjero, continuando su formación en el país de acogida[110].

En todo caso, y como precondición necesaria, *aprender el idioma del país de acogida* es esencial para que los migrantes se integren con éxito. Para ello no basta con que se les proporcione, a su llegada, una instrucción básica o mínima acerca de aquél, sino que se les han de proporcionar clases de nivel intermedio y avanzado, que asegure, al cabo, el dominio completo del mismo. A la par que sucede esto, los migrantes deben

---

[108] EACEA (2019), "New Eurydice report on: Integrating Asylum Seekers and Refugees into Higher Education". Vid., https://eacea.ec.europa.eu/node/13070_de

[109] La *Garantía Juvenil* es un compromiso asumido por todos los Estados miembros que vela por que todos los jóvenes menores de veinticinco años reciban una buena oferta de empleo, educación continua, formación de aprendiz y períodos de prácticas. En concreto, la Garantía Juvenil insiste en las necesidades especiales de los grupos vulnerables, como los integrados por jóvenes migrantes y jóvenes de origen migrantes. Vid., https://ec.europa.eu/social/manin.jsp?catId=1079&langId=es.

[110] Las Redes ENIC (*European Network of Information Centres*)-NARIC (*National Academic Recognition Information Centres*), creadas por iniciativa de la Comisión Europea, tienen como objetivo facilitar la aplicación del Convenio Conjunto del Consejo de Europa y de la UNESCO sobre Reconocimiento de Cualificaciones relativas a la Educación Superior en la Región Europea y mejorar el reconocimiento académico títulos y períodos de estudios entre distintos países, respectivamente.

asimilar las leyes, la cultura y los valores de las sociedades de acogida, recibiendo *cursos de orientación cívica* que faciliten su más plena integración.

En segundo lugar, en referencia al *empleo y las capacidades*, el Plan de Acción, tras destacar la contribución esencial que los migrantes realizan a la economía europea, como se puso de manifiesto en los tiempos excepcionales de la pandemia, dado lo esencial de su contribución al mantenimiento de los servicios sociales básicos[111], lamenta que la alta cualificación que poseen muchos de aquéllos, particularmente cuando, además, se les agrega la condición de *mujer*, no sea debidamente reconocida y aprovechada, para que les facilite empleos acordes con el nivel que poseen[112]. La *Agenda de Capacidades Europea*[113] tiene como objetivo ayudar a todas las personas, incluidas las migrantes, a desarrollar más y mejor sus capacidades y a ponerlas en práctica. Evaluarlas, sobre todo, en la fase previa a la partida, facilitará su más rápida integración en el mercado laboral, en especial, en el marco de los programas de reasentamiento. Por tanto, urge superar los obstáculos que se les presentan: como la ausencia de redes, las dificultades para acceder a los créditos y la falta de conocimientos sobre el mercado regulatorio y financiero.

Por tanto, para lograr la inclusión de los migrantes y de los ciudadanos de la Unión de origen migrante en el mercado la-

---

111 JRC (2020), *Inmigrant Key Workers: Their Contribution to Europe´s COVID-19 Response.* https://knowledge4policy.ec.europa.eu/publication/immigrant-key-workers-their-contribution-europes-covid-19-response_en

112 JRC (2020), *Gaps in the EU Labour Market Participation Rates: an intersectional assesment of the role of gender and migrant status.* https://ec.europa.eu/jrc/en/publication/eur-scientific-and-technical-research-reports/gaps-eu-labour-market-participation-rates-intersectional-assessment-role-gender-and-migrant

113 https://ec.europa.eu/social/main.jsp?langId=es&catId=1223

boral se requiere fortalecer la cooperación a nivel local, nacional y europeo entre los distintos actores implicados. A tal fin, la *Alianza Europea para la Integración*[114] desempeña un importante papel. Como también, la iniciativa *Empresarios Unidos por la Integración*[115], que incentiva a los empleadores en ese específico sentido. El *Fondo InvestEU* financia iniciativas empresariales inclusivas de hombres y mujeres, así como de empresarios migrantes. A su vez, la *Red Europea de Integración*, la *Red de Servicios Públicos de Empleo* y la plataforma *Europass* homologan las prácticas de evaluación de las capacidades, y ponen en práctica una herramienta destinada a crear perfiles de capacidades de los nacionales de terceros países en la Unión, promoviendo su uso entre las autoridades públicas y las asociaciones civiles, incluso antes de la llegada de los migrantes, lo cual resulta especialmente útil en los casos de reasentamientos. Finalmente, el nuevo programa *Ciudadanos, Igualdad, Derechos y Valores*, que sustituye al anterior, agotado en 2020, conlleva una importante dotación presupuestaria para, entre otros objetivos, promover la integración de los migrantes, aplicando efectivamente el principio de no discriminación, al tiempo que se previene y combate el racismo, la xenofobia, la homofobia y cualquier otra forma de intolerancia que alimente la exclusión[116].

---

114 Acerca de las potencialidades de la *European Partnership for Integration*. Vid. https://ec.europa.eu/home-affairs/what-we-do/policies/legal-migration/european-dialogue-skills-and-migration/european-partnership-integration_en

115 Sobre la iniciativa *Employers together for integration*, cfr., https://ec.europa.eu/home-affairs/what-we-do/policies/legal-migration/european-dialogue-skills-and-migration/integration-pact_en

116 Propuesta de Reglamento del Parlamento Europeo y del Consejo por el que se establece el *Programa Derechos y Valores*, COM/208/383 final/2-2018/0207 (COD). Cfr., https://www.europarl.europa.eu/doceo/document/TA-8-2019-0040_ES.html

En consecuencia, compete a los Estados miembros servirse de esos medios que la Unión pone a su disposición para concienciar a los agentes sociales acerca de la necesidad de eliminar cualquier forma de discriminación que afecte a los procesos de contratación laboral; establecer perfiles de capacidades adecuados de los nacionales de terceros países demandantes de empleo, en particular cuando se trata de solicitantes de asilo y refugio; homologar o validar sus cualificaciones profesionales; apoyar el emprendimiento empresarial entre los migrantes y, en fin, hacer pleno uso de la abundante financiación que la Unión Europea deja en sus manos: en particular, la que proporciona el *Fondo Social Europeo Plus* y el *Fondo Europeo de Desarrollo Regional*, para el cumplimiento de esos fines, elaborando o respaldando programas y medidas orientadas a lograr una más plena integración en el mercado laboral.

En tercer lugar, la *salud* constituye, también, un objetivo determinante a fin de alcanzar la anhelada inclusión social de los migrantes y de los ciudadanos de la Unión de origen migrante. La falta de acceso a los servicios sanitarios supone un obstáculo que es necesario salvar. Y la pandemia de COVID-19 ha puesto de manifiesto las graves desigualdades que existen, en ese sentido[117]. Así, es preciso garantizar a esos colectivos vulnerables tal derecho, el cual no debe ser objeto de limitaciones injustificadas. En particular, las mujeres migrantes deben tener asegurada la *atención pre y posnatal*, y los migrantes, en general, y los refugiados, en especial, no deben sufrir restricción alguna para acceder a los servicios de *salud mental*. Por ello, la Comisión financia proyectos específicos en el marco

---

117 OECD, *What is the impact of the COVID-19 pandemic on immigrants and their children?*. Cfr., https://www.oecd.org/coronavirus/policy-responses/what-is-the-impact-of-the-covid-19-pandemic-on-immigrants-and-their-children-7cbb7de/#:~:text=Source%3A%20OECD%20Secretariat%20calculations%20based,a%20younger%20age%20on%20average.

del *Fondo de Asilo, Migración e Integración*, y del *Programa Ciudadanos, Igualdad, Derechos y Valores*, ya mencionados. Y promueve el acceso igualitario a servicios de salud asequibles y de calidad a través de fondos de la Unión, como el *Fondo Social Europeo Plus* y el *Fondo Europeo de Desarrollo Regional*. Asimismo, apoya la creación de programas de prevención y promoción de la salud, dirigidos específicamente a los migrantes, como herramientas de extensión del derecho más adecuadas. E, igualmente, alienta que se facilite el acceso a los servicios de salud mental y de rehabilitación, conforme establece el art. 26 de la *Convención sobre Derechos de las Personas con Discapacidad* de la ONU.

A su vez, se insta a los Estados miembros a que, a través de esos programas y sirviéndose de la amplia financiación que la Unión les ofrece, formen a los *trabajadores sanitarios* en la gestión de la diversidad y en la atención a las necesidades de los grupos concretos de migrantes: ya sean estos solicitantes de asilo traumatizados, mujeres víctimas de la trata o de violencia de género, menores no acompañados, ancianos o personas que sufren discapacidad. Asimismo, se pide a los Estados miembros que allanen el acceso a los servicios de salud generales a los migrantes, adaptándolos a sus circunstancias y necesidades, combatiendo así toda forma de discriminación[118].

Y, en cuarto lugar, en relación a la *vivienda*, el Plan de Acción no es menos consciente de cuan necesario resulta que se facilite el acceso a aquélla para que los colectivos vulnerables de referencia alcancen una integración satisfactoria. Disfrutar de un *alojamiento digno* repercute en las oportunidades educa-

---

118 REQUENA DE TORRE, M.D., "La asistencia sanitaria a inmigrantes irregulares y a solicitantes de protección: ¿un derecho universal a la salud?", en HÄBERLE, P., BALAGUER CALLEJÓN, F., SARLET, I.W., STRAPAZZON, C.L. y AGUILAR CALAHORRO, A. (Coords.), *Derechos fundamentales y crisis del constitucionalismo multinivel*, Pamplona, Thomson Reuters Aranzadi, 2020, pp. 427-443.

tivas, laborales y en la adecuada interacción de los migrantes con los demás ciudadanos en las sociedades de acogida. Mas si las condiciones en que dicho alojamiento se efectúa se revelan deficientes, tal y como a menudo se observa, la segregación, la marginación y la exclusión social se harán pronto una realidad manifiesta.

Y es que constituye un hecho cierto que, con frecuencia, los migrantes y los ciudadanos de la Unión de origen migrante, sufren, especialmente, dado su, a menudo, bajo poder adquisitivo, el alza de los precios de la vivienda, del alquiler y la discriminación, en razón a su origen. Para superar esos obstáculos, la Comisión ayuda financieramente a los Estados miembros, que son los competentes en la materia. La promoción de *soluciones habitacionales innovadoras*, con el apoyo de la Unión Europea, por parte de las autoridades nacionales, regionales y, sobre todo, locales, de tales Estados ha comenzado, afortunadamente, a evidenciarse. El propósito no es otro que combatir la segregación y facilitar la inclusión. Y así se observa, en especial, en beneficio de los solicitantes de asilo y protección subsidiaria, para los que el *acceso a una vivienda autónoma*, que no colectiva, ha de constituir la expresión de una prestación temprana que suponga un primer paso, ineludible, facilitador de su integración.

Es por ello por lo que los migrantes y los ciudadanos de la Unión de origen migrante han tener acceso irrestricto a los *programas de viviendas sociales*, sin sufrir discriminación alguna en ese sentido. La promoción de *programas de vivienda autónoma*, en lugar de colectiva, para alojar familias, se ve así incentivada con la ayuda financiera europea, a través de la Red Europea de Integración y, sobre todo, del Fondo de Asilo y Migración. Se trata de políticas que se deben coordinar con las relativas al acceso al empleo, la educación, la salud y los servicios sociales, ya que, aisladas, de poco sirven para contribuir al éxito del complejo proceso de integración.

Dicho esto, y más allá de la consecución de esos objetivos específicos, el Plan de Acción hace hincapié en la necesidad de empoderar a todas las partes interesadas a fin de que contribuyan al proceso de integración. Por eso, el *papel de las asociaciones* es relevante, tanto a escala europea, como nacional, regional y local. Eso explica la voluntad de reforzar la *Red Europea de Integración*, que ha de diseñar estrategias innovadoras en ese sentido. Así, por citar un problema relevante y actual, ha de repararse en que la digitalización de los servicios públicos, acelerada por la crisis de la COVID-19, ha afectado lesivamente a un colectivo insuficientemente dotado de recursos tecnológicos y de capacidades y habilidades de esa naturaleza. Por tanto, urge superar esa carencia que tanto dificulta o entorpece su integración, en el contexto del *Plan de Acción de Educación Digital*, auspiciado por la Comisión[119].

En todo caso, y tanto en éste como en otros aspectos, el *apoyo a las autoridades regionales y locales*, se revela decisivo, ya que son quienes han de desarrollar primordialmente las actuaciones necesarias en un proceso a largo plazo, de carácter intersectorial[120]. El *marco financiero plurianual 2021-2027*, que se traduce en acciones de apoyo directas o referidas a los programas de los Estados miembros en régimen de gestión compartida, garantiza la materialización efectiva de esas iniciativas y programas.

Como es lógico, la *estrategia común europea para la integración e inclusión de los migrantes y de los ciudadanos de la Unión de origen*

---

119 Vid., la Comunicación de la Comisión al Parlamento Europeo, al Consejo, al Comité Económico y Social Europeo y al Comité de las Regiones sobre el *Plan de Acción de Educación Digital*. https://eur-lex.europa.eu/legal-content/es/TXT/?uri=CELEX:52018DC0022

120 Vid. a modo de ejemplo, acerca de la destacada función que el *deporte* juega a favor de la integración https://ec.europa.eu/migrant-integration/intpract/sportunity-integration-through-sport.

migrante debe ser periódicamente sometida a *revisión y evaluación* para garantizar su eficacia. Según se ha tenido ocasión de apreciar, dicha estrategia la componen medidas y proyectos heterogéneos, de ejecución a largo plazo, cuyo desarrollo, aplicación y resultados, siquiera parciales, han de revisarse y, en su caso, corregirse periódicamente para asegurar su éxito. A tal fin, la Comisión ha cooperado con la *OCDE* a fin de publicar una comparación internacional única acerca de los resultados de la integración de los migrantes y de sus hijos, cuyos datos puso a disposición de los Estados miembros, y de las autoridades locales y regionales[121]. A su vez, la *Agencia de los Derechos Fundamentales de la Unión Europea* realiza periódicamente la encuesta de la Unión sobre la situación de los migrantes y sus descendientes, que se publica cada año.

No obstante, pese a los esfuerzos realizados, gracias a estos y otros indicadores sectoriales, se hace evidente la subsistencia de *lagunas de conocimiento* que van en detrimento de la elaboración de políticas de integración e inclusión más efectivas por parte de los Estados miembros. Es necesario, pues, mejorar el aprendizaje mutuo y subsanar la escasa utilización de datos empíricos sobre el impacto de las medidas acordadas. Y comparar las distintas y, a veces dispares, políticas de integración promovidas por los Estados miembros de la Unión. A tal fin, deben publicarse más informes periódicos, europeos y estatales, que analicen los progresos y pongan de relieve los ámbitos donde se aprecian desafíos pendientes. Y urge establecer una comparativa conjunta de las políticas de integración, para contrastar la acción de los Estados miembros e intercambiar buenas prácticas entre ellos, a todos los niveles.

---

121 *Settling In 2018. Indicators of Immigrant Integration.* https://www.oecd.org/publications/indicators-of-immigrant-integration-2018-9789264307216-en.htm

Estamos, pues, en presencia de un ambicioso Plan de Acción, lleno de buenos propósitos, que determina acertadamente los objetivos e impulsa un haz de iniciativas y medios no menos consecuentes. En definitiva, un Plan que establece "un marco sólido para reforzar y ampliar las políticas de integración e inclusión en toda la Unión Europea"[122]. Y lo que es más determinante, a los efectos de que no quede convertido en una mera declaración de intenciones, un Plan que se ve asistido de una financiación adecuada y suficiente[123], que avanza en pos de la armonización de las políticas estatales. Un Plan hecho, en suma, desde el convencimiento de que lograr la integración e inclusión social plena de los migrantes y de los ciudadanos europeos de origen migrante ayuda a la construcción de sociedades más justas, en tanto que más cohesionadas. La Unión se dota así de un instrumento necesario pero no suficiente, dado que requiere del concurso de cuantos actores se ven involucrados, para promover la integración e inclusión de los miembros de colectivos especialmente vulnerables. Una Unión que apuesta, así, en fin, decididamente, por la conversión de los migrantes en ciudadanos, titulares plenos e irrestrictos de derechos inalienables.

122 En expresión del propio Plan de Acción, p. 29.

123 El *Instrumento de Apoyo Técnico* podrá, previa petición, brindar apoyo a los Estados miembros para que elaboren y mejoren sus políticas de integración e inclusión, con la necesaria financiación. Vid. *Reglamento del Parlamento Europeo y del Consejo, de 10 de febrero de 2021, por el que se establece un Instrumento de Apoyo Técnico*, OJ L 57, 18.2.2021, p. 1-16. https://eur-lex.europa.eu/legal-content/ES/TXT/?uri=uriserv%3AOJ.L_.2021.057.01.0001.01.SPA&toc=OJ%3AL%3A2021%3A057%3AFULL

BIBLIOGRAFÍA

ALÁEZ CORRAL, B., (Coord.), *Complejidad del espacio público, democracia y regulación del ejercicio de derechos fundamentales*, Madrid, Centro de Estudios Políticos y Constitucionales, 2016.

ALONSO LÓPEZ, I. D., MANZANO-LEÓN, A. y ÁLVAREZ HERNÁNDEZ, J., "La inclusión de la mujer inmigrante", en ORTIZ JIMÉNEZ, L. y CARRIÓN MARTÍNEZ, J.J. (Coords.), *Educación inclusiva: abriendo puertas al futuro*, Madrid, Dykinson, 2020.

ARP, B., *Las minorías nacionales y su protección en Europa*, Madrid, Centro de Estudios Políticos y Constitucionales, 2008.

BALLESTER PASTOR, M.A., "La lucha contra la discriminación en la Unión Europea", en *Revista del Ministerio de Trabajo e Inmigración*, nº 92, 2011.

BONAL, X., ZANCAJO, A., & SCANDURRA, R., "Student mobility and school segregation in an (un) controlled choice system: A counterfactual approach", *British Educational Research Journal*, 47 (1), 2020.

CAPOTORTI, F., *Study on the rights of persons belonging to ethnic, religious and linguistic minorities*. United Nations. Special Rapporteur of the Sub-Commission on Prevention of Discrimination and Protection of Minorities. Geneva, 1977.

CASTRO JOVER, A., "Inmigración, pluralismo religioso-cultural y educación", en *Laicidad y Libertades: escritos jurídicos*, nº 2, 2002.

CASTRO JOVER, A. (Coord.), *Interculturalidad y Derecho*, Pamplona, Thomson Reuters Aranzadi, 2013.

DE WITTE, B. "Article 4.2 TEU as a protection of the institutional diversity of the Member States" en *European Public Law*, 27/3, 2021.

DE WITTE, B., "Los derechos europeos de las minorías", en *Revista Española de Derecho Europeo*, nº 28, 2008.

DENNINGER, E., "Recht und rechtliche Verfahren als Klammer in einer multikulturellen Gesellshaft" (2005), en DENNINGER, E. & GRIMM, D., *Derecho constitucional para la sociedad multicultural*, ed. por I. GUTIÉRREZ, Madrid, Trotta, 2007.

DESCHÊNES, J., *Proposal concerning a definition of the term minority*, en United Nations Economic and Social Council, Commission of Human Rights, Sub-Commission on Prevention of Discrimination and Protection of Minorities, Doc/E/CN4/Sub2/1985/31/Corr.1 https://digitallibrary.un.org/record/88267#record-files-collapse-header

DÍAZ PÉREZ DE MADRID, A., "Minorías y Unión Europea: implicaciones jurídico-políticas de la ampliación de la Unión al Centro y Este de Europa", en *Revista de Derecho Comunitario Europeo,* nº 21, 2005.

DURÁN RUIZ, F.J., *Los menores extranjeros no acompañados desde una perspectiva jurídica, social y de futuro,* Cizur Menor, Aranzadi Thomson Reuters, 2021.

EACEA (2019), "New Eurydice report on: Integrating Asylum Seekers and Refugees into Higher Education". Vid., https://eacea.ec.europa.eu/node/13070_de

ESPARZA REYES, E. y DÍAZ REVORIO, F.J., "Los mecanismos jurídicos de lucha contra la discriminación: aportaciones para la configuración del Derecho Antidiscriminatorio", en *Revista de Derecho Político,* nº 105, 2019.

FERRERO TURRIÓN, R., "Los derechos de las minorías nacionales en el contexto de ampliación y constitucionalización de la Unión Europea", en *Revista de Debat Politic,* nº 9, 2004.

GARCÍA URETA, A. Mª, "Jurisprudencia del Tribunal de Justicia de la Unión Europea sobre los sacrificios religiosos de animales", en *Revista Vasca de Administración Pública,* nº 114, 2019.

GHANEA, N., "Are religious minorities really minorities?" en *Oxford Journal of Law and Religion,* Vol. 1, nº 1, 2012.

GÓMEZ MUÑOZ, J. M., "La prohibición de discriminación por causas étnicas o raciales. A propósito de la Directiva 43/2000/CE, en *Temas Laborales, Revista Andaluza de Trabajo y Bienestar Social,* nº 59, 2001.

HABERMAS, J., *Die Einbeziehung des Anderen* (1999). (Trad. es., Barcelona, Paidós, 1999).

HABERMAS, J., *Zur Verfassung Europas. Ein Essay* (2012). (Trad. esp., Madrid, Trotta, 2012).

HENRAD, K., "EU Law´s half-hearted protection of religious minorities. Minority specific rights and freedom of religion for all", en *Religions,* nº 12, 2021.

JRC (2020), *Gaps in the EU Labour Market Participation Rates: an intersectional assesment of the role of gender and migrant status.* https://ec.europa.eu/jrc/en/publication/eur-scientific-and-technical-research-reports/gaps-eu-labour-market-participation-rates-intersectional-assessment-role-gender-and-migrant

https://ec.europa.eu/social/main.jsp?langId=es&catId=1223

JRC (2020), *Inmigrant Key Workers: Their Contribution to Europe´s COVID-19 Response.* https://knowledge4policy.ec.europa.eu/publication/immigrant-key-workers-their-contribution-europes-covid-19-response.

KYMLICKA, W. *Multicultural Citizenship. A liberal theory of minority rights* (1995). (Trad. esp. Barcelona, Paidós, 1996.

LA BARBERA, M., "La vulnerabilidad como categoría en construcción en la jurisprudencia del Tribunal Europeo de Derechos Humanos: límites y potencialidad", en *Revista de Derecho Comunitario Europeo*, nº 62, 2019.

LEÓN SILVA, G. A., "El resguardo de la identidad cultural de los migrantes como factor clave en la reducción de desigualdades dentro de la Unión Europea: hacia la consecución de los Objetivos de Desarrollo Sostenible", en *Revista de Estudios Europeos*, vol. 79, 2022.

LIEBICH, A., *Les minorités nationales en Europe Centrale et Orientale*, Genève, Institut Européen de l'Université de Genève, 1997.

MANGIAMELI, S., "Article 2: the homogeneity clause", en BLANKE, H. J. & MANGIAMELI, S. (Eds.), *The Treaty on the European Union. A Commentary*, Heildelberg, Springer, 2013.

MARTÍ SÁNCHEZ, J. Mª, "Comentario a la Sentencia del TJUE (Gran Sala), de 14 de marzo de 2017, Asma Bougnaoui, ADDH v. Micropole S.A.: el cliente y su libertad religiosa ante la prestación de un servicio por operario con caracterización religiosa", en *Revista General de Derecho Canónico y Derecho Eclesiástico del Estado*, nº 44, 2017.

MARTÍN Y PÉREZ DE NANCLARES, J., "La Unión Europea como comunidad de valores. A vueltas con la crisis de la democracia y del Estado de Derecho", en *Teoría y Realidad Constitucional*, nº 43, 2019.

MORENO ANTÓN, M., "De nuevo el art. 4.2 de la Directiva 2000/78 y la autonomía confesional en Alemania: la Sentencia del TJUE (Gran Sala), de 11 de septiembre de 2018, Asunto C-68/17 IR/JQ", en *Revista General de Derecho Canónico y Derecho Eclesiástico del Estado*, nº 48, 2018.

MORENO ANTÓN, "El art. 4.2 de la Directiva 2000/78 y su valoración por el TJUE: la Sentencia de 17 de abril de 2018: Asunto C-414/16, Vera Egenberger", en *Revista General de Derecho Canónico y Derecho Eclesiástico del Estado*, nº 47, 2018.

MUÑOZ, J.J., "Intercultural Europe: diversity in the EU and the debate on a common European cultural identity", en *Papeles de Europa*, 30 (2), 2017.

OECD, *What is the impact of the COVID-19 pandemic on immigrants and their children?*. Cfr., https://www.oecd.org/coronavirus/policy-responses/what-is-the-impact-of-the-covid-19-pandemic-on-immigrants-and-their-children-7cbb7de/#:~:text=Source%3A%20OECD%20Secretariat%20calculations%20based,a%20younger%20age%20on%20average.

ONIDA, F., "Il problema delle organizzazioni di tendenza. La Direttiva 2000/78/CE attuativa dell´art. 13 Trattato della Unione Europea", en *Il Diritto Ecclesiastico*, Vol. 3, 2001.

ORTEGA VELÁZQUEZ, E., "Minority rights for immigrants: from multiculturalism to civic participation" en *Mexican Law Review*, 10/1, 2017.

PALOMINO LOZANO, R., "El Tribunal de Justicia de la Unión Europea frente a la religión y las creencias", en *Revista de Derecho Comunitario Europeo*, nº 65, 2020.

PELAYO OLMEDO, J. D., "La prohibición de prendas y símbolos religiosos en el ámbito laboral. Aclaraciones del TJUE sobre la aplicación del principio de igualdad y no discriminación en el caso Samira Abchita v. G4S Secure Solutions Nv", en *Revista General de Derecho Europeo*, nº 46, 2017.

PENTASUGGLIA, G., (2001): «The EU and the Protection of Minorities: The Case of Eastern Europe». En *European Journal of International Law*, vol. 12, n. 1, 2001.

PENTASSUGLIA, G., *Minorities in international law. An introductory study*. Council of Europe Publishing, Koelblin-Fortuna-Druck, Germany, 2002.

POLO SABAU, J.R., "La Sentencia del TJUE de 22 de enero de 2019 en el Asunto Cresco Investigation GmbH y Markus Achatzi: una nueva muestra de la irrelevancia del art. 17 TFUE", en *Revista General de Derecho Europeo*, nº 50, 2020.

PORRAS RAMÍREZ, J. M., "La estrategia común europea para la integración e inclusión de los migrantes y de los ciudadanos de origen migrante" en PORRAS RAMÍREZ, J. Mª (Dir.) y REQUENA DE TORRE, Mª D. (Coord.), *La inclusión de los migrantes en la Unión Europea y España. Estudio de sus derechos*, Madrid, Thomson Reuters Aranzadi, 2021.

PORRAS RAMÍREZ, J. Mª "La neutralidad del Estado como garantía de la libertad religiosa en la jurisprudencia del Tribunal Europeo de los Derechos Humanos y del Tribunal de Justicia de la Unión Europea", en ALÁEZ CORRAL, B., y DÍAZ-RENDÓN, S., (Coords.), *Modelos de neutralidad religiosa del Estado: experiencias comparadas*, Tirant lo Blanch, México, 2021.

REQUENA DE TORRE, M.D., "La asistencia sanitaria a inmigrantes irregulares y a solicitantes de protección: ¿un derecho universal a la salud?", en HÄBERLE, P., BALAGUER CALLEJÓN, F., SARLET, I.W., STRAPAZZON, C.L. y AGUILAR CALAHORRO, A. (Coords.), *Derechos fundamentales y crisis del constitucionalismo multinivel*, Pamplona, Thomson Reuters Aranzadi, 2020.

RELAÑO PASTOR, E., *La protección internacional de las minorías religiosas*, Madrid, Centro de Estudios Políticos y Constitucionales, 2003.

REY MARTÍNEZ, F., *Derecho Antidiscriminatorio*, Aranzadi, Pamplona, 2019.

REY MARTÍNEZ, F., *Segregación escolar en España. Marco teórico desde un enfoque de derechos fundamentales y principales ámbitos: socioeconómico, discapacidad, etnia y género*, Madrid, Marcial Pons, 2021.

ROCA FERNÁNDEZ, Mª. J., "Diversidad cultural y universalidad de los derechos: retos para la fundamentación del Derecho", en *Anuario Iberoamericano de Justicia Constitucional*, nº 9, 2005.

RUBIO CARRACEDO, J., "Ciudadanía compleja y democracia" en VVAA, *Ciudadanía, nacionalismo y derechos humanos*, Madrid, Trotta, 2000.

SARTORI, G., *Multi-ethnic Society. Pluralism, multiculturalism and foreigners*, (Trad. esp., Barcelona, Taurus, 2001.

SOLOZÁBAL ECHAVARRÍA, J. J., "Los derechos colectivos desde la perspectiva constitucional española", en *Cuadernos de Derecho Público*, nº 12, 2001.

TAYLOR, C., *Multiculturalism and the politics of recognition* (1992). (Trad. esp., México, Fondo de Cultura Económica, 1993.

TURTON, D. y GONZÁLEZ, J. (Dirs.), *Identidades culturales y minorías étnicas en Europa*, Bilbao, Universidad de Deusto, 2001.

VON DANWITZ, T. "La comunidad de Testigos de Jehová es responsable del tratamiento de los datos personales recogidos durante una actividad de predicación puerta a puerta: TJUE (Gran Sala), Sentencia de 10 de julio de 2018: Asunto C-25/17, Jehovan Todistajat", en *La Ley Unión Europea*, nº 62, 2018.

WEILER, J. H. H. "Je suis Abchita!", en *International Journal of Constitutional Law* 15/4/2017.

WOLFRUM, R., "Kulturelle Rechte und Minderheitenschutz", en MERTEN, D. & PAPIER, H.J., (Eds.), *Handbuch der Grundrechte*, Vol. VI/1: Europäische Grundrechte I, Heildelberg, C.F. Müller, 2010.

PARTE II.
MIGRACIÓN, TRASVERSALIDAD Y DOBLE DISCRIMINACIÓN

Capítulo 3.

MUJERES MIGRANTES PERSEGUIDAS POR VIOLENCIA CULTURAL EN EUROPA: DETERMINACIÓN DEL RIESGO CIERTO

MARÍA MARTÍN SÁNCHEZ

Profesora Titular de la Universidad de Castilla -La Mancha

Sumario: 1. Movimientos migratorios y diversidad cultural. 2. Mujeres migrantes en riesgo: protección de mujeres refugiadas en situaciones de conflicto vs. asilo de mujeres perseguidas por violencia cultural. 3. La determinación del *riesgo cierto* frente a la devolución de mujeres migrantes por el Tribunal Europeo de Derechos Humanos. 4. Bibliografía.

1. MOVIMIENTOS MIGRATORIOS Y DIVERSIDAD CULTURAL.

Los movimientos migratorios han cambiado sustancialmente las sociedades tal y como las conocíamos. La diversidad se erige en elemento distintivo, entendida como intercambio racial, cultural y de las tradiciones propias de unos y otros, procedentes de los más diversos lugares del mundo.

La innegable riqueza que aporta la diversidad cultural a las sociedades actuales (occidentales) trae consigo muchas veces un choque con el arraigo propio de éstas que a veces resulta difícil de acomodar llegando en algunos casos a contrariar el orden público constituido.

En este caso, no habría causa que pudiera justificar el ejercicio de la libertad cultural o religiosa cuando ésta supusiera un atentado directo a derechos humanos. Pero en ocasiones, se presentan situaciones que no son fáciles de resolver. Muchas veces es complicado trazar la frontera entre lo permitido y lo prohibido.

La libertad religiosa y de pensamiento es ilimitada. Todas las personas somos libres de pensar y creer lo que queramos, se trata de una libertad *ad intra*. El conflicto puede darse en su manifestación *ad extra*, bien por irrumpir en la esfera de libertades y derechos de terceros, por atentar contra el orden público establecido o incluso por atentar contra sus propios derechos. No podemos justificar nuestros actos, da igual su índole, en nuestra libertad. No existe la libertad absoluta y sin restricciones (ningún derecho o libertad es absoluto)

La garantía del orden público y de los derechos pasa por establecer los límites a la libertad[1]. Algunas prácticas no generan dudas. No habría razón para prohibir actos que no en-

---

[1] C. Herrero Herrero. "Migración de extranjeros. Su relación con la delincuencia. Perspectiva criminológica", *Actualidad Penal,* n.9, 2003. Este autor señala que: no es lícita la asimilación impuesta a los extranjeros, pues ello iría contra el derecho del ser humano a su propia identidad étnica y cultural. Aunque esa identidad –ha de subrayarse también- no ha de construirse con elementos que lesionen la convivencia, basada en el respeto a la ley democrática y a los legítimos derechos del resto de los ciudadanos, sean de la nacionalidad que sean, pues todo ello forma, como advierte nuestra constitución, parte fundamental ´del orden público y la paz social´" (p.261)

trañan riesgo para derechos[2]. En el extremo contrario, los actos abiertamente contrarios a derechos quedan prohibidos y castigados penalmente sin generar debate al respecto[3] (al menos por el momento).

Ahora bien, también se advierten algunas prácticas que, no estando prohibidas, suscitan dudas por su posible colisión con los derechos[4], por cuanto pueden verse afectados derechos o libertades individuales. Se trata de prácticas, usos o costumbres en los que puede ser cuestionable si las mujeres hacen uso de su libre voluntad o actúan por imposición paterna, marital o incluso sociocultural.

Reproduciendo lo expuesto antes, las que atentan gravemente contra derechos están prohibidas. Pero en otras, se presume su voluntariedad y, pese a la sospecha de ser impuestas, resulta complicado destruir dicha presunción. De hecho, suelen llevarse a cabo amparadas en creencias que incluso las propias víctimas profesan convencidas de que son un bien o mejora para ellas, para sus familias, o para los agresores, bajo el pretexto de no saber que son contrarias a derechos[5].

---

2 Es el caso de cubrirse con un velo, ayunar o no comer carne de cerdo, por poner algún ejemplo.

3 Es el caso del matrimonio forzoso, la mutilación genital o la poligamia.

4 Es el caso del burka: prenda pesada que cubre totalmente el rostro y el cuerpo de las mujeres impidiendo incluso su identificación.

5 Sobre el desconocimiento (´error de prohibición´) del carácter delictivo de la MGF puede verse: J. Ropero Carrasco. "La mutilación genital femenina: una lesión de los derechos fundamentales de las niñas basada en razones de discriminación sexual", *Curso de Derechos Humanos,* vol.4, Servicio Editorial Universidad País Vasco, 2003, pp. 355-386, p.372. Esta misma autora realiza un estudio del tratamiento dado a la MGF en: J. Ropero Carrasco. "Inmigración, integración y diversidad: Un análisis crítico a partir del tratamiento de la mutilación genital femenina en la Unión Europea", *Cuadernos Europeos de Deusto,* n.57, 2017, pp.133-165.

Pero, en cualquier caso, los derechos humanos se imponen y las prácticas nocivas contra las mujeres y las niñas no pueden ampararse en la cultura. Son una forma de tortura hacia ellas. Una violencia extrema que se perpetra sobre las mujeres por serlo y que atenta directamente contra su condición.

Es ´violencia de género cultural´ o ´de carácter cultural´. No quiero decir con esto que el origen de la violencia sea la multiculturalidad[6], sino el carácter de un tipo concreto de actos violentos contra las mujeres, que tratan de justificarse en creencias o tradiciones arcaicos que no caben ya en un contexto de derechos, de libertad y de igualdad[7].

---

6 Muy críticos con este planteamiento son algunos autores: R.M. Mestre i Mestre. "La MGF como una forma cultural de violencia … op.cit, pp.205-219: "Al identificar la MGF como una forma cultural de VAW desatendemos los modos en los que la cultura da forma a la subordinación de las mujeres en Europa, y las formas culturales de violencia imbricadas en la ideología del amor romántico, por poner un ejemplo (…)", p.214.

7 Son las mujeres las que llevan el velo o el burka, las que no pueden ser sacerdotes, las que tienen que llegar vírgenes al matrimonio, las que son repudiadas o castigadas hasta la muerte cuando se presumen infieles, o las que son mutiladas o sometidas a otras aberraciones bajo la excusa de la tradición o la religión.
Así lo explica Lorena Sales: "No es posible de modo alguno que, bajo el auspicio de la conservación de la tradición y la cultura, se admitan prácticas que vulneren derechos inherentes a la dignidad humana", en L. Sales Pallarés "La violencia de género en el contexto internacional: deseos y realidades", en M. Martín Sánchez (dir.), *Estudio integral de la violencia de género,* Tirant lo Blanch, 2008, p.245.
Me parece muy esclarecedora esta afirmación: "cuando infligir dolor contra un ser humano de forma gratuita y con consecuencias imborrables se convierte en una actividad reiterada, no debería considerarse una de esas tradicione que forman parte del bagaje cultural de un pueblo, sino un síntoma que refleja los déficit de los derechos de sus miembros" (de N. Amiriam y M. Zein), citada por N.

No es casual que este tipo de prácticas, amparadas en la religión, en la cultura o en la tradición arraigada en ciertas sociedades se den contra las mujeres y no contra los hombres[8].

Así lo ha reconocido la *Convención para la Eliminación de todas las formas de Discriminación contra la Mujer (CEDAW)*, proscribiéndolas de forma expresa. Mutilación genital, planchado de pechos, engorde forzado, matrimonio infantil, trata con fines de explotación sexual, violencia, múltiples formas de torturar a mujeres y a niñas, alarmantes pero reales. Atentados contra los derechos humanos.

Algunas de ellas son propias de sociedades con un fuerte arraigo cultural en las que, no solo no están prohibidas, sino que se erigen en prácticas consuetudinarias aceptadas comúnmente como propias. Otras son prácticas ilegales pero que siguen proliferando por numerosos factores entre los que se mezclan intereses económicos, dejadez política, o inacción por parte de las autoridades públicas.

La violencia contra las mujeres tiene múltiples manifestaciones y, en realidad, cualquier medio de maltrato, trato vejatorio o denigrante o tortura dirigida específicamente a las mujeres, aunque algunas de ellas merecen atención aparte por sus características propias.

Unas son más visibles o reciben una mayor reprobación social mientras que otras pasan más desapercibidas o simplemente reciben menos rechazo. Pero todas atentan contra la dignidad de las mujeres y violan sus derechos más elementales.

Sanz Mulas. "Diversidad cultural y política criminal", *Revista Electrónica de Ciencia Penal y Criminología*, 2014, n.16-11, p.11:1-11:49, p.11:39.

8 Sobre la incidencia de las prácticas religiosas y culturales en las mujeres: C. García Pascual. "Mujeres, prácticas religiosas y culturales", en R. Serra Cristóbal (dir.) *La discriminación múltiple en los ...*,op.cit., pp.71-97

Este tipo de violencia es una de las más peligrosas, pues se sustenta sobre lo más profundo del individuo: sus creencias, sus pensamientos. Convicciones que se trasladan de generación a generación, complicando el objetivo de eliminarlas de nuestra actual sociedad[9]. Las políticas públicas tienen que articular mecanismos para erradicar este tipo de actuaciones, pero solo será posible erradicarlas cuando la sociedad en su conjunto tome conciencia del problema que representan[10]. Son prácticas contrarias a los derechos humanos, que violan los derechos de las mujeres[11].

---

9 "Las normas sociales y las creencias culturales que respaldan tales prácticas nocivas persisten y a veces las promueve una determinada comunidad en un intento por preservar su identidad cultúral en un nuevo entorno, en particular en países de destino donde los papeles asignados a cada género otorgan a las mujeres y las niñas una mayor libertad personal" (ap. 18 Rec.)

10 "Los esfuerzos por cambiar las prácticas deben abordar aquellas causas sistémicas y estructurales subyacentes de las prácticas nocivas tradicionales, emergentes y reemergentes, y empoderar a las niñas y mujeres y los niños y hombres para que contribuyan a la transformación de las actitudes culturales tradicionales que consienten las prácticas nocivas, actúen como agentes de ese cambio y refuercen la capacidad de las comunidades para apoyar tales procesos" (ap.17 Rec.) "las mujeres y niñas se exponen a menudo a formas graves de violencia como la violencia doméstica, el acoso sexual, la violación, el matrimonio forzoso, los crímenes cometidos supuestamente en nombre del "honor" y las mutilaciones genitales, que constituyen una violación grave de los derechos humanos de las mujeres y las niñas y un obstáculo fundamental para la realización de la igualdad entre mujeres y hombres (...)" *(preámbulo Convenio de Estambul)*

11 "las mujeres y niñas se exponen a menudo a formas graves de violencia como la violencia doméstica, el acoso sexual, la violación, el matrimonio forzoso, los crímenes cometidos supuestamente en nombre del "honor" y las mutilaciones genitales, que constituyen una violación grave de los derechos humanos de las mujeres y las niñas y un obstáculo fundamental para la realización de la igualdad entre mujeres y hombres (...)" (*preámbulo Convenio de Estambul)*

Por su parte, el *Comité para la Eliminación de todas las Formas de Discriminación contra la Mujer*, condenó abiertamente estas prácticas, en una resolución aprobada junto con el Comité de los Derechos del Niño: *Recomendación general n. 31 del Comité para la Eliminación de la Discriminación contra la Mujer y observación general núm. 18 del Comité de los Derechos del Niño ´sobre las prácticas nocivas´*. En ella, ambos Comités reconocen que estas prácticas son un tipo específico de violación de los derechos de las mujeres y las niñas, prohibidas al amparo de la Convención y también desde otras instancias internacionales. Su repercusión sobre las niñas justifica esta recomendación conjunta con el Comité de los Derechos del Niño.

En la *Convención de los Derechos del Niño* se protegen los derechos de las niñas, pero en la CEDAW se protegen los derechos de las mujeres adultas que además de poder ser objeto de este tipo de prácticas, también les repercute por habérseles practicado cuando eran niñas, dadas las graves consecuencias que entrañan de por vida.

Algunas de estas prácticas son aún desconocidas. Las más visibles han sido expresamente condenadas, social y jurídicamente, y se han articulado medidas de prevención, eliminación y condena para proteger a las mujeres[12]. Por último, se advierten algunas otras absolutamente contrarias a nuestro orden público como sistema de valores y derechos que, aún poco visibles, comienzan a detectarse a causa del auge de la migración[13].

---

12 Algunas de las más visibilizadas en sociedades occidentales: mutilación genital, matrimonio infantil, poligamia, o delitos de honor.

13 "Entre estas prácticas se incluyen, sin carácter restrictivo, el abandono de las niñas (vinculado al trato y la atención preferentes que se prestan a los niños varones), restricciones dietéticas extremas, incluso durante el embarazo (alimentación forzada, tabúes alimentarios), exámenes de virginidad y prácticas conexas, ataduras, arañazos, marcas con objetos

Los Comités internacionales de derechos humanos[14] constatan que "las prácticas nocivas están profundamente arraigadas en las actitudes sociales según las cuales se considera a las mujeres y las niñas inferiores a los hombres y los niños sobre la base de funciones estereotipadas" y que "ponen de relieve la dimensión de género de la violencia e indican que las actitudes y estereotipos por razón de sexo o de género, los desequilibrios de poder, las desigualdades y la discriminación perpetúan la existencia generalizada de prácticas que a menudo implican violencia o coacción" (ap.6). Dándose además la circunstancia de que en estos casos "el género se entrecruza con otros

---

candentes/provocación de marcas tribales, castigo corporal, lapidación, ritos iniciáticos violentos, prácticas relativas a la viudez, acusaciones de brujería, infanticidio e incesto3. También se incluyen modificaciones corporales que se practican en aras de la belleza o las posibilidades de contraer matrimonio de las niñas y las mujeres (por ejemplo, engorde, aislamiento, el uso de discos en los labios y el alargamiento de cuello con anillos)4 o en un intento por proteger a las niñas del embarazo precoz o de ser sometidas al acoso sexual y la violencia (por ejemplo, planchado de los senos). Además, muchas mujeres y niñas se someten cada vez más a tratamiento médico o cirugía plástica para cumplir con las normas sociales del cuerpo, en lugar de hacerlo por motivos médicos o de salud, y muchas también se ven presionadas a estar delgadas tal y como impone la moda, lo que ha provocado una epidemia de trastornos alimentarios y de salud" (ap. 9 de la Recomendación)

14 "Hasta la fecha, el Comité para la Eliminación de la Discriminación contra la Mujer se ha referido a las prácticas nocivas en nueve de sus recomendaciones generales: núm. 3 sobre la aplicación del artículo 5 de la Convención; núms. 14, 19 y 21 sobre la igualdad en el matrimonio y en las relaciones familiares; núm. 24 sobre la mujer y la salud; núm. 25 sobre medidas especiales de carácter temporal; núm. 28 sobre las obligaciones básicas de los Estados partes con arreglo al artículo 2 de la Convención; núm. 29 sobre consecuencias económicas del matrimonio, las relaciones familiares y su disolución; y núm. 30 sobre las mujeres en la prevención de conflictos y en situaciones de conflicto y posteriores a conflictos. El Comité de los Derechos del Niño ofrece una lista no exhaustiva de prácticas nocivas en sus observaciones generales núms. 8 y 13" (ap.10 Rec.)

factores que afectan a las mujeres y las niñas": sexo, edad, costumbres, factores religiosos, falta de preparación, y falta de recursos económicos.

Las prácticas nocivas contra mujeres y niñas se reconocen como: "prácticas y formas de conducta persistentes que se fundamentan en la discriminación por razón de sexo, género y edad, entre otras cosas, además de formas múltiples o interrelacionadas de discriminación que a menudo conllevan violencia y causan sufrimientos o daños físicos o psíquicos. El daño que semejantes prácticas ocasionan a las víctimas sobrepasa las consecuencias físicas y mentales inmediatas y a menudo tiene el propósito o el efecto de menoscabar el reconocimiento, disfrute o ejercicio de los derechos humanos y las libertades fundamentales de las mujeres y los niños. Asimismo, tales prácticas repercuten negativamente en su dignidad, su integridad y desarrollo a nivel físico, psicosocial y moral, su participación, su salud, su educación y su situación económica y social. Por consiguiente, las prácticas se reflejan en el trabajo de ambos Comités" *(ap.15)*.

Agreden la dignidad de las mujeres, su integridad física, psíquica y sexual, sus derechos sexuales y reproductivos, su vida privada, su libertad, y las discrimina de la forma más cruel respecto a los hombres. Producen hemorragias, infecciones y serios daños sobre su salud, incluso ponen en peligro su vida. Y son especialmente crueles porque dejarán secuelas de por vida en las mujeres y niñas víctimas.

Con el objetivo de comprometer a los Estados con la erradicación de esta situación, la Recomendación adoptada persigue aclarar cuáles son las obligaciones contraídas por los Estados con ambas Convenciones (de la mujer y de las niñas), y cómo debe materializarse dicho compromiso, previendo medidas eficaces en distintas direcciones: "(...) obligados a prever y aprobar leyes, políticas y medidas adecuadas, y a garantizar que su aplicación responda con eficacia a los obstáculos, barreras y resistencia específicos a la eliminación de la discriminación que dan lugar a las prácticas nocivas y a la violencia contra la mujer" *(ap. 31 Rec., referido a los arts. 2 y 3 CEDAW)*.

Los Estados firmantes de estas convenciones de derechos están obligados a erradicar los patrones socioculturales y las prácticas consuetudinarias que perpetúan la situación de inferioridad y la discriminación contra las mujeres (impuesto en su artículo 5)

La propia Asamblea General de Naciones Unidas ha reiterado la importancia de condenar estas prácticas tradicionales nocivas contra los derechos de las mujeres, instando a los Estados a ratificar la CEDAW y cumplir con sus directrices. Así, lo hizo en su *Resolución 52/99, de 9 de febrero de 1998, sobre Prácticas Tradicionales o Consuetudinarias que afectan a la salud de la Mujer y de la Niña,* en la que exige a los Estados que aprueben normas que prohíban estas prácticas. Con ella, se aprobó un *Plan de Acción para la Eliminación de las Prácticas Tradicionales Perjudiciales para la Salud de la Mujer y el Niño.* Esta resolución ha sido actualizada en otras posteriores: *Resolución 54/133 de 7 de febrero de 2000,* en la que exige a los Estados el cumplimiento del mencionado Plan, en virtud de su compromiso con los derechos fundamentales de las mujeres; insiste además en la necesidad de que los Estados ratifiquen el Convenio sobre Eliminación de todas las formas de Discriminación contra la Mujer; y la *Resolución 56/128 de 30 de enero de 2002,* reiterando lo dicho en las dos resoluciones anteriores, pero introduciendo la importancia de la ´independencia económica´ de las mujeres, imprescindible para poder acabar con su situación de subordinación.

En definitiva, hay un compromiso internacional de los Estados firmantes de estas Convenciones con la erradicación de estas prácticas culturales nocivas para las mujeres y las niñas, y con la protección y garantía de sus derechos.

Y este compromiso con los derechos conlleva inevitablemente, la protección de las mujeres y niñas que, perseguidas por cuestiones de violencia cultural, sean protegidas y amparadas. Los Estados, y las organizaciones supranacionales de derechos (en su caso) están comprometidas con la protección de estas mujeres migrantes en busca de auxilio para salvaguardar su integridad física o incluso su vida.

2. MUJERES MIGRANTES EN RIESGO: PROTECCIÓN DE MUJERES REFUGIADAS EN SITUACIONES DE CONFLICTO VS. ASILO DE MUJERES PERSEGUIDAS POR VIOLENCIA CULTURAL

El derecho internacional de asilo, de acuerdo con los derechos humanos, debe tener en cuenta la persecución por cuestiones de género. Persecución motivada por la violencia ejercida contra las mujeres en países en los que sistemáticamente se violan sus derechos humanos de múltiples formas, entre otras, por motivos culturales. Las mujeres en estas situaciones son víctimas de violencia continuada: antes, durante y después del proceso de huida. En su país de origen son víctimas de la violencia ejercida allí que motiva su salida, durante el proceso de migración están en riesgo potencial de ser objeto de redes y tienen que enfrentar procesos de solicitud de asilo que muchas veces vuelven a victimizarlas, y tras su acogida sufren la discriminación como mujeres migrantes y sin recursos que las estigmatiza y muchas veces las aboca a trabajos de pseudo-esclavitud.

Las mujeres víctimas de violencia cultural huyen de comunidades en las que son perseguidas, coaccionadas y sometidas a prácticas crueles solo por ser mujer, sin existir ninguna otra motivación. No concurren causas políticas, económicas ni actos de terrorismo o de otra índole, son perseguidas por su condición de mujeres, dependientes y esclavas de comunidades patriarcales, discriminatorias y violentas contra las mujeres.

Sin embargo, pese a este hecho incontestable, el derecho internacional no tiene en cuenta el género. Son los propios

Estados los que, muy poco a poco y aún de forma aislada, comienzan a tenerlo en cuenta a la hora de aplicar el derecho internacional de asilo y de los refugiados, considerando a las mujeres como ´grupo´ vulnerable (igual que se está haciendo con la identidad y la orientación sexual). Sin embargo, en el plano internacional, solo trabajan en esta dirección algunas instituciones (ACNUR) y organismos internacionales (destacamos el rol del Consejo de Seguridad de Naciones Unidas), y los tribunales internacionales de derechos humanos, en los que comienza a vislumbrarse cierto cambio de orientación en su interpretación del derecho internacional. Pero lamentablemente tampoco es una posición unánime ni por los Estados, ni tampoco por los tribunales. Precisamente, como veremos después, en ámbito europeo solo el Tribunal de Justicia de la Unión Europea ha comenzado a considerar estos grupos vulnerables[15], mientras que el Tribunal de Estrasburgo, autoridad en derechos humanos, no lo ha hecho.

El Consejo de Seguridad de Naciones Unidas ha asumido un papel protagonista en la protección a mujeres migrantes perseguidas, pero circunscribiendo su atención a un grupo concreto, las mujeres y niñas refugiadas, en situación de conflictos armados. Ha adoptado diversas iniciativas en las que

---

15 Así ha comenzado a reconocer el derecho de asilo por orientación sexual, a personas que huyen de contextos de persecución y condena por este motivo. STJUE de 7 de noviembre de 2013, en los casos acumulados: C-199/12, C-200/12 y C-201/12. No lo ha hecho sin embargo el Tribunal Europeo de Derechos Humanos, que mantiene una interpretación restrictiva del derecho, apoyado en el denominado ´requisito de la discreción´ que se basa en que mantener en privado la orientación sexual no suprime su identidad y no viola el Convenio. Cuanto menos sorprendente resulta este pronunciamiento, inexcusablemente restrictivo de derechos. Sobre esto, véase: C. Jiménez Sánchez. "La persecución de género en el derecho internacional de los refugiados: nuevas perspectivas", *Revista Electrónica de Estudios Internacionales*, n. 33, 2007 (30 p.), p.3 (nota 7)

se ha dirigido a las partes involucradas en conflictos armados solicitando que: "respeten el carácter civil y humanitario de los campamentos y asentamientos de refugiados y a que tengan en cuenta las necesidades especiales de las mujeres y las niñas"[16] y también a los organismos de Naciones Unidas para que: elaboren mecanismos eficaces para proteger la violencia, en particular de la violencia sexual, a las mujeres y las niñas en los campamentos de refugiados y desplazados internos administrados por las Naciones Unidas"[17]

La *Convención de Ginebra sobre Refugiados (1951)*, define el estatus de ´persona refugiada´ como aquella que: "como resultado de acontecimientos ocurridos antes del 1° de enero de 1951 y debido a fundados temores de ser perseguida por motivos de raza, religión, nacionalidad, pertenencia a un determinado grupo social u opiniones políticas, se encuentre fuera del país de su nacionalidad y no pueda o, a causa de dichos temores, no quiera acogerse a la protección de tal país; o que, careciendo de nacionalidad y hallándose, a consecuencia de tales acontecimientos, fuera del país donde antes tuviera su residencia habitual, no pueda o, a causa de dichos temores, no quiera regresar a él" (ap. 1.2.A)

Permite otorgar asilo a una persona si es perseguida por motivos de raza, religión, nacionalidad, opinión, o ´pertenencia a un grupo social´. El derecho de asilo debe tener en cuenta la vulnerabilidad de los demandantes de asilo. Esto no significa que se les reconozca un título especial, pero sí habrá que tenerse en cuenta su pertenencia a grupos ´vulnerables´. Es el caso de las mujeres "que pertenecen a sociedades que las discriminan o

---

16 Resolución 1325 (2000) del Consejo de Seguridad de Naciones Unidas, de 31 de octubre de 2000, dentro del programa ´mujer, paz y seguridad´, p.12.

17 Resolución 1820 (2008) del Consejo de Seguridad de Naciones Unidas, de 19 de junio de 2008, p.10.

en donde son consideradas seres inferiores"[18]. Su consideración como grupo vulnerable abre la puerta a su reconocimiento como refugiadas ante determinadas circunstancias.

En efecto, entre estos motivos no se prevé la persecución por motivos de género, pero sí lo ha contemplado décadas después la *Declaración de Nueva York de 2016* –aprobada como respuesta al fuerte flujo migratorio y la llegada de refugiados a Europa en los últimos años-, que venía a completar el Convenio de Ginebra: "La importancia de adoptar un enfoque integral de las cuestiones pertinentes, garantizaremos que se dé a todas las personas que llegan a nuestros países, en particular las que formen parte de grandes movimientos, ya sean refugiadas o migrantes, una acogida rápida, respetuosa, humana y digna, que se centre en las personas y tenga en cuenta las cuestiones de género. Garantizaremos también el pleno respeto y la protección de sus derechos humanos y libertades fundamentales" (p.22)

Fue a partir de los años 80, cuando la cuestión de género comenzó a tenerse en cuenta como tal en el Derecho internacional humanitario, dando paso lo que se ha denominado *´feminización de la experiencia de los refugiados*´[19]. El Alto Comisionado de Naciones Unidas para los Refugiados (ACNUR), ha venido pidiendo a los Estados que tengan en cuenta el género a la hora de determinar la condición de refugiado, considerando que sus legislaciones deben incluir la perspectiva de género en estos

---

18 S. Morgades Gil. "La protección de los demandantes de asilo por razón de su vulnerabilidad especial en la jurisprudencia del Tribunal Europeo de los Derechos Humanos", *Revista de Derecho Comunitario Europeo*, n.37, sep.-dic. 2010, pp. 801-842, p. 805.

19 Son muchos los internacionalistas que ya emplean este término, entre otros: C. Miguel Juan. "La mutilación genital, derecho de asilo en España y otras formas de protección internacional", *Cuadernos Electrónicos del Filosofía del Derecho*, n.17, 2008; C. Jiménez Sánchez. "La persecución de género en ..., op.cit., p.2

procesos, reconociendo la persecución por motivos de género[20]. Y hace un llamamiento al reconocimiento de la condición de ´refugiadas´ para las mujeres que huyen de contextos de violación de sus derechos humanos, por motivos culturales o de tradición fuertemente arraigados: "Los Estados en el ejercicio de su soberanía, son libres de adoptar la interpretación de que las mujeres en busca de asilo que se enfrentan a tratos crueles e inhumanos debido a haber transgredido las costumbres sociales de la sociedad en la que viven, podían ser consideradas como un ´determinado grupo social´ según lo dispuesto en el párrafo 2 de la sección A del artículo 1 de la Convención de Ginebra de 1951 sobre el Estatuto de los Refugiados".

En el año 2002, el mismo organismo publicó las *Directrices sobre Protección Internacional: La Persecución por motivos de género en el contexto del Artículo 1A (2) de la Convención de 1951 sobre el Estatuto de los Refugiados y su Protocolo de 1967.* Estas Directrices establecían que las solicitudes por motivo de género abarcan actos de violencia sexual, violencia doméstica y familiar, planificación familiar forzada, *mutilación genital femenina,* castigo por transgredir los valores y las costumbres morales y discriminación contra homosexuales.

En el marco europeo, la *Directiva 2004/83/CE del Consejo Europeo, de 29 de abril de 2004 por la que se establecen las normas mínimas relativas a los requisitos para el reconocimiento y el estatuto de los nacionales de terceros países o apátridas como refugiados o personas que necesitan otro tipo de protección internacional y al contenido de la protección concedida,* antes citada, incluye entre los motivos que han de tenerse en cuenta para conceder protección internacional los actos motivados por el sexo (persecución, discriminación y violencia contra las mujeres). Y recordemos, que el Parlamento Europeo mediante la *Resolución 2 de febrero de 2006,*

---

20 *Conclusión sobre Mujeres Refugiadas y Protección Internacional, Conclusión N°39, 1985*

estableció que aunque no se encontraba expresamente mencionada la mutilación genital femenina, esta era una causa por la que debía otorgarse asilo: "Considerando que los tipos de violencia que afectan a las mujeres pueden variar en función de las tradiciones culturales y el origen étnico y social; que la mutilación genital y los denominados delitos de honor, así como los matrimonios forzosos, también son ahora una realidad en la Unión Europea" (ap.I)

Aunque el Consejo de Europa no se incardina en la Unión, el Tribunal Europeo de Derechos Humanos apoya sus decisiones en instrumentos jurídicos internacionales (ONU) y regionales (UE), en virtud de lo que construyó la ´teoría de la protección equivalente´[21] para evitar litigios competenciales, dada la dualidad de jurisdicciones en Europa.

No ha actuado así en relación con el derecho de asilo. A mi juicio, no ha protegido bien a las mujeres porque, aunque viene dictando medidas cautelares al amparo del artículo 39 CEDH, en ocasiones no ha reconocido que el motivo por el que determinadas mujeres son perseguidas es el sexo.

En su trayectoria, no han sido muchos los casos llevados a Estrasburgo por violencia de origen ´cultural´. Son además conflictos en los que el elemento multicultural y su contextualización al ámbito privado, dificultan especialmente su reconocimiento por parte del Tribunal.

Trataremos de analizar su jurisprudencia al respecto, para dilucidar cuál ha sido el razonamiento del TEDH para no declarar expresamente que la denegación del asilo ante el riesgo de sufrir mutilación genital supone una violación del artículo 3 CEDH. Y realizaremos un examen comparado entre

---

21 En virtud de la ´teoría de la protección equivalente´ el Tribunal Europeo de Derechos Humanos reconoce normas a las que *strictu sensu* no se encuentra vinculado.

estos casos y aquellos otros en los que la demandante no alega el riesgo de padecer mutilación genital femenina.

Ojo, como premisa previa al análisis jurisprudencial, advertimos que el Tribunal europeo no ha reconocido que la devolución de las mujeres que solicitan el asilo constituiría una violación del artículo 3 CEDH, en ninguno de los casos resueltos. En todos inadmite el argumento, pero ordena al cumplimiento de una serie de medidas cautelares por parte del Estado demandado, por tratarse de situaciones excepcionales y urgentes, ante la posibilidad (cierta) de que se produjese un daño inminente e irreparable.

3. LA PROTECCIÓN DE MUJERES MIGRANTES PERSEGUIDAS POR VIOLENCIA CULTURAL, ANTE EL TRIBUNAL EUROPEO DE DERECHOS HUMANOS: LA DETERMINACIÓN DEL *RIESGO CIERTO*.

En Europa, ha sido el Tribunal Europeo de Derechos Humanos quien como garante de los derechos ha asumido la protección internacional de las mujeres perseguidas en sus países de origen[22], víctimas o potencialmente víctimas de este tipo de prácticas inhumanas y degradantes.

La jurisprudencia del Tribunal sobre la protección de mujeres perseguidas por el riesgo a ser sometidas a este tipo de prácticas se circunscribe a la mutilación genital. En todos los casos presentados ante el Tribunal, las victimas solicitan asilo ante el riesgo potencial de ser sometidas a este tipo de agresión.

A modo preliminar conviene adelantar que el Tribunal europeo ha declarado inadmisibles todas las demandas interpuestas en solicitud de asilo por mujeres perseguidas por este

---

22 Véase para consulta: *Manual de Derecho Europeo sobre asilo, fronteras e inmigración*, Consejo de Europa, 2014, p. 127. https://echr.coe.int

motivo, considerando que su devolución al país de origen no supondría tortura ni acto proscrito por el Convenio (artículo 3 CEDH), pero en todas ellas adoptó medidas cautelares.

La adopción de este tipo de medidas cautelares precisa que concurran: ´caso excepcional y urgente; ´posibilidad real de causar un daño inminente e irreparable´; y ´que este daño tenga un grado mínimo de severidad y, a su vez, exista un alto grado de probabilidad de que se produzca´[23].

Hasta la fecha, ha resuelto estos asuntos ordenando al Estado demandado paralizar la expulsión de las recurrentes.

Las demandas presentadas ante el Tribunal Europeo de Derechos Humanos han tenido por objeto común la protección y asilo de mujeres extranjeras perseguidas, en riesgo de ser sometidas a la práctica de la mutilación genital femenina en sus países de origen (en caso de ser devueltas o expulsadas).

A tenor de lo expuesto antes, el compromiso asumido en el marco internacional de los derechos humanos compromete a los Estados parte a proteger a estas mujeres y el Tribunal europeo, máximo garante de los derechos en Europa, es quien debe asegurar en todo caso la protección de estas mujeres bajo su jurisdicción, con independencia de su origen.

En efecto, la política de extranjería es competencia de los propios Estados, pero existen límites infranqueables que el Tribunal debe vigilar en todo caso como es, el derecho a la vida y a la integridad. Derechos que pueden verse agredidos cuando el Estado en cuestión pone en riesgo a quien deniega el asilo.

Para tratar de dilucidar cómo ha sido el modo de proceder del tribunal europeo en relación con la protección dada a estas

---

23 N. Mole y C. Meredith. "Asylum and the European Convention on Human Rights", *Human rights files*, N. 9, Strasbourg Cedex, Council of Europe, 2010.

mujeres, analizaremos a continuación algunos de los casos más significativos, advirtiendo en todos ellos un elemento comúnmente admitido como determinante en el fallo del Tribunal: la existencia del "riesgo cierto" en el caso planteado.

El *quid* del asunto lo encontramos en la jurisprudencia dictada por el tribunal, comenzando por el *Asunto Abraham Lunguli c. Suecia*[24]. En este asunto, la demandante es una mujer extranjera, nacional de Tanzania, que huyó de su país ante el temor de ser sometida a mutilación genital femenina. En su relato, contó que sus dos hermanas habían sido sometidas a esta práctica en contra de su voluntad, y manifestó su temor a correr la misma suerte. En esta situación de huida de su país de origen, las autoridades suecas (país en donde se encontraba) denegaron su asilo bajo el argumento de la edad. Su denegación se fundamentaba en que la mutilación genital se practica fundamentalmente en niñas, descartando que la demandante en cuestión, superada la edad de 17 años, estuviera en riesgo de ser mutilada.

En su demanda, la Sra. Abraham Lunguri trató de demostrar que los argumentos dados por las autoridades suecas no eran suficientes para destruir la presunción de riesgo en el que se encontraba su integridad e incluso su vida, en caso de ser devuelta a su país de origen. destruir la presunción. Pero el Tribunal, lejos de emitir un pronunciamiento determinante del asunto, acerca de la conformidad o no del Estado con la Convención de derechos, se limitó a dictar medidas cautelares, en cuyo cumplimiento el Estado sueco concedió un permiso de residencia a la recurrente y se archivó la demanda.

Considero que el Tribunal actuó de forma equivocada. No fue determinante como sí lo fue en su memorable *Asunto So-*

---

24 Decisión del Tribunal Europeo de Derechos Humanos, de 1 de julio de 2003. Inadmisión.

ering c. Reino Unido[25], en relación con la expulsión de mujeres. Como en aquél, el Tribunal debió de pronunciarse sobre el fondo del asunto y declarar expresamente que expulsar a una persona, en este caso mujer, podía llevar aparejada la responsabilidad del Estado por la posibilidad de sufrir tratos inhumanos o degradantes al amparo del artículo 3 CEDH. Tras aquel, en el *Asunto Vilvarajah y otros c. Reino Unido*[26], añadió que: "la decisión de un Estado contratante de extraditar a un fugitivo podría plantear un problema respecto del artículo 3, y por tanto comprometer, en virtud del Convenio, la responsabilidad del Estado afectado, cuando hubiere motivos serios de creer que el interesado, si fuera entregado al Estado solicitante, corriera un riesgo real de ser sometido a tratos inhumanos o degradantes".

Si desde instancias internacionales se ha reconocido abiertamente que la mutilación genital femenina supone infligir un trato inhumano o degradante, no alcanzo a entender por qué el Tribunal no entró a conocer el fondo del asunto, y no ha declarado que la falta de protección, de quien manifiestamente es una potencial víctima, constituye una violación del artículo 3 CEDH.

De nuevo tuvo la oportunidad de pronunciarse respecto a la mutilación genital femenina una década después, también en un asunto contra Suecia, el *Asunto Collins y Akaziebie c. Suecia*[27]. Se repite el patrón, en este caso eran dos las mujeres extranjeras de origen nigeriano (madre e hija), que abandonaron su país para evitar ser mutiladas. Tras el rechazo por parte de las autoridades suecas y el potencial riesgo contra su integridad que supondría su devolución a Nigeria, denunciaban ante el Tribunal europeo esta situación, que violaba sus derechos. Solicitaban al Tribunal su amparo para no ser expulsadas pues

25 STEDH de 7 de julio de 1989.

26 STEDH de 30 de noviembre de 1991.

27 Decisión del Tribunal Europeo de Derechos Humanos de 8 de marzo de 2007. Inadmisión.

de lo contrario el Estado sueco estaría violando el Convenio (artículo 3). La administración sueca encargada de resolver sobre la expulsión de las demandantes alegó que la mutilación genital femenina estaba prohibida por ley en Nigeria y que por lo tanto, no existía riesgo de que fueran forzadas a someterse a tal práctica. Las demandantes recurrieron la decisión alegando que a pesar de que la mutilación genital está prohibida legalmente, es una práctica frecuente. A pesar de los argumentos presentados, el Tribunal inadmitió la demanda por no probar el *riesgo cierto* que sufrirían de regresar a Nigeria.

Estamos ante un pronunciamiento de gran interés por dos cuestiones principalmente. De un lado, por cuanto (aunque no es la primera vez que lo hace) de forma expresa el Tribunal afirma que la mutilación genital femenina constituye un trato inhumano y degradante contrario al Convenio, haciendo suyos los postulados dados desde otras instancias internacionales de derechos humanos:

> "No cabe ninguna duda de que someter a una mujer a la mutilación genital femenina equivale a un trato contrario al artículo 3 de Convención. Tampoco cabe ninguna duda de que las mujeres en Nigeria han sido tradicionalmente sometidas a esta práctica y que, hasta cierto punto todavía lo están".

Pero, además, se trata de un pronunciamiento muy esclarecedor en lo que se refiere al "riesgo cierto", elemento imprescindible para estimar las demandas por violación de derechos del Convenio. No es lo mismo existencia de riesgo, lo que da cierto margen de previsibilidad que existencia de cierto riesgo, en donde no cabe la previsibilidad sino la certeza.

En la determinación de la inexistencia de el pretendido *riesgo cierto,* el Tribunal sustenta su decisión en estos motivos: en primer lugar, que en el país del que provienen las demandantes la mutilación genital femenina está prohibida por ley, motivo por el que entiende que el presunto riesgo carece de fundamento. El riesgo a sufrir agresión sobre su integridad en su país de origen se construye sobre el argumento de que ese tipo de prácticas son comúnmente aceptadas en su país de origen, siendo este precisamente el motivo de su huida. La presunción de riesgo cierto a ser torturadas en caso de regresar a Nigeria desaparece con la prohibición legal de este tipo de prácticas.

Además, como argumento añadido, consideró no creíble la versión de la demandante que cambió varias veces su versión en el intento de demostrar que su huida de Nigeria y posterior viaje a Suecia tuvo como única motivación el temor a ser mutilada[28].

Igual que ocurriera en el anteriormente citado *Asunto Abraham Lunguli*, el Tribunal no apreció existencia de riesgo cierto.

En el *Asunto Agbotain y otra c. Suecia*[29], la demandante, nacional de Nigeria, alegaba que de ser expulsada a su país vería como su hija, nacida en Suecia, sería mutilada. Suecia le denegó la condición de refugiada, considerando que los problemas de la recurrente eran de naturaleza privada y podían ser resueltos por las autoridades nigerianas. También justificó su denegación de asilo en la prohibición legal de la MGF en Nigeria. El TEDH dictó medidas cautelares en virtud de las que Suecia concedió un permiso de residencia a la demandante y a su hija, y no entró en el fondo del asunto.

En la misma línea, el *Asunto Izevbekhai c. Irlanda*[30]: la demandante y sus dos hijas denunciaban que su deportación a

---

28 En un principio manifestó no haber sido mutilada antes de salir de Nigeria y posteriormente cambió su declaración diciendo que si lo había sido pero que tenía temores de ser sometida a una nueva mutilación más dura. También alegó falta de recursos económicos para huir a un país vecino para solicitar ayuda, pero, sin embargo, si los tuvo para viajar a Suecia.

29 Decisión del Tribunal Europeo de Derechos Humanos de 1 de febrero de 2007. Inadmisión.

30 Decisión del Tribunal Europeo de Derechos Humanos, de 17 de mayo de 2011. Inadmisión.

Nigeria (país de origen) supondría la vulneración del artículo 3 CEDH. Consideraba que, de ser expulsadas, sus hijas corrían un alto riesgo potencial de sufrir mutilación genital femenina (alegó a su favor la pérdida de su hija mayor tras habérsele practicado mutilación genital); y manifestó que su refugio en Irlanda fue motivado por las presiones recibidas por parte de la familia paterna de las niñas para someterlas a esta práctica. El TEDH inadmitió la demanda, en este caso, por estar mal fundada, poniendo en tela de juicio las alegaciones de la demandante, en concreto la falta de veracidad respecto a la muerte de una de sus hijas a causa de la mutilación genital.

Lo mismo en el *Asunto Omeredo c. Austria*[31], de nuevo sobre una demanda interpuesta por ciudadana nigeriana, en este caso contra Austria, ante el riesgo de mutilación genital femenina que supondría su devolución. La demandante relató que llegó a Austria en el año 2003, huyendo del riesgo de ser víctima de mutilación genital tras el fallecimiento de una de sus hermanas por esta causa, y alegando haber sido víctima de amenazas de muerte en su comunidad de origen. El Tribunal inadmitió la demanda por no estar debidamente motivada. Sin entrar en el fondo del asunto, lo esquivó centrando su pronunciamiento en el hecho de que la demandante era capaz de desarrollar una vida independiente de su familia en Nigeria, manifestando que una vida menos favorable en Nigeria que en Austria no constituye un criterio con respecto a la violación del artículo 3 del Convenio.

Más reciente es el *Asunto Sow c. Bélgica*[32], también en relación con la devolución de una ciudadana nigeriana ante el riesgo de ser víctima de mutilación en su país de origen. El Tribunal europeo desestimó el asunto en aplicación de lo dicho

---

31 Decisión del Tribunal Europeo de Derechos Humanos, de 20 de septiembre de 2011. Inadmisión.

32 Sentencia del Tribunal Europeo de Derechos Humanos de 19 de enero de 2016

en *Izevbekhai* y *Omeredo,* declarando que no existía violación del artículo 3 del Convenio, ni de éste en conexión con el 13, ni tampoco respecto al artículo 39 en relación con la adopción de medidas cautelares.

A diferencia que ha ocurrido respecto a otras manifestaciones de violencia contra la mujer, el Tribunal Europeo de Derechos Humanos no ha declarado por el momento la violación del artículo 3 del Convenio europeo en caso de producirse una devolución a un país donde la mujer está riesgo de padecer mutilación genital.

El Tribunal no ha reconocido que la devolución de mujeres migrantes a su país de origen bajo el riesgo de ser víctimas de mutilación genital constituye un riesgo "cierto" a su integridad y por ello, no ha considerado que la falta de protección de estas mujeres constituya una violación del artículo 3, pero, sí ha admitido que esta práctica por sí misma inflige un trato inhumano o degradante a las mujeres que la padecen.

Paradójicamente, hasta la fecha, no ha entrado en el fondo del asunto, limitándose a la adopción de medidas cautelares en aplicación del artículo 39 del Convenio. En la práctica, estas medidas han sido útiles para paralizar la expulsión de las víctimas perseguidas solicitantes de asilo, pero más allá de su utilidad, han sido el instrumento que ha servido al Tribunal de paraguas para evitar reconocer que la persecución de que son víctimas estas mujeres obedece a motivos de género. Es su condición de mujeres la que las expone a un elevado riesgo de sufrir daños en su integridad física, psíquica y sexual en sociedades patriarcales de las que huyen en busca de protección.

Este repaso pone de manifiesto una jurisprudencia contradictoria en relación con otros asuntos, ajenos a la mutilación genital, en los que el Tribunal Europeo de Derechos Humanos sí ha reconocido que, de materializarse la expulsión de personas migrantes perseguidas, se violaría el artículo 3 CEDH.

A modo de ejemplo, declaró que la devolución de personas pertenecientes a organizaciones ilegales, acusadas de terrorismo o por motivos políticos, sí supondría una violación del Convenio: *Asunto Chamaiev y otros c. Georgia y Rusia*[33]; *Asunto N c. Finlandia*[34]; *Asunto Saadi C. Italia*[35]; *Asunto Baysakov y otros c. Ucrania*[36]; *Asunto Klein c. Rusia*[37]; *Asunto Khaydarov c. Rusia*[38]; *Asunto Mannai c. Italia*[39]; *Asunto S.F. y otros c. Suecia*[40] (todos estos, pronunciamientos en los que, quienes solicitan el asilo son hombres)

Definitivamente, no ha reconocido que la persecución de género es el motivo que subyace en la persecución por actos de corte cultural y religioso, y que violan los derechos de las mujeres y las niñas.

La violencia de carácter cultural ejercida contra las mujeres es un trato inhumano y degradante. Y la devolución de estas a países de origen en los que están en riesgo de ser sometidas a este tipo de actos como la mutilación genital, en donde su vida no tiene valor y pueden incluso ser asesinadas o repudia-

---

33 Sentencia del Tribunal Europeo de Derechos Humanos de 12 de abril de 2005

34 Sentencia del Tribunal Europeo de Derechos Humanos de 26 de julio de 2005

35 Sentencia del Tribunal Europeo de Derechos Humanos de 28 de febrero de 2008

36 Sentencia del Tribunal Europeo de Derechos Humanos de 18 de febrero de 2010

37 Sentencia del Tribunal Europeo de Derechos Humanos de 1 de abril de 2010

38 Sentencia del Tribunal Europeo de Derechos Humanos de 20 de mayo de 2010

39 Sentencia del Tribunal Europeo de Derechos Humanos de 27 de marzo de 2012

40 Sentencia del Tribunal Europeo de Derechos Humanos de 15 de mayo de 2012

das social y familiarmente, también viola sus derechos y tienen derecho a ser protegidas.

Bibliografía

CONSEJO DE EUROPA, *Manual de Derecho Europeo sobre asilo, fronteras e inmigración*, https://echr.coe.int , 2014

HERRERO HERRERO, C., "Migración de extranjeros. Su relación con la delincuencia. Perspectiva criminológica", *Actualidad Penal*, nº.9, 2003.

MARTÍN SÁNCHEZ, M. (dir.), *Estudio integral de la violencia de género*, Tirant lo Blanch, 2008.

MIGUEL JUAN, C., "La mutilación genital, derecho de asilo en España y otras formas de protección internacional", *Cuadernos Electrónicos del Filosofía del Derecho*, nº.17, 2008.

MOLE, N. y MEREDITH, C., "Asylum and the European Convention on Human Rights", *Human rights files*, N. 9, Strasbourg Cedex, Council of Europe, 2010.

MORGADES GIL, S., "La protección de los demandantes de asilo por razón de su vulnerabilidad especial en la jurisprudencia del Tribunal Europeo de los Derechos Humanos", *Revista de Derecho Comunitario Europeo*, nº.37, sep.-dic. 2010.

ROPERO CARRASCO, J., "Inmigración, integración y diversidad: Un análisis crítico a partir del tratamiento de la mutilación genital femenina en la Unión Europea", *Cuadernos Europeos de Deusto*, n.57, 2017.

ROPERO CARRASCO, J., "La mutilación genital femenina: una lesión de los derechos fundamentales de las niñas basada en razones de discriminación sexual", *Curso de Derechos Humanos*, vol.4, Servicio Editorial Universidad País Vasco, 2003.

SANZ MULAS, N., "Diversidad cultural y política criminal", *Revista Electrónica de Ciencia Penal y Criminología*, 2014, n.16-11

SERRA CRISTÓBAL, R. (dir.), *La discriminación múltiple en los ordenamientos jurídicos español y europeo*, Tirant lo Blanch, 2013.

Capítulo 4.

LA INTEGRACIÓN SOCIAL COMO REQUISITO (FLEXIBLE) PARA OBTENER LA NACIONALIDAD POR RESIDENCIA EN CASO DE MUJERES MIGRANTES ESPECIALMENTE VULNERABLES

Mª DEL PILAR MOLERO MARTÍN-SALAS
Profesora Contratada Doctora de la Universidad de Castilla-La Mancha

Sumario: 1. Planteamiento del tema. 2. Adquisión de la nacionalidad española: la remisión constitucional a la Ley. 3. Buena conducta cívica como requisito para adquirir la nacionalidad por residencia. 4. Suficiente grado de integración en la sociedad española como requisito para adquirir la nacionalidad por residencia. 5. Sts 1521/2021, de 17 de diciembre. Flexibilización del requisito de la integración social. 6. Valoración de la sentencia y propuestas de mejora. 6.1. Respecto a la flexibilización del requisito de la integración por tratarse de una mujer con poca formación especialmente vulnerable. 6.2. La integración es algo más que el conocimiento de ciertos datos. 7. Bibliografía.

1. PLANTEAMIENTO DEL TEMA

La nacionalidad es el criterio clave para determinar la capacidad de obrar de las personas, pues ello implica que aquellas que la poseen gozan de los mismos derechos, pero también están sometidas a los mismos deberes y obligaciones. Es, por tanto, el vínculo jurídico más importante entre la persona y el estado.

Entre los diversos modos de adquirir la nacionalidad española, y que serán expuestos de manera sucinta en el siguiente epígrafe, "la residencia es el modo más común de adquisición derivativa…y ello porque la residencia es el principal mecanismo de integración del inmigrante en una sociedad"[1].

Sin embargo, la integración no es algo inherente a la residencia, y el simple cumplimiento de los plazos que exige el Código Civil (en adelante, CC) para obtener la nacionalidad por este motivo, no asegura que el extranjero esté realmente integrado.

Como veremos, son diversos los requisitos que deben cumplirse para obtener la nacionalidad española, si bien nos centraremos en uno concreto: el tener el suficiente grado de integración en la sociedad española, y que exige el artículo 22.4. CC para adquirir la nacionalidad por residencia.

Tras una reforma operada en 2015, se entiende cumplido este requisito aportando, por parte del solicitante, dos certificados: el que acredite el conocimiento básico de la lengua española, y el que acredite el conocimiento de la Constitución española (en adelante, CE) y de la realidad social y cultural españolas.

No en pocos casos se ha denegado la petición, bien por un insuficiente conocimiento del idioma, bien por un insuficiente conocimiento de la sociedad española, o bien por ambos, en-

---

1 Marín López, M. J., " Tema 8. La nacionalidad y la vecindad", en Carrasco Perera, A. (dir.), Derecho Civil, Introducción, fuentes, derecho de la persona, derecho subjetivo y derecho de propiedad, Técnos, Madrid, 8ª ed., 2022, p. 170.

tendiéndose en tales casos que la persona solicitante carecía de esa integración suficiente que exige el CC.

Sin embargo, como veremos, este requisito ha sido flexibilizado por vía jurisprudencial al hilo de la STS 1521/2021[2], determinándose que "el requisito de integración en la sociedad española debe atemperarse y adecuarse en el caso de mujeres migrantes con escasa instrucción y formación cultural determinantes de especial vulnerabilidad".

Sin duda se trata de una interpretación novedosa, y que no solo llamó la atención de la prensa[3], sino que resulta especialmente interesante para juristas especializados en materia de nacionalidad y extranjería, pues supone un resquicio que facilita el acceso a la nacionalidad en caso de determinadas mujeres migrantes[4].

En el presente trabajo trataremos de exponer brevemente los diversos mecanismos para la adquisición de la nacionalidad

---

2 STS 1521/2021, de 17 de diciembre (rec. 3112/2020).

3 Son diversas las noticias que encontramos al respecto: "El Supremo suaviza el requisito de la integración para obtener la nacionalidad española para las mujeres migrantes sin formación", en https://elpais.com/espana/2022-01-18/el-supremo-suaviza-el-requisito-de-la-integracion-para-obtener-la-nacionalidad-espanola-para-las-mujeres-migrantes-sin-formacion.html (consultada el 15 de noviembre de 2022), El TS fija que el requisito de integración para obtener nacionalidad española debe adecuarse en el caso de mujeres migrantes con escasa formación y vulnerables", en https://confilegal.com/20220118-el-ts-fija-que-el-requisito-de-integracion-para-obtener-nacionalidad-espanola-debe-adecuarse-en-el-caso-de-mujeres-migrantes-con-escasa-formacion-y-vulnerables/ (consultado el 15 de noviembre de 2022), entre otras.

4 Entre otros, Murciando, G., "El TS flexibiliza el requisito de integración en la solicitud de nacionalidad para evitar la discriminación de la mujer", en https://blog.sepin.es/2022/02/requisito-integracion-solicitud-nacionalidad (consultado el 10 de diciembre de 2022).

española, con especial atención a la residencia, y los requisitos exigidos por el CC para su obtención. El objetivo principal será el análisis del mencionado requisito de la integración en la sociedad española, y qué opinión nos merece el citado pronunciamiento judicial al respecto.

2. ADQUISIÓN DE LA NACIONALIDAD ESPAÑOLA: LA REMISIÓN CONSTITUCIONAL A LA LEY

El artículo 11 de la CE se refiere de manera sucinta a la nacionalidad, estableciendo que "La nacionalidad española se adquiere, se conserva y se pierde de acuerdo con lo establecido por la ley", por tanto debemos remitirnos a lo establecido al respecto por el legislador.

Los artículo 17 a 28 CC son los encargados de regular esta materia, que se completa con los artículo 68 y 69 de la Ley del Registro Civil[5] (en adelante, LRC), los artículos 220 a 237 del Reglamento del Registro Civil[6] (en adelante, RRC), el Real Decreto 1004/2015, de 6 de noviembre, por el que se aprueba el Reglamento por el que se regula el procedimiento de la nacionalidad española por residencia (en adelante, Real Decreto 1004/2015), y algunas otras leyes que contemplan supuestos especiales[7].

---

5 Ley 20/2011, de 21 de julio, del Registro Civil.

6 Decreto de 14 de noviembre de 1958 por el que se aprueba el Reglamento de la Ley del Registro Civil.

7 Tal es el caso de la Ley 12/2015, de 24 de junio, en materia de concesión de la nacionalidad española a los sefardíes originarios de España, la Ley 52/2007, de 26 de diciembre, por la que se reconocen y amplían derechos y se establecen medidas a favor de quienes padecieron persecución o violencia durante la guerra civil y la dictadura, conocida de manera coloquial como Ley de Memoria Histórica, y que prevé la adquisición de la nacionalidad española en los supuestos previstos

En lo que a la adquisición de la nacionalidad española se refiere, podemos decir que la regulación además de variada, es bastante generosa, pues se establecen diversos mecanismos para adquirir la nacionalidad; bien de origen, bien no de origen[8].

Sin ánimo de profundizar en ello, pues sobrepasaría el objetivo de este trabajo, se es nacional español **de origen** en los siguientes supuestos:

- Por filiación (*ius sanguinis*).
- Por nacimiento (*ius soli*).
- Por adopción del extranjero por una persona española.
- Por opción: pueden optar a la nacionalidad aquellas personas que se encuentren entre los supuestos establecidos por la ley, pero solo en algunos casos se entenderá que se adquiere la nacionalidad de origen. Tal es el caso de los supuestos en los que la filiación o nacimiento en España

en su Disposición Adicional 7ª o la Ley 20/2022, de 19 de octubre, de Memoria Democrática, en los supuestos establecidos en su Disposición Adicional 8ª.

8 Tradicionalmente, se ha distinguido entre la adquisición de la nacionalidad de origen o la adquisición de manera derivada, si bien la doctrina ha ido dejando atrás esta clasificación entendiendo que hoy en día no tiene mucho sentido. Marín López, por ejemplo, distingue entre la nacionalidad de origen y la nacionalidad no de origen o naturalización, o Fernández Masiá, quien prefiere hablar de adquisición automática o no automática. Más allá de la clasificación que consideremos más oportuna, lo cierto es que tiene su importancia jurídica el hecho de ser nacional de origen, o no serlo. Solo por poner un ejemplo, al nacional de origen no se le puede sancionar con la pérdida de la nacionalidad; otra cosa es que quiera renunciar a ella de manera voluntaria. Puede profundizase en: Marín López, M.J., Cit., p. 161 y Fernández Masiá, E., "Lección 2. Adquisición de la nacionalidad española", en Fernández Masiá, E., (dir.), *Nacionalidad y extranjería,* Tirant Lo Blanch, Valencia, 3ª ed., 2021, pp. 37 y 38.

se haya determinado cumplidos los 18 años, o el adoptado haya cumplido 18 años.

En lo que respecta a la obtención de la nacionalidad española **no de origen** puede producirse en cuatro circunstancias:

- Por opción: en aquellos supuestos que así lo prevé el legislador, pero que a diferencia de los anteriores se adquiere la nacionalidad no de origen.
- Por carta de naturaleza: se otorga discrecionalmente ante circunstancias excepcionales. Se concede mediante Real Decreto, por lo que la decisión le corresponde al Gobierno.
- Por residencia: se concede por el Ministerio de Justicia tras un tiempo residiendo en España (el artículo 22.1. y 2. del CC establece un plazo general de 10 años, si bien también se prevén periodos más cortos para situaciones especiales).
- Por posesión de estado: más que de adquisición, podemos hablar de conservación de la nacionalidad española, pues este motivo opera cuando se posee y utiliza continuadamente la nacionalidad española (que puede ser de origen o no de origen), con buena fe, y se anula el título que la originó.

Si bien en la mayoría de los casos se establecen ciertas condiciones para adquirir la nacionalidad, en el supuesto que nos ocupa, la adquisición por residencia, la misma no se produce de manera automática tras cumplirse el plazo estipulado por el CC. Además de la limitación que contempla el artículo 21.2, esto es, que el Ministerio de Justicia la puede denegar "por motivos razonados de orden público o interés nacional", también se exigen dos requisitos concretos previstos en el artículo 22.4: buena conducta cívica y suficiente grado de integración en la sociedad española.

Se trata de condiciones totalmente diferentes, que no deben confundirse. Como bien indica Marín López, cuando el CC habla de orden público o interés nacional "parece referirse a circunstancias de tal naturaleza que aconsejen, por razones de Estado, su denegación (por ejemplo, por pertenecer el solicitante a una organización terrorista, o a una red de espionaje internacional). En todo caso, la denegación de la concesión debe ser motivada"[9].

Efectivamente, es necesaria la motivación y no son suficientes las meras conjeturas para denegar la nacionalidad por este motivo, así lo ha indicado el Tribunal Supremo, afirmando que "la Administración está obligada legalmente a justificar la denegación por razones de orden público o de interés nacional, no basta con invocar éstas en abstracto sino que han de expresarse los datos, circunstancias o hechos, que atenten al orden público o al interés nacional"[10].

3. BUENA CONDUCTA CÍVICA COMO REQUISITO PARA ADQUIRIR LA NACIONALIDAD POR RESIDENCIA

Como indicaba anteriormente, es el CC el que establece, en su artículo 22.4, uno de los requisitos que deben cumplirse para poder obtener la nacionalidad por residencia; con independencia de los años de residencia legal y continuada que se exigen para cada caso concreto. Se trata de la buena conducta cívica, si bien ni el CC ni la LRC profundizan en este aspecto, ni indican qué se entiende por ello y cómo puede acreditarse el cumplimiento de dicho requisito.

---

9 Marín López, M. J., cit., p. 173.

10 STS de 24 de abril de 1999 (rec. 8455/1994), FJ. 3º.

Es el RRC el que aclara este aspecto, estableciendo que en la solicitud debe indicarse si la persona está procesada o tiene antecedentes penales, debiendo aportarse certificado de antecedentes penales, tanto del país de origen como de España. Aunque pueda entenderse que con la presentación de estos documentos se certifica esa buena conducta cívica que exige el CC, lo cierto es que el concepto ha sido concretado por vía jurisprudencial, indicándonos que no es suficiente carecer de antecedentes penales, así la Audiencia Nacional nos recuerda que "… el Tribunal Supremo ha ido conformando con relación a este requisito una doctrina jurisprudencial que sintetiza la STS de 6 de octubre de 2021 (rec 2113/2020), en los siguientes términos: (i) La carga de la prueba del requisito de buena conducta cívica incumbe al solicitante (véanse a estos efectos, entre otras, las sentencias SSTS de 10 de junio de 2015, 23 de marzo de 2017 y 17 de junio de 2016, antes mencionadas). (ii) El requisito de buena conducta cívica no sólo ha de concurrir en el momento inicial de la presentación de la solicitud de nacionalidad, sino que también ha de estar presente durante toda la tramitación del expediente, hasta el mismo momento de la concesión de la nacionalidad (véanse en este sentido las citadas SSTS de 10 de junio de 2015 y de 23 de marzo de 2017). (iii) No basta con que no exista constancia en los registros públicos de actividades merecedoras de consecuencias sancionadoras penales o administrativas que " per se" impliquen mala conducta, puesto que lo que el artículo 22 del Código Civil exige es que el solicitante justifique positivamente que su conducta, durante el tiempo de residencia en España y aun antes, ha sido conforme a las normas de convivencia cívica, esto es, no sólo no infringiendo las prohibiciones impuestas por el ordenamiento jurídico penal o administrativo, sino cumpliendo los deberes cívicos razonablemente exigibles, sin que la no existencia de antecedentes penales sea elemento suficiente para entender justificada la buena conducta cívica, tal y como establece la sentencia del Tribunal Constitucional 114/87 (en este sentido se pronuncia la STS de 19 de junio de 2015). (iv) Entre esos deberes cívicos que razonablemente cabe exigir al extranjero que pretende obtener la nacionalidad española está, indiscutiblemente, el de observar un comportamiento leal con las instituciones y autoridades españolas encargadas de tramitar y resolver el procedimiento de adquisición de la nacionalidad"[11].

Si bien en este trabajo nos centraremos en la adquisición de la nacionalidad por residencia, cabe señalar que este requisito también se exige en otras formas de adquisición, tal es el caso de los sefardíes, que la adquieren por carta de naturaleza, a los que también se les exige acreditar buena conducta cívica.

4. SUFICIENTE GRADO DE INTEGRACIÓN EN LA SOCIEDAD ESPAÑOLA COMO REQUISITO PARA ADQUIRIR LA NACIONALIDAD POR RESIDENCIA

Junto al requisito anterior, se exige demostrar suficiente grado de integración en la sociedad española. Se trata de un concepto jurídico indeterminado, que ha sido concretado tanto por la doctrina como por la jurisprudencia.

Por ejemplo Cobas, coincidiendo con Ortega Giménez, asimila esta situación a la del arraigo en la sociedad en que vive una persona, lo cual se desprende de la propia regulación del CC, afirmando que "...la nacionalidad genera un vínculo político, jurídico y social con el Estado, y ello requiere que este vínculo abarque la permanencia en la tierra y la integración a la misma, a las costumbres del país, a la cultura, a un estilo de vida determinado"[12].

---

11 SAN 5755/2022, de 7 de diciembre, (rec. 178/2021), f. j. 3º.

12 Cobas Cobiella, Mª E., "Una Mirada a los requisitos de la obtención de la nacionalidad española por residencia", Barataria: Revista Castellano-Manchega de ciencias sociales, Vol.17, nº17, pp. (229-242), p. 236.

Al tratarse de un concepto jurídico indeterminado debe ser concretado por la Administración, que es quien valora y decide respecto a la solicitud de nacionalidad. Sin embargo, no se trata de una apreciación discrecional para la Administración, como ha dejado sentado el Tribunal Supremo. "...la adquisición por residencia no puede concederse o denegarse sino cuando concurran las circunstancias legalmente previstas, de manera que no se trata de una concesión *stricto sensu* sino de un reconocimiento por concurrir al efecto los requisitos exigibles...la inclusión de un concepto indeterminado en la norma a aplicar no significa, sin más, que se haya otorgado capacidad a la Administración para decidir con libertad y renunciar a la solución justa del caso, sino que viene obligada a la única decisión correcta a la vista de los hechos acreditados...el reconocimiento de la nacionalidad española por residencia no es una potestad discrecional sino un deber cuando concurren los requisitos legalmente previstos"[13].

Ante la indeterminación de este concepto, el Tribunal Supremo ha tratado de explicar en diversas sentencias qué debe entenderse por integración social, afirmando que "...no deriva exclusivamente del nivel de conocimiento del idioma, sino de la armonización del régimen de vida del solicitante con los principios y valores sociales, el grado de implicación en las relaciones económicas, sociales y culturales, así como el arraigo familiar"[14].

Como ocurre con el requisito de la buena conducta cívica, tampoco se especifica de qué manera puede acreditarse dicha exigencia, ni en el CC, ni en la LRC o RRC.

Hasta el año 2015, la mencionada integración era valorada por el Juez encargado del Registro Civil, que tras realizar una

---

13 STS de 24 de abril de 1999 (rec. 8455/1994), FJ. 5º y 6º.

14 Entre otras, STS 19 de diciembre de 2011 (rec. 4648/2010), FJ. 1º.

serie de preguntas al solicitante, determinaba si las respuestas a las mismas denotaban suficiente grado de integración.

Es la Disposición Final 7ª, de la Ley 19/2015, de 13 de julio, de medidas de reforma administrativa en el ámbito de la Administración de Justicia y del Registro Civil, la que regula de manera más pormenorizada el procedimiento para la adquisición de la nacionalidad por residencia, estableciendo que "La acreditación del suficiente grado de integración en la sociedad española requerirá la superación de dos pruebas. La primera prueba acreditará un conocimiento básico de la lengua española, nivel A2 o superior, del Marco Común Europeo de Referencia para las lenguas del Consejo de Europa, mediante la superación de un examen para la obtención de un diploma español como lengua extranjera DELE de nivel A2 o superior. Los solicitantes nacionales de países o territorios en que el español sea el idioma oficial estarán exentos de esta prueba. En la segunda prueba se valorará el conocimiento de la Constitución española y de la realidad social y cultural españolas. Dichas pruebas serán diseñadas y administradas por el Instituto Cervantes en las condiciones que se establezcan reglamentariamente".

El Real Decreto 1004/2015 concreta un poco más esta exigencia, estableciendo que, cuando se inician los trámites para solicitar la nacionalidad, además de la solicitud se presentarán otro tipo de documentos tales como la tarjeta de identificación, el pasaporte o el certificado de nacimiento. Junto a ellos también debe presentarse el Diploma del Instituto Cervantes de la prueba de conocimientos constitucionales y socioculturales, y la prueba de conocimiento del idioma español, por lo que con la superación de ambas podrá certificarse el cumplimiento de este segundo requisito.

Como indicara en el requisito anterior, si bien este trabajo se centra en la adquisición por residencia, es importante señalar que este requisito también se exige en el caso de los sefardíes, que la adquieren por carta de naturaleza, los que también deberán acreditar suficiente grado de integración.

Podemos concluir esta parte afirmando que, "...el Estado, solo le otorgará la confianza total y por ende política, a aquellas personas que por su vinculación, conducta, integración y compromiso, sean merecedoras de su confianza..."[15]. Además, en cuanto a la exigencia de un conocimiento básico del idioma, parce ser lo más coherente si tenemos en cuenta que todo español tiene el deber de conocerlo y el derecho de usarlo. En este sentido Requero afirma que "la base de la exigencia de tal requisito estaría en el artículo 3.1 de la Constitución, pues el conocimiento del idioma castellano es obligatorio para todos los españoles, luego también para los que quieren serlo"[16].

5. STS 1521/2021, DE 17 DE DICIEMBRE. FLEXIBILIZACIÓN DEL REQUISITO DE LA INTEGRACIÓN SOCIAL

La recurrente es una mujer de nacionalidad marroquí, que reside en España desde el año 2000 junto a su marido y su hijo, ambos con nacionalidad española por residencia, y solicita, en el año 2012, que también le sea concedida la nacionalidad española por el mismo motivo.

---

15 Echezarreta Ferrer, M., "De la nacionalidad a la residencia y viceversa. Búsqueda del mejor estatuto jurídico para el ejercicio de los derechos de sufragio de los extranjeros", en *Revista Europea de Derechos Fundamentales*, primer semestre 2016 (pp. 43-73) , p. 60.

16 Requero Ibánez, J.L., "Adquisición de la nacionalidad por residencia. Análisis jurisprudencial del art. 22,4 del Código Civil: la buena conducta cívica y el suficiente grado de integración", en *Revista Galega de Administración Pública*, nº 32, 2002, pp. 53-72. p.19.

El 17 de julio de 2018, la Dirección General de Registros y el Notariado[17] deniega la solicitud, alegando que no se cumple el requisito de la suficiente integración en la sociedad española. Dicha resolución es posteriormente confirmada por sentencia de 3 de febrero de 2020[18] de la Audiencia Nacional afirmando que, efectivamente, no se cumple con la exigencia establecida por el CC en cuanto a suficiente grado de integración.

Decide recurrir ante el Tribunal Supremo alegando, entre otros preceptos, los artículos 9.2 y 14 de la CE y los artículos 11, 13 y 14.6 de la Ley Orgánica 3/2007, de 22 de marzo, para la igualdad efectiva entre hombres y mujeres[19].

---

[17] Denominada Dirección General de Seguridad Jurídica y Fe Pública desde el año 2020.

[18] SAN 390/2020, de 3 de febrero, (rec. 1313/2018).

[19] Artículo 9.2. CE: Corresponde a los poderes públicos promover las condiciones para que la libertad y la igualdad del individuo y de los grupos en que se integra sean reales y efectivas; remover los obstáculos que impidan o dificulten su plenitud y facilitar la participación de todos los ciudadanos en la vida política, económica, cultural y social.
Artículo 14 CE: Los españoles son iguales ante la ley, sin que pueda prevalecer discriminación alguna por razón de nacimiento, raza, sexo, religión, opinión o cualquier otra condición o circunstancia personal o social.
Artículo 11 LO 3/2007: Acciones positivas.
1. Con el fin de hacer efectivo el derecho constitucional de la igualdad, los Poderes Públicos adoptarán medidas específicas en favor de las mujeres para corregir situaciones patentes de desigualdad de hecho respecto de los hombres. Tales medidas, que serán aplicables en tanto subsistan dichas situaciones, habrán de ser razonables y proporcionadas en relación con el objetivo perseguido en cada caso.
2. También las personas físicas y jurídicas privadas podrán adoptar este tipo de medidas en los términos establecidos en la presente Ley.
Artículo 13 LO 3/2007: Prueba.
1. De acuerdo con las Leyes procesales, en aquellos procedimientos en los que las alegaciones de la parte actora se fundamenten en actuaciones discriminatorias, por razón de sexo, corresponderá a

La recurrente alega que "…el grado de integración no solo debe apreciarse a partir del conocimiento de las instituciones o actualidad política española, sino, en particular, desde los lazos emocionales y el cuidado prestado a los españoles, de donde se concluye que, en relación al auto de admisión y la forma en que se ha delimitado la cuestión casacional, no se trata de atemperar el requisito del suficiente grado de integración, sino las circunstancias que concurren en cada caso para determinar si se cumple o no dicho presupuesto. Se aduce que es necesario adoptar medidas positivas respecto de las mujeres migrantes, con relación a los hombres, estimando que en esa labor de atemperar a que se refiere el auto de admisión debe suponer, no un examen ponderado de la integración, sino hacer una valoración de conjunto conforme a esas medidas positivas… la Administración, al examinar la petición de la recurrente, debía adoptar tales medidas positivas en favor de la concesión de la nacionalidad; en otro caso, se aduce por la recurrente, se perpetuaría la discriminación de la recurrente, generada por no haber tenido una formación básica por dicha condición de mu-

---

la persona demandada probar la ausencia de discriminación en las medidas adoptadas y su proporcionalidad.
A los efectos de lo dispuesto en el párrafo anterior, el órgano judicial, a instancia de parte, podrá recabar, si lo estimase útil y pertinente, informe o dictamen de los organismos públicos competentes.
2. Lo establecido en el apartado anterior no será de aplicación a los procesos penales.
Artículo14.6 LO 3/2007: Criterios generales de actuación de los Poderes Públicos.
La consideración de las singulares dificultades en que se encuentran las mujeres de colectivos de especial vulnerabilidad como son las que pertenecen a minorías, las mujeres migrantes, las niñas, las mujeres con discapacidad, las mujeres mayores, las mujeres viudas y las mujeres víctimas de violencia de género, para las cuales los poderes públicos podrán adoptar, igualmente, medidas de acción positiva.

jer, impidiendo que las mujeres migrantes pudieran participar en la vida política mediante la concesión de la nacionalidad…".

Por su parte, el Abogado del Estado contradice esta opinión, considerando "…que la exigencia de la integración de los extranjeros que soliciten la nacionalidad comporta un requisito imprescindible, de tal forma que, de acogerse la argumentación de la recurrente, supondría reconocer la nacionalidad a las mujeres con un menor grado de integración, apartándose de la finalidad de la norma, sin que pueda encontrar amparo en lo establecido en la mencionada Ley 3/2007, que precisamente lo que pretende es la equiparación entre hombres y mujeres, que quedaría desvirtuada de accederse a la pretensión de la recurrente".

Ante tales argumentos el Tribunal Supremo acude a la doctrina del Tribunal Constitucional respecto a los principios de igualdad efectiva entre hombres y mujeres que se prevén en la LO 3/2007[20]. Tras analizar la interpretación ofrecida por el Tribunal Constitucional en cuanto a tratos discriminatorios, tanto en su vertiente directa como indirecta, concluye el Supremo que la exigencia establecida por el CC en cuanto a tener un suficiente grado de integración en la sociedad española no supone una discriminación por razón de sexo.

Sin embargo, afirma que dicha consideración debe matizarse, lo que le lleva a estimar el recurso, casar la sentencia recurrida y declarar el derecho de la recurrente a obtener la nacionalidad española por residencia. Estos son los principales argumentos del Tribunal Supremo para alcanzar el mencionado fallo:

- Alude a su propia jurisprudencia, afirmando que debe ponderarse a la hora de apreciar los requisitos que exige el CC, y que en el caso del suficiente grado de integra-

---

20 Recopilada en la STC 71/2020, de 29 de junio.

ción, al ser un concepto jurídico indeterminado, debe ser apreciado de manera discrecional.

- Deben tenerse en cuenta las circunstancias personales de la solicitante, por lo que no pueden establecerse criterios objetivos, máxime cuando se trata de una mujer migrante, procedente de un país en el que su educación está condicionada a un aislacionismo social, por lo que podría entenderse que pertenece a un colectivo de especial vulnerabilidad, para los que el artículo 14.6 de la LO 3/2007 establece que los poderes públicos pueden establecer medidas positivas.
- Junto a lo anterior también reconoce el Tribunal que no puede negarse la finalidad que persigue el requisito del CC, que es la integración en los valores y principios de la sociedad española, y que permite determinar la idoneidad de la persona que solicita la nacionalidad para que le sea concedida.
- Para armonizar ambas ideas, y aludiendo nuevamente a jurisprudencia en el asunto, especialmente la sentencia 611/2021, de 4 de mayo, considera que para examinar la integración ha de realizarse "una valoración singularizada y casuística de las circunstancias concurrentes", esto es, acomodar el nivel de exigencia en función del grado de instrucción del interesado y las circunstancias concretas.
- La procedencia no puede servir para relajar la exigencia de la integración, pero sí para acomodarla. El Tribunal entiende que la mujer carece de formación adecuada debido al lugar del que procede, lo cual no implica que deba relajarse el requisito de la integración, pero sí que las circunstancias personales deben ser especialmente valoradas.
- Hace referencia a la obligación de los poderes públicos a remover los obstáculos que impliquen la pervivencia de

cualquier tipo de discriminación, en virtud de los artículos 9.2 y 14 de la CE.

- También alude al hecho de que la mujer está integrada en una familia en la que ya todos son nacionales españoles, tanto su marido como sus hijos, y que esta circunstancia no ha sido valorada, solo se han tenido en cuenta las respuestas que la mujer ha dado en el cuestionario de preguntas establecido por el RRC como herramienta para determinar el grado de integración.
- En definitiva, el TS no aboga por relajar los requisitos, pero sí por acomodarlos, es decir, que a la hora de valorar si la persona está o no integrada se tengan en cuenta otras circunstancias personales; además del conocimiento. Entiende el Tribunal que, para dar cumplimiento al artículo 14.6 de la LO 3/2007, cuando la administración toma alguna decisión debe ponderar y debe tener en cuenta estas otras circunstancias.

6. VALORACIÓN DE LA SENTENCIA Y PROPUESTAS DE MEJORA

6.1. Respecto a la flexibilización del requisito de la integración por tratarse de una mujer con poca formación especialmente vulnerable

El asunto que resuelve la sentencia es bastante habitual. La unión de Marruecos con España provoca que sean numerosas las personas migrantes que todos los años llegan a nuestro país para comenzar una nueva vida, que en muchos casos acaba derivando en el deseo e interés por conseguir la nacionalidad española.

También es frecuente el perfil social que presenta la solicitante, mujer migrante procedente de lugares donde no se reconoce la igualdad de género, cuyo proyecto de vida suele limitarse al ámbito privado y que llega a España bajo "la protección" de su marido, para formar una familia y seguir perpetuando, en muchos casos, un proyecto vital discriminatorio y basado en el cuidado del hogar y la familia.

Creo que es importante partir de la idea de que no es necesario tener la nacionalidad española para residir en España de manera legal. Los requisitos para obtener residencia legal en España, incluso de larga duración, son más laxos. Además, la residencia permite poder disfrutar de la mayoría de los derechos por parte del extranjero, especialmente derechos de tipo social[21]. Aún así, es perfectamente entendible que una persona que lleva residiendo en un país durante mucho años, en el que desarrolla su vida laboral, familiar y social, quiera convertirse en nacional a todos los efectos. Ahora bien, se trata de un paso importante, diferente de la residencia, pues permite conseguir un estatus jurídico frente al estado al más alto nivel. La nacionalidad es algo mucho más serio y por tanto más restrictivo.

El requisito del suficiente grado de integración creo que es necesario, y no solo eso, entiendo que no debería flexibilizarse ni modularse. La persona que quiera ser nacional debe demostrar que efectivamente está integrada. Otra cosa distinta es la manera en cómo esa persona pueda demostrar tal integración, de lo cual hablaremos posteriormente, pero integrada debe estarlo. O dicho de otra forma, hay que distinguir entre valorar si la persona está o no integrada, y los mecanismos que se utilizan para probar si existe o no dicha integración.

---

21 Puede profundizarse en Espinosa Calabuig, R. y Azcárraga Monzonís, C., "Lección 6, Los derechos de los extranjeros en España", en Fernández Masiá, E., (dir.), *Nacionalidad y extranjería*, Tirant Lo Blanch, Valencia, 3ª ed., 2021, pp. 95 a 116.

Actualmente la integración se demuestra, básicamente, mediante un requisito intelectual o de conocimiento, pues hay que demostrar que se conoce el idioma español y las instituciones y costumbres del estado. El informe que presentó el encargado del Registro Civil es bastante claro al respecto pues pone de manifiesto que la mujer desconoce las instituciones y actualidad políticas, así como datos culturales y geográficos de España y su realidad política, social y cultural, así como las costumbres y tradiciones españolas. Tampoco parece conocer suficientemente el idioma español, pues en algunas de sus respuestas la mujer reconoce que no entiende la pregunta, ni se le entiende correctamente a ella cuando contesta. Podemos pensar que esta forma de valorar la integración no es la más adecuada, y que podría ampliarse o complementarse con otro tipo de evidencias, pero lo cierto es que esto no indica, según la legislación vigente, que no está integrada.

El propio TS parece tener dudas en cuanto a que la mujer esté integrada, de hecho así lo deja ver en el auto de admisión del recurso, sin embargo, a pesar de estas dudas, entiende que la nacionalidad debe concederse teniendo en cuenta sus circunstancias personales. Comparto la sentencia solo parcialmente, ya que si bien el pronunciamiento puede ser favorable para la recurrente, pues se satisfacen sus pretensiones, me temo que no supone un beneficio para los colectivos vulnerables, no al menos en cuanto a tratar de eliminar o disminuir las causas que provocan la vulnerabilidad.

Coincido con el TS en entender que la mujer procede de un lugar discriminatorio, con muy poca visibilidad, más allá del entorno doméstico y el cuidado de la familia y el hogar, en el que la formación para las mujeres suele ser escasa, e incluso muchas son analfabetas, lo que las convierte en un colectivo especialmente vulnerable. También coincido con la opinión del TS en cuanto a que la exigencia del grado de integración no discrimina ni directa ni indirectamente. El requisito no se prevé de tal forma que perjudique a la mujer por el mero hecho de serlo, ni sitúa a la mujer en una situación de desventaja con respecto al hombre; opera de igual forma para todos los solicitantes, con independencia del sexo. El requisito de suficiente grado de integración en la sociedad española no podemos entenderlo como discriminatorio.

Sin embargo, y aun siendo el propio Tribunal el que duda de que la mujer esté efectivamente integrada, considera que se le debe conceder la nacionalidad española, pues aunque reconoce que la procedencia concreta de la mujer no puede servir para relajar la exigencia de la integración, sí debería servir para acomodarla, esto es, valorando especialmente sus circunstancias personales. También hace referencia a la obligación de los poderes públicos de remover los obstáculos que impliquen la pervivencia de cualquier tipo de discriminación, en virtud del artículo 9.2 y 14 CE.

Personalmente discrepo de esta argumentación, pues lo que debe analizarse es si la mujer está integrada, y teniendo en cuenta la forma en cómo se valora dicho requisito actualmente, podemos concluir que la mujer no lo está.

Es cierto que su lugar de procedencia y la forma de vida en su país de origen suponen una mayor dificultad para esta mujer, pero llega a España en el año 2000, inicia la solicitud en 2012, y el examen se realiza en 2015, tiempo más que suficiente para que una persona se integre en la sociedad en la que vive. Si trascurridos 15 años la integración no se ha producido ello demuestra que el problema no está tanto en el lugar de procedencia, sino en la forma de vida que lleva estando ya en España, y en la cual se sigue perpetuando la discriminación que sufría en su lugar de origen.

Si ponemos en relación los artículos 14 y 9.2. de la CE, con el artículo 14.6 de la LO 3/2007, claro que nos encontramos con un grupo especialmente vulnerable, y que posiblemente tenga mayores dificultades para integrarse, es por ello que los poderes públicos deben adoptar medidas positivas para proteger a estas mujeres y facilitar su incorporación a una nueva sociedad, en este caso la española: medidas de alfabetización, políticas educativas y de inserción laboral, actividades encaminadas a la participación en la vida cultural y social españolas... la concesión de la nacionalidad no servirá de nada cuando la integración no se ha producido, ni se removerán los obstáculos a los que se refiere el poder constituyente en el artículo 9.2., pues la situación discriminatoria la sigue sufriendo desde el entorno familiar.

Conceder la nacionalidad a una persona pasando por alto el requisito de la integración, aun sabiendo que realmente no lo está, no solo no ayuda a que se integre, sino que no se contribuye al rechazo, la persecución y eliminación de determinadas conductas que se producen del hombre hacía la mujer, y que suelen quedar en un ámbito privado, con poca repercusión pública. Aquí la cuestión va más allá de otorgar o no la nacionalidad, lo que se pone de manifiesto es la realidad que sufren muchas mujeres, y sentencias como esta no mejoran la situación. Se concede la nacionalidad, se corre un tupido velo, y la situación sigue siendo la misma.

Normalmente son sus propias familias, especialmente sus maridos, los que impiden que estas mujeres salgan a trabajar fuera de casa, o realicen otro tipo de actividades que les permitan la incorporación en la vida social. Ello implica que no pueden desarrollar una vida plena e independiente, y que tengan dificultades para integrarse. La negativa a la solicitud de nacionalidad por falta de integración podría ser un toque de atención para sus familias, que se darían cuenta de que si la situación no cambia, sus mujeres nunca conseguirán la nacionalidad, lo cual podría provocar una mayor apertura hacia la integración de estas mujeres.

Expone la sentencia toda una teoría en cuanto a la igualdad, la condición del sexo como motivo de discriminación y expone alguna jurisprudencia del TC al respecto. Lo que ponen de manifiesto los fundamentos de derecho es que esta mujer vive en casa una situación de discriminación, pero la sentencia no la mejora, ni para ella, ni para otras muchas que están como ella. Lo que debe hacerse es analizar el por qué una mujer que lleva en España desde 2010 no ha conseguido integrarse, cuáles son los motivos, y tratar de paliarlos, no saltarse el requisito y conceder la nacionalidad.

Conceder la nacionalidad aun faltando el requisito de la integración, no es una medida positiva, sino una medida paternalista, pues se trata de una súper protección del estado hacía estas mujeres por su falta de formación, pero sin analizar (y tratando de eliminar) los motivos que existen de fondo y que impiden que estas mujeres se integren. Entiendo que medidas positivas serían aquellas encaminadas al impulso e inserción de la mujer vulnerable, en el ámbito laboral, en el ámbito educativo, en el ámbito social... Esto es lo que debe hacer el estado, poner estas medidas al alcance de todas aquellas mujeres que lo necesiten, pues contribuirán a su mejor integración y terminarán o paliarán la situación de desventaja que sufren.

Además, con la concesión de la nacionalidad, aún dudando de si la mujer está o no integrada, supone que el estado da cobertura a una situación que para nada es acorde con los valores que se promueven en un Estado Social y Democrático de Derecho. La concesión no terminará con las causas de fondo que existen en estos casos, y que dificultan (o impiden) la integración; la mujer seguirá estando igual de aislada del resto de la sociedad aunque consiga ser española.

Finalmente, alude el Tribunal al hecho de que la mujer está integrada en una familia en la que ya todos son nacionales españoles, tanto su marido como sus hijos, y que esta circunstancia no ha sido valorada. Pero lo que se exige es la integración social, más allá del entorno familiar en el que vive la persona, es más, convivir con nacionales españoles y no estar integrada demuestra que el foco de discriminación, y de falta de interés porque la mujer se integre, procede de la propia familia.

6.2. La integración es algo más que el conocimiento de ciertos datos

Constantemente se hace referencia a que la mujer no se ha integrado porque carece de la formación suficiente para ello, sin embargo carecer de formación no significa que la persona no esté integrada. Es posible que también los hombres procedan de lugares humildes que no les han permitido acceder a una correcta formación, sin embargo, suele ser mucho más fácil para ellos conseguir la nacionalidad, por qué, porque el hombre consigue integrarse y la mujer no. Claro que la formación tiene relación con la integración, pero no es lo esencial.

El propio TS critica el que solo se han tenido en cuenta las respuestas que la mujer ha dado al encargado del Registro Civil, sin que se hayan tenido en cuenta otras circunstancias. Quizá el mecanismo utilizado para valorar si una persona está integrada no sea el más adecuado.

Como ha quedado expuesto, hasta el año 2015 la valoración se realizaba a través del encargado del Registro Civil, que realizaba una serie de preguntas aleatorias al solicitante. A partir de 2015 la situación se regula estableciéndose las dos pruebas que han sido expuestas: la del idioma español y la de las instituciones y costumbres españolas. Ambos sistemas poco adecuados, desde mi punto de vista.

Actualmente la integración sí podemos decir que tiene una relación bastante directa con la formación, pues lo que prima es un requisito de tipo intelectual o de conocimiento, lo cual supone un agravio para colectivos con poca formación como el que sirve de objeto a la sentencia. Si de lo que se trata es de comprobar que la persona está integrada, quizá debería complementarse con otro tipo de aspectos que sirvan para demostrar la integración, más allá de la formación que puede tener esa persona.

Ya existen determinadas modalidades adaptadas que tienen en cuenta circunstancias personales, por ejemplo, están exentos de realizar las pruebas los menores de edad, y la personas con la capacidad modificada judicialmente. También pueden quedar dispensados otros colectivos como personas con trastornos o dificultades para el aprendizaje superior al 65%, o personas que no saben leer ni escribir, además de que existen exámenes adaptados para ciegos y sordos[22].

Al igual que existen estas especialidades, atendiendo a circunstancias personales, podrían incorporarse otros elementos de valoración, que permitan comprobar si la persona está realmente integrada. Ciertamente, puede haber personas que, por las razones que sean, no tengan la formación suficiente, o la capacidad de comprensión necesaria, para saber y responder a las preguntas que actualmente se realizan. Es más, yo diría que un alto porcentaje de españoles de origen sería incapaz de responder correctamente a todas las preguntas que se formulan. Por qué no permitir que la persona solicitante aporte todas aquellas evidencias que considere oportunas para demostrar que realmente está integrada en la sociedad españolas. Creo que lo prioritario es comprobar que esa persona está integrada, más allá de sus conocimientos sobre ciertos aspectos relativos a instituciones. Como sabemos el Real Decreto 1004/2015 sustituyó a las previsiones de los artículo 220 a 224 del RRC, sin embargo, considero que una valoración del requisito de la integración conforme a la protección de grupos vulnerables a la

22 Así se establece en la Orden JUS/1625/2016, de 30 de septiembre, sobre la tramitación de los procedimientos de concesión de la nacionalidad española por residencia y en la web del Instituto Cervantes: https://examenes.cervantes.es/es/dele/quien (consultada el 23 de noviembre de 2022).

que se refiere la LO 3/2007, debería tener en cuenta algunos de los aspectos ya previstos por el RRC, esto es, "...cualquier circunstancia de adaptación a la cultura y estilo de vida españoles, como estudios, actividades benéficas o sociales, y las demás que estime conveniente...y que se acreditaran por cualquier medio de prueba adecuado admitido en derecho".

A este respecto me parece interesante la argumentación ofrecida por Pinto Cañón, abogado en la STS analizada en este trabajo. Considera el letrado que debe tenerse en cuenta la integridad intelectual, es decir, en cuanto a conocimientos, pero también una integridad emocional, y que supondría otro tipo de aspectos tales como la familia con la que se convive, y las circunstancias personales y sociales de la persona solicitante de la nacionalidad. Considera que cuando se pide la dispensa para hacer el examen, estas mujeres deberían de aportar aquellos documentos que acrediten que están integradas emocionalmente, aunque no tengan los conocimientos que actualmente se exigen. Según el letrado la mujer del caso que resuelve la sentencia está integrada, desde el punto de vista emocional, pues reside en España con su familia, además su marido y sus hijos son españoles, ha llevado a sus hijos a centros educativos españoles, y su vida la realiza en España[23].

En este punto discrepo con el abogado. Claro que la integración no debería valorarse únicamente por el mayor o menor conocimiento de determinados datos, siendo mucho más indicativo de la integración el hecho de que la persona esté

---

[23] Reflexiones tomadas de la jornada "La integración como requisito para el otorgamiento de la nacionalidad STS 1521/2021, de 17 de diciembre y posibles estrategias frente a negaciones de protección internacional", organizada por la sección de extranjería de ICAM, el día 1 de marzo de 2022. Puede verse la jornada en https://www.youtube.com/watch?v=DLzM5y7p_sY&t=1507s (visionada el día 20 noviembre de 2022).

desarrollando un proyecto de vida en España, a todos los niveles, familiar, laboral, educativo, social…pero ¿qué proyecto desarrollan estas mujeres? Dedicar su vida a sus hijos y su marido no es estar integrada.

Atendiendo a sentencias anteriores, parece claro que la tendencia interpretativa es la de valorar, al conceder la nacionalidad, las circunstancias personales del solicitante y su nivel educativo, a la hora de demostrar sus conocimientos en cuanto a la lengua y las instituciones del estado[24]. También ha quedado sentado jurisprudencialmente, que no puede equipararse el hecho de una persona analfabeta, con aquella otra que no tiene un suficiente conocimiento del castellano[25]. En este sentido, Font y otros afirman que "…la jurisprudencia anterior ya había establecido con claridad la necesidad de valorar de forma casuística las circunstancias de cada solicitante. La sentencia que ahora comentamos (refiriéndose a la analizada en este trabajo) tiene el mérito de insertar con naturalidad, pero con determinación, la proyección derivada de la perspectiva de género"[26].

Creo que podría ser un gran avance el hecho de que las pruebas para conceder la nacionalidad incluyan esta perspectiva, especialmente cuando se trata de colectivos vulnerables, y que el requisito de conocimiento exigido actualmente, pueda completarse con un requisito emocional; usando la terminología expuesta por el abogado. De lo que se trata es de comprobar que la persona está integrada, y si realmente lo está, y no

---

24 STS 611/2021, de 4 de mayo, (rec. 37/2020).

25 SSTS de 15 de octubre de 2008 (rec. 4246/2005) y de 16 de abril de 2009 (rec. 5070/2006)

26 Font i Llovet, T., Galán Galán, A., Peñalver i Cabré, A., Rodríguez Pontón, F. y Tornos Mas, J. "Notas de jurisprudencia contencioso-administrativa". *Revista de Administración Pública,* 217, 2022, pp.269-288 p. 283.

puede demostrarlo a través de los conocimientos, que puedo hacerlo de otra forma.

Como conclusión final diría que, como indica Carrascosa González, "El concepto de «suficiente grado de integración en la sociedad» exige «una fuerte vinculación y arraigo» entre el solicitante y la sociedad española"[27], ello supone que el requisito de la integración, no solo es necesario, sino que no debería flexibilizarse o modularse; debe quedar acreditado que la persona que solicita la nacionalidad esté integrada.

Cuando la persona sea considerada especialmente vulnerable, y por tanto pueda tener más dificultades para integrarse, los poderes públicos deberán remover todos los obstáculos para que esa persona logre su objetivo, esto es, la integración. Posiblemente, necesitará un mayor impulso para incorporarse a la vida laboral, educativa o social, y ahí es donde debe estar el poder público para ayudar a esta persona en la integración.

Por último, y junto a lo anterior, deben revisarse los mecanismos mediante los cuales pueda demostrarse esa integración, que deberían ser diversos, adaptados a las circunstancias personales, y no limitarse únicamente a la contestación de una serie de preguntas.

BIBLIOGRAFÍA

CARRASCOSA GONZÁLEZ, J., "Adquisición de la nacionalidad española por residencia en España art.22", en PASQUAU LIAÑO, M., *Jurisprudencia Civil Comentada: Código Civil,* Comares editorial, Granada, Tomo I, 2000.

27 Carrascosa González, J., "Adquisición de la nacionalidad española por residencia en España art.22", en Pasquau Liaño, M., *Jurisprudencia Civil Comentada: Código Civil.* Comares editorial, Granada, Tomo I, 2000, p. 454.

COBAS COBIELLA, Mª E., "Una Mirada a los requisitos de la obtención de la nacionalidad española por residencia", *Barataria: Revista Castellano-Manchega de ciencias sociales*, vol.17, nº.17.

ECHEZARRETA FERRER, M., "De la nacionalidad a la residencia y viceversa. Búsqueda del mejor estatuto jurídico para el ejercicio de los derechos de sufragio de los extranjeros", *Revista Europea de Derechos Fundamentales*, primer semestre 2016.

ESPINOSA CALABUIG, R. y AZCÁRRAGA MONZONÍS, C., "Lección 6, Los derechos de los extranjeros en España", en FERNÁNDEZ MASIÁ, E., (dir.), *Nacionalidad y extranjería,* Tirant Lo Blanch, Valencia, 3ª ed., 2021.

FERNÁNDEZ MASIÁ, E., "Lección 2. Adquisición de la nacionalidad española", en Fernández Masiá, E., (dir.), *Nacionalidad y extranjería,* Tirant Lo Blanch, Valencia, 3ª ed., 2021.

FONT I LLOVET, T., GALÁN GALÁN, A., PEÑALVER I CABRÉ, A., RODRÍGUEZ PONTÓN, F. y TORNOS MAS, J. "Notas de jurisprudencia contencioso-administrativa". *Revista de Administración Pública,* 217, 2022.

MARÍN LÓPEZ, M. J., "Tema 8. La nacionalidad y la vecindad", en CARRASCO PERERA, A. (dir.), *Derecho Civil, Introducción, fuentes, derecho de la persona, derecho subjetivo y derecho de propiedad,* Técnos, Madrid, 8ª ed., 2022.

MURCIANDO, G., "El TS flexibiliza el requisito de integración en la solicitud de nacionalidad para evitar la discriminación de la mujer", en https://blog.sepin.es/2022/02/requisito-integracion-solicitud-nacionalidad.

REQUERO IBÁNEZ, J.L., "Adquisición de la nacionalidad por residencia. Análisis jurisprudencial del art. 22,4 del Código Civil: la buena conducta cívica y el suficiente grado de integración", *Revista Galega de Administración Pública,* nº. 32, 2002.

Capítulo 5.

MIGRANTES Y DISCAPACIDAD: ALGO MÁS QUE DISCRIMINACIÓN MÚLTIPLE[1]

ENRIQUE BELDA PÉREZ-PEDRERO
Catedrático de Derecho Constitucional de la Universidad de Castilla -La Mancha

Sumario: 1. El acercamiento comprensivo de la migración y la discapacidad. El entorno social y vital que caracteriza el riesgo de exclusión en ciertos grupos poblacionales. 2. El derecho y su base personal y fáctica, que la migración y la discapacidad no siempre producen. El enfoque de estudio basado en un concepto inclusivo de persona. 3. Elementos adicionales para una interpretación adecuada de la condición de persona con discapacidad y/o migrante. 4. El nuevo derecho de las personas con discapacidad y la discriminación múltiple en relación con personas migrantes. 5. Bibliografía.

---

1 Elaborado por la participación en el Proyecto Internacional Erasmus+ Capacity Building in the field of Higher Education REMOVE "Repensando la migración desde la frontera de Venezuela: nuevo programa académico en movilidad humana y convivencia en la Comunidad Andina" Unión Europea 618506-EPP-1-2020-IT. Varias universidades. IP UCLM Francisco Javier Diaz Revorio. Fecha de inicio: 15/1/2021. Fecha fin del proyecto: 14/1/2024. Gracias también a la colaboración de la Cátedra DyD, Derecho de las Personas con Discapacidad y Dependencia, de la UCLM.

1. EL ACERCAMIENTO COMPRENSIVO DE LA MIGRACIÓN Y LA DISCAPACIDAD. EL ENTORNO SOCIAL Y VITAL QUE CARACTERIZA EL RIESGO DE EXCLUSIÓN EN CIERTOS GRUPOS POBLACIONALES.

El análisis que esperan encontrar en esta parte de investigación que me ha sido encomendada, y cuyo encargo agradezco, no se va a producir, o al menos no se va a desarrollar desde la perspectiva que un apresurado repaso del índice de toda la obra que refleja las conclusiones del proyecto, anticiparía. La presentación del tema desde una perspectiva lineal en la cual este firmante expusiera la concurrencia de dos circunstancias personales susceptibles de generar una situación de doble discriminación o en su caso múltiple[2], a partir de una condición personal de migración y otra de discapacidad, estaría sobrevolando elementos intrínsecos a la adición de ambas circunstancias y conduciendo a conclusiones de aplicación jurídica y social engañosas. El operador jurídico constitucional está en condiciones de enumerar una serie de circunstancias objetivas que generan riesgo de discriminación tanto en personas migrantes como en aquellas que asumen alguna discapacidad y, tras ello, evaluar y sugerir medidas de toda índole, no solo acciones positivas, que concluyan proponiendo una mejora del comportamiento de los poderes públicos y de toda la comunidad política en la superación de las diferencias de estas con el común de la ciudadanía. Pero tal punto de partida, como he tratado de reflejar en el título mismo de la presente contribución, provocaría una endeble conclusión basada en pre-

---

2 Sobre discriminación doble y múltiple, entre otros autores, GIMÉNEZ GLÜCK, David, "La discriminación múltiple en el Derecho de la Unión", en *Revista Española de Derecho Europeo*, n.º 45, 2013. REY MARTÍNEZ, Fernando, "la discriminación múltiple, una realidad antigua, un concepto nuevo", en *Revista española de derecho constitucional,* núm. 84, pp. 251 a 283, 2008.

sunciones habituales que en la situación propuesta no siempre responde a los hechos.

Así, cuando el operador jurídico se propone actuar en beneficio de personas en riesgo de discriminación por determinadas circunstancias personales o sociales, puede encontrarse que tal cúmulo de elementos interventores se aplicarán sobre un ambiente fácilmente determinable y sobre una persona cuyas circunstancias vitales, a pesar de las situaciones que afrontan y que la ubican en riesgo de discriminación, deparan un grado de integración en el sistema y las relaciones sociales que permiten discernir el punto de partida y el objetivo[3]. Mientras que, en otros casos, las categorías generadoras de riesgo de discriminación se distinguen a primera vista, pero no así la situación objetiva de la persona o personas que han de ser atendidas o beneficiadas por acciones políticas o normativas de carácter reparador, por difuminarse hasta el extremo el contexto en el que han de aplicarse. Lo explicaría con el siguiente ejemplo: una mujer de setenta años, residente en un ambiente rural de cualquiera de nuestros países, que sea víctima de violencia machista y tenga una elevada dependencia económica de su maltratador, se nos presenta como una persona situada en riesgo de exclusión por muchas causas (al menos, género, escasez de recursos, edad y localización geográfica), pero la actuación de los poderes públicos a través de acciones normativas y ejecutivas es capaz de determinar el efecto que en esta y en su entorno pueden generar las medidas de ayuda y promoción por la inserción ambiental y la dinámica relacional de la afectada (o de las afectadas, de tratarse de una acción conjunta destinada a detectar este perfil bastante generalizado, por desgracia,

---

[3] Una introducción sobre los parámetros de actuación pública en SOUTO GALVÁN, Clara, "Transversalidad, interseccionalidad y acciones positivas", en VVAA *Deontología, principios jurídicos básicos e igualdad*, pp. 435 a 443, Tecnos, Madrid, 2016.

en muchas comunidades rurales envejecidas). Así, la persona receptora comparte con la estructura pública el objetivo de la intervención: habilitar medidas básicas de protección que terminen de inmediato con el maltrato o el riesgo de este, la dotación de unos medios materiales que avancen en la autodeterminación del propio destino, el aseguramiento del arraigo en su domicilio habitual, la asistencia psicológica adaptada a la sustitución del referente familiar agresor, etc. De no tener claro la afectada estas medidas, al menos compartirá el orden de prioridades que se le determina y en la medida de lo posible, integrará el contenido de cada acción con una colaboración activa, beneficiándose de la acción o acciones promotoras.

Por el contrario, en los casos sobre los que esta parte de la investigación trata, las personas migrantes y con discapacidad, ese entorno, ese arraigo con el medio social donde se descubren los riesgos de discriminación, o simplemente la aprehensión de este, no siempre se da. La persona migrante o la persona con discapacidad, puede situarse en las mismas condiciones que la señora que nos ha servido de ejemplo, fundamentalmente porque su raíz cultural, su afinidad social o sus códigos de comportamiento (en el caso de las personas migrantes), sean asimilables a los de la sociedad receptora que trata de ayudarle; o porque su capacidad sensorial o psicosocial (en el caso de las personas con discapacidad) le haga participar de/en las soluciones que los poderes públicos le ofrecen. Lamentablemente, en muchos otros casos, el componente personal, cultural, religioso, afectivo, de expectativas, de finalidades, o de simple comprensión sensorial, entorpece la operación promotora o protectora y genera resultados incongruentes.

Si una persona con gran discapacidad motriz desplazada como consecuencia de la agresión rusa a Ucrania, llega a Alemania en su silla de ruedas, va a generar una situación en la comunidad política receptora abordada desde parámetros determinables y objetivables recibiendo una atención, mayor o menor, que asimila, comparte y disfruta, lo que le permite ser parte integrante del proceso de ayuda y obtener un objetivo: la asistencia como desplazado, el acceso a derechos básicos de la comunidad de acogida, la recuperación progresiva de la capacidad de autodeterminarse decidiendo sobre su permanencia, regreso, etc. Pero si, como ejemplo contrario, el que llega a esa misma Alemania es un refugiado también con gran invalidez, de origen sudanés, dado al manejo de unos parámetros culturales, cívicos, familiares, y de convivencia propios de ciertas de sus comunidades originarias, la concurrencia de objetivos entre los poderes públicos de este país de la Unión Europea y los que esta persona espera para recuperar su dignidad y el libre desarrollo de su personalidad, seguro que difieren. Acudo al paradigma de la persona en silla de ruedas para señalar aquí el desfase original que se advierte *en razón de la circunstancia de migrante*, y en este caso, no por la de discapacidad, que será comprendida por la comunidad receptora que asimila con una mayor normalidad que la originaria esa circunstancia vital y que no va a entrar en contradicciones que afecten la integridad vital, moral y personal del desplazado. Pero, de inmediato, someto a su consideración cómo se multiplica la distorsión en la búsqueda de la respuesta protectora si esta misma persona, además de esa condición de carácter físico, o sin ella, caminando perfectamente, lo que asumiera fuere una discapacidad psicosocial que limitara la percepción de la realidad y le impidiese su propio gobierno por disfunciones intelectivas. A la situación base de riesgo de discriminación por migrante se sumaría la de *persona con discapacidad* que no puede, como en la propuesta anterior, integrar, colaborar igual, en los objetivos de atención, igualación o promoción marcados por la comunidad política receptora.

En efecto, el punto de partida de la conjunción entre migración y discapacidad debe de reconocer los problemas que afronta una determinación de estándares de actuar cuando uno y otro colectivo pueden ser ajenos por circunstancias socioculturales o personales (o incluso por ambas) a los referentes y objetivos que los poderes públicos y las comunidades de acogida sostienen y procuran. Tanto la protección de minorías por su condición de migrantes, como por su condición de personas con discapacidad, por separado, o mucho más si convergen en el mismo sujeto, deben generar en el operador jurídico una llamada de atención para que la consecución de la igualdad perseguida, o sin llegar a ello, de una intervención preventiva, paliativa, lenitiva; no pasen por encima de otros derechos y valores individuales con justificaciones o motivaciones en bloque.

2. EL DERECHO Y SU BASE PERSONAL Y FÁCTICA, QUE LA MIGRACIÓN Y LA DISCAPACIDAD NO SIEMPRE PRODUCEN. EL ENFOQUE DE ESTUDIO BASADO EN UN CONCEPTO INCLUSIVO DE PERSONA.

Como puede comprenderse, este estudio no ha de ser el lugar para solazarse en la interpretación o el comentario de una serie de acciones positivas o de discriminación inversa cuya naturaleza ha sido ampliamente tratada en nuestro entorno doctrinal[4]: lo que se pretende aquí es indagar sobre el momento anterior a la implementación de estas para detectar los elementos que concurren cuando convergen sobre una persona su condición de migrante con su condición de persona con discapacidad. Anticipo que ello provocará más pre-

4 Consideraciones de clasificación cuantitativa en SOWELL, Thomas, *La discriminación positiva en el mundo. Estudio empírico*, Fundación FAES, Madrid, 2006. Ejemplo en nuestra zona geográfica principal de implementación del proyecto de investigación DURANGO ÁLVAREZ, Gerardo A., *Incorporación, inclusión y desarrollo de las acciones positivas en la jurisprudencia de la Corte Constitucional Colombiana*, Biblioteca Jurídica Diké Universidad Nacional de Colombia, Medellín, 2011.

guntas que certezas, pero no cerrará en falso (con propuestas inanes) lo que se espera de una intervención conclusiva en un proyecto de estas características y que habría de continuar en el tiempo. La clave para determinar el punto de partida, según mi modesto parecer, pasa porque el Estado *protector* con vocación de promover con valentía y determinación los derechos humanos en todo tipo de circunstancias que afecten a los sometidos a su soberanía, evite las clasificaciones grupales, las intervenciones estandarizadas y las categorizaciones tradicionales, para centrarse en respuestas individualizadas sobre personas. Una solución global que sería práctica ante minorías con elementos comunes visibles y constatables en torno a sus intereses y soluciones, se presenta como inadecuada cuando se trata de operar sobre colectivos altamente inclasificables. De esta manera, parece oportuno un tratamiento común en lo normativo o asistencial, siguiendo con nuestros ejemplos, para promover una adecuada calidad de vida para todas las mujeres mayores de los núcleos rurales que tengan bajos ingresos (a saber, ayudas directas, bonificaciones tributarias, programas de ocio, campañas de salud y autocuidados, etc.), y desde luego, esa misma generalidad de tratamiento, no lo olvidemos, se aplique a personas que, además sean inmigrantes, discapacitadas, o ambas cosas. Pero, esto es lo importante, siempre que, en los términos expresados en el apartado anterior introductorio, su entorno vital, social, cultural, religioso (en el caso de los migrantes) o de capacidad cognitiva y/o sensorial permita la adecuación de sus propios intereses (de sus elecciones vitales, de su libre personalidad, de la capacidad de integrar el contenido de sus propios derechos), con los beneficios que la comunidad política le ofrece.

Y es que un derecho pensado sobre las personas, y no sobre las clasificaciones de personas, se muestra potencialmente más respetuoso con la diversidad que nos caracteriza como especie, que aquel que parte de patrones de presuntas mayorías. Ya he tenido ocasión en anteriores escritos[5] de definir un marco de atención a las minorías que pase mejor por ensanchar el concepto de persona que por la búsqueda de una igualdad basada en los parámetros de normalidad que imponen pretendidas mayorías que nunca lo son desde todos los puntos de vista que se barajen. La línea para abordar la perspectiva adecuada que proponemos es el establecimiento de un concepto de persona de acuerdo con la evolución experimentada por la acumulación de fuentes jurídicas internacionales que se desarrolla en las últimas décadas, presidido por una naturaleza abierta e inclusiva en las que encuentre acomodo cada ser humano con independencia, en los casos que nos ocupan, de la civilización que le ha marcado por su nacimiento o de las capacidades que pueda acumular.

Por la especialidad temática encargada a esta parte del proyecto de investigación, desarrollaré la interpretación de este tipo de persona que se propone como base de una actuación de los poderes públicos, centrado en el ejemplo de las personas con discapacidad y migrantes. A estos efectos, resaltaría las siguientes bases para abordar la mirada sobre individuos en riesgo de exclusión por esta/s causa/s:

Primero. La persona es sujeto individualizado y no solo objeto de intervención. La pertenencia original a un colectivo es determinante (ya lo es constitucionalmente, *ex* 14 CE) para alertar de sesgos discriminatorios, pero pasado el momento de la detección, afloran personas en su individualidad, con sus derechos y facultades que podrán ser potenciales destinatarias de acciones o medidas de promoción compartida que, por un lado, no tienen por qué ser cualitativa o cuantitativamente iguales a los de otras personas de su "categoría", y por otro lado, demandan algo más que una aplicación automática o neutra

---

5 BELDA, Enrique, *Dignidad y discapacidad*, Tirant lo Blanch, Ciudad de México-Valencia, 2019.

pues cada derecho concreto procurado o la consecución de una cierta igualación se puede obtener, pero no a costa de cualquier medio. Me refiero con ello a la necesidad de apelar a todo el marco jurídico aplicable, que no son solo derechos positivados sino también principios y valores interpretativos e integradores, para operar con altura de miras sobre cada circunstancia, llegando así a una verdadera protección efectiva y útil para el receptor. He reiterado en intervenciones al efecto y algunas publicaciones anteriores[6], un ejemplo habitual, muy frecuente, del excelente propósito de muchos servicios sociales de asistencia a las personas discapacitadas de nuestros países más avanzados, auxiliando en mayor o menor grado y medida en su propio domicilio y a diario a quienes no pueden realizar sus propias tareas de higiene personal y limpieza residencial con autonomía. El Estado consigue el principal fin propuesto relativo al cuidado de la salud pero en múltiples casos ejecuta la ayuda a través de innumerables profesionales sociosanitarios que como consecuencia de turnos de trabajos, bajas laborables, cambios de función o cualesquiera causa de organización de las prestaciones, ejecutan la misma tarea de manera sucesiva provocando que, en un breve espacio del tiempo, por el hogar y el cuerpo de la persona "ayudada" transcurra un preocupante número de personas ante quienes debe "desnudarse" en el sentido literal y emocional. La prestación del derecho sin acudir a una visión conjunta de la condición humana de los receptores, entiendo que primordialmente desde la atalaya de su dignidad, desbarata por completo el propósito reparador pues no es de extrañar que en algunos casos se prefiera descuidar la higiene propia o del entorno para evitar afrontar intervenciones desde

---

6 BELDA, Enrique, "Mujeres con discapacidad: incidencia de la violencia de género y valoración desde el punto de vista de los derechos humanos y la actuación del Estado constitucional", en *Estudio integral de la violencia de género,* María Martín Sánchez (dir.), pp. 115 a 135, Tirant lo Blanch, Valencia, 2018.

trabajadores públicos totalmente desconocidos en un servicio que requiere, por añadidura, una cuidadosa ejecución que va más allá de lo corporal y ha de incluir un enfoque afectivo.

Segundo. Es el derecho y no la sociedad y sus tendencias quien ha de definir la persona que necesita protección por cualesquiera circunstancias. La muy apreciable obra que alumbra la teoría de los derechos humanos ha dado casi todo al reconocimiento de grupos poblacionales como los migrantes o las personas con discapacidad, pero como construcción jurídica humana debe ser objeto de perfeccionamiento, muy en especial cuando las sociedades evolucionan positivamente espoleadas desde los beneficios de los valores de igualdad y justicia que la extensión de esa teoría y su aplicación práctica provoca. El principal referente, el sujeto de aplicación, es decir, la persona, demanda una visión más exacta y sus patrones de comprensión también[7]. CUENCA GÓMEZ alerta a este respecto sobre las racionalidades idealizadas y las exigencias de unas básicas competencias como elementos constitutivos de la condición personal y tras ello de la dignidad. Por no hablar de lo preocupante de asociar persona y dignidad a una utilidad en el entorno social[8]. El recorrido de cada individuo es muy

7 CUENCA GÓMEZ, Patricia, "Sobre la inclusión de la discapacidad en la teoría de los derechos humanos", en *Revista de Estudios Políticos* n. 158, pp. 103 a 137, 2012. En el caso de las personas con ciertas discapacidades, la consideración de la dignidad de cada cual habría de huir de la concurrencia de requisitos inciertos para su reconocimiento, no propios de todos pues así lo ha dispuesto la naturaleza, como las preferencias, emociones, intuiciones o experiencias (p. 120).

8 CUENCA GÓMEZ, Patricia, "Sobre la inclusión de la discapacidad en la teoría de los derechos humanos", ob. cit., p. 124, con base en NUSSBAUM, Martha, *Las fronteras de la justicia. Consideraciones sobre la exclusión,* Paidós, Barcelona, 2007, p. 140.

diverso[9] y la capacidad, en definitiva, no puede condicionar un estatuto personal diferente de menor calidad. Una vida digna ha de partir de la condición personal objetiva no de la indisponible, por cada uno de nosotros, capacidad de tener "capacidades" o en algunos casos, incluso, voluntad (GARZÓN VALDÉS ha llamado la atención al respecto con los ejemplos de los niños de corta edad[10]). La sociedad, no solo los poderes públicos[11], ha de reconocer un tipo de persona no excluyente como imperativo de la dignidad[12].

Tercero. El derecho parte de un concepto enriquecido, actualizado e inclusivo, de persona, pero requiere el complemento de toda la sociedad para combatir visiones que repugnan a su propio planteamiento[13], así como ser acompañado de las élites sociales y políticas para reformar con cambios inclusivos

---

9 STEIN, Michael, "*Disability Human Rights*", en *California Law Review* 95-1, pp. 76 a 122, 2007. CUENCA GÓMEZ, Patricia, "Sobre la inclusión de la discapacidad en la teoría de los derechos humanos", ob. cit., p. 125.

10 GARZÓN VALDÉS, Ernesto, *Tolerancia, dignidad y democracia,* Publicación Lince- Universidad Inca Garcilaso de la Vega, Lima, 2006, p. 262.

11 DIAZ REVORIO, Francisco Javier, *Discriminación en las relaciones entre particulares,* Tirant lo Blanch, Ciudad de México, 2015. P. 133. En materias como discapacidad y accesibilidad se imponen obligaciones positivas específicas a los particulares para conseguir la igualdad.

12 GARZÓN VALDÉS, Ernesto, *Tolerancia, dignidad y democracia,* ob. cit., p. 264.

13 ÁLVAREZ GARCÍA, Héctor, "La tutela constitucional de las personas con discapacidad", en *Revista de Derecho Político* n.º 100, pp.1027 a 1055, 2017. El autor resume la negra trayectoria con la que la organización social se ha enfrentado con las discapacidades, desde la práctica de la eugenesia en Grecia, Roma, el mundo antiguo y, más recientemente, sin haber cesado nunca las violaciones, con las manifestaciones del s. XX y su Alemania nazi o su Unión Soviética, con esterilizaciones masivas y muertes "compasivas" sobre las personas con discapacidad (pp.1029 a 1033).

y hacerlos efectivos[14]. La dignidad es referencia esencial de contenido para la condición de persona (STC 244/2007, de 10 de diciembre, FJ.2º) pero de ella, de esa dignidad multi comprensiva y polivalente que conocemos, debemos de extraer una lectura progresiva que no haga depender de la capacidad de autodeterminarse un elemento clave para marcar diferencias intersubjetivas. En los ejemplos de inadaptación potencial más extremos que hemos sugerido en las categorías a las que alude esta contribución, encontramos, por ejemplo, personas migrantes cuyo entorno de origen por razones culturales o religiosas no les ha provocado la necesidad de desarrollar ampliamente metas vitales que en nuestra tradición se considerarían inaplazables, o en el de personas con discapacidad derivada de afectaciones graves de la percepción, puede también existir una objetiva ausencia de finalidades de interés que a la mayoría le resultan imprescindibles para la propia realización. En una visión inclusiva del ser humano único y no categorizado, ni la condición de persona, ni la dignidad, ni el desarrollo personal, pueden caer en la graduación. Se disfrutan derechos y se asume un estatuto de persona digna debido al nacimiento.

Cuarto. El hablar de personas y no de categorías personales como soporte de una correcta actuación de los poderes públicos en la identificación del objeto de protección, lleva a recordar que las teorías no pueden partir de la excepción o especialidad que lo segundo originaría[15]. Con la mejor de

14 Superando visiones paternalistas. Fundamental es el enfoque de reivindicación nacido desde el colectivo. Entre otros, el Movimiento de Vida Independiente, nos alerta sobre el componente social de la exclusión cuando se deriva solo de percepciones de los ajenos sobre una incapacidad que nace de la distinción con estándares y no desde bases objetivas.

15 DE ASIS ROIG, Rafael, "Derechos humanos y discapacidad. Algunas reflexiones derivadas del análisis de la discapacidad desde la teoría de los derechos", en *Igualdad, No Discriminación y Discapacidad*, Ignacio

las intenciones y con una admirable calidad, durante decenas de años se han elaborado teorías protectoras que no deben ser censuradas ni abandonadas por las objeciones razonables, pero sí que demandan una relectura en clave de inclusión. Esta interpretación es la más lógica desde el punto de vista estrictamente jurídico pues la revisión del concepto de persona, sus cualidades como la dignidad, o el contenido de muchos derechos y libertades, para ser leídos en favor de la igualdad inclusiva, no es solo el fruto de un imperativo de la razón ni de los avances políticos y sociales: se trata de la consecuencia directa del desarrollo de todo el conjunto de derechos, principios y valores que nos alejan, por fortuna, de la igualdad formal. El derecho de las personas con discapacidad en materia de derechos humanos no ha buscado nunca ser un elemento promotor y dinamizador desde perspectivas comprometidas solo en el plano del pensamiento teórico: la finalidad es, simplemente, adaptar todo el armazón jurídico a la evolución de los principios básicos del sistema político y de la propia teoría de los derechos humanos donde ni la igualdad, ni la justicia, ni la dignidad, son ya lo mismo que décadas atrás.

Quinto. La utilización del nuevo derecho de las personas con discapacidad en atención a consolidar tratamientos específicos para las minorías no es de una naturaleza, como vengo exponiendo, revisora o rupturista, que renuncie a entroncar con las reglas generales que ha de seguir el operador jurídico para montar una nueva estructura desde la caridad, la condescendencia o postulados políticos buenistas. Tanto como otras ramas específicas, la consideración que atrae hacia las minorías beneficiarias es de raíz fuertemente constitucional. Instituciones centenarias se han debido de acomodar a las exigencias del Estado social y

---

Campoy y Agustina Palacios (coords.), Dykinson, pp. 17 a 50, Madrid, 2007. P. 36. CUENCA GÓMEZ, Patricia, "Sobre la inclusión de la discapacidad en la teoría de los derechos humanos", ob. cit., p. 105.

democrático de derecho en constituciones que, nacidas o no de procesos revolucionarios, son en cualquier caso herederas de las tradiciones jurídicas de Roma enriquecidas en los siglos posteriores. Pero los procesos constituyentes han tenido a lo largo de la historia que convertir en norma avances sociales conseguidos o simplemente anhelados que, a partir de la decisión fundacional, se hacen derecho. En el caso de los derechos de las personas con discapacidad no hay un solo salto en el vacío provocado por una decisión constituyente instauradora. Por el contrario, se desenvuelve en un proceso de profundización en el concepto de persona para ensancharlo a la realidad de todas ellas y no disminuirlo sobre una referencia parcial levantada en caracteres presuntamente mayoritarios. Valga la simplificación de afirmar que la mirada protectora a ciertas minorías recuerda que toda persona merece protección y que el derecho se la procura por igual de manera práctica, lo cual demanda una interpretación sencilla pero progresiva en la que sin necesidad de acudir a medidas promotoras o acciones positivas (imprescindibles para el impulso y la conciencia social pero con dudoso valor constitutivo, pues no debiera acudirse a ellas para el reconocimiento de los derechos que se tienen por el hecho de ser persona), el poder concede a cada uno lo suyo en base a la mera condición de persona[16].

Sexto. Una condición amplia de persona procura la naturaleza jurídica inclusiva y beneficia tanto a minorías como a mayorías. El destino de este proyecto, multinacional y de concurrencia científica variada, creo que me permite abusar de

---

16 BASTIDA FREIJEDO, Francisco J., "Constitución, derechos fundamentales y entendimiento constitucional de la discapacidad", en *Protección jurídica de las personas y grupos vulnerables*, Miguel Ángel Presno Linera (coord.), pp. 147 a 184, Universidad de Oviedo-Procuradora General del Principado de Asturias, Oviedo, 2013. Universalizar la concepción de discapacitado en clave de natural componente de toda la especie humana sujeta a derechos.

ciertos ejemplos para ayudar la comprensión fuera de los muros del derecho público. Cuando una empresa de nombre X desarrolla un modelo de vehículo Z, que requiere una mínima habilidad en el manejo del tren corporal inferior y en la permanencia continua de un nivel máximo de concentración para su conducción como el que exigen otros modelos, está ofertándonos un coche para cada persona y para todos los tipos de persona, donde caben muchos más de los que actualmente lo usaban, y permite el acceso directo al producto a más perfiles de individuos, incluyendo los que tienen algunas discapacidades motoras o sensoriales. Este tipo de vehículos y los que llegarán en el futuro desde estos parámetros de diseño, *incluyen*, y olvidan las categorías. Por el contrario, los magníficos trabajos de adaptación de coches de los modelos tradicionales a través de transformaciones estructurales similares a las ortopedias, con artilugios costosos y elaborados, que son aún mayoría para procurar la conducción por parte de personas con discapacidad física en algunas de sus extremidades, confirman la diferencia y parten de la categoría: el vehículo no está adaptado pues piensa en el perfil mayoritario de personas. Como pueden comprender, a donde queremos llegar es que el derecho transversal que exige el afrontar cualquier acción dirigida a la promoción y la inclusión, ha de partir mejor de una base o mínimo común denominador que comprenda a todos[17], y no de complejas operaciones convencionales a pos-

---

[17] En España, cuando una corporación local, en cumplimiento del articulado de la Ley 53/2003, de 2 de diciembre, de igualdad de oportunidades, y de todo su desarrollo posterior, ha procedido a la remoción de accesos en el acerado, está destinando la misma tanto al gran discapacitado que necesita silla permanentemente, como al accidentado o enfermo que la demanda de manera puntual, o a la persona anciana que utiliza andador. Tarde o temprano es, para el común, una necesidad y, de manera continua, tal muestra de accesibilidad universal es un beneficio para absolutamente todos los peatones.

teriori que mantengan de forma indeleble el recuerdo de la diferencia (no buscada) en origen. El derecho protector de migrantes o discapacitados es el derecho que, en manos del operador jurídico de cada ocasión, los entiende y trata desde el primer contacto como personas, y procede a la facilitación de la correspondiente facultad; y rara vez el que se aventura a una operación de igualar tras la aplicación de una suerte de mecanismos "correctores", o "promotores" que encauzan hacia la "normalidad" predeterminada de la mayoría[18].

Séptimo. Probablemente ustedes, personas que me leen, como a mí me sucede, descubren en su desarrollo personal la necesidad de utilizar sus derechos para colmar una serie de expectativas y consideran de primer interés ese componente autónomo que cada uno disfruta para engrandecer cada facultad que los mismos encierran. En ciertas minorías de las "minorías" poblacionales que nos ocupan, por razón de "civilización" de origen o capacidad muy específica, tal vocación se ve trastocada en alguna de sus manifestaciones. Dar excesiva relevancia, siendo importante, a la participación de cada cual en la eficacia de sus propios derechos (RAWLS[19], NUSSBAUM[20]), nos deposita en un campo minado abonado a la

---

18 Es lo que ocurría con iniciativas legislativas que se dieron en muchas de nuestras comunidades políticas occidentales con la pretensión de atender las necesidades de las personas transexuales: se proponía un reconocimiento basado en la reasignación de género con posibilidad de intervención corporal. Más de uno se preguntaba por la finalidad de semejante invasión física y mental si bastaba con partir de la condición de persona igual con independencia del género o de si se conocía o determinaba. BELDA, Enrique, "Transexualidad y derechos fundamentales: protección integral sin la utilización del factor sexo como diferencia", *Cuadernos de Derecho Público,* n.º 21, enero-abril de 2004, pp. 127 a 162.

19 RAWLS, John, *El liberalismo político,* Crítica, Barcelona, 1996.

20 NUSSBAUM, Martha, *Las fronteras de la justicia.* ob. cit.

exclusión, al dar por cierto una serie de principios de autointegración de actos, que puede o no darse, y de surgir estaría muy condicionado en algunos ejemplos propuestos. Persona y derechos se ha de referir a toda persona y a todo derecho[21]. El predisponer teóricamente que la existencia de una discapacidad suscita una objetiva merma del contenido extraíble a cualquier derecho, es precipitado cuando existen ejemplos que ofrecen posibilidades en este tipo de personas que no son apreciadas en el estándar poblacional[22].

3. ELEMENTOS ADICIONALES PARA UNA INTERPRETACIÓN ADECUADA DE LA CONDICIÓN DE PERSONA CON DISCAPACIDAD Y/O MIGRANTE.

Poco se repara en la potencial cualidad de ser mayoría de buena parte de las minorías. Con ocasión de la agresión rusa a Ucrania, a la que recurro por segunda vez en estos escritos por su presencia en el debate público al momento de desarr-

---

21 *"(...) no basta con -integrar- a las personas con discapacidad en la teoría de los derechos tal cual está diseñada (...) sino que es necesario incluir a las personas con discapacidad en un discurso de los derechos adaptado a las necesidades de todos (...)"*. CUENCA GÓMEZ, Patricia, "Sobre la inclusión de la discapacidad en la teoría de los derechos humanos", ob. cit., p. 119. También, entre otros, ÁLVAREZ GARCÍA, Héctor, "La tutela constitucional de las personas con discapacidad", ob. cit., p. 1041: como el resto de los que tratamos estos temas, denuncia el punto de partida filosófico de la dignidad de las personas que dependa exclusivamente de una actividad y promoción del propio individuo.

22 La condición generadora de discapacidad "sordera", ha suscitado ampliaciones del libre desarrollo de la personalidad en campos poco explorados por los oyentes, estableciendo relaciones comunitarias complejas, a través de lenguas naturales específicas BELDA, Enrique, *La protección constitucional y legal de la lengua de signos,* Fundación Lex Nova, Valladolid, 2012, p. 40.

ollarse la investigación, muchos de los "comprometidos" habitantes de nuestros países occidentales que permanecían de perfil ante refugiados de otros orígenes, lanzaban el lugar común de afirmar que cada uno de nosotros podía verse en esa situación de desplazamiento, y en general también se recordaba cómo generaciones anteriores migraban en busca de una mejor vida, queriendo con todo ello transmitir que en toda persona es una posibilidad integrar una minoría en el futuro. Si se quiere recurrir a estas fundamentaciones no jurídicas de trazo grueso, la verdad es que no habría nada mejor para buscar la complicidad social de la ayuda a una minoría en la causa que de manera segura, antes o después, todos hemos asumido: la imposibilidad del propio gobierno completo anudada a la discapacidad. La "universalidad", o potencial capacidad de tener una condición compartida, no coloca jurídicamente a las personas con discapacidad, por ello, en una posición de más ventaja para motivar una mayor atención social preferente respecto de otras "minorías". Sería contrario a las bases del sistema de derechos y valores que nuestros modelos constitucionales consagran. Pero no deja de ser sorprendente en las construcciones jurídicas sobre la protección de derechos históricamente conocidas, que la "generalidad de la sociedad", no haya reparado en la discapacidad siglos antes, incluso antes de pensar en otras categorías. Una persona que es hombre blanco no podía, al menos hace unas décadas, terminar siendo una mujer negra y, sin embargo, sí puede llegar a convertirse en una persona discapacitada, un apátrida, o un marginado por su condición sexual. La discapacidad está siempre entre esas categorías susceptibles de acoger nuevos sujetos, y probablemente por eso admite acciones positivas más radicales[23],

---

23 GIMÉNEZ GLUCK, David, *Una manifestación polémica en el principio de igualdad: acciones positivas moderadas y medidas de discriminación inversa,* Tirant lo Blanch, Valencia, 1998, p. 209 y 210: la discapacidad ha de ser objeto de acciones positivas, pero es materia menos analizada

dato cuantitativo del que puede contagiarse la migración si la opinión pública conecta con su circunstancia originaria.

Lo cierto es que al derecho constitucional le interesa más indagar en argumentos que ofrezcan a los operadores jurídicos caminos interpretativos de base más cierta, normativa, en el camino a la inclusión. Yo vengo proponiendo como elemento a considerar de modo transversal para toda esta investigación colectiva la dignidad personal, base de la organización política internacional y guía de los derechos humanos, que se hace presente también en el campo interpretativo. Sobre ella se fundamenta la filosofía de una atención genérica y específica, la dotación de igualdad para cada ser humano desnuda de objeciones ambientales, y la creación de un mecanismo referencial corrector de intervenciones formales. Y en combinación con ella, volver la vista a las fuentes que consolidan una protección universal de los derechos humanos: por ejemplo, el articulado de la Convención Internacional sobre los Derechos de las Personas con Discapacidad, de 13 de diciembre de 2006, y la distinta actividad de integración del derecho, como constituye el caso español en base a las las SSTC 236/2007, de 7 de noviembre y 244/2007, de 10 de diciembre, que permiten hacer presente la dignidad al abordar cada circunstancia, de una manera más aproximada que la que se pudiera deducir de

---

para la política y el derecho. Sobre la discapacidad (p. 210), este grupo humano es acreedor de acciones positivas y de medidas de igualación positiva en aras de compensar una "inferioridad" natural individualizada. El derecho les aplica medidas de este corte, de carácter "radical", por su especial situación, pero afirma, que serían rechazadas para otras minorías y colectivos (STC 269/1994, de 3 de octubre, que es el caso de la cuota de discapacitados en la administración canaria). ÁLVAREZ GARCÍA, Héctor, "La tutela constitucional de las personas con discapacidad", ob. cit., p. 1047, trata sobre la necesidad de restringir las limitaciones jurídicas que provoca la discapacidad.

los reconocimientos convencionales, constitucionales y doctrinales, de corte generalista.

La presidencia del derecho sobre el marco de inclusión de las minorías no excluye la necesaria complicidad social, pues incluso tal concurrencia se deriva del ordenamiento jurídico. La sociedad es un marco de aplicación de las normas, generador del ambiente, que suscita el recuerdo de una implicación añadida de cada miembro de la comunidad nacional[24], como foco relevante de comportamientos contrarios a la dignidad. Todos los estudios generalistas muestran la necesidad de acompañar el natural punto de partida sobre los derechos como acciones de cada persona frente al Estado, con el respeto *erga omnes*[25], en una organización comunitaria donde la individualidad ha de contribuir necesariamente al ambiente del cumplimiento efectivo de todos los derechos y libertades individuales y colectivos. No estamos ante una mera bilateralidad entre el Estado y la persona con discapacidad o migrante[26]. DIAZ REVORIO, ha descendido monográficamente a tratar el respeto de los derechos entre particulares y sus episodios de discriminación[27], pas-

---

24 IZQUIERDO SANS, Cristina, *Los derechos fundamentales en las relaciones entre particulares,* BOE-UAM, Madrid, 2017.

25 Por ejemplo, ALEGRE MARTÍNEZ, Miguel Ángel, *La dignidad de la persona como fundamento del ordenamiento constitucional español,* Universidad de León, León, 1996, p. 86 y ss.: La dignidad se exige a todas las personas, también particulares. Se impone un respeto genérico a la dignidad para todos.

26 Concretamente sobre la discapacidad BASTIDA FREIJEDO, Francisco J., "Constitución, derechos fundamentales y entendimiento constitucional de la discapacidad", ob. cit., p. 182: "En el Estado social y democrático de derecho la discapacidad no se plantea como una relación bilateral entre la persona con discapacidad y el Estado, sino que se concibe como una relación triangular, que incluye también a la sociedad e individualmente a las demás personas (…)".

27 DIAZ REVORIO, Francisco Javier, *Discriminación en las relaciones entre particulares,* Tirant lo Blanch, Ciudad de México, 2015, p. 104 y ss.

ando a la valoración de la dignidad y cómo la misma entra en juego, partiendo de las tendencias doctrinales más aceptadas en el campo de la teoría de los derechos fundamentales[28]. Este autor eleva la dignidad a una posición real y efectiva de garantía ante este tipo de relaciones, de persona a persona, confiriendo un sentido de cierre del sistema de garantías y dotando con ello a este principio de una utilidad práctica. Puede parecer audaz, de una primera lectura, semejante conclusión, pero como vamos a ver, llegar a la contraria sería relegar la dignidad al mero adorno. Y esa conclusión, como hasta aquí se ha visto, es incompatible con su uso en el constitucionalismo actual. Este profesor toledano sitúa a la dignidad como clave de la extensión hacia los particulares de la prohibición de discriminación[29], ya que en realidad no existe otro freno que la misma a la posibilidad que, *a priori,* tienen los ciudadanos de otorgar a sus semejantes un tratamiento distinto a través de sus relaciones interpersonales o negocios jurídico-privados. DIAZ REVORIO sostiene que este proceder de los particulares demanda la concurrencia de un motivo lícito, más un criterio de razonabilidad en la adecuación entre el medio y el fin[30]. El manejo de la dignidad ante procederes discriminatorios de una persona respecto de otra, puede ser una referencia necesaria (aunque no se materialice su presencia de la misma manera que en las relaciones entre los sujetos y los poderes públicos) pues la dignidad siempre va a conservar un núcleo interno intangible, con capacidad de reaccionar ante los atentados

---

28 ALEXY, Robert, *Teoría de los derechos fundamentales,* Centro de Estudios Políticos y Constitucionales, Madrid, 2007. ZAGREBELSKY, Gustavo, *El derecho dúctil. Ley, derechos, justicia,* Trotta, Madrid, 1995.

29 DIAZ REVORIO, Francisco Javier, *Discriminación en las relaciones entre particulares,* ob. cit., p. 129.

30 DIAZ REVORIO, Francisco Javier, *Discriminación en las relaciones entre particulares,* ob. cit., p. 130.

frente a ella "*(…) más odiosos y frontales (…)*"[31]. La dignidad no se presta al juego de la justificación de la persona que la afrenta, pues no cabe admitir en circunstancias extremas ningún juicio de ponderación al respecto que acabe legitimando al actuante en su proceder, y además en esos casos, desde el ordenamiento, se terminaría generando algún tipo de prohibición. Esta suerte de extensión del reinado de la dignidad, también sobre las relaciones entre particulares, parece deducirse de este autor cuando admite una garantía genérica de protección mínima ante cualesquiera relaciones en las que una persona, en ejercicio de sus derechos, entre en conflicto con los derechos de otro. El trato diferente será objeto de un escrutinio en el que las reglas que impone la dignidad se erigen como barrera frente a la discriminación[32].

En efecto, y a partir de este razonamiento, las legislaciones de nuestras democracias avanzadas muestran ejemplos de protección, más o menos sólida según el campo temático, de los derechos de las minorías, a través de la tipificación constitucional o de norma penal, de comportamientos que sin duda resultan discriminatorios y, por tanto, se encontrarían dentro de esa categoría donde la dignidad se hace plenamente reconocible por alzarse frente a los atentados más *odiosos* y *frontales*. Así, no tendrían un motivo lícito, por lo cual y directamente, el potencial infractor carecería de posibilidad alguna de trazar un juicio razonable que legitimara el trato diferente que quiere

---

31 DIAZ REVORIO, Francisco Javier, *Discriminación en las relaciones entre particulares*, ob. cit., p. 130.

32 DIAZ REVORIO, Francisco Javier, *Discriminación en las relaciones entre particulares*, ob. cit., p. 130: Más allá del núcleo intangible de la dignidad "(…) puede ponderarse con otros derechos y valores, siendo su función esencial determinar el mayor o menor "peso" o trascendencia, en cada caso, de los motivos para el trato diferente, haciendo este más difícil de justificar cuando se basa en criterios especialmente vinculados a la dignidad.".

llevar a término. Lo que creo que merece la atención es detenerse sobre la causa misma de ese impedimento: entiendo, modestamente, que es la norma escrita la que impide el comportamiento, haciéndose la dignidad presente como límite no tanto de manera directa e impeditiva de la afrenta a lo más íntimo de la persona, sino como indirecta o preventiva: de manera previa, situándose como soporte finalista de la norma jurídico-positiva que ha procedido a atajar ese comportamiento. Las consecuencias no son iguales ya que la dignidad no mostraría tampoco en estos casos una faceta auto aplicativa que ataje su propia afección, pues tan solo tendría virtualidad de ser reconocida por el legislador como fin último de la configuración de su derecho.

Trataré de explicar a lo que me refiero con el siguiente ejemplo, tradicionalmente utilizado en docencia e investigación: en la formulación de un testamento, un progenitor puede repartir sus bienes atendiendo a un amplio margen de disponibilidad, que no requiere de excesivas explicaciones y donde se pueden sobreentender, de ser relevante esta operación, una diversidad de objetivos: demostrar afectos, reconocimientos, afrontar deudas, proteger la unidad del patrimonio, buscar una continuidad empresarial, la conservación de inmuebles, etc. Algunos ordenamientos reservan un porcentaje irreductible que se ha de entregar necesariamente a los hijos. La dignidad creo que puede descubrirse sin mayor problema en la disposición normativa[33] que ha previsto esta limitación para que esa o esas

---

[33] En España se denomina legítima. Código Civil español: "Art. 806. Legítima es la porción de bienes de que el testador no puede disponer por haberla reservado la ley a determinados herederos, llamados por esto herederos forzosos. Art. 807. Son herederos forzosos:1. Los hijos y descendientes respecto de sus padres y ascendientes. 2. A falta de los anteriores, los padres y ascendientes respecto de sus hijos y descendientes. 3. El viudo o viuda en la forma y medida que establece este Código. Art. 808. Constituyen la legítima de los hijos

personas, que pudieran llegar a estar verdaderamente menospreciadas si no reciben la parte proporcional de la herencia, al menos sientan una mínima valoración que las aleje de sentirse como indignos, fruto de una preterición palmaria. Pues bien, en este caso, la dignidad se hace presente como finalidad de la protección de esa suerte de derecho a heredar un tanto mínimo del caudal, pero sin ese precepto que ya ha asimilado la dignidad, no terminaríamos de ver la fuerza reactiva de esta figura, como resorte autónomo. También ocurriría en un supuesto de discriminación palmaria y expresa, similar al anterior, en el que el testador hubiera dispuesto que le fuera negado a su descendiente cualquier bien mueble o inmueble, con la motivación de padecer una discapacidad o casarse con un migrante, sosteniendo que esa es la causa por la cual se le excluye de cualquier otra forma de beneficiarse de la herencia. Es evidente que, ante la hipotética ausencia de normas concretas antidiscriminatorias, habría de inmediato que acudir a los derechos humanos constitucionalizados para discutir la validez de este instrumento de derecho privado que es el testamento. Pero incluso en estas lides, aparecería la dignidad como fundamento detrás de un derecho, el de igualdad y no discrim-

---

y descendientes las dos terceras partes del haber hereditario de los progenitores. Sin embargo, podrán éstos disponer de una parte de las dos que forman la legítima para aplicarla como mejora a sus hijos o descendientes. Cuando alguno o varios de los legitimarios se encontraren en situación de discapacidad, el testador podrá disponer a su favor de la legítima estricta de los demás legitimarios sin discapacidad. En tal caso, salvo disposición contraria del testador, lo así recibido por el hijo beneficiado quedará gravado con sustitución fideicomisaria de residuo a favor de los que hubieren visto afectada su legítima estricta y no podrá aquel disponer de tales bienes ni a título gratuito ni por acto *mortis causa*. Cuando el testador hubiere hecho uso de la facultad que le concede el párrafo anterior, corresponderá al hijo que impugne el gravamen de su legítima estricta acreditar que no concurre causa que la justifique".

inación, más que como mecanismo autónomo de aplicación directa por el juez que conociese del caso.

¿Y es negativo, entonces, que la dignidad no posea una suerte de funcionamiento autónomo? En realidad, sí parece asumirlo, pero frente al legislador. Es este el que lo ha de utilizar, y en las relaciones entre particulares viene dado. No encuentro motivos para imputar a nuestros constituyentes ni a nuestros legisladores una ignorancia de la dignidad en todas sus acepciones, pero la cuestión que creo que se mantiene pendiente es la de la imbricación de la idea madre *dignidad*, en una colegiación específica con cada uno de los derechos a los que presta fundamento, los cuales la han de sumar al desenvolvimiento de sus facultades. Y respecto de la verificación de dignidad y derechos en el marco de estas relaciones entre particulares, quedaría aún indefinido el camino adicional de conjugar el valor *erga omnes* de todos los derechos, con su comprensibilidad individual desde aquellos que los tenemos que respetar, y con algo que es aún más difícil, nuestra capacidad de interpretarlos con la corrección adecuada, que es aquella que evita la discriminación hacia la persona en riesgo de exclusión. Como puede comprobarse la finalidad de cualquier construcción doctrinal que parta de principios y valores de forma desgajada de los derechos ya construidos (o que se siguen construyendo), puede ser aceptable y producir la remoción de los obstáculos que una mera apelación a los derechos (sobre todo en el caso que nos trata, no pensados ni edificados sobre una concepción integradora de la persona discapacitada o migrante) no consigue. Pero para que termine iluminando la realidad social de las relaciones de la persona que integra una minoría, cuya capacidad habitual de interlocución e intercambio jurídico y social se produce con otras personas, y minoritariamente con estructuras públicas, no parece que exista otro camino que desbrozar aquel que reconfigura todos los derechos ya reconocidos, para que, al tejido social receptor, y potencialmente más vulnerador, no le quede lugar a duda de la necesidad de respeto al prójimo. La positivación de principios y valores, confiriéndoles una labor interpretativa en cada circunstancia, amparada por cada derecho concreto, no les priva de su estatuto finalista y presidencial del sistema, y en el campo de las relaciones entre particulares ayuda mucho más a reforzar el velo de protección o reparación de lo que puede extraerse a resultas, o a la espera, de una operación interpretativa del juzgador a posteriori[34].

La dignidad útil para la persona con discapacidad o migrante es la integradora de los avances para una interpretación protectora. La naturaleza abierta de esa figura es la que le otorga un valor referente por su carácter no aprehensible, pero sí que parece posible concluir que incluye una cierta utilidad *sectorial*, que sirva para pensar en, o referirse a, *la dignidad* cuando en una relación jurídica de la persona con discapacidad, con los poderes públicos y con terceros, se perciba la necesidad de su concurrencia junto al derecho que la manifiesta. Igual sucede en el campo de la persona migrante cuando los instrumentos internacionales o de normativa interna de protección particular, permiten hacer descender a la dignidad para una interpretación óptima. La dignidad es igual para cada minoría objeto de protección, como se viene relatando, y cuando no se percibe así es porque las formulaciones clásicas de las teorías sobre derechos humanos no han reparado en integrar esta *minoría* desde un esfuerzo de replanteamiento de las bases personales que sirven de argumentación (para ello no hay que sacrificar ningún avance de aplicación general, sino sumar al

---

34 STARCK, Christian, "La dignidad del hombre como garantía constitucional, en especial, en el derecho alemán", en *Dignidad de la persona, derechos fundamentales, justicia constitucional y otros estudios de derecho público*, Francisco Fernández Segado (coord.), pp. 239 a 302, Dykinson, Madrid, 2008, p. 298 y ss., nos expone ejemplos de la actividad jurisprudencial del Tribunal Supremo Federal Alemán y del Tribunal Constitucional, en cuanto a la eficacia frente a terceros de la dignidad.

ser humano en riesgo como parte de todo el *universo* sobre el que se edifica un régimen de protección, y no adjuntándolo a través de la excepción). Ahora bien, esa dignidad referencial, fundamental, universal, presente tras de todos los derechos, tiene la capacidad de descender al juego de la interpretación por parte de los operadores jurídicos. En ese *camino de descenso*, de concreción en busca de la utilidad, puede revestir para alguna cultura jurídica como la alemana, la naturaleza de derecho fundamental, con lo que ello puede conllevar en la asociación de acciones protectoras, mecanismos reactivos, etc. Pero la más habitual y extendida manera que el derecho comparado muestra para el uso específico de la dignidad es su calificación como valor del ordenamiento jurídico. Y tras la elección de ese carácter, la dignidad como valor, cada sistema de fuentes del derecho de nuestros países procede a conferirle la utilidad que le tenga reconocida a los mismos, o incluso delimita qué tipo de valor, si es que entre ellos sostiene una diferencia interna de consideración.

La recepción por parte de los estados soberanos de convenciones internacionales en la materia que tratan la dignidad altera sustancialmente la tradición jurídica autóctona en lo referente a la consideración de esta figura, muy en particular si la misma es fruto de una actividad jurisprudencial previa a la formulación de los instrumentos internacionales que encumbran la dignidad. Y es que las alusiones presidenciales, destacadas, primarias, a la dignidad, que aparecen en la mayoría de nuestras constituciones, acaban posibilitando que, cuando nuestros países signan un convenio internacional donde esta figura se desarrolla, esta pueda adquirir un nuevo contenido y un mejor significado. De una manera directa, en algunos casos, y no solo por la vía interpretativa (que también) como la abierta en España por el art. 10.2 CE. Se ha comprobado la cicatería expresiva en torno a la dignidad, de los instrumentos universales y regionales conocidos, pero esa nota se rompe cuando se regula a nivel internacional un sector cuya suerte está ligada más que la de ningún otro, a la presencia de la dignidad en cada operación aplicativa de los derechos que le concierne[35].

Por ejemplo, la Convención sobre los Derechos de las Personas con Discapacidad (en adelante CDPD), de 13 de diciembre de 2006, de progresiva recepción en nuestros respectivos países, sí que ha terminado ofreciendo un conjunto de preceptos, unos elementos articulados que, permítase el juego de palabras, dan más *valor* al valor dignidad, al descender a su consideración específica para el sector de la discapacidad. El operador jurídico puede conocer ya que la presencia de la dignidad no solo planea, limita, dirige, inspira, etc.: la dignidad puede también ser un valor con contenido mucho más conocido, precisado e incluso distinto en los efectos, cuando se acude a él como cobertura de las personas con discapacidad. Desde luego como amparo protector personal coordinado con el contenido de uno o de varios derechos ya positivados por el ordenamiento, no de manera autónoma (o al menos, con características similares de uso e integración en el ordenamiento jurídico, de las que disfruten el resto de los valores que se califiquen como fundamentales o superiores por cada texto constitucional). Así, la dignidad que incumbe a una persona con discapacidad es la misma que sirve de referencia como valor del ordenamiento jurídico y sustento de sus derechos, a cualquier persona, pero con una caracterización adicional destinada a evitar la postergación y la discriminación que la ausencia de discapacidad no generaría (por no comparecer en la situación vital los riesgos que sí son *prima facie* reconocidos para las personas con discapacidad). Y claro que, sin llegar a poder formular una idea completa de lo que es *dignidad* para una persona con discapacidad, y menos en su faceta puramente personal o auto-elaborada, la comunidad internacional sí ha

35 Estas consideraciones quedan apuntadas en BELDA, Enrique, *Dignidad y Discapacidad,* ob. cit., p. 151 y ss.

sido capaz de conferir unos mínimos referenciales para ella. La dignidad de la persona con discapacidad ha de ser barajada atendiendo a los criterios generales de reconocimiento de esta que se utilicen para toda la población y, además: a) La dignidad, principio de la CDPD en el art. 3, es el primero de una relación que incluye la libertad y la igualdad. La dignidad tiene al menos el mismo valor, y a todos los efectos, que la igualdad y la libertad. A nivel aplicativo, como finalidad, es tan importante como la igualdad[36]. b) Este art. 3 da contenido a los artículos constitucionales de la inmensa mayoría de Estados que, en su momento constituyente, articularon la llamada a la dignidad con una vocación generalista, anudando ya la dignidad de la persona discapacitada con la autonomía individual y la vida independiente. Dignidad en este ámbito es procurar en las actuaciones públicas y privadas sobre personas con discapacidad, una autonomía y una independencia vital. Es fomento de la libertad de disposición de su gobierno físico y psíquico. c) El contenido de autonomía individual, que lleva a la vida independiente se favorece con: la no discriminación, la participación social plena y efectiva, el reconocimiento de la diferencia o la diversidad como condición esencial de la naturaleza humana, la igualdad, tanto entre sexos como en el plano de las oportunidades, la accesibilidad en sentido amplio, y el establecimiento de un estatuto protector adicional sobre niños y niñas discapacitados, en aras de su correcta evolución, que am-

---

36 Idea plenamente compatible con la presencia de la dignidad cuando se trata de que complete la igualdad, cuando hablamos de ella como derecho, y no como valor. Ver en este sentido RUIZ LAPEÑA, Rosa, "La dignidad y sus manifestaciones en el ordenamiento constitucional español", en *Dignidad humana y derecho fundamental,* Ricardo Chueca (dir.), pp. 335 a 359, Centro de Estudios Políticos y Constitucionales, Madrid, 2015, trata la relación de la dignidad y el art. 14 CE, que contiene la igualdad como derecho, y cómo la dignidad le otorga un contenido complejo.

pare su identidad (art. 3). d) La interpretación de la dignidad para una persona con discapacidad está abierta a ser modulada cuando entra en juego con su función de fundamento de ciertos derechos. Así la dignidad de la persona discapacitada ha de ser el primer elemento de reparación cuando estas personas hayan sido objeto de violencia, abuso o explotación (art. 16.4). Por ello, ante delitos contra la libertad o la integridad, prima su restauración por encima de la consecución de justicia o de igualdad, por ejemplo. Por lo que se refiere al derecho a la educación adaptada (art. 24.1), la dignidad se enlaza con la autonomía personal, la autoestima, el ambiente de inclusión, la diversidad, y la igualdad de oportunidades. La finalidad particular es alcanzar el libre desarrollo de la personalidad desde estas premisas fundamentales. Descendiendo pues al juego de la dignidad con este derecho, la dotación de contenido, de inmediata aplicación, es evidente, y no solo referencial. Y finalmente, referido al derecho a la salud (art. 25 d)), la dignidad se manifiesta a través de la exigencia de adaptación en la prestación del servicio.

Esta *mejora adaptada a la discapacidad*, del contenido de la dignidad mundialmente admitido, y progresivamente incorporada a nuestros ordenamientos, siendo relevante, debe acompañarse por la acción integradora de los tribunales, legisladores y gobiernos de cada Estado. No me refiero solo a la implementación en el derecho interno del Convenio de 2006: fundamentalmente de lo que se trata es de que normativa, jurisprudencia y actividad ejecutiva adquiera estos parámetros de forma eficaz, y desarrollen una cultura efectiva de interpretación para concretar estas obligaciones internacionales. Esta cuestión es abiertamente compatible con el uso de los avances protectores que ya le vengan otorgando a la dignidad con carácter general (en el caso de España, por todas y como ejemplo, las SSTC 236/2007, de 7 de noviembre y 244/2007, de 10 de diciembre) así como del asentamiento de criterios propios aplicados a circunstancias atinentes a la protección de la discapacidad, donde se haya utilizado expresamente la dignidad para generar una cobertura partiendo de elementos constitucionales o legales propios.

Las limitaciones de espacio asignadas para este trabajo en la obra colectiva no me permiten ofrecer similares ejemplos de interpretación convencional para atestiguar la presencia de la dignidad en la aplicación progresiva del derecho sectorial de protección a la migración, que han de encontrarse en otras expresiones de los resultados de la investigación grupal, a cargo de personas expertas en esa normativa. Ahora bien, sí puedo y debo anticipar que las fuentes ofrecen la posibilidad de otorgar contenidos concretos de protección en una conjunción del derecho aplicable y la órbita ambiental que la dignidad provoca, para llegar a una solución congruente.

4. EL NUEVO DERECHO DE LAS PERSONAS CON DISCAPACIDAD Y LA DISCRIMINACIÓN MÚLTIPLE EN RELACIÓN CON PERSONAS MIGRANTES.

Uno de los objetivos principales de la nueva rama en expansión conocida como derecho de las personas con discapacidad, es el de obtener contenidos sustanciales que superen un mero tratamiento analítico de las disposiciones particulares que afectan a este colectivo, lo que exige, como se ha visto en los dos anteriores apartados, completar las bases de la teoría de los derechos humanos para sugerir planteamientos inclusivos que depuren el ordenamiento jurídico, todo él, pensando en otro tipo de persona receptora de la labor de los poderes públicos y sujeto de derechos: es fundamental que en el concepto mismo de persona no juegue el hecho de la capacidad ni una convencional disposición de capacidades que permiten "normalizar" un cierto tipo de sujeto frente al que no se adscribe en la mayoría predeterminada.

A partir de una visión inclusiva, al menos en España, desde la representación del sector de la discapacidad se influye en los poderes públicos para afrontar las realidades que se presentan, siendo muy importante la detección de los episodios de discriminación múltiple por desgracia, dada la disposición social de preterición arraigada en la sociedad, que produce personas con discapacidad sometidas a riesgos adicionales de discriminación en lo social, económico, familiar, y en general, en todas las facetas vitales enumeradas por nuestro art. 14 CE. Las situaciones de migración que se evocan como base del presente proyecto de investigación, con referencias a los episodios transfronterizos relativos a Colombia y Venezuela demuestran la concurrencia de factores narrados en las líneas precedentes. A la situación de discapacidad que asumen algunos desplazados se les suma de manera mayoritaria un conjunto de factores de riesgo de discriminación: falta de recursos económicos, educativos, de salud, laborales; a lo que ha de añadirse posibilidades de desarraigo evidentes por razón de edad, etnia, género, condición sexual, opinión, religión, etc.

Pero como ya establecíamos en el primer apartado, desde estas líneas nos interesa más destacar el otro punto de vista que dificulta, no tanto la detección de la causa de discriminación (serviría de ejemplo en el párrafo anterior la apelación a uno o varias de las enumeradas), como la indagación de la manera de operar ante cada sujeto receptor. Así, sobre el ejemplo planteado y otros similares (habría una solución distinta referida a cada proceso migratorio en las diversas zonas del planeta) las máximas cautelas se centrarían en el tipo de discapacidad asumida por el migrante, quedando los factores de distinción que presiden otros movimientos migratorios (disfunciones entre cultura, costumbres, religión, objetivos vitales) en una posición secundaria. Es decir, que no dificultan tanto el proceso de integración, las medidas promotoras o las políticas asistenciales, al concurrir en los territorios de emisión y recepción migratoria unos códigos vitales y existenciales parecidos (como decía, algo que no ocurre en el proceso de migración (huida) de un coreano del norte a cualquier capital occidental, o de un subsahariano de credo islámico a Japón). Ahora bien, sí que puede estar presente, en los términos que se anticiparon, un riesgo adicional de discriminación y de vulneración de derechos, ante personas con ciertos tipos de discapacidad imposibilitante, muy en especial de carácter psicosocial, que no estén en condiciones de integrar ni percibir el objetivo benefactor de las medidas y normas del lugar de acogida. Aquí surge, en toda su extensión, la necesidad de tener presentes medidas adaptadas e individualizadas de corrección que miren a la dignidad y a sus contenidos aparejados en circunstancias de discapacidad, para que la protección pase de ser formal a ser objetiva y eficaz.

El derecho de las personas con discapacidad, por ello, se nutre de un principio de *congruencia*, basado en que la igualdad real se concrete desde una percepción global de la situación en la que interviene: conseguir igualar, incluyendo; conseguir justicia y aplicación de derechos, acompañados de un canon de vigilancia que mire a la dignidad y al libre desarrollo de la personalidad en el objetivo de buscar una situación completa de cobertura, frente a medidas estereotipadas. Y, además, respecto del tratamiento de la conjunción que nos ocupa *migración – discapacidad*, nos encontramos ante una nueva rama del derecho acostumbrada a moverse por su habitualidad en paradigmas de exclusión múltiple lo que le permite ponderar soluciones algo más completas que las que se originarían a partir de una consideración neutra de cada condición personal.

Desde hace años se documentan variadas operaciones públicas y privadas de atención a los derechos de personas migrantes con discapacidad que el espacio exigido por los compiladores de esta publicación no permitiría exponer. Sirvan a modo de ejemplo, creo que bastante completo, algunas de las aportadas por el Comité Español de Representantes de las Personas con Discapacidad (CERMI)[37] que ilustran modelos normativos y ejecutivos de afrontar las especificidades de las personas con discapacidad en la tesitura de migrantes voluntarios u obligatorios. Entre los paradigmas regulatorios propuestos, pueden advertirse tanto claros ejemplos de personas en los que la condición de discapacidad requiere tan solo adaptaciones formales de asistencia, como otros en los que además se requiere tener en cuenta un ambiente de mayor responsabilidad del Estado que acoge para completar facetas de los derechos que se ofrecen, que difícilmente van a ser apreciados a consecuencia de la profunda distinción perceptora por causa de origen sociocultural o por la carencia de recursos psíquicos o psicosociales para utilizarlas de acuerdo a la finalidad en la que han sido diseñadas. De cualquier manera, no quisiera cerrar esta contribución sin realizar una última llamada a la necesidad de avanzar en una especialización sobre cada circunstancia generadora de riesgos de exclusión, mucho más cuando se trata de la migración, con tantos requerimientos como la discapacidad

---

37 CERMI: GUÍA REFUGIO CERMI ESTATAL 30032021[123975].pdf. De especial interés práctico durante los últimos quince años el documento “Las personas inmigrantes con discapacidad en España” (Las personas inmigrantes con discapacidad en España (cermi.es)). Un seguimiento de la situación de las personas migrantes con discapacidad se puede realizar a través del entramado de publicaciones de la representación del Sector, en *Cermi.es* y *Generosidad.* Ejemplos son los enlaces siguientes: cermi.es semanal–cermi.es semanal Nº 474–El CERMI publica en forma de libro su informe “Derechos Humanos y Discapacidad España 2021” O Generosidad–Generosidad Nº 77–Edición especial–8 de Marzo de 2022–CERMI Mujeres comparte el testimonio de mujeres migrantes con discapacidad en España Ver también: cermi.es semanal–cermi.es semanal Nº 474–El CERMI plantea al Gobierno una regulación urgente y extraordinaria de la condición de discapacidad para que las personas refugiadas ucranianas en esta situación puedan acceder a apoyos y servicios . Fecha de consulta de todos los enlaces: 25 de marzo de 2023.

de ofrecer respuestas desde posiciones múltiples y disciplinas distintas[38].

Apéndice de bibliografía.

ALEGRE MARTÍNEZ, M.A., *La dignidad de la persona como fundamento del ordenamiento constitucional español,* Universidad de León, León, 1996.

ALEXY, R., *Teoría de los derechos fundamentales,* Centro de Estudios Políticos y Constitucionales, Madrid, 2007.

ÁLVAREZ GARCÍA, H., "La tutela constitucional de las personas con discapacidad", *Revista de Derecho Político* n.º 100, 2017.

ARNAU RIPOLLÉS, M.S.,"La cara oculta de la violencia: la Violencia de Género contra la(s) Mujer(es) con discapacidad(es)", en: VVAA *Grupo de indagación, análisis y trabajo sobre discapacidad,* Fundación Isonomía para la Igualdad de Oportunidades Universidad Jaume I, Castellón, 2005.

BARRANCO AVILÉS, M.C. (coord.), *Situaciones de dependencia, discapacidad y derechos,* Dykinson, Madrid, 2011.

BASTIDA FREIJEDO, F.J., "Constitución, derechos fundamentales y entendimiento constitucional de la discapacidad", en *Protección jurídica de las personas y grupos vulnerables,* PRESNO LINERA, M.A. (coord.), Universidad de Oviedo-Procuradora General del Principado de Asturias, Oviedo, 2013.

BELDA PÉREZ-PEDRERO, E., "Transexualidad y derechos fundamentales: protección integral sin la utilización del factor sexo como diferencia", *Cuadernos de Derecho Público,* n.º 21, 2004.

BELDA PÉREZ-PEDRERO, E., *La protección constitucional y legal de la lengua de signos,* Fundación Lex Nova, Valladolid, 2012

---

38 Al modo de los trabajos realizados desde la Cátedra Jean Monnet de Derecho Constitucional Europeo "Integration of asylum seekers and refugees in the European Union", y desde el Proyecto I+D+I del Programa Operativo FEDER: "Políticas de Integración de los Inmigrantes y Refugiados en Perspectiva Nacional, Autonómica y Europea". (Los derechos de participación de los migrantes en las sociedades de acogida – Centro Mediterraneo (ugr.es), fecha de consulta, 17 de marzo de 2023).

BELDA PÉREZ-PEDRERO, E., "Mujeres con discapacidad: incidencia de la violencia de género y valoración desde el punto de vista de los derechos humanos y la actuación del Estado constitucional", en *Estudio integral de la violencia de género,* MARTÍN SÁNCHEZ, M. (dir.), Tirant lo Blanch, Valencia, 2018.

BELDA PÉREZ-PEDRERO, E., *Dignidad y discapacidad,* Tirant lo Blanch, Ciudad de México-Valencia, 2019.

-BENDA, E., "Dignidad humana y derechos de la personalidad", en *Manual de Derecho constitucional,* Ernst Benda *et alii,* Marcial Pons, Madrid, 2001.

-CAMPOY CERVERA, I., *La recepción y aplicación en España de la Convención de Naciones Unidas sobre los Derechos de las Personas con Discapacidad,* Laborum, Murcia, 2017.

CERMI, *Informe de Derechos Humanos y Discapacidad, España 2016,* CERMI-Ediciones Cinca, Madrid, 2016.

CHUECA RODRÍGUEZ, R.L., *Dignidad humana y derecho fundamental,* CEPC, Madrid, 2015.

CUENCA GÓMEZ, P., "Sobre la inclusión de la discapacidad en la teoría de los derechos humanos", en *Revista de Estudios Políticos* n. 158, 2012.

CUENCA GÓMEZ, P. (ed.) *Estudios sobre el impacto de la Convención Internacional sobre los derechos de las personas con discapacidad en el Ordenamiento jurídico español,* Dykinson, Madrid, 2010.

DE ASIS ROIG, R., "La incursión de la discapacidad en el discurso de los derechos: posibilidad, elección, Derecho y Poder", en *Los derechos de las personas con discapacidad: perspectivas sociales, políticas, jurídicas y filosóficas,* Ignacio Campoy (ed.), Dykinson, Madrid, 2004.

DE ASIS ROIG, R., "Derechos humanos y discapacidad. Algunas reflexiones derivadas del análisis de la discapacidad desde la teoría de los derechos", en *Igualdad, No Discriminación y Discapacidad,* Ignacio Campoy y Agustina Palacios (coords.), Dykinson, pp. 17 a 50, Madrid, 2007.

DE ASIS ROIG, R., y BARRANCO AVILÉS, M.C., *El impacto de la Convención internacional sobre los derechos de las personas con discapacidad sobre la ley 39/2006 de 14 de diciembre,* Cinca, Madrid, 2010.

DIAZ REVORIO, F.J., *Valores superiores e interpretación constitucional,* Centro de Estudios Políticos y Constitucionales, Madrid, 1997.

DIAZ REVORIO, F.J., *Discriminación en las relaciones entre particulares,* Tirant lo Blanch, Ciudad de México, 2015.

DURANGO ÁLVAREZ, G.A., *Incorporación, inclusión y desarrollo de las acciones positivas en la jurisprudencia de la Corte Constitucional Colombiana,* Biblioteca Jurídica Diké–Universidad Nacional de Colombia, Medellín, 2011.

DWORKIN, R. *Los derechos en serio,* Ariel Derecho, Barcelona 1997.

GARZÓN VALDÉS, E., *Tolerancia, dignidad y democracia,* Publicación Lince-Universidad Inca Garcilaso de la Vega, Lima, 2006.

GIMÉNEZ GLÜCK, D., *Una manifestación polémica en el principio de igualdad: acciones positivas moderadas y medidas de discriminación inversa,* Tirant lo Blanch, Valencia, 1998.

GIMÉNEZ GLÜCK, D., "La discriminación múltiple en el Derecho de la Unión", *Revista Española de Derecho Europeo,* n.º 45, 2013.

GONZALEZ PÉREZ, J., *La dignidad de la persona,* 3ª ed. Civitas Thomson-Reuters, Madrid, 2017.

GUILARTE MARTÍN-CALERO, C. y GARCÍA MEDINA, J., *Estudios y comentarios jurisprudenciales sobre discapacidad,* Thomson-Reuters Aranzadi, Madrid, 2016.

GROS ESPIELL, H., "La dignidad humana en los instrumentos internacionales sobre derechos humanos", *Anuario de Derechos Humanos* n.1, 2005.

GUTIÉRREZ GUTIÉRREZ, I., *Dignidad de la persona y derechos fundamentales* Marcial Pons, Madrid, 2005.

HERREROS LÓPEZ, J.M., "Discriminación por razón de discapacidad (sobre la STEDH de 30 de enero de 2018, Enver Sahin c. Turquía", *Revista catalana de dret públic,* bloc de 13 de junio de 2018.

HESSE, E., "Dignidad humana y derechos de la personalidad", *Manual de Derecho Constitucional,* Marcial Pons, Madrid, 2001.

IZQUIERDO SANS, C. *Los derechos fundamentales en las relaciones entre particulares*

BOE-UAM, Madrid, 2017.

JIMENA QUESADA, L., *Dignidad humana y justicia universal en España,* Thomson Aranzadi, Cizur Menor, Navarra, 2008.

KITTAY, E.F. y CARLSON, L. (eds.), *Cognitive Disability and its Challenge to Moral Philosophy,* Wiley-Blackwell, Oxford, 2010.

LANDA ARROYO, C., "Dignidad de la persona humana", *Revista Mexicana de Derecho Constitucional* n.º 7, 2002.

MAIHOFER, W., *Estado de Derecho y dignidad humana,* B de F, Montevideo, 2008.

MARRADES PUIG, A.,"La Ley General de Derechos de las Personas con Discapacidad y su inclusión social: diversidad, dignidad e igualdad de oportunidades", *Revista española de la función consultiva* núm. 24, , 2015.

MEGRET, F., "*The disabilities Convention: Human Rights of Persons wiht Disabilities or Disability Rights?*", *Humans Rights Quartely* n.º 30, 2008.

MONEREO ATIENZA, C., *Universos de Dignidad*, Tirant lo Blanch, Valencia, 2017.

NUSSBAUM, M., *Las fronteras de la justicia. Consideraciones sobre la exclusión*, Paidós, Barcelona, 2007.

OEHLING DE LOS REYES, A., *La dignidad de la persona*, Dykinson, Madrid, 2010.

OEHLING DE LOS REYES, A., "El concepto constitucional de dignidad de la persona: forma de comprensión y modelos predominantes de recepción en la Europa continental"

En *Revista española de derecho constitucional* n.º 91, 2011.

PALACIOS RIZZO, A., *El modelo social de la discapacidad: orígenes, caracterización y plasmación en la Convención Internacional sobre los derechos de las personas con discapacidad*, CERMI-Ed. Cinca, Madrid, 2008.

PALACIOS RIZZO, A., y BARIFFI, F., *La discapacidad como una cuestión de derechos humanos. Una aproximación a la Convención Internacional sobre los Derechos de las Personas con Discapacidad*, Ed. Cinca, Madrid, 2007.

PELE, A., *La dignidad humana. Sus orígenes en el pensamiento clásico*, Dykinson, Madrid, 2010.

PÉREZ BUENO, L.C. (dir.), *Hacia un Derecho de la Discapacidad. Estudios en homenaje al profesor Rafael de Lorenzo*, Thomsom-Reuters-Aranzadi, Pamplona, 2009.

PÉREZ BUENO, L.C. (dir.), *La Convención Internacional sobre los Derechos de las Personas con Discapacidad 2006-2016: una década de vigencia*, Ediciones Cinca, Madrid, 2016.

PÉREZ GALLARDO, L. B. (Coord.), *Personas con Discapacidad: Miradas jurídicas en clave convencional*, Ediciones Olejnik, Santiago de Chile, 2018.

PRESNO LINERA, M.A. (coord.), *Protección jurídica de las personas y grupos vulnerables*, Universidad de Oviedo-Procuradora General del Principado de Asturias, Oviedo, 2013.

RAWLS, J., *El liberalismo político*, Crítica, Barcelona, 1996.

REY MARTÍNEZ, F., "la discriminación múltiple, una realidad antigua, un concepto nuevo", *Revista española de derecho constitucional*, núm. 84, 2008.

REY MARTÍNEZ, F., *La dignidad humana en serio: desafíos actuales de los derechos fundamentales*, Porrúa, Ciudad de México, 2013.

RUIZ LAPEÑA, R., "La dignidad y sus manifestaciones en el ordenamiento constitucional español", *Dignidad humana y derecho fundamental,* Ricardo Chueca (dir.), Centro de Estudios Políticos y Constitucionales, Madrid, 2015.

SERRANO GARCÍA, I. (Coord.), *Protección jurídica de la persona con discapacidad*

Tirant lo Blanch, Valencia, 2018.

SILVERS, A. y FRANCIS, L. "*Justice through Trust: Disability and the "Outlier" problem in Social Contract Theory*", *Ethics* n.º 116, 2005.

SOUTO GALVÁN, C., "Transversalidad, interseccionalidad y acciones positivas", en VVAA *Deontología, principios jurídicos básicos e igualdad,* Tecnos, Madrid, 2016.

SOWELL, T., *La discriminación positiva en el mundo. Estudio empírico,* Fundación FAES, Madrid, 2006.

STARCK, C., "La dignidad del hombre como garantía constitucional, en especial, en el derecho alemán", en *Dignidad de la persona, derechos fundamentales, justicia constitucional y otros estudios de derecho público,* Francisco Fernández Segado (coord.), Dykinson, Madrid, 2008.

STARK, C., "*Respecting human dignity contract versus capabilities*", en *Cognitive Disability and its Challenge to Moral Philosophy,* Eva Feder Kittay y Licia Carlson (eds.), Wiley-Blackwell, Oxford, 2010.

STEIN, M., "*Disability Human Rights*", en *California Law Review* 95-1, 2007.

ZAGREBELSKY, G., *El derecho dúctil. Ley, derechos, justicia,* Trotta, Madrid, 1995.

Capítulo 6.

MIGRACIÓN Y SEGREGACIÓN ESCOLAR EN ESPAÑA

ANA VALERO HEREDIA

Profesora Titular de la Universidad de Castilla-La Mancha

1. MIGRACIÓN Y SEGREGACIÓN ESCOLAR EN ESPAÑA

El 17 de mayo de 1954 la Corte Suprema de los Estados Unidos dictó una sentencia histórica en la que declaró inconstitucionales las leyes estatales que establecían la separación de los estudiantes en las escuelas públicas en función de su raza en el famoso caso *Brown v. Board of Education*, afirmando que "instalaciones educativas separadas son inherentemente desiguales". Si bien la Corte estadounidense hacía referencia en ese caso a las escuelas diferenciadas para "blancos" y para "negros", sus palabras podrían ser perfectamente aplicables a cualquier supuesto de distribución desigual de los estudiantes en las escuelas basado en motivos socio-económicos, o en sus características personales, capacidades o de procedencia social y cultural. Fenómenos, cualquiera de ellos, de segregación escolar.

Se entiende por segregación escolar la desigual distribución de los estudiantes en las escuelas en función de sus características personales o sociales (Capellán de Toro et al., 2013[1]). Los factores que pueden determinar tal segregación son múltiples: nivel socioeconómico de las familias, perfil cultural o étnico, origen migrante de los alumnos o de sus familias, etc. La segregación basada en este último factor se llama segregación escolar por origen nacional. Ésta es el fenómeno por el cual los estudiantes migrantes se concentran en unas escuelas y no en otras, generando guetos y negando la posibilidad de que el centro sea un espacio de encuentro e interrelación entre culturas (Murillo, F.J., Martínez Garrido, C., Belavi, G. 2017)[2].

Las familias de los estudiantes migrantes, que suelen venir a España por motivos económicos, tienen un nivel de recursos económicos y socioculturales más bajos que la media, por lo que su segregación escolar también se basa en factores socioeconómicos. Asimismo, las personas migrantes tienden a concentrarse en determinados barrios por la proximidad de compatriotas, y porque el acceso a la vivienda es más económico. Lo que deriva en la concentración de alumnado de origen migrante en determinados centros -mayoritariamente públicos-, lo que deriva en segregación escolar por segregación residencial. A ello se añade que existe una tendencia de retirar a los hijos/as autóctonos de los centros que concentran gran cantidad de población migrante lo que acelera el proceso de segregación escolar por la huida de los estudiantes de clase media hacia otros centros, principalmente, hacia centros concertados-privados.

---

1 "Sobre agrupamiento, concentración, segregación o guetización escolar: claves para un análisis interpretativo de tales situaciones y procesos, Avances en supervisión educativa", Revista de la Asociación de Inspectores de Educación de España, ISSN-e 1885-0286, nº. 18, 2013, pp. 1-27.

2 Murillo, F. J., Martínez-Garrido, C. y Belavi, G. (2017). Segregación escolar por origen nacional en España. *OBETS. Revista de Ciencias Sociales, 12*(2), 395-432.

En los últimos años, la Comisión Europea, el Comité de Derechos del Niño o la ONU han urgido a España a revisar y a aprobar políticas que frenen la segregación escolar, que afecta al 46,8% de los centros educativos del país —nueve de cada diez son públicos—, según el estudio "Magnitud de la segregación escolar por nivel socioeconómico"[3]. Este estudio, junto con el Informe "Mézclate conmigo" de la organización *Save The Children*[4], señalan que la segregación escolar por motivos socioeconómicos alcanza en España un índice de 0,38, lo que implica que eliminar la segregación escolar requeriría cambiar al 38% del alumnado más vulnerable de unos centros a otros. Estos datos convierten a nuestro país en uno de los países más segregados de Europa, ocupando un sexto puesto que lo equipara a algunos de los países del Este y lo aleja de los países de su contexto más cercano.

España está a la cabeza en segregación escolar socioeconómica en las primeras etapas escolares. El último estudio publicado en España al respecto por EsadeEcPol y Save the Children de 2021[5], concluye que en España hay más división en el alumnado de Primaria por motivos económicos que por su origen -si es extranjero o hijo de inmigrantes-; y que, en esta primera etapa escolar, el país está entre los peores de la OCDE,

---

3 *MURILLO, F. Javier y MARTÍNEZ-GARRIDO, Cynthia,* "Magnitud de la Segregación escolar por nivel socioeconómico en España y sus Comunidades Autónomas y comparación con los países de la Unión Europea", RASE, Revista de Sociología de la Educación, Vol. 11, núm. 1, 2018, p. 52.

4 MARTÍNEZ, Lucía y FERRER, ÁLVARO: "Mézclate conmigo: de la segregación socioeconómica a la educación inclusiva", Save the Children España, abril, 2018. Puede verse en: https://www.savethechildren.es/sites/default/files/imce/docs/mezclate_conmigo.pdf

5 https://www.savethechildren.es/sites/default/files/2021-04/AAFF_ESP_EsadeEcPol_Insight%2329_SavetheChildren_DiversidadLibertad_final.pdf

solo por detrás de Turquía y Lituania. En Secundaria, sin embargo, la segregación entre ricos y pobres es más baja que en Primaria, pero la que divide a los alumnos entre nacionales y foráneos es superior.

La OCDE advierte que la segregación escolar puede tener consecuencias muy negativas sobre el alumnado en términos de aprendizaje, reduce las probabilidades de interacción de niños y niñas con iguales de otros contextos sociales y disminuye sus oportunidades de adquirir aptitudes sociales y vitales completas; debilita la formación ciudadana limitando las oportunidades que ofrece el sistema de una convivencia escolar basada en la valoración de la diversidad; dificulta que el conjunto del alumnado tenga trayectorias educativas exitosas; y contribuye a mantener las menores oportunidades de los sectores más vulnerables[6]. En suma, el fenómeno segregativo compromete la función de igualación de oportunidades propia de la educación, produce segregación social y, con ello de injusticia social.

Los más recientes estudios evidencian la incidencia que en ella tienen las políticas educativas que promueven la libre elección de centro, que responden a mecanismos de cuasi-mercado y que benefician a las familias con más recursos; el establecimiento de un distrito único; la publicación de rankings de centros atendiendo a los resultados de pruebas estandarizadas externas; el fomento de la educación privada; o la eliminación del criterio de proximidad para la asignación de plazas. A lo que se suman los mecanismos de selección económica por parte de los centros concertados que, pese a su supuesta gratuidad, exigen a las familias el pago de diversos conceptos más o menos inevitables -como los uniformes o las actividades ex-

---

6 MUSSET, Pauline.: "School Choice and Equity: Current Policies in OECD", Countries and a Literature Review, 2012, p. 33.

traescolares que realiza todo el alumnado-; o encarecen servicios básicos como el comedor o el transporte escolar[7].

Transcurridos más de cuarenta años desde la aprobación de la Constitución, el sistema educativo en España sigue mostrando deficiencias importantes en relación con su concepción constitucional. Así, las intensas transformaciones políticas, sociales y económicas de la sociedad española no se han traducido en una mayor equidad escolar. El sistema educativo actual muestra grandes dificultades para garantizar y consolidar la igualdad de oportunidades, siendo una de sus características más preocupantes los importantes procesos de segregación escolar. Ello dificulta la movilidad social ascendente de la ciudadanía a través de la escuela, y contribuye a reproducir las diferencias sociales de las familias de origen de los escolares, limitando severamente el derecho a una educación equitativa y de calidad para todos.

La libre elección de centro escolar, el derecho de los padres a que sus hijos reciban una educación conforme a sus convicciones y, en suma, la libertad de enseñanza, son algunos de los derechos constitucionales en los que se apoyan los sectores y colectivos que declaran su afinidad por un sistema liberal de organización social, para reclamar la priorización de la escuela privada y concertada con ideario. Las concesiones a sus demandas por parte de los poderes públicos de perfil ideológico conservador, a través de la adopción de leyes y políticas públicas educativas de cuasi-mercado, han conducido a la realidad descrita.

---

7 MURILLO, F. Javier, MARTÍNEZ GARRIDO, Cynthia y BELAVI, Guillermina, "Segregación escolar por origen nacional en España", OBETS, Revista de Ciencias Sociales, Vol. 12, núm. 2, 2017, pp. 395-423.

Por ello, en las presentes páginas se pretende ofrecer al lector un análisis de los principios sobre los que se asienta el modelo educativo diseñado por la Constitución española, con el fin de evidenciar su incompatibilidad con políticas legislativas y administrativas que potencian la desigualdad y la segregación escolar, principalmente aquellas que afectan directamente a los hijos de familias migrantes.

2. EL ALUMNADO MIGRANTE EN LAS LEYES EDUCATIVAS Y EN LAS CIFRAS

Durante el período de la burbuja inmobiliaria (1999-2008), España recibió una gran cantidad de personas migrantes que llegaban atraídos por la gran demanda de trabajadores poco cualificados. Ello se reflejó en la presencia de alumnado de origen migrante en las escuelas españolas: ha habido una evolución creciente desde los años 2000-12 pasando de 141.916 alumnos en el curso 2000-01 a 781.236 en el curso 2011-12. No obstante, en los cursos posteriores se produce una ligera disminución hasta los 716.736 del curso 2015-16, para iniciar de nuevo un ligero incremento que situó su cifra en 751.390 en el curso 2017-18. Dicha evolución ha estado determinada tanto por el comportamiento de los flujos migratorios de entrada-salida como por los procesos de nacionalización de la población extranjera (MECD, 2020).

Esta incorporación de alumnado migrante se ha reflejado en las distintas leyes educativas aprobadas. Así, ya el artículo 2.3.c) de la Ley Orgánica de Ordenación General del Sistema Educativo (LOGSE, 1990), previó que la actividad educativa se desarrollaría atendiendo a la efectiva igualdad de derechos entre los sexos, el rechazo a todo tipo de discriminación, y el respeto a todas las culturas. Por su parte, el artículo 9.1 de la Ley Orgánica 4/2000, de 11 de enero, sobre derechos y libertades de los extranjeros en España y su integración social, dispuso que "los extranjeros menores de dieciséis años tienen el derecho y el deber a la educación, que incluye el acceso a una enseñanza básica, gratuita y obligatoria. Los extranjeros menores de dieciocho años también tienen derecho a la enseñanza postobligatoria". Y su artículo 9.3, estableció que "los poderes públicos promoverán que los extranjeros puedan recibir enseñanzas para su mejor integración social". La posterior Ley Orgánica de Calidad de la Educación (LOCE, 2002), concertó en su artículo 42.1 que las Administraciones educativas favorecerían la incorporación al sistema educativo de los alumnos procedentes de países extranjeros, especialmente en edad de escolarización obligatoria. Y que, para los alumnos que desconozcan la lengua y cultura española, o que presenten graves carencias en conocimientos básicos, las administraciones educativas desarrollarían programas específicos de aprendizaje, con la finalidad de facilitar su integración en el nivel correspondiente. Y el párrafo segundo del mismo artículo preveía que los programas a que hace referencia el apartado anterior se podrán impartir, de acuerdo con la planificación de las administraciones educativas, en aulas específicas establecidas en centros que impartan enseñanzas en régimen ordinario. El desarrollo de estos programas será simultáneo a la escolarización de los alumnos en los grupos ordinarios, conforme al nivel y evolución de su aprendizaje. Por su parte, la Ley Orgánica de Educación (LOE, 2006), dispuso en su artículo 78.1 que correspondía a las administraciones publicas favorecer la incorporación al sistema educativo de los alumnos que, por proceder de otros países o por cualquier otro motivo, se incorporen de forma tardía al sistema educativo español. Dicha incorporación se garantizaría, en todo caso, en la edad de escolarización obligatoria. La vigente Ley Orgánica de Mejora de la Calidad Educativa, de 2020 adopta medidas, como después expondré, para garantizar una distribución equilibrada del alumnado, así como para reforzar la prevención de la segregación entre escuelas y entre las redes pública y concertada, para que todos los alumnos tengan las mismas oportunidades.

Como se observa, la legislación española ha previsto medidas para facilitar la integración y, en el caso de la ley vigente, para combatir la segregación escolar. Y es rotunda cuando prohíbe todo tipo de discriminación y de selección del alumnado basada en el origen nacional de éste en todos los centros financiados con fondos públicos (la mayoría de los centros en España). Sin embargo, dichas prohibiciones *de iure* no se corresponde con la realidad de los datos. La cifra de 0,45 de segregación escolar por origen nacional en España así lo confirma. Atendiendo a los estudios del Ministerio de Educación (2020), en el sistema público escolar hay matriculados 751.390 alumnos/as extranjeros (curso 2017-18).

Si se examinan las cifras por Comunidades Autónomas, se observa que, en el curso 2017-18, la mayor proporción de alumnado extranjero en las enseñanzas de Régimen General no universitarias aparece en las Islas Baleares (13,9 %) y Cataluña (13,1 %), seguidas por La Rioja (12,8 %), Aragón (12,5 %), Región de Murcia (12,3 %) y la Ciudad Autónoma de Melilla (12,0 %). Las que presentan menores porcentajes de alumnado extranjero son Galicia (2,6 %), Extremadura (2,8 %) y Principado de Asturias (3,9 %) (MECD, 2020).

Por nivel educativo, el mayor porcentaje de alumnado extranjero aparece en Educación Primaria -incluida la Educación Especial- (9,7 %), seguida de Educación Secundaria Obligatoria y Educación Infantil, con 8,6 %. Entre las Comunidades con mayor porcentaje de alumnado extranjero en casi todas las etapas educativas se encuentran Islas baleares, Cataluña y La Rioja (MECD, 2020).

Y, en Educación Secundaria Obligatoria las Comunidades con el mayor porcentaje de alumnado extranjero son las Islas Baleares (13,6 %), Cataluña (12,0 %) y Aragón (11,9 %). La menor concentración se produce en Galicia (3,3 %), Ceuta (3,1 %) y Extremadura (3,1 %). Sin embargo, si se atiende a la titularidad del centro, la escuela pública atiende a un 10,7%

de alumnado de origen extranjero, mientras que la privada y la concertada a un 6,9% de media.

El último Informe sobre Integración de los Estudiantes Extranjeros en el Sistema Educativo Español, del Ministerio de Inclusión, Seguridad Social y Migraciones, de 2022[8], afirma que en el curso 2021/22, del total de estudiantes que acudieron a centros públicos casi el 13% fueron extranjeros frente al 7% en el caso de los centros privados. Además, si bien la presencia de extranjeros en los centros de ambos tipos de titularidad ha crecido rápidamente desde el año 2000, con la llegada de los flujos de inmigración económica a nuestro país, lo ha hecho a un ritmo mayor en los centros de titularidad pública que en los de titularidad privada[9].

De acuerdo con dicho Informe, la proporción de extranjeros que acude al sistema público de educación, próxima al 80% en todos los niveles educativos menos avanzados, es superior a la de los españoles en todas estas las etapas. Estas diferencias tienden a reducirse a medida que se avanza en la etapa educativa (desde los 16 puntos porcentuales en educación infantil hasta los 7 en bachillerato), aunque no tanto por una mayor capacidad integradora en los niveles educativos más altos, sino por un incremento de la matrícula de españoles en centros públicos en dichas etapas.

Las cifras se igualan en los ciclos de Formación Profesional, dándose en la básica un 75% en extranjeros y un 76% de nativos; y un 69% de extranjeros y 67% de nativos en la FP de grado superior. Siendo la educación universitaria la única etapa en la que la presencia de nativos en los centros públicos (80%)

---

8 https://www.inclusion.gob.es/oberaxe/es/publicaciones/documentos/documento_0153.htm

9 Informe sobre la Integración de los Estudiantes Extranjeros en el Sistema Educativo Español, p.54.

es muy superior a la de los extranjeros (61%). Y ello por varios motivos: el primero, porque en España la universidad pública es la que reúne el mayor prestigio y calidad; el segundo, que existe un alto grado de abandono escolar temprano entre los hijos de migrantes, lo que impide que lleguen a la universidad; y, el tercero, que muchos de ellos suelen optar por la Formación Profesional por tener un retorno laboral más rápido. De hecho, la mayoría de los extranjeros que llegan a la universidad son aquellos que no proceden de la migración económica y, por tanto, los que tienen más capacidad económica para desarrollar su formación educativa anterior en centros privados.

La concentración de alumnado migrante en la escuela pública trae causa, como he apuntado al inicio, de las políticas educativas que promueven la libre elección de centro y el fomento de la educación privada, entre otras. Por ello, a continuación, voy a tratar de evidenciar que dichas políticas educativas no tienen sustento en ningún derecho fundamental y que, en consecuencia, deben ceder en favor del fomento de la equidad equitativa.

3. LA LIBRE ELECCIÓN DE CENTRO: UN DERECHO LIMITABLE EN ARAS DE LA EQUIDAD

El debate sobre la libre elección de centro escolar apareció por primera vez en la década de 1950 en Estados Unidos, a partir de la publicación de “El papel del gobierno en la educación”, de Milton Friedman. Desde su punto de vista, si la prestación del servicio educativo permanece en manos del Estado carece de incentivos para un uso eficiente y efectivo de los recursos, ni para la innovación. La libre elección, por el contrario, según la orientación de Friedman y sus partidarios, introduce la competitividad entre las escuelas, lo que las obliga a mejorar su gestión y rendimiento, ampliándose con ello una oferta más eficiente e innovadora que atrae a nuevos estudiantes.

Siguiendo esta estela, en España la libre elección de centro educativo por parte de las familias parece haberse convertido, para los sectores sociales y políticos partidarios de la introducción de las lógicas del mercado en el ámbito educativo, en el derecho fundamental que enarbolar para: por un lado, justificar un incremento de la concertación de la escuela privada y; por otro, adoptar estrategias de promoción de la competitividad entre escuelas, incentivada por sistemas de pruebas estandarizadas y *ranking*; o, una financiación competitiva que premie a las escuelas que más demanda consigan.

Este es el planteamiento al que se adhería la anterior Ley Orgánica 8/2013, de 9 de diciembre, de Mejora de la Calidad Educativa, LOMCE[10], que otorgaba un papel preeminente a la libre elección de las familias[11], y condicionaba el incremento de los conciertos a la llamada "demanda social"[12]. De acuerdo

---

10 BOE» núm. 295, de 10 de diciembre de 2013. Puede verse en: https://www.boe.es/diario_boe/txt.php?id=BOE-A-2013-12886

11 Del tenor literal del Preámbulo de la Ley se desprende la clara voluntad del legislador de otorgar un papel predominante a las familias en la educación de sus hijos: "La realidad familiar en general, y en particular en el ámbito de su relación con la educación, está experimentando profundos cambios. Son necesarios canales y hábitos que nos permitan restaurar el equilibrio y la fortaleza de las relaciones entre alumnos y alumnas, familias y escuelas. Las familias son las primeras responsables de la educación de sus hijos y por ello el sistema educativo tiene que contar con la familia y confiar en sus decisiones".

12 El artículo 109.2 de la Ley dispone que: "Las Administraciones educativas programarán la oferta educativa de las enseñanzas que en esta Ley se declaran gratuitas, teniendo en cuenta la programación general de la enseñanza, las consignaciones presupuestarias existentes y el principio de economía y eficiencia en el uso de los recursos públicos y, como garantía de la calidad de la enseñanza, una adecuada y equilibrada escolarización de los alumnos y alumnas con necesidad específica de apoyo educativo, tomando en consideración la oferta existente de centros públicos y privados concertados y la demanda

con esta Ley, el diseño de la red de centros escolares quedaba subordinado a la demanda de las familias. De modo que, si éstas solicitaban más plazas en la escuela privada de las plazas concertadas disponibles, la Administración educativa debía proceder a realizar más conciertos, lo que colocaba a la escuela pública en un lugar subsidiario respecto de la concertada.

La mayoría de los estudios defienden que "cuando la libre elección de los padres se combina con una mayor autonomía de los centros escolares, en materia de selección durante la admisión o en materia de oferta escolar, eso conduce a acentuar la segregación contribuyendo así a aumentar las desigualdades." (Maroy, C., 2008). Los investigadores Teelken, Driessen y Smith (2005) desarrollaron una investigación cuyo objetivo era comparar la dinámica y los resultados de la elección en el contexto de escuelas secundarias situadas en tres países donde domina la *school choice*: Inglaterra, Holanda y Escocia. Sus resultados indicaron que la libre elección de centro solo es real para un tipo de familias de mayores recursos y formación; para el resto existe una serie de factores que determinan dicha elección mucho más intensamente que las preferencias reales como la cercanía, por ejemplo. Las medidas de *school choice*, siguiendo lo afirmado más arriba, provocaron un aumento de la segregación escolar.

La Constitución española prevé que la educación consiste en potenciar al máximo la capacidad del niño para participar de manera plena y responsable en una sociedad libre y democrática. Un objetivo cuya satisfacción -en un Estado que proclama la justicia y la igualdad entre los valores superiores de su ordenamiento (artículo 1 CE), y cuyo artículo 9.2 CE exige de los poderes públicos promover las condiciones para que la libertad y la igualdad sean reales y efectivas- sólo es posible median-

---

social. Asimismo, las Administraciones educativas garantizarán la existencia de plazas suficientes".

te la procura del pleno ejercicio del derecho a la educación en condiciones de igualdad de oportunidades, tanto en la fase de acceso a la educación como en su desarrollo y resultado.

Es por ello que, al igual que el derecho a elegir la formación religiosa y moral acorde con las convicciones paternas, el derecho a la libre elección de centro escolar es en España un derecho de libertad y no de prestación, no existiendo la obligación constitucional de los poderes públicos de proporcionar los medios materiales que garanticen su satisfacción. En palabras del Tribunal Supremo: "Este derecho no puede tener un valor absoluto, de modo que en todo caso deba respetarse la voluntad paterna por encima de cualesquiera circunstancias. Por el contrario, obvias razones materiales y presupuestarias hacen limitados tanto los centros existentes como las plazas en ellos disponibles"[13].

De este modo, el alcance constitucional del derecho a la libre elección de centro, a diferencia de lo que los partidarios de la educación privada pretenden, se limita a garantizar que las familias puedan mostrar su preferencia por un determinado centro, y a que el sistema educativo esté configurado de tal modo que la opción realizada sea tomada en consideración por los poderes públicos, no siendo en ningún caso vinculante[14]. Pues, como ha señalado el Tribunal Constitucional, "no existe un derecho constitucionalmente reconocido a ocupar preferentemente una plaza en un determinado centro docente"[15]. Esto significa que lo que se garantiza constitucionalmente es la posibilidad de elección y no el acceso efectivo.

De acuerdo con la jurisprudencia constitucional, "la escolarización gratuita garantizada por la Constitución no lo es

---

13 STS de 5 de octubre de 1999.

14 STC 77/1985, FJ 5º

15 STC 77/1985 FJ 4º.

en cualesquiera centros privados, pues los recursos públicos no han de acudir, incondicionalmente, allá donde vayan las preferencias individuales"[16]. De modo que la plaza escolar finalmente atribuida puede no corresponderse siquiera con las preferencias mostradas y ello no implica que se esté asignando un destino forzoso que vulnere derecho fundamental alguno. En concordancia con ello, el Tribunal Constitucional ha afirmado, por ejemplo, que no hay un derecho constitucional a elegir centros en los que se eduque en lengua determinada[17]; ni un "derecho a la igual distancia física de todos los centros públicos respecto de los lugares de residencia de los alumnos. Por ello, no constituye discriminación que el resultado del proceso selectivo haga que el centro escolar resulte más cercano a casa a unos que a otros"[18]. En el mismo sentido, el Tribunal Supremo ha afirmado que "en líneas generales puede aceptarse que el derecho de los padres o tutores a elegir centro de enseñanza para sus hijos o pupilos constituye un ingrediente habitual del derecho a la educación, pero cuando choca con las conveniencias didácticas, el ejercicio de ese derecho sólo puede ser satisfecho como manifestación de preferencia que debe ser satisfecha siempre que sea posible"[19].

En esta línea, la vigente Ley Orgánica 3/2020, LOMLOE[20], elimina el concepto de "demanda social" para justificar el incremento de los conciertos y establece el deber de las administraciones educativas de promover un incremento progresivo de puestos escolares en la red de centros de titularidad pública -artículo 109-. Previendo, además, que los Ayuntamientos no puedan ceder suelo para construir centros educativos que no

---

16 STC 86/1985, FJ 4º.

17 STC 195/1989, FJ 3º.

18 STC 195/1989, FJ 4º.

19 STS de 29 de marzo de 1993.

20 https://www.boe.es/diario_boe/txt.php?id=BOE-A-2020-17264

sean públicos -Disposición adicional decimoquinta-. Además establece, el deber de las Administraciones educativas de regular la admisión del alumnado en centros públicos y privados concertados atendiéndose, en todo caso, a una adecuada y equilibrada distribución entre los centros escolares del alumnado con necesidad específica de apoyo educativo -artículo 84-; la constitución de comisiones u órganos de garantías que velen por la aplicación igualitaria de las normas de admisión por parte de ambos tipos de centros -artículo 86-; la reserva para el alumnado con necesidad específica de apoyo educativo de una parte de las plazas de los centros públicos y de las autorizadas a los centros privados concertados -artículo 87-; o, la prohibición de que ambos tipos de centros perciban cantidades de las familias por recibir las enseñanzas de carácter gratuito, impongan a las familias la obligación de hacer aportaciones a fundaciones o asociaciones, o establecer servicios obligatorios, asociados a las enseñanzas, que requieran aportación económica- artículo 88-.

En la medida en que la educación es un instrumento clave para la construcción de sociedades justas, querer dotar de una protección preeminente a las preferencias paternas cuando ello provoca niveles de segregación y desigualdad como los descritos, resulta constitucionalmente inadmisible. Y ello por varios motivos: en primer lugar, porque parece del todo imposible que el sistema educativo posibilite el pleno desarrollo de la personalidad de los individuos cuando su configuración replica situaciones de desigualdad de colectivos concretos. La educación no puede convertirse en un factor que produzca o refuerce la desigualdad, pues no es admisible que el ejercicio de un derecho fundamental termine por contravenir los valores esenciales que articulan el Estado social y democrático de derecho. Y, en segundo lugar, porque un diseño del sistema educativo sobre la base de la interpretación expansiva del derecho a la libre elección de centro de las familias, puede poner el riesgo el derecho de los menores a recibir una *educación integral*, la cual encuentra en la igualdad de oportunidades una de sus principales exigencias.

El principio de equidad, en consecuencia, debe informar el sistema educativo como requerimiento básico del derecho a la educación en tanto que derecho humano que está en la base de una sociedad más justa. Por ello, en su labor de programación y ordenación de la enseñanza, los poderes públicos no pueden ignorar la *iusfundamentalidad* de este principio, que es consustancial al derecho a la educación.

4. LA SELECCIÓN DEL ALUMNADO POR LOS CENTROS PRIVADOS CONCERTADOS

La enseñanza privada en España se remonta a mediados del siglo XIX. Desde entonces y hasta la llegada de la democracia, la educación estuvo en manos de la Iglesia católica principalmente, la cual siempre ha dispuesto de una amplia red de centros escolares. Fue con la aprobación de la Ley Orgánica reguladora del Derecho a la Educación, de 3 de julio 1985[21], cuando, en orden a garantizar la libertad de enseñanza del artículo 27 CE, el legislador optó por dar carta de naturaleza a la figura del colegio concertado que, junto con los centros privados que no reciben financiación pública alguna y la escuela pública, constituyen la red de escuelas española.

Conviene recordar la singularidad de España frente al resto de los Estados de la Unión Europea a este respecto, pues sólo Malta y Bélgica nos preceden en número de centros concertados, siendo la educación pública la claramente prioritaria en todos los demás países. Así, mientras en Francia, Alemania, la católica Italia o la vanguardista Finlandia, entre otros, la educación pública supone un 89,2% en educación primaria y un 83% en secundaria, España se queda en un 68%.

---

21 BOE núm. 159, de 4 de julio de 1985. Véase en: https://www.boe.es/buscar/pdf/1985/BOE-A-1985-12978-consolidado.pdf

Mientras inicialmente la concertación se justificó como un complemento de la red de escuelas públicas para dar cobertura a la creciente demanda vinculada al fuerte crecimiento demográfico y a la ampliación de los años de escolarización obligatoria[22], la financiación pública de opciones educativas privadas ha seguido aumentando año tras año en España hasta la actual concertación de la mayor parte de la enseñanza privada, que se halla principalmente en manos de la Iglesia católica.

Así, el "Sistema estatal de indicadores de la educación 2019", del Ministerio de Educación y Formación Profesional[23], aporta datos que reflejan una clara apuesta política a favor de la educación concertada hasta el año 2020. Pues, el gasto público dedicado a conciertos aumentó un 28,4% entre 2006 y 2016, al tiempo que el gasto por estudiante en centros públicos se reducía un 7,5%[24]. Las autoridades educativas justificaron esta tendencia en la existencia de una mayor demanda de la escuela concertada por parte de las familias, previendo la Ley Orgánica 8/2013, de 9 de diciembre, de Mejora de la Calidad Educativa, el criterio de la llamada "demanda social" para priorizar la concertación.

Los centros escolares concertados también están provocando un aumento de la segregación escolar a través de me-

---

22 FERNÁNDEZ LLERA, Roberto y MUÑÍZ PÉREZ, Manuel, "Colegios concertados y selección de escuela en España: un círculo vicioso", *Instituto de Estudios Fiscales,* 2012, p. 98.

23 https://www.educacionyfp.gob.es/inee/dam/jcr:efa745d7-27ec-4814-9e90-11e01957c39d/seie-2019.pdf

24 Según este Informe: desde el año 2006 al 2016 los índices de variación del gasto público dedicado a conciertos, y tomando como año base 2006 (100%), muestran una tendencia creciente hasta el año 2009, situándose en 124,9% (24,9 puntos porcentuales de aumento respecto a 2006), una disminución a partir de 2010, descendiendo a 119,8% en 2013 y presentando un aumento a partir del 2014, siendo 128,4% en 2016". (p. 64)

canismos de selección informal para excluir, en su mayoría, a alumnado inmigrante, especialmente si es pobre, utilizando medidas como: el bilingüismo como una manera de atraer a "buen alumnado"; las actividades extraescolares, teóricamente voluntarias, pero que, en la práctica, suelen ser obligatorias; la exigencia de pago de cuotas; el aumento de la ratio alumnado/profesorado, lo que -de cara a la Administración Educativa- hace que dichos centros eludan su inclusión en procesos de escolarización tardía mayoritariamente protagonizados por poblaciones inmigradas de nacionalidad extranjera.

Si bien es cierto que el artículo 27. 9º CE establece el mandato constitucional de ayuda a los centros docentes al disponer que "los poderes públicos ayudarán a los centros docentes que reúnan los requisitos que la ley establezca", la más temprana jurisprudencia del Tribunal constitucional afirmó que este mandato no impone el deber automático de ayudar "ni a todos los centros, ni totalmente, sino que queda supeditado a los recursos disponibles y a la obligación de someter el sistema de financiación a unas condiciones objetivas"[25]. En palabras del Tribunal Constitucional "el derecho a la educación no comprende el derecho a la gratuidad educativa en cualesquiera centros privados, porque los recursos públicos no han de acudir, incondicionalmente, allá donde vayan las preferencias individuales"[26]. Algo reiterado por el Tribunal Supremo cuando afirma que "el derecho a obtener una enseñanza básica gratuita no comprende que se preste en centros docentes determinados"[27].

La ayuda referida debe estar condicionada, en consecuencia, a que los centros cumplan determinados requisitos como: la gratuidad de la enseñanza; el establecimiento de las condi-

---

25 STC 86/1985, FJ 3º.

26 STC 86/1985, FJ 4º.

27 STS de 9 de marzo de 1992.

ciones necesarias para que la igualdad y la libertad sean reales y efectivas; o, la participación de padres, profesores y alumnos en la gestión de los centros, a las que se refiere el artículo 27.7 CE. Por lo que, en la realización de conciertos, los poderes públicos deben seguir las orientaciones que la propia Constitución impone para el gasto público en general, pues, en palabras del intérprete supremo de la Constitución, "la acción prestacional de los poderes públicos ha de encaminarse a la procura de los objetivos de igualdad y efectividad en el disfrute de los derechos que ha consagrado la Constitución, pudiendo atenderse, entre otras circunstancias, a las condiciones económicas y sociales de los destinatarios finales de la educación a la hora de señalar los criterios con arreglo a los que habrán de dispensarse las ayudas"[28].

De modo que, el legislador, al desarrollar el artículo 27.9 CE, debe ajustarse a los siguientes criterios: a) la ley que regule la concesión de ayudas a los establecimientos de titularidad privada no puede contrariar los derechos y libertades fundamentales; b) debe sujetarse a los requerimientos del principio de igualdad, y; c) debe respetar las pautas orientadoras del gasto público.

La educación es, por exigencia del artículo 9.2 CE en conjunción con el artículo 27.2 CE, el más imprescindible instrumento de transformación social, lo cual obliga a los poderes públicos, también al legislador orgánico, a promover las condiciones que garanticen un ejercicio efectivo y real del derecho a la educación en condiciones de igualdad. Por ello, y ante la realidad descrita, se hace imprescindible adoptar mecanismos efectivos que impidan que ningún centro escolar financiado con recursos públicos seleccione a su alumnado para dejar fuera a los estudiantes con menores recursos o con necesidades

---

[28] STC 86/1985, FJ 3°.

educativas especiales, circunstancias en que se encuentran la mayor parte de los de origen migrante.

Bibliografía citada

ALÁEZ CORRAL, B., *Minoría de edad y derechos fundamentales,* Tecnos, Madrid, 2003.

ALÁEZ CORRAL, B.,"Escolarización del alumnado en el sistema educativo español: cuestiones jurídicas", I Encuentro sobre Estudios Jurídico-Políticos en Educación, Fundación Europea Sociedad y Educación, Madrid, 2006.

ALVENTOSA DEL RÍO, J.F., "El derecho a la autonomía de los pacientes", en CABANILLAS, A., (ed.), *Estudios jurídicos en homenaje al profesor Luis Díez-Picazo,* Civitas, Madrid, 2003.

BRIONES, I., "La enseñanza de la religión en los centros públicos españoles", *Anuario de Derecho Eclesiástico del Estado,* vol. IX.

CÁMARA VILLAR, G., "Relaciones de sujeción especial y derechos fundamentales" en APARICIO PÉREZ, M.A. (Coord.), *Derechos constitucionales y pluralidad de ordenamientos,* Centro de Estudios de Derecho, Economía y Ciencias Sociales, Barcelona, 2001.

CÁMARA VILLAR, G., "Un problema constitucional no resuelto: el derecho garantizado en el artículo 27.3 de la Constitución española y la enseñanza de la religión y su alternativa en los centros educativos", *Derecho Constitucional y Cultura: estudios en homenaje a Peter Häberle / coord. por Francisco Balaguer Callejón,* Tecnos, 2004.

CONTRERAS MAZARÍO, J.M., "Derechos de los padres y libertades educativas" en VV.AA., *Estudios en Homenaje al Profesor Martínez Valls,* vol. I.

CONTRERAS MAZARÍO, J.M., LLAMAZARES CALZADILLA, M.C. y CELADOR ANGÓN, O., "La última jurisprudencia del Tribunal Supremo en materia de enseñanza de la religión y dos posibles soluciones en el marco del Derecho Comparado", *Derechos y Libertades, Escritos Jurídicos,* núm. 6, febrero, 1998.

DÍAZ REVORIO, F.J., *Los derechos fundamentales del ámbito educativo en el ordenamiento estatal y autonómico de Castilla-La Mancha,* Ediciones parlamentarias de Castilla-La Mancha, 2002.

DÍEZ-PICAZO, L.M., *Familia y derecho,* Civitas, Madrid.

ELÍAS MÉNDEZ, C., "La protección de los menores de edad en Alemania desde una perspectiva constitucional", *Revista de Estudios Políticos (Nueva Época)*, núm. 111, enero-marzo, 2001.

EMBID IRUJO, A., *Las libertades en la enseñanza*, Tecnos, Madrid, 1983.

EMBID IRUJO, A., "Derecho a la educación y derecho educativo paterno (Comentario de 1982), *Revista Española de Derecho Constitucional*, núm. 7, enero-abril, 1983.

FERRER RIBA, J., "Derechos del menor, relaciones familiares y potestades públicas para la protección de la infancia y de la adolescencia en Cataluña", *Derecho Privado y Constitución*, núm. 7, septiembre-diciembre, 1995.

GARCÍA MORILLO, J., "Un tributo a la Historia: la libertad religiosa en la España de hoy", *Cuadernos Constitucionales de la Cátedra Fadrique Furió Ceriol*, núm. 9/10, 1995.

FERNÁNDEZ LLERA, R. y MUÑÍZ PÉREZ, M., "Colegios concertados y selección de escuela en España: un círculo vicioso", *Instituto de Estudios Fiscales*, 2012.

FERNÁNDEZ-MIRANDA Y CAMPOAMOR, A., *De la libertad de enseñanza al derecho a la educación. Los derechos educativos en la Constitución española*, CEURA, Madrid, 1988.

MARTÍNEZ, L. y FERRER, A., "Mézclate conmigo: de la segregación socioeconómica a la educación inclusiva", *Save the Children España*, abril, 2018.

MARTÍNEZ BLANCO, Marialuz.: La enseñanza de la religión en los centros docentes (A la luz de la Constitución y del Acuerdo con la Santa Sede), Universidad de Murcia, Murcia, 1993.

MURILLO, F. J. y MARTÍNEZ-GARRIDO, C., "Magnitud de la Segregación escolar por nivel socioeconómico en España y sus Comunidades Autónomas y comparación con los países de la Unión Europea", *RASE, Revista de Sociología de la Educación*, vol. 11, núm. 1, 2018.

MURILLO, F. J., MARTÍNEZ GARRIDO, C. y BELAVI, G., "Segregación escolar por origen nacional en España", *OBETS, Revista de Ciencias Sociales*, vol. 12, núm. 2, 2017.

MUSSET, P., "School Choice and Equity: Current Policies in OECD", *Countries and a Literature Review*, 2012.

RODRÍGUEZ BLANCO, M., "La enseñanza de la religión en la escuela pública española (1979-2005)", *Osservatorio delle libertà e istituzioni religiose*, julio, 2005.

RODRÍGUEZ COARASA, C., *La libertad de enseñanza en España,* Tecnos, Madrid, 1998.

SALGUERO SALGUERO, M., "Libertad de enseñanza, neutralidad y libertad de cátedra como formas de pluralismo institucionalizado", *Derechos y Libertades, Revista del Instituto Bartolomé de las Casas,* núm. 5, julio-diciembre, 1995.

SANTOS, M.J., "Menores y derechos de la personalidad. Autonomía del menor", *Anuario de la Facultad de Derecho de la Universidad Autónoma de Madrid,* núm. 15, 2011.

TAJADURA TEJADA, J., "La enseñanza de la Constitución", *Temas para el Debate,* núm. 49, diciembre de 1998.

TRONCOSO REIGADA, A., "La clase de religión y su alternativa constitucional", *Revista Vasca de Administración Pública,* núm. 45, mayo-agosto, 1996.

VALERO HEREDIA, A., *La libertad de conciencia del menor de edad desde una perspectiva constitucional,* Centro de Estudios Políticos y Constitucionales, 2009.

VALERO HEREDIA, A., "Ideario educativo constitucional y "homeschooling": a propósito de la Sentencia del Tribunal Constitucional 133/2010, de 2 de diciembre", *Revista española de derecho constitucional,* año nº 32, núm. 94, 2012, pp. 411-442.

VALERO HEREDIA, A., "Integración social y derecho a la educación: a propósito de la sentencia de 10 de enero de 2017, del Tribunal Europeo de Derechos Humanos", *Revista de estudios políticos,* nº 180, 2018, pp. 255-274.

PARTE III.
MIGRANTES Y DERECHOS FUNDAMENTALES: ALGUNOS ASPECTOS CONCRETOS

Capítulo 7.

LA EVOLUCIÓN DE LA CONFIGURACIÓN NORMATIVA DEL DERECHO DE ASILO EN EL ORDENAMIENTO JURÍDICO-CONSTITUCIONAL ESPAÑOL: ALGUNAS CUESTIONES Y UNA VALORACIÓN CRÍTICA

TOMÁS VIDAL MARÍN

Profesor Titular de la Universidad de Castilla-La Mancha (Catedrático acreditado)

1. INTRODUCCIÓN

El artículo 13.4 de la Constitución es el precepto que contempla el derecho de asilo en los siguientes términos: *"La ley establecerá los términos en que los ciudadanos de otros países y los apátridas podrán gozar del derecho de asilo en España"*. La CE se remite, por tanto, a una ley ordinaria para que sea esta la que regule el precitado derecho. Como ha señalado el Tribunal Constitucional en la STC 53/2002, *"(...) si bien es cierto que el art. 13.4 CE reconoce el derecho de asilo, hay que subrayar que el mismo precepto constitucional remite al legislador ordinario (...) los términos en que los ciudadanos de otros países y los apátridas podrán gozar del derecho de asilo en España. Cierto es que esta ley responde a un mandato expreso de regulación contenido en el art. 13.4 CE. Pero igualmente cierto es que ninguna norma constitucional exigía que aquella ley se tramitara y aprobara como orgánica ni, por supuesto, esto sea lo que se deduce del art. 13.4 CE, en el que se remite a la ley ordinaria la regulación de los términos en los que los ciudadanos de otros países y los apátridas podrán gozar del derecho de asilo en España"*. Asimismo, esta ley ordinaria a la que se encomienda la regulación del derecho de asilo en nuestro país deberá revestir carácter estatal habida cuenta de lo establecido en el art. 149.1.2 de la propia norma fundamental, el cual atribuye al Estado la competencia exclusiva sobre "*nacionalidad, inmigración, emigración, extranjería y derecho de asilo*". Justamente, en la actualidad y en uso de esta habilitación constitucional el legislador ha procedido a normar el derecho de asilo a través de la ley 12/2009, de 30 de octubre, reguladora del derecho de asilo y de la protección subsidiaria, la cual ha venido a derogar a la Ley 5/1984, de 26 de marzo, reguladora del derecho de asilo y de la condición de refugiado.

Por su parte, en el plano internacional, el texto esencial y basilar sobre la materia lo constituye la Convención sobre el Estatuto de los Refugiados hecha en Ginebra el 28 de julio de 1951, comúnmente conocida como Convención de Ginebra, así como el Protocolo sobre el Estatuto de los Refugiados, hecho en Nueva York el 31 de enero de 1967, conocido habitualmente como Protocolo de Nueva York, a los que España se adhirió aún antes de la entrada en vigor de la Constitución de 1978, en concreto el 22 de julio de 1978[1], lo cual era coherente y necesario con el incipiente régimen de derechos y libertades que se instauraba en nuestro país[2], permitiendo su aplicación una orden del Ministerio del Interior de 16 de mayo de 1979 por la que se regulaba provisionalmente el reconocimiento de la condición de refugiado en España. En cualquier caso, y como bien ha puesto de manifiesto García Mahamut[3], ambos instrumentos internacionales constituyen la piedra angular sobre la que descansa el sistema de asilo en España.

Asimismo, no podemos pasar por alto que el Tratado de Lisboa, firmado en 2007, pero que entró en vigor en diciembre de 2009, otorga a la Carta de los Derechos Fundamentales de la Unión Europea valor jurídicamente vinculante; Carta que en su artículo 18[4] reconoce el derecho de asilo, teniendo también como norte la Convención de Ginebra y el Protocolo de Nueva York, y en su artículo 19[5] contempla la protección en caso de

---

1 Vid. BOE núm. 252, de 21 de octubre de 1978.

2 En similar sentido, vid. Santolaya Machetti, P., *El derecho de asilo en la Constitución española*, Valencia, 2001, p. 53.

3 Vid. "El nuevo régimen jurídico del derecho de asilo y de la protección subsidiaria en España a la luz de la ley 12/2009, de 30 de octubre: principales novedades y desafíos", en *Régimen jurídico del derecho de asilo en la Ley 12/2009*, coord. por C. Vidal, Madrid, 2010, p. 16.

4 Dispone el artículo 18 de la Carta: "*Se garantiza el derecho de asilo dentro del respeto de las normas de la Convención de Ginebra de 28 de julio de 1951 y del Protocolo de 31 de enero de 1967 sobre el Estatuto de los Refugiados y de conformidad con el Tratado constitutivo de la Comunidad Europea*".

5 El artículo 19 de la Carta estipula:
"1.*Se prohíben las expulsiones colectivas*
2. Nadie podrá ser devuelto, expulsado o extraditado a un Estado en el que corra un grave riesgo de ser sometido a la pena de muerte, a tortura o a otras penas o tratos inhumanos y degradantes".

devolución, expulsión y extradición. Ciertamente, el Convenio Europeo de Derechos Humanos no contempla directamente en su parte dispositiva el derecho de asilo, sin embargo, y de manera indirecta, aquel si permite proteger derechos vinculados al asilo y al refugio y, en general, a la protección internacional. Téngase en cuenta a este respecto los artículos 3, 5, 6, 8 y 13 los cuales consagran la prohibición de tortura, el derecho a la libertad y seguridad, el derecho a un proceso equitativo, el derecho a la vida privada y familiar y el derecho a un recurso efectivo. En consecuencia, los Estados firmantes del Convenio deben evitar, a la hora de tramitar cualquier asunto relativo al asilo o refugio, que se conculquen cualquiera de esos derechos previstos en el Convenio de Roma.

Aunque el presente trabajo tiene por objeto el análisis de la regulación legal del asilo en nuestro país, no es posible obviar el gran influjo que en nuestra actual ley reguladora del derecho de asilo y de la protección subsidiaria han tenido las normas que se han elaborado en el marco del Sistema Europeo Común de Asilo (SECA[6]), hasta tal punto que bien es posible afirmar que esta ley de 2009 es producto, básicamente, de la transposición de algunas de las directivas comunitarias sobre la materia. La política europea común de asilo no es una cuestión nueva sino que, por el contrario, el Tratado de Ámsterdam, que entró en vigor en 1999, lo introdujo en el Tratado Constitutivo de la Comunidad Europea, en concreto en su Título IV, produciéndose de este modo la comunitarización del derecho de asilo, sin perjuicio de que el empujón definitivo en la construcción del SECA se produjo con la reunión en Tampere del Consejo Europeo[7]. Actualmente, y como conse-

---

6 El SECA establece criterios mínimos comunes para el tratamiento de todos los solicitantes y las solicitudes de asilo en toda la UE.

7 Señala García Mahamut, que después de la reunión de Tampere, la construcción del SECA se programó en 2 fases. Una primera fase,

cuencia de la crisis migratoria de 2015 y 2016 donde el SECA demostró sus miserias y debilidades, se puso de manifiesto la ineludible necesidad de su reforma[8], la cual está siendo obje-

---

finalizada en 2004, que tuvo como objetivo la armonización normativa de los sistemas de asilo nacionales y que alumbró una legislación, ya de obligado cumplimiento, pues se trataba de Reglamentos y Directivas comunitarias, que crearon un completo sistema de protección basado en los siguientes elementos básicos:
1)El establecimiento de distintos tipos de protección, pues además del derecho de asilo, se reconoce el derecho a la protección subsidiaria, para quienes no reúnen los requisitos para ser refugiado conforme a la Convención de Ginebra y corren el riesgo de sufrir daño grave 2) El establecimiento de un estatuto mínimo para cada tipo de protección. 3)El establecimiento de unas normas mínimas comunes de los procedimientos que se deben seguir para conceder o retirar la protección internacional. 4) El establecimiento de unas condiciones mínimas de acogida a los solicitantes de asilo durante el tiempo de tramitación de los expedientes. 5) El establecimiento de un sistema para determinar la responsabilidad de los Estados miembros en el estudio y decisión de las solicitudes de asilo. 6) La creación de un instrumento de solidaridad financiera de apoyo y fomento de los esfuerzos de los Estados miembros en la acogida de refugiados y personas desplazadas y en la asunción de las consecuencias de dicha acogida. 7) La consideración *prima facie* como manifiestamente infundadas de las solicitudes de asilo presentadas por nacionales de Estados miembros. Y añade esta autora que si durante la primera fase del SECA (1999-2004), el objetivo era armonizar los marcos jurídicos de los Estados miembros mediante normas mínimas comunes, el Programa de la Haya (2004) determinó como objetivos de la segunda fase del SECA (2005-2012) el establecimiento de un procedimiento común de asilo y de un estatuto uniforme para las personas a las que se le concede el asilo o una protección subsidiaria, así como la consolidación de la cooperación practica entre las Administraciones nacionales responsables en materia de asilo. Vid., El nuevo régimen jurídico..., op.cit., p. 23 y ss.

8 En la página web del Consejo de Europa puede leerse que la reforma del SECA tiene por objeto: a) establecer un marco común que contribuya al enfoque global de la gestión del asilo y la migración b) hacer que

to de negociación en la actualidad. En cualquier caso y lo que ahora me importa destacar aquí, es que el resultado de dichas negociaciones conllevará, sin ningún género de dudas, nueva normativa comunitaria y la consiguiente modificación de la legislación nacional reguladora del asilo.

Por lo demás, no cabe albergar ninguna duda acerca de la importancia que el derecho de asilo tiene en las sociedades actuales, habiéndose llegado incluso a afirmar que uno de los mayores retos a los que se enfrenta la humanidad viene constituido por la gestión legal de los flujos de personas que dejan sus Estados, bien por motivos económicos (fenómeno migratorio) bien por motivos políticos con peligro para su propia integridad física (refugio y asilo)[9]. De hecho, en Europa, y como consecuencia de las medidas adoptadas para controlar la inmigración ilegal, son cada vez más los ciudadanos que, procedentes de países no comunitarios, utilizan la vía del asilo político para poder ingresar en el territorio de la Unión[10]. Así, y centrándonos en el caso español, la Oficina de Asilo y Refugio ha registrado en 2022 un total de 118.842 solicitudes de protección internacional (un 81.5 por ciento más que en el

---

el sistema sea más eficiente y más resistente a la presión migratoria, c) eliminar los factores de atracción, así como los movimientos secundarios y d) luchar contra los abusos y prestar un mayor apoyo a los Estados miembros más afectados.

9 Vid. en este sentido, Palao Moreno, G., "Asilo e inmigración: retos para el Derecho Internacional y Europeo en el siglo XXI", en *Inmigración: retos para el Derecho en el siglo XXI*, dirig. por M.V. Cuartero, Navarra, 2019, p. 22.

10 A este respecto señala Martín Arribas que un muy numeroso grupo de personas procedentes de países extracomuntarios, viendo cerrarse la puerta grande de entrada, han tratado de utilizar la pequeña puerta que el derecho de asilo ofrece a algunos de ellos para poder entrar en Europa. Vid. Los Estados Europeos frente al desafío de los refugiados y el derecho de asilo, Madrid, 2000, p. 27.

año anterior (65.482), lo que constituye un máximo histórico desde su creación en 1992.

2. EL DERECHO DE ASILO Y REFUGIO EN LA LEY 5/1984, DE 26 DE MARZO, REGULADORA DEL DERECHO DE ASILO Y DE LA CONDICIÓN DE REFUGIADO

El legislador en cumplimiento de lo reservado o mandado[11] en el artículo 13.4 CE elaboró una ley que tenía como contenido la regulación del derecho de asilo y la condición de refugiado, en concreto la Ley 5/1984, de 26 de marzo; ley que tendría su oportuno desarrollo reglamentario a través del Real Decreto 511/1985, de 20 de febrero[12].

La referida Ley constaba de 2 Títulos, un Título I referido al asilo y un Título II dedicado a la condición de refugiados. Una somera lectura de este texto legal ponía de manifiesto que el legislador en el mismo se preocupaba básicamente del derecho de asilo, al que le dedicaba 23 artículos, contemplando y regu-

---

11 Señala Garcia Macho que el art. 13.4 CE establece un mandato al legislador para que regule el contenido del asilo; mandatos al legislador que son normas indispensables para el desarrollo de la Constitución. Vid. "El derecho de asilo y del refugiado en la Constitución española", en *Estudios sobre la Constitución española, homenaje a García de Enterría*, Tomo II, Madrid, 1991, p. 771.

12 Por virtud de este Real Decreto se desarrollaba y completaba el procedimiento al que había de ajustarse la tramitación de las peticiones de asilo y refugio. En consecuencia, su contenido se centraba en la determinación de los requisitos exigibles a los solicitantes de concesión de asilo y reconocimiento de la condición de refugiado, del procedimiento para la sustanciación y la revisión de tales peticiones y de los efectos de las resoluciones finales favorables de dichos expedientes.

lando la condición de refugiado de forma más liviana, hasta tal punto que solo le dedicaba 3 artículos. Probablemente, esta forma de proceder del legislador obedeciese a que la condición de refugiado aparece suficientemente regulada en la Convención de Ginebra, que ya había sido ratificada en 1978 por el Estado español y a la que la ley se remitía en su artículo 22.1[13].

En cualquier caso, la regulación en Títulos diferentes del asilo y del refugio denotaba que para el legislador de 1984 se trataba de cuestiones diversas y, en consecuencia, reclamaban una regulación legal distinta. En efecto, de conformidad con la Ley, el asilo era una protección graciable concedida por el Estado español en uso de su soberanía[14], consistente en la no devolución de la persona al Estado donde era perseguida o hubiera sido sancionada. Se configuraba, pues, como una potestad discrecional del Gobierno, de tal forma que la propia ley solo admitía recurso de alzada ante el Consejo de Ministros contra las resoluciones del Ministro del Interior y contra las resoluciones del Consejo de Ministros únicamente preveía el recurso de súplica ante el mismo[15].

Por su parte, el refugio, en la precitada ley, se configuraba como un derecho de aquellos que cumplieran los requisitos previstos, fundamentalmente, en la Convención de Ginebra

---

13 Disponía el artículo 22.1 de la Ley: "*España, en el cumplimiento de sus obligaciones internacionales, reconoce la condición de refugiado y admite como tales a quienes cumplen los requisitos previstos en las leyes y convenios Internacionales suscritos por España y en especial en la Convención sobre el Estatuto de los Refugiados, hecha en Ginebra en 1951.*"

14 Vid. el art. 2.1 de la Ley 5/1984, de 26 de marzo.

15 Vid. el art. 21. 1 y 2 de la Ley 5/1984, de 26 de marzo. El apartado 3 de este artículo 21 solo admitía el recurso ante la jurisdicción contencioso-administrativa frente a las resoluciones del Ministerio del Interior que no admitía a trámite las peticiones de asilo y las resoluciones del Gobierno que hubieran revocado un asilo previamente concedido.

de 1951[16] y en consecuencia, las resoluciones del Ministro del Interior sobre el reconocimiento de la condición de refugiado eran recurribles ante la jurisdicción contencioso-administrativa[17]. Tales requisitos aparecen previstos en el art. 1. A. 2 de la referida Convención y se concretan en el temor fundado de la persona de ser perseguida por motivos de raza, religión, nacionalidad, pertenencia a determinado grupo social u opiniones políticas en su país de origen, encontrándose fuera del mismo. Habida cuenta que la concesión de la condición de refugiado respondía a esos requisitos o criterios objetivos establecidos en la Convención de Ginebra mientras que la concesión del asilo territorial era discrecional, no puede resultar extraño que el estatuto de los asilados fuera más amplio que el de los refugiados, o por utilizar las palabras de García Macho[18], el asilo ofrecía condiciones jurídicas y prestaciones sociales más ventajosas.

Bien es cierto que la concesión del asilo se exceptuaba legalmente del control jurisdiccional al permitirse solo el control administrativo, lo cual no parecía muy acorde con las prescripciones constitucionales atinentes al funcionamiento de la Administración, especialmente a lo estipulado en el art. 103.1 (principio de legalidad de la Administración[19]) y en el art. 106.1 CE (control jurisdiccional de la actuación administrativa[20]) así como con el derecho fundamental a la tutela judicial

---

16 Vid. el art. 22. 1 de la Ley 5/1984, de 26 de marzo.

17 Vid. el art. 24 de la Ley 5/1984.

18 El derecho de asilo y del refugiado en la Constitución española, cit. p. 788.

19 Dispone el art. 103.1 CE: *"La Administración Pública sirve con objetividad los intereses generales y actúa de acuerdo con los principios de eficacia, jerarquía, descentralización, desconcentración y coordinación, con sometimiento pleno a la ley y al Derecho"*.

20 Establece el art. 106.1 CE: *"Los Tribunales controlan la potestad reglamentaria y la legalidad de la actuación administrativa, así como el sometimiento de esta a los fines que la justifican"*.

efectiva (art. 24 CE). Es por ello por lo que esta distinción legal entre asilo y refugio que establecía la ley de 1984 fue muy matizada por la jurisprudencia del Tribunal Supremo. En efecto, enfrentado al problema de si los actos por virtud de los cuales se denegaba el asilo solicitado era susceptible de ser recurrido ante la jurisdicción contencioso-administrativa, el alto Tribunal consideró viable la revisión jurisdiccional de los mismos en base a la siguiente fundamentación: *"Por consiguiente el primer punto a tratar es el de si el acto impugnado, por resolver sobre una petición graciable conforme al artículo 2 de la ley 5/84 citada es revisable en vía jurisdiccional dada esa naturaleza y la redacción de los apartados 1 y 2 del artículo 21 de la repetida ley relativo al régimen de los recursos y en los que no se menciona la vía contenciosa-administrativa para los actos a que aquellos apartados aluden y respecto a ello cabe decir que, sobre no hacer exclusión expresa de la vía jurisdiccional el señalado artículo 21, ha de tenerse presente la reciente corriente jurisprudencial contraria al mantenimiento de actos o zonas inmunes al control jurisdiccional de acuerdo con la amplitud con que se expresa el artículo 106.1 de la Constitución, expuesta en las sentencias de 6 de junio y 28 de noviembre de 1984, en las que con base en la doctrina contenida en la sentencia del Tribunal Constitucional de 16 de mayo de 1983, estiman que el apartado f) del artículo 40 de la ley reguladora de la jurisdicción ha de entenderse derogado por la Disposición Derogatoria Tercera del texto constitucional, por lo señalado y por incompatibilidad con la aplicación del principio de tutela judicial efectiva que proclama el artículo 24 de aquella norma suprema y por tanto ha de concluirse estimando que no están excluidos de la revisión jurisdiccional los actos que nos ocupan y que la mención expresa de esta vía por el cauce procesal que regula la protección jurisdiccional de los derechos fundamentales y libertades públicas , que hace el apartado 3 del artículo 21 indicado para la impugnación de las resoluciones del Ministerio del Interior no admitiendo a trámite las peticiones de asilo y las del Gobierno que revoquen el asilo concedido, no tiene otro alcance que el señalar un procedimiento a seguir, más rápido y expeditivo para impugnar esos actos en cualquier caso, ante la gravedad que pueden implicar esas decisiones de la Administración para el solicitante de asilo y para el que lo tenía concedido, pero nunca ha de servir como punto del que deducir a sensu contrario que en los supuestos de los apartados 1 y 2 del propio artículo no cabe recurso contencioso-administrativo*"[21]. Ahora bien, el alcance del control jurisdiccional de los precitados actos graciables se concretaba por el alto Tribunal, por ejemplo en la sentencia de la Sala 3ª de 30 de marzo de 1993, "*en confrontar si la decisión adoptada se ha producido con racionalidad y objetividad en concordancia con la finalidad perseguida por la norma, toda vez que también debe ser tenido en cuenta, que la decisión discrecional puede estar presidida por criterios extrajurídicos de oportunidad, de conveniencia, o incluso de seguridad nacional que la ley no predetermina, pero que pueden ser resaltados en la decisión administrativa que debe venir respaldada, y justificada con los datos objetivos sobre los que se opera y tan solo debe ser sustituida cuando conste de manera cierta y convincente la incongruencia o discordancia de la solución elegida con la realidad fáctica a la que se aplica o desviada de fundamento teleológico de la norma que la atribuye*".

Como con acierto señalaba Santolaya Machetti, el Tribunal Supremo había convertido en inútil la principal diferenciación entre asilo y refugio que era uno de los elementos característicos de la ley de 1984, equiparando el procedimiento de asilo y de refugio en lo que al control se refiere[22]. Y esta diferenciación entre asilo y refugio se eliminará definitivamente de nuestro ordenamiento jurídico cuando la precitada ley sea reformada por la posterior ley 9/1994, de 19 de mayo[23]. En

---

21 Vid. la sentencia de la Sala 3ª del Tribunal Supremo de 29 de noviembre de 1985.

22 *El derecho de asilo en la Constitución española*, cit., p. 57.

23 En la Exposición de Motivos de esta Ley se ponía de manifiesto como la misma era consecuencia de una proposición no de ley aprobada por el Congreso de los Diputados el 9 de abril de 1991, en la que se instaba al Gobierno a adoptar las medidas necesarias para garantizar la necesaria celeridad en el examen individualizado de las solicitudes

efecto, el artículo 2 de la Ley 5/1984, modificada por aquella, configuraba el derecho de asilo como *"la protección dispensada a los extranjeros a los que se reconozca la condición de refugiado y que consiste en su no devolución ni expulsión en los términos del artículo 33 de la Convención sobre el Estatuto de los Refugiados, hecha en Ginebra el 28 de julio de 1951"*[24]. La eliminación de la dualidad asilo/refugio produjo una consecuencia nada desdeñable en lo que a la naturaleza jurídica del derecho de asilo en nuestro Derecho se refería puesto que el mismo pasó de ser una protección graciable concedida por el Estado español en uso de su soberanía[25] a configurarse como un derecho público subjetivo[26]: el derecho de los extranjeros al reconocimiento por parte del Estado español de su condición de refugiados siempre y cuando reuniesen los requisitos previstos, fundamentalmente, en la Convención de Ginebra.

---

de asilo y a impedir la utilización fraudulenta con fines de inmigración económica del sistema de protección a los refugiados. E igualmente, a la progresiva comunitarización del derecho de asilo (Convenio de Dublín y Convenio de Schengen) a efectos de determinar a qué Estado miembro de la Unión le corresponde examinar la solicitud de asilo presentada.

24 Justificaba la Exposición de Motivos de la Ley la supresión de la doble figura de asilo y refugio con estatutos diferenciados en el hecho de que dicha dualidad no se derivaba de las exigencias de protección a los extranjeros víctimas de persecución y por ser fuente de confusión y abusos.

25 La dicción literal del art. 2 de la primigenia ley de 1984 era claro: *"El asilo es la protección graciable dispensada por el Estado, en el ejercicio de su soberanía, a los extranjeros que se encuentren en alguna de las circunstancias previstas en el artículo 3 y que consiste en la no devolución al Estado donde sean perseguidos o hayan sido sancionados (…)"*.

26 En similar sentido se pronuncia Blanquer, D., *Asilo político en España. Garantías del extranjero y garantías del interés general*, Madrid, 1997, p. 168.

2.1. Temor fundado de persecución política como causa esencial para conceder el asilo

De conformidad con el artículo 3 de la Ley 5/1984, tras su reforma por la Ley 9/1994, reguladora del derecho de asilo y de la condición de refugiado, el asilo se concedía a todo extranjero que cumpliera básicamente los requisitos previstos en la Convención sobre el Estatuto de los Refugiados de 1951 y en el Protocolo sobre el Estatuto de los Refugiados de 1967[27]. Había que acudir a esos instrumentos internacionales para poder vislumbrar cuales eran (y son) tales requisitos; requisitos que se encuentran en el artículo 1.A.2 de la Convención a cuyo tenor el término refugiado se aplicará a toda persona que *"(...) debido a fundados temores de ser perseguida por motivos de raza, religión, nacionalidad, pertenencia a determinado grupo social u opiniones políticas, se encuentre fuera del país de su nacionalidad y no pueda o, a causa de dichos temores, no quiera acogerse a la protección de tal país; o que, careciendo de nacionalidad y hallándose a consecuencia de tales acontecimientos, fuera del país donde antes tuviera su residencia habitual, no pueda o, a causa de dichos temores, no quiera regresar a él"*. Así pues, del artículo 3.1 de la Ley reguladora del derecho de asilo y de la condición de refugiado y de la Convención de Ginebra de 1951 se desprendía que debía existir un temor fundado de persecución política para que el Estado español conceda el asilo. Lo que se requiería para obtener el asilo político es simplemente el temor fundado y no la existencia efectiva

---

27 Disponía el artículo 3.1 de la Ley: "*Causas que justifican la concesión de asilo y su denegación.*
1.Se reconocerá la condición de refugiado y, por tanto, se concederá asilo a todo extranjero que cumpla los requisitos previstos en los instrumentos internacionales ratificados por España, y en especial en la Convención sobre el Estatuto de los Refugiados, hecha en Ginebra el día 28 de julio de 1951, y en el Protocolo sobre el Estatuto de los Refugiados, hecho en Nueva York el 31 de enero de 1967".

de persecución política. Es más, el temor de ser perseguido en el país de su nacionalidad por parte del solicitante de asilo no era por sí solo requisito suficiente para obtener la condición de refugiado y asilado, sino que era necesario, tal y como se desprende de la precitada Convención, que dicho temor sea fundado en hechos objetivos que lo justifiquen o fundamenten. En este sentido, el Tribunal Supremo ha venido manteniendo de forma contante que *"el temor a ser perseguido es, si, un criterio básico para la concesión de asilo, pero no es menos cierto que ese elemento subjetivo no es suficiente si no va acompañado de datos objetivos que puedan explicar la existencia del temor. Siendo, pues, el temor una realidad puramente subjetiva y, por lo tanto de difícil demostración, el problema se traslada al ámbito objetivo de los hechos en que aquel tiene su origen"*[28]. No podía justificar la concesión del asilo, pues, un temor sin ningún tipo de fundamentación o justificación. En definitiva, pues, para el alto Tribunal la concesión del estatuto de refugiado y asilado requería la conjunción del criterio subjetivo y del criterio objetivo. Ciertamente, el temor a ser perseguido es un dato subjetivo y, en consecuencia, difícil de probar por lo que es necesario que se base y se acredite con datos objetivos (hechos) que pongan de manifiesto que es probable o previsible que el solicitante de asilo sea víctima de una persecución política[29]; persecución política que debe afec-

---

28 Vid, entre otras, las sentencias del Tribunal Supremo de 14 de diciembre de 2006, de 17 de febrero de 2005 y de 8 de mayo de 2008.

29 En relación con la persecución por motivos políticos, indica Santolaya Machetti que desde la óptica en la que se redactó la Convención de Ginebra, el agente de persecución que puede originar el surgimiento del derecho de asilo es siempre un agente público. Son, pues, las autoridades las que persiguen a los solicitantes de asilo y la protección internacional de esas personas es frente a ellas.
Ahora bien, advierte este autor que cada vez son más frecuentes en el ámbito del asilo las alegaciones por persecución por agentes no estatales, por ejemplo, por grupos terroristas o insurgentes, en los que de alguna manera subyace una ideología política o incluso por mafias

tar de forma personal e individualizada al solicitante de asilo y que debe entenderse de forma laxa en el sentido de persecución por motivos de raza, religión, nacionalidad, pertenencia a determinado grupo social u opiniones políticas, de género, de sexo, etc.

La prueba debía recaer sobre el solicitante de asilo, esto es, el solicitante de asilo debía probar su temor fundado de ser objeto de persecución política por motivos de raza, religión, nacionalidad, pertenencia a determinado grupo social, etc., debiendo acreditar los hechos en los que se fundamentaba o se basaba ese temor. Y para acreditar estos datos objetivos la ley no exigía prueba plena, sino simplemente indicios suficientes que permitiesen colegir que aquel reunía los requisitos legales y convencionales exigidos para obtener el estatuto de asilado[30]. En este sentido, el Tribunal Supremo ha puesto de manifiesto de manera reiterada que "*de conformidad con lo prevenido en el artículo 8 de la Ley 5/1984, para la concesión del derecho de asilo no es necesaria una prueba plena de que el solicitante haya sufrido en su país de origen persecución por razones de raza, etnia, religión, pertenencia a un grupo social específico, u opiniones o actividades políticas, o de cualquiera otra de las causas que permitan el otorgamiento del asilo,*

---

puramente económicas y se han ido abriendo en la jurisprudencia de distintos Estados la necesidad de conceder el derecho de asilo en dos situaciones distintas: en primer lugar, reconocer la existencia de persecución por terceros cuando los poderes públicos la fomenten o autoricen y la segunda significa reconocer no solo que existe persecución si los poderes públicos la toleran o la fomentan, sino también si esas autoridades se niegan a otorgar la protección o son incapaces de hacerlo. Vid. El derecho de asilo..., cit., p. 98.

30 Disponía el artículo 8 de la Ley 5/1984, de 26 de marzo, reguladora del derecho de asilo y de la condición de refugiado, modificada por la ley 9/1994, de 19 de mayo: "*Para que se resuelva favorablemente la solicitud de asilo bastará que aparezcan indicios suficientes, según la naturaleza de cada caso, para deducir que el solicitante cumple los requisitos a que se refiere el número 1 del artículo 3 de esta Ley*".

bastando que existan indicios suficientes, según la naturaleza de cada caso, para deducir que se da alguno de los supuestos establecidos en los números 1 a 3 del artículo 3 de la mencionada Ley 5/1984. Pero es imprescindible que, al menos, exista esa prueba indiciaria, pues de otro modo todo ciudadano de un país en que se produzcan graves trastornos sociales, con ausencia de protección de los derechos básicos del hombre, tendría automáticamente derecho a la concesión del asilo la que no es, desde luego, la finalidad de la institución"[31]. A mi juicio, solo merece una valoración positiva el hecho de que la ley española exigiera solo la prueba indiciaria a efectos de considerarse acreditado que el temor a sufrir una persecución política en el país de origen estaba dotado de credibilidad. Téngase en cuenta a este respecto que, en la mayoría de las ocasiones, dado lo complejo de las situaciones que dan lugar a la petición del estatuto de asilado, resultaba muy difícil, por no decir imposible, aportar pruebas concluyentes o terminantes que corroborasen los datos objetivos que fundamentan el temor a la persecución. En consecuencia, tanto la Administración como los Tribunales, en los casos de asilo y refugio, debían comprobar y determinar si existían indicios bastantes que permitiesen llegar a la conclusión de que el solicitante de la condición de asilado pudiera ser objeto de persecución política.

Por lo demás, y como con acierto ha señalado Blanquer[32], tales indicios debían constituir una prueba suficiente que permitiera discernir cuando nos encontrábamos ante una solicitud de asilo que respondía a un temor fundado y cuando nos encontrábamos ante una solicitud de asilo que encubría un caso de inmigración económica. Y es que, en efecto, de lo expuesto hasta aquí, se deduce claramente que las condiciones de penuria económica en el país de origen no se contempla-

---

[31] Vid., por todas, la sentencia de la Sala 3ª del Tribunal Supremo de 14 de diciembre de 2006.

[32] Asilo político..., cit., p. 212.

ban ni en el ordenamiento jurídico español ni en la Convención de Ginebra sobre el estatuto de los refugiados como causa para conceder el asilo; y, sin embargo, es y ha sido frecuente la utilización de este instrumento de forma fraudulenta para enmascarar verdaderas situaciones de migración económica. Que no era posible solicitar y obtener el estatuto de asilado en base a motivaciones de tipo económico al no ser causa de asilo lo ha puesto de manifiesto en numerosas ocasiones el más alto Tribunal de la jurisdicción ordinaria. Así, en la sentencia de la Sala 3ª del Tribunal Supremo de 14 de diciembre de 2006 puede leerse: "*Los hechos relevantes en materia de asilo son los que la solicitante expuso ante la Administración, que son los aceptados por la sentencia impugnada, y de la lectura del relato expuesto en dicha solicitud de asilo (que con ocasión del reexamen la solicitante simplemente ratificó sin añadir ningún dato novedoso) resulta con toda evidencia que tan solo esgrimió entonces razones económicas, y no una persecución por alguno de los motivos a que se refiere el artículo 1.2 de la Convención de Ginebra sobre el Estatuto de los Refugiados de 28 de julio de 1951, es decir, una persecución por motivos de raza, religión, nacionalidad, pertenencia a determinado grupo social u opiniones políticas. Simplemente aludió entonces, en términos más que sucintos, al deseo de mejorar económicamente, refiriendo, pues, un mero descontento con las condiciones de vida en Cuba que, por si solo, no es causa de asilo, según jurisprudencia consolidada y uniforme*"[33].

2. Causas de denegación del asilo.

Si la existencia del temor fundado de sufrir persecución política constituía y constituye la causa fundamental para conceder el asilo, la Ley 5/1984, de 26 de marzo, y como contrapartida, establecía las causas que podían dar lugar a la denegación de aquel. Era, justamente, el artículo 3.2 de la Ley el que contemplaba este extremo, remitiéndose a estos efectos

---

[33] En el mismo sentido vid. la sentencia de la Sala 3ª del Tribunal Supremo de 29 de noviembre de 2007.

a la Convención de Ginebra, en concreto, a sus artículos 1.F y 33. 2[34]. De conformidad con el primero de estos preceptos[35], se excluye de la posibilidad de conseguir la condición de refugiado a todos aquellos que hayan cometido un delito contra la paz, un delito de guerra o un delito contra la humanidad, un delito común grave fuera del país de refugio o asilo así como ser culpable de actos contrarios a las finalidades y a los principios de la ONU. Y de acuerdo con el segundo de los preceptos citados (art. 33.2 de la Convención[36]), podrá ser objeto de refoulement el refugiado que sea considerado un peligro para la seguridad del país donde se encuentre o que, condenado por sentencia firme por delito grave, constituya una amenaza para la seguridad de tal país.

---

34 Disponía el artículo 3.2 de la Ley 5/1984: "*No se concederá asilo a quienes se encuentren comprendidos en alguno de los supuestos previstos en los artículos 1.F y 33.2 de la Convención de Ginebra*".

35 Establece textualmente el artículo 1.F. de la Convención de Ginebra: "*Las disposiciones de esta Convención no serán aplicables a persona alguna respecto de la cual existan motivos fundados para considerar:*
Que ha cometido u delito contra la paz, un delito de guerra o un delito contra la humanidad, de los definidos en los instrumentos internacionales elaborados para adoptar disposiciones respecto de tales delitos.
Que ha cometido un grave delito común, fuera del país de refugio, antes de ser admitida en él como refugiada.
Que se ha hecho culpable de actos contrarios a las finalidades y a los principios de las Naciones Unidas".

36 Dispone el artículo 33.2 de la Convención de Ginebra de 1951: "*Prohibición de expulsión y de devolución. 2. Sin embargo, no podrá invocar los beneficios de la presente disposición el refugiado que sea considerado, por razones fundadas, como un peligro para la seguridad del país donde se encuentra, o que, habiendo sido objeto de una condena definitiva por un delito particularmente grave, constituya una amenaza para la comunidad de tal país*".

2.2. Procedimiento de asilo

La Ley 9/1994, de 19 de mayo, por la que se modificó la primigenia ley 5/1984 reguladora del derecho de asilo y de la condición de refugiado, estructuró en dos fases el procedimiento para la concesión del asilo. Así, la primera era una fase de admisión o inadmisión a trámite de la solicitud de asilo mientras que la segunda fase era la de concesión o denegación del asilo solicitado.

La introducción de esa fase inicial que la ley configuraba como un procedimiento con sustantividad propia y dotado de una especial rapidez en su resolución, aparecía justificado como necesario en la Exposición de Motivos de la precitada ley en base a dos órdenes de consideraciones. En primer lugar, resolver de forma apresurada las solicitudes de asilo abusivas e infundadas. Y es que en efecto, la práctica había demostrado que cada vez se presentaban más solicitudes por parte de simples inmigrantes económicos que ralentizaban la resolución de aquellas solicitudes presentadas por extranjeros en los que concurrían los requisitos necesarios para reconocerles el estatuto de refugiado o asilado. En consecuencia, se hizo patente, en aras a evitar los perjuicios para los verdaderamente necesitados de protección internacional, la necesidad de resolver sin realizar un análisis a fondo de aquellas solicitudes claramente infundadas, las cuales además habían servido de cauce principal para la entrada de inmigrantes irregulares en nuestro país. Y en segundo lugar, la segunda justificación que se otorgó por el legislador para la introducción de esta fase inicial fue rechazar de forma ágil y acelerada aquellas solicitudes de asilo sobre cuya resolución no era competente el Estado español y aquellas en que existiese otro Estado en condiciones de prestar la protección. En relación con este tema no está de más llamar la atención sobre el hecho de que el legislador español estableció este procedimiento de conformidad con las recomendaciones del propio Alto Comisionado de Naciones Unidas para los Refugiados (ACNUR) el cual más de diez años antes, en concreto en 1983, en la conclusión nº 30 señaló que *"las solicitudes de la condición de refugiado por personas que indudablemente no tenían razones válidas para ser consideradas tales con arreglo a los criterios aplicables constituían un grave problema en varios Estados parte en la Convención de 1951 y en el Protocolo de 1967, las cuales "constituyen una carga para los países afectados y van en detrimento de los intereses de los solicitantes que tenían razones válidas para pedir el reconocimiento como refugiados"* y, en consecuencia "*consideró que sería útil que los procedimientos nacionales para determinar la condición de refugiado incluyesen una disposición especial para tramitar de manera expedita aquellas solicitudes que a todas luces carezcan de fundamento como para justificar un examen completo en todas las etapas del procedimiento"*. De la misma manera, el legislador español también reguló este procedimiento de conformidad con lo estipulado por la Unión Europea, en concreto por el Convenio de Dublín de 1990 relativo a la determinación del Estado responsable del examen de las solicitudes de asilo presentadas en los Estados miembros de las Comunidades Europeas (ratificado por España en 1995) y por el Acuerdo de Schengen por el que determinados países de Europa, entre ellos España, suprimieron los controles en las fronteras interiores entre esos países y trasladaron esos controles a las fronteras exteriores con terceros países.

A. Presentación de la solicitud y efectos.

Para poner en marcha el procedimiento de asilo devenía necesario presentar la solicitud por parte de quien desease adquirir el estatuto de asilado. La presentación de la solicitud podía realizarse en cualquiera de los lugares establecidos en el artículo 4 del Real Decreto 203/1995, de 10 de febrero, por el que se desarrollaba la Ley 5/1984, a saber: Oficina de Asilo y Refugio (OAR), puestos fronterizos de entrada al territorio español, Oficinas de extranjeros, Comisarías Provinciales de

Policía o Comisarias de distrito que se señalen mediante orden del Ministro de Justicia e Interior y Misiones diplomáticas y oficinas consulares españolas en el extranjero[37]. En las citadas dependencias debía existir un folleto con toda la información útil para los solicitantes de asilo, que les debía ser entregado en el momento de formular al solicitud para que pudiesen entrar en contacto con las organizaciones que estimasen pertinentes (art. 5.1 Real Decreto 203/1995) e igualmente se les debía informar de todos los derechos que les reconocía la ley tales como el derecho a intérprete y a la asistencia letrada así como atención médica y se les informaría de los servicios sociales existentes para que pudieran cubrir sus más elementales e inmediatas necesidades humanas (art. 5.2 Real Decreto 203/1995). El ex-

---

[37] Señala Martín Arribas que de todas las dependencias nacionales destaca por su composición, funcionamiento y atribuciones, la OAR. Está dirigida por el Subdirector General de Asilo y hacia ella se remiten las solicitudes de asilo, los documentos que las acompañan y los informes correspondientes. Asimismo, indica con acierto este autor que ejerce tareas de trascendental importancia en todo el procedimiento, como entre otras, las de carácter administrativo o de secretariado para la Comisión Interministerial de Asilo y Refugio; las informativas en una triple dirección, puesto que además de orientar a los solicitantes de asilo, también comunica periódicamente a la CIAR las inadmisiones acordadas y los criterios aplicados y proporciona al ACNUR datos en sintonía con lo preceptuado en el artículo 35 del Convenio de Ginebra; las procedimentales propiamente dichas, en el sentido de que debe instruir los expedientes para la concesión de asilo; y las orientativas o recomendatorias, al tener capacidad para proponer al Ministerio del Interior las inadmisiones a trámite de las solicitudes de asilo y proponer a la CIAR, en determinados casos, que el solicitante de asilo permanezca en territorio español. Y concluye Martín Arribas señalando que, en realidad, la OAR es el organismo administrativo sobre el que giran y descansan todas las actuaciones más relevantes que son necesarias para examinar cada solicitud de asilo y conceder o denegar el derecho de asilo que se solicite en España. Vid. *Los Estados europeos...*, cit., p 282.

tranjero que llegaba a territorio español no podía presentar la solicitud de asilo cuando considerase oportuno. Antes al contrario, el reglamento de aplicación de la ley de asilo establecía como regla general que dicha solicitud debía presentarse en el plazo de un mes desde la entrada de aquel en territorio español. Esta exigencia de la normativa reglamentaria de asilo y refugio me parecía perfectamente coherente con la finalidad de estos instrumentos que se concreta, justamente, en otorgar protección al extranjero que tiene un temor fundado a padecer persecución política en su país de origen. En consecuencia, dejar transcurrir por parte del extranjero el paso del tiempo en territorio español sin solicitar el asilo constituía un indicio más que probable de que aquel no tiene ese temor fundado a la persecución política en su país de origen. A mayor abundamiento, sería posible afirmar que la dilación o la demora en la puesta en marcha del procedimiento de asilo dejando transcurrir meses o incluso años desde la entrada en territorio español del extranjero sería consecuencia del intento por parte de este de utilizar con fines espurios[38] aquel procedimiento. La importancia de no demorar la presentación de la solicitud de asilo una vez que se ha accedido a territorio español en esta primera fase del procedimiento de asilo en tanto que su retraso podía justificar la inadmisión a trámite de la solicitud de asilo, ha constituido jurisprudencia constante de nuestro Tribunal Supremo. Así, y a mero título de ejemplo, en la sentencia de la sala 3ª de 31 de octubre de 2007 puede leerse: *"Singularmente,*

---

38 Fines fraudulentos a los que se refiere el artículo 7.2 del reglamento de aplicación de la ley de asilo de 1995: "*Cuando se trate de un solicitante que haya permanecido en situación de ilegalidad durante más de un mes, o haya presentado una solicitud de asilo teniendo incoada una orden de expulsión, la solicitud se presumirá incursa en el párrafo d) del apartado 6 del artículo 5 de la Ley 5/1984, reguladora del derecho de asilo y de la condición de refugiado, y se examinará por el procedimiento ordinario de inadmisión a trámite*".

nada dice (el recurrente) para explicar o justificar la dilación en la presentación de su solicitud que, como resalta la sentencia de instancia, por si misma justifica el pronunciamiento de inadmisión a trámite y legitima la decisión de la Administración".

La regla general de presentación de la solicitud de asilo en territorio español en un mes desde la entrada en España del extranjero, conocía distintas excepciones previstas igualmente en el artículo 7 del Reglamento de aplicación de la Ley, a saber:

a)Cuando el extranjero disfrutaba de un periodo de estancia legal superior a un mes, debía presentar la solicitud antes de que expirase dicho periodo.

b) Cuando la solicitud de asilo se presentase como consecuencia de causas sobrevenidas en el país de origen, el plazo de un mes se computaría a partir del momento en que se hayan producido los hechos que justifiquen su temor a ser perseguido.

Presentada la solicitud de asilo, la misma se debía poner en conocimiento del ACNUR, el cual podía informarse de la situación de los expedientes, estar presente en las audiencias del solicitante y presentar informes verbales o escritos ante el órgano encargado de resolver que era y es el Ministro del Interior (art. 5.5 de la Ley 5/1984)[39]. Dada la celeridad de este procedimiento de admisión a trámite, no puede sino ser valorado positivamente esta garantía que el legislador estableció en be-

---

[39] Dispone el artículo 5.5 de la Ley:" *Se comunicará al Alto Comisionado de las Naciones Unidas para Refugiados la presentación de las solicitudes de asilo. El Alto Comisionado podrá informarse de la situación de los expedientes, estar presente en las audiencias al solicitante y presentar informes, verbales o escritos, por si o por representante apoderado al efecto, ante el Ministerio del Interior. Igualmente, se permitirá a las asociaciones legalmente reconocidas que entre sus objetivos tengan el asesoramiento y ayuda al refugiado y la presentación de informes escritos ante el Ministro del Interior".*

neficio del solicitante de asilo. Como bien señala Blanquer[40], teniendo en cuenta que se trata de un organismo dependiente de Naciones Unidas, su intervención en estos expedientes administrativos constituye una importante garantía para aquel. Todo ello sin perjuicio de que tal y como se desprendía de la literalidad de la ley de asilo y de su reglamento de desarrollo de 1995, tal informe del ACNUR no era preceptivo por lo que no puede resultar extraño que el Tribunal Supremo haya considerado que la falta del mismo no impedía resolver ni era causa para anular el acuerdo denegatorio del asilo puesto que no se trataba de un defecto invalidante[41].

Probablemente, los efectos más importante que producía la presentación de la solicitud de asilo eran, por una parte, y de conformidad con el artículo 5. 1 de la Ley, la prohibición de expulsión del extranjero que lo solicitase hasta que se hubiera inadmitido a trámite su petición o se hubiese resuelto sobre la misma. Ahora bien, en este ámbito, el legislador y su reglamento de desarrollo habilitaban al Gobierno a adoptar las medidas cautelares pertinentes por motivos de salud o seguridad públicas y por necesidades humanas inmediatas. Y por otra parte, otro efecto esencial que producía la presentación de la solicitud de asilo, de acuerdo con el artículo 5.2 de la precitada Ley, era la suspensión del fallo de cualquier proceso de extradición o de su ejecución hasta la resolución definitiva del proceso de asilo. Y a tales efectos, el legislador mandataba que la solicitud de asilo se comunicase de forma inmediata al órgano que estuviera conociendo del proceso de extradición[42].

---

40 *Asilo político...*, cit., p. 131.

41 Vid. la STS de la sala 3ª de 18 de marzo de 2000.

42 En relación con este tema, señala García Macho que existe una relación causa-efecto entre el asilo y la no extradición, debiendo interpretarse en ese sentido que la mera solicitud de asilo paralice la extradición. Vid., “El derecho de asilo y ..., cit., p. 779.

B. Inadmisión a trámite de la solicitud

La solicitud de asilo podía ser inadmitida a trámite siempre y cuando concurriese alguna de las circunstancias previstas de forma expresa en la Ley 5/1984, en concreto en su artículo 5.6. De conformidad con este precepto legal, el órgano decisor (Ministro del Interior) a propuesta del órgano encargado de la instrucción de las solicitudes de asilo (OAR) y previa audiencia del representante en España del ACNUR, podía inadmitir a trámite aquellas solicitudes en la que concurriese en el interesado las siguientes circunstancias:

a) Las previstas en los artículos 1.F[43] y 32.2[44] de la Convención de Ginebra sobre el Estatuto de los Refugiados de 1951.

b) Que en la solicitud no se alegase ninguna de las causas que dan lugar al reconocimiento de la condición de refugiado.

c)Que se tratase de la mera reiteración de una solicitud ya denegada en España, siempre y cuando no se hubieran produ-

---

[43] Dispone el artículo 1 F de la Convención de Ginebra: "*Las disposiciones de esta Convención no serán aplicables a persona alguna respecto de la cual existan motivos fundados para considerar:*
Que ha cometido un delito contra la paz, u delito de guerra o un delito contra la humanidad, de los definidos en los instrumentos internacionales elaborados para adoptar disposiciones respecto de tales delitos.
Que ha cometido un grave delito común, fuera del país de refugio, antes de ser admitida en él como refugiada
Que se ha hecho culpable de actos contrarios a las finalidades y a los principios de las naciones Unidas".

[44] Dispone el artículo 32.2 de la Convención de Ginebra: "*2.La expulsión del refugiado únicamente se efectuará, en tal caso, en virtud de una decisión tomada conforme a los procedimientos legales vigentes. A no ser que se opongan a ello razones imperiosas de seguridad nacional, se deberá permitir al refugiado presentar pruebas exculpatorias, formular recurso de apelación y hacerse representar a este efecto ante la autoridad competente o ante una o varias personas especialmente designadas por la autoridad competente*".

cido nuevas circunstancias en el país de origen que pudieran suponer un cambio sustancial en el fondo de la solicitud.

d) Que la solicitud se basase en hechos, datos o alegaciones manifiestamente falsos, inverosímiles o que, por carecer de vigencia actual, no fundamentasen una necesidad de protección.

e) Cuando no correspondiese a España su examen de conformidad con los Convenios Internacionales en que fuera Parte, debiéndose comunicar al solicitante el Estado al que compete examinar su solicitud[45].

f) Cuando el solicitante se hallase reconocido como refugiado y tuviese derecho a residir o a obtener asilo en un tercer Estado, o cuando procediese de un tercer Estado cuya protección hubiera podido solicitar, sin que en dicho tercer Estado existiese peligro para su vida, su libertad o su integridad física y moral y tuviese protección efectiva contra la devolución al país perseguidor.

Tal y como se desprendía del artículo 5.6 de la Ley 5/1984 y de los artículos 17 y 18 de su Reglamento de aplicación, se trataba una lista de causas tasadas de inadmisión a trámite puesto que tanto la OAR al elaborar su propuesta de resolución como el Ministro de Interior al adoptar su resolución deberían basar la misma en la concurrencia evidente de algunas de dichas circunstancias. Justamente, para adoptar el Ministro del Interior la resolución de inadmisión a trámite debía tener en cuenta aquella propuesta así como el informe, si se hubiere emitido,

---

45 A este respecto señalaba la Ley que "*en la resolución de inadmisión a trámite se indicará al solicitante el Estado responsable de examinar su solicitud. En este supuesto, dicho Estado habrá aceptado explícitamente dicha responsabilidad y se obtendrán, en todo caso, garantías suficientes de protección para su vida, libertad y demás principios indicados en la Convención de Ginebra, en el territorio de dicho Estado*".

del representante en España del ACNUR; resolución de inadmisión a trámite que la ley exigía que fuese motivada.

La exigencia legal de que la referida resolución fuera motivada en esta primera fase del procedimiento de asilo o fase de inadmisión a trámite merece, al igual que hemos dicho antes en relación con la intervención del representante en España del ACNUR, una valoración positiva puesto que habida cuenta de lo acelerado de este procedimiento, dicha exigencia de motivación se erigía en una garantía añadida para el solicitante de asilo. Es más, como con acierto se ha puesto de manifiesto, el establecimiento de una lista cerrada de causas de inadmisión a trámite junto con esta exigencia de motivación de la resolución de inadmisión por parte del Ministro del Interior, proporcionaba al extranjero que solicita asilo la seguridad de que la misma sería controlable jurisdiccionalmente para determinar si la precitada motivación podía subsumirse en alguna de las causas prevista en la ley[46]. Justamente, esa exigencia de motivación impedía que por parte del Gobierno pudiera inadmitirse a trámite una solicitud de asilo haciendo referencia simplemente a una de las causas tasadas previstas en la ley[47].

Por otra parte, la normativa española preveía unos plazos para resolver sobre la admisión o inadmisión a trámite de la solicitud de asilo. Tales plazos devenían una garantía también para los solicitantes de asilo habida cuenta que en el supuesto en el que la Administración no resolviese en los plazos estipulados reglamentariamente, se consideraba admitida a trámite la

---

46 Vid. Blanquer, D., *Asilo político...*, cit., p. 180 y ss.

47 Como acertadamente ha puesto de manifiesto Santolaya Machetti, la existencia de una lista cerrada de causas de inadmisión a trámite de la solicitud de asilo no podía suponer en ningún caso una especie de autorización a la Administración para que no admitiese a trámite solicitudes de asilo con la mera cita o remisión al artículo 5.6 de la Ley 5/1984. Vid., *El derecho de asilo...*, cit., p. 68.

solicitud de asilo con los efectos y consecuencias que tal admisión conllevaba. En efecto, en el caso de que la solicitud se presentase en territorio español, el Ministro del Interior disponía de sesenta días desde que se presentó la solicitud para dictar la resolución, admitiendo o inadmitiendo la misma[48]. Transcurrido dicho plazo sin que aquel hubiera resuelto, se entendía admitida automáticamente a trámite la solicitud de asilo, esto es, el silencio administrativo se entendía en sentido positivo. El plazo, sin embargo, y de forma razonable, se acortaba en el caso de que la solicitud se presentase en frontera: cuatro días, esto es, en este supuesto la Administración venía obligada a resolver la solicitud de asilo en el plazo de cuatro días, transcurridos los cuales sin que el Ministro del Interior dictase la correspondiente resolución, se entendía que se admitía a trámite la solicitud de asilo presentada por el extranjero[49]; de nuevo, el silencio administrativo se entendía por la norma en sentido positivo.

Sea como fuere, lo cierto es que la resolución del Ministro del Interior en esta primera fase podía ser de inadmisión a trámite de la solicitud de asilo presentada; resolución de inadmisión cuyos efectos diferían dependiendo si la solicitud se

---

48 Dispone el artículo 17. 2 del Reglamento de aplicación de la ley de asilo: *"La propuesta motivada de inadmisión a trámite deberá elevarse al Ministro de Justicia e Interior, en el plazo máximo de treinta días, desde la presentación de la solicitud. El transcurso del plazo de sesenta días desde la presentación de la solicitud sin que esta se hubiera elevado al Ministro de Justicia e Interior, o sin que este órgano hubiere resuelto la misma, determinará la admisión a trámite de la solicitud. En este supuesto la dependencia que corresponda proveerá al solicitante de la autorización de permanencia a que se refiere el apartado 2 del artículo 13 del presente Reglamento"* .

49 Establece el artículo 20.2 del Real Decreto 203/1995: *"El transcurso de cuatro días sin que se notifique la inadmisión a trámite al interesado implicará la admisión a trámite de su solicitud y la consiguiente autorización de entrada al territorio español"*.

había realizado en frontera o dentro del territorio español. En el supuesto de que la solicitud de asilo se hubiera realizado en frontera, la resolución de inadmisión a trámite podía ser objeto de reexamen, es decir, de reconsideración por parte de la Administración siempre que lo solicitase el peticionario de asilo. La petición de reexamen se debía efectuar en el plazo de 24 horas desde la notificación de la resolución de inadmisión y producía la suspensión de los efectos que producía la inadmisión: el rechazo del extranjero en frontera[50]. Asimismo, y de nuevo en garantía del solicitante, con carácter previo a la resolución del reexamen, se debía dar audiencia al representante en España del ACNUR; solicitante que, en principio, y hasta que se resolviese su solicitud, debía permanecer en las dependencias habilitadas al efecto en el puesto fronterizo de que se tratase.

Ahora bien, la resolución del reexamen pedido por el solicitante de asilo podía quedar suspendida[51] siempre que este interpusiese frente a la misma el correspondiente recurso contencioso-administrativo y concurriesen dos circunstancias:

a)El extranjero solicitase expresamente su suspensión

b) Informe del representante en España del ACNUR favorable a la admisión a trámite de la solicitud de asilo.

Esta previsión contenida en el artículo 21.2 de la Ley por virtud de la cual se otorgaba al informe del representante de

---

50 Vid. los art. 5.7 y 17.1 de la Ley 5/1984.

51 Disponía el artículo 21.2 de la Ley 5/1984: *"La interposición por el solicitante del asilo de recurso contencioso-administrativo contra el acto que decida la petición de reexamen a que se refiere el artículo 5.7 suspenderá el acto administrativo cuando el actor así lo ha solicitado y la representación en España del Alto Comisionado de las Naciones Unidas para los Refugiados hubiera informado favorablemente la admisión a trámite de la solicitud de asilo"*.

ACNUR en España carácter suspensivo de la resolución del reexamen era bastante discutible desde una perspectiva constitucional. Y era bastante discutible porque dicha suspensión era, en definitiva, una medida cautelar y, por tanto, la misma tenía por finalidad evitar un riesgo en el desarrollo del proceso que pusiese en peligro la tutela judicial efectiva. Justamente, el marco jurídico para la imposición de medidas cautelares nace del derecho a la tutela judicial efectiva garantizado en el artículo 24 CE y la efectividad de este derecho fundamental es una tarea que corresponde realizar a los órganos judiciales. En consecuencia, una vez solicitada la suspensión por el solicitante de asilo, el juez debería tener en cuenta todas las circunstancias que concurren en el caso para decretar la suspensión y no solo el informe favorable del representante de ACNUR. ¿Acaso no sería posible que el juez decretará la suspensión con un informe desfavorable del ACNUR? Con esto lo que quiero poner de manifiesto es que la ley no podía hurtar al Poder Judicial una potestad que le corresponde por mandato constitucional y otorgársela a una instancia perteneciente al ámbito internacional, por muy loable que sea su labor. En definitiva, el informe del representante del ACNUR en España sería una circunstancia más a tener en cuenta por el órgano judicial, quizá de forma especial y siempre y cuando dicho informe estuviese debidamente motivado y fundamentado, para adoptar la suspensión de la resolución del reexamen de la resolución por la que se inadmitía a trámite la solicitud de asilo. En este sentido, no le faltaba razón a Santolaya Machetti cuando señalaba que una interpretación literal del precitado precepto legal era más que probable que fuera inconstitucional[52].

---

[52] *El derecho de asilo...* cit., p. 185. A mayor abundamiento señalaba Santolaya que es tan inconstitucional una norma que impide al juez adoptar medidas cautelares en una determinada materia como aquella que le obliga siempre y en abstracto a hacerlo.

Ciertamente, y como regla general, el rechazo de la admisión a trámite de la solicitud de asilo realizada en frontera, conllevaba el rechazo del extranjero. No obstante, tanto la Ley de 1984 como el Reglamento de 1995 preveían excepciones a dicha regla general. En primer lugar, por razones humanitarias o de interés público[53], el Ministro de Interior podía autorizar la entrada del extranjero y su permanencia en territorio español por un plazo de tiempo no inferior a seis meses. En segundo lugar, la segunda excepción a esa regla general venía determinada por la falta de la documentación necesaria o por el retraso en encontrar un medio de transporte que permitiese la devolución inmediata del solicitante de asilo, en cuyo caso el Ministro del Interior debía autorizar su entrada en España de conformidad con la ley de extranjería[54].

En caso de que se inadmitiese a trámite una solicitud de asilo presentada en territorio español, los efectos que producía

---

53 Disponía el artículo 17.2 de la Ley: "*No obstante lo dispuesto en el número anterior, por razones humanitarias o de interés público podrá autorizarse, en el marco de la legislación nacional de extranjería, la permanencia en España del interesado cuya solicitud haya sido inadmitida a trámite o denegada, en particular, cuando se trate de personas que, como consecuencia de conflictos o disturbios graves de carácter político, étnico o religioso, se hayan visto obligadas a abandonar su país y que no cumplan los requisitos a que se refiere el número 3 de esta Ley*".

54 Establece el artículo 22.3 del Reglamento de aplicación de la ley 5/1984: "*Notificada la inadmisión a trámite y transcurridos los plazos previstos en el artículo 5.7 de la Ley 5/1984, reguladora del derecho de asilo y de la condición de refugiado, cuando por carencia de documentación adecuada o demora en las posibilidades de transporte no fuera posible la devolución inmediata del extranjero, el Ministerio de Justicia e Interior autorizará su entrada en España conforme al artículo 12.4 de la Ley Orgánica 7/1985, de derechos y libertades de los extranjeros en España, decisión que, según las circunstancias, podrá ir acompañada de las medidas cautelares que se estimen oportunas conforme a la legislación de extranjería vigente, dando cuenta, en su caso, a la autoridad judicial*".

eran la salida obligatoria del extranjero en el plazo que se le indicase o bien su expulsión del territorio nacional. Sin embargo, este criterio general conocía de dos excepciones. En efecto, en primer lugar, si el solicitante de asilo inadmitido reúnía las condiciones necesarias para permanecer en nuestro país de conformidad con la legislación de extranjería, el Ministro del Interior podía autorizar la permanencia de aquel en España por un tiempo no inferior a 6 meses. Y en segundo lugar, y de la misma manera, el Ministro del Interior podía autorizar la permanencia del solicitante de asilo en nuestro país al que se le había inadmitido a trámite su solicitud de asilo, siempre que concurriesen razones humanitarias o de interés público[55].

Por lo demás, la resolución por la que se inadmitía a trámite una solicitud de asilo presentada en territorio español no podía ser objeto de reexamen. Esta posibilidad no aparecía contemplada en la Ley 5/1984, de 26 de marzo, reguladora del derecho de asilo y de la condición de refugiado, la cual consideraba que puesto que tal resolución de inadmisión ponía fin

---

55 Vid. el artículo 17 de la Ley 5/1984. En desarrollo de dicho precepto legal dispone el artículo 23 del Real Decreto 203/1995: "*1.La notificación de la inadmisión a trámite de la solicitud de asilo presentada en el territorio español irá acompañada de la orden de salida obligatoria del extranjero, en el plazo que se le indique, o de su expulsión del territorio nacional, según las circunstancias del caso, de acuerdo con lo dispuesto en los artículos 17.1 y 17.3 de la Ley 5/1984, reguladora del derecho de asilo y de la condición de refugiado, y en las normas de extranjería vigentes. 2.No obstante lo dispuesto en el apartado anterior, si el solicitante de asilo inadmitido reuniera los requisitos necesarios para permanecer en España con arreglo a la legislación general de extranjería, o si se considerara que existen razones humanitarias o de interés público conforme al artículo 17.2 de la Ley 5/1984, reguladora del derecho de asilo y de la condición de refugiado, el Ministro de Justicia e Interior, a propuesta de la Comisión Interministerial de Asilo y Refugio, podrá autorizar la permanencia en España del solicitante, en los términos previstos en el artículo 31.3 del presente Reglamento, por un periodo no inferior a seis meses*".

a la vía administrativa, la misma era susceptible de ser recurrida ante los tribunales de lo contencioso-administrativo[56].

C. Admisión a trámite de la solicitud de asilo y efectos

Admitida a trámite la solicitud de asilo, fuese en frontera o en territorio, continuaría el procedimiento de asilo, entrando en la fase de concesión o denegación del asilo solicitado, es decir, en la fase en la que la Administración entrará a conocer del fondo de la solicitud planteada.

Durante esta fase, el solicitante de asilo, si formuló su solicitud en frontera, tenía derecho a entrar y a permanecer en territorio español, y si dicha solicitud la formuló en territorio español, tenía derecho a seguir permaneciendo en él. El derecho de asilo perdería todo su sentido si estos efectos no se vinculasen a la admisión a trámite de la solicitud de aquel. Ambos derechos aparecían reconocidos en la ley 5/1984 y desarrollados por su reglamento de aplicación. Así, el artículo 4.2 de la ley señalaba que "*la admisión a trámite de la petición de asilo hecha en cualquier frontera supondrá la autorización de la entrada y de la permanencia provisional del solicitante, sin perjuicio de lo que pueda acordarse en la resolución definitiva del expediente*"[57], mientras que el artículo 5.1

---

[56] Establecía el artículo 21.1 de la Ley 5/1984: "*Las resoluciones previstas en la presente ley pondrán fin a la vía administrativa y serán recurribles ante la jurisdicción contencioso-administrativa, salvo en el caso de que haya sido presentada la petición de reexamen a que se refiere el artículo 5.7, en que se entenderá que pone fina la vía administrativa la resolución que decida dicha petición*".

[57] El artículo 11 del Reglamento establece: "*1. Toda la solicitud de asilo presentada en territorio español supondrá la autorización de permanencia provisional en España, cualquiera que sea la situación jurídica del solicitante según la legislación de extranjería o la documentación de que disponga, sin perjuicio de los dispuesto en el artículo 14 del presente Reglamento y de los supuestos de inadmisión a trámite previstos en el capítulo II.*

de la misma afirmaba que "*solicitado el asilo por cualquier extranjero, no podrá ser rechazado en frontera o expulsado hasta tanto se haya inadmitido a trámite su petición o resuelto sobre la misma*"[58] . Y si el Estado español no podía expulsar al solicitante de asilo al que se le había admitido a trámite su petición, resultaba obvio que, de ninguna manera, podía devolverlo a su país de origen donde aquel tenía temores fundados de ser objeto de persecución política. De nuevo, bien podemos afirmar que quedaría huero de contenido el derecho de asilo que tiene por finalidad, precisamente, otorgar protección al extranjero que se encuentra en tales circunstancias, si el Estado que está conociendo de su solicitud, lo devolviera al país donde su vida o su libertad peligrase por causa de su raza, religión, nacionalidad, pertenencia a determinado grupo social o de sus opiniones políticas.

Asimismo, nuestro ordenamiento jurídico preveía que la Administración otorgase al solicitante de asilo cuya solicitud se había admitido a trámite un documento provisional que acreditase su condición y que le habilitase para permanecer en España el tiempo que durase la tramitación del expediente.

La admisión a trámite de la petición de asilo, también llevaba aparejada una serie de prestaciones sociales y de trabajo para el solicitante lo cual no puede merecer sino una valoración muy positiva. Piénsese al respecto que en muchas ocasiones los expedientes de asilo tardan años en resolverse por lo que parecía bastante adecuado que la normativa arbitrase una

---

2. La admisión a trámite de una solicitud de asilo presentada en frontera tendrá los efectos previstos en el párrafo anterior".

58 Por su parte, el artículo 12 del Reglamento dispone: "*Solicitado el asilo en territorio español en los términos establecidos en el artículo 7, y de conformidad con lo dispuesto en el artículo 5.1 de la Ley 5/1984, reguladora del derecho de asilo y de la condición de refugiado, el extranjero no podrá ser expulsado hasta tanto se haya analizado y resuelto su petición, sin perjuicio de las medidas cautelares que puedan adoptarse por la autoridad competente*"

serie de medidas a su favor de naturaleza económico-social. Así, y cuando careciesen de medios económicos, podían beneficiarse de servicios sociales, educativos y sanitarios prestados por las Administraciones Públicas competentes[59], eso sí, dentro de las disponibilidades presupuestarias. De la misma forma, y atendiendo a las circunstancias concurrentes, y de conformidad con la legislación de extranjería, podía el solicitante de asilo ser autorizado a trabajar por la autoridad competente[60].

D. Efectos de la concesión del asilo

Instruido y resuelto el oportuno expediente, se debía notificar al interesado. La resolución podía ser, obviamente, favorable o desfavorable a la concesión del asilo.

Si la resolución era favorable y concedía el asilo al extranjero solicitante, siendo la finalidad esencial del asilo otorgar protección a aquel que teme fundadamente que va a ser objeto de persecución política, resulta obvio que el primer efecto derivado de aquella resolución es la imposibilidad de que el asilado sea devuelto al país en el que pudiera ser perseguido[61]. Si la resolución era favorable y concedía el asilo al extranjero solicitante, siendo la finalidad esencial del asilo otorgar protección a aquel que teme fundadamente que va a ser objeto de persecución política, resultaba obvio que el primer efecto derivado de aquella resolución era la imposibilidad de que el asilado sea devuelto al país en el que pudiera ser perseguido[62]. Asimismo, la resolución

---

[59] Vid. el artículo 15.1 del Real Decreto 203/1995, de 10 de febrero.

[60] Vid. el artículo 15.2 del Real Decreto 203/1995, de 10 de febrero.

[61] Establecía el artículo 12 de la Ley: *"La concesión de asilo otorga al extranjero el derecho a no ser devuelto al país donde pueda tener motivos para temer fundadamente persecución o castigo, en los términos del artículo 2"*.

[62] Establecía el artículo 12 de la Ley: *"La concesión de asilo otorga al extranjero el derecho a no ser devuelto al país donde pueda tener motivos para*

favorable suponía reconocer al solicitante la condición de refugiado, condición que podía extenderse a sus familiares[63], dotándole de un determinado estatuto compuesto por derechos y prestaciones que iban encaminados a facilitar la integración del asilado en nuestro país. En este sentido, obtenían autorización de residencia en España y autorización para desarrollar actividades laborales, profesionales y mercantiles[64]. Asimismo, se les debía expedir el documento de identidad necesario y el de viaje previsto en el artículo 28 de la Convención de Ginebra[65]. Se trataba de prestaciones previstas de manera expresa en la Ley pero no con carácter de *numerus clausus* puesto que la misma permitía que se les reconociesen otras prestaciones y medidas que apareciesen previstas en los Tratados internacionales referentes a los refugiados y que hubieran sido suscritos por España[66]. Incluso, si el asilado careciese de trabajo o medios económicos para atender sus necesidades y las de su familia podían beneficiarse de los servicios sociales, educativos y sanitarios prestados por la

temer fundadamente persecución o castigo, en os términos del artículo 2".

63 Disponía el artículo 10 de la Ley: "*Se concederá asilo, por extensión, a los ascendientes y descendientes en primer grado y al cónyuge del refugiado, o a la persona con la que se halle ligado por análoga relación de afectividad y convivencia, salvo los casos de separación legal, separación de hecho, divorcio, mayoría de edad o independencia familiar, en los que se valorará, por separado, la situación de cada miembro de la familia*".
En relación con la extensión familiar del asilo, señalaba Martín Arribas que nuestra legislación era muy generosa con la reagrupación familiar en comparación con las legislaciones de otros países de nuestro entorno jurídico. Vid., *Los Estados europeos...*, cit. p. 298.

64 No obstante, la Ley preveía que en el caso en que concurriesen circunstancias excepcionales de índole política, económica y social podría, con carácter general, denegarse la concesión de la autorización de residencia y trabajo (art. 16.1).

65 Vid. el artículo 13 de la Ley 5/1984 y el artículo 29 del Real Decreto 203/1995.

66 Vid. artículo 2.1 de la Ley 5/1984.

Administración pública y de todo tipo de programas generales o especiales que se estableciesen con la finalidad de facilitar su integración.[67] Pero no solo esto, sino que además el estatuto de los asilados y refugiados está compuesto en nuestro país por aquellos derechos y libertades de los que gozan los demás extranjeros[68], esto es, de conformidad con el artículo 13.1 CE, los asilados y/o refugiados gozarán en España de las libertades públicas que garantiza el Título II de aquella "*en los términos previstos por los tratados y la ley*"; derechos estos, tales como la libertad de residencia y circulación y el derecho de asociación, que podían limitarse por razones de seguridad nacional y por la consecuencias negativas para las relaciones exteriores de España, respectivamente[69].

E. Efectos de la denegación de asilo

Pero la resolución también podía ser desfavorable, tanto de forma expresa como de forma tácita. Y ello porque, a diferencia de la inadmisión a trámite en frontera donde el silencio admi-

---

67 Vid. artículo 30 del Real Decreto 203/1995.

68 Vid. el artículo 18.1 de la Ley 5/1984.

69 Disponía a este respecto el artículo 18.2 y 3 de la Ley reguladora del derecho de asilo y de la condición de refugiado: "*2.Sin embargo, por razones debidamente motivadas de seguridad del Estado, el Ministro del Interior podrá, con carácter temporal, adoptar para con el refugiado las medidas de alejamiento de fronteras o núcleos de población determinados singularmente o de fijación de la obligación de residencia en determinado lugar. También podrá acordar, por las mismas razones, presentaciones periódicas del refugiado ante la autoridad competente.*
3. Cuando las relaciones exteriores de España se viesen afectadas de modo grave y directo por actividades desarrolladas en España por una Asociación compuesta total o parcialmente por refugiados, que excedan del ejercicio del derecho de libre expresión reconocido en la Constitución, el Ministro del Interior podrá promover ante la autoridad judicial su disolución, así como la suspensión cautelar de las actividades de la misma".

nistrativo tenía efectos positivos, en la tramitación del expediente para conceder o denegar el asilo, el silencio de la Administración tenía efectos negativos, esto es, transcurrido el plazo de 6 meses desde la presentación de la solicitud, sin que hubiera resuelto el Ministro del Interior, se entendía desestimada[70].

Si la existencia del temor fundado de sufrir persecución política constituía y constituye la causa fundamental para conceder el asilo, la Ley 5/1984, de 26 de marzo, y como contrapartida, establecía las causas que podían dar lugar a la denegación de aquel. Era, justamente, el artículo 3.2 de la Ley el que contemplaba este extremo, remitiéndose a estos efectos a la Convención de Ginebra, en concreto, a sus artículos 1.F y 33. 2 . De conformidad con el primero de estos preceptos, se excluye de la posibilidad de conseguir la condición de refugiado a todos aquellos que hayan cometido un delito contra la paz, un delito de guerra o un delito contra la humanidad, un delito común grave fuera del país de refugio o asilo así como ser culpable de actos contrarios a las finalidades y a los principios de la ONU. Y de acuerdo con el segundo de los preceptos citados (art. 33.2 de la Convención, podrá ser objeto de refoulement el refugiado que sea considerado un peligro para la seguridad del país donde se encuentre o que, condenado por sentencia firme por delito grave, constituya una amenaza para la seguridad de tal país.

En cualquier caso, y fuera de estos supuestos mencionados, la consecuencia inmediata de dicha denegación no era, frente

---

[70] Dispone el artículo 24.4 del Reglamento de aplicación de la Ley 5/1994: "*El plazo máximo de tramitación del expediente será de seis meses. Transcurrido dicho plazo sin que recaiga resolución expresa sobre la solicitud de asilo formulada, ésta podrá entenderse desestimada, sin perjuicio de la obligación de la Administración de resolver expresamente. En los supuestos de tramitación a través de Misiones Diplomáticas u Oficinas Consulares, el plazo de seis meses comenzará a contar desde la recepción de la solicitud en la Oficina de Asilo y Refugio*".

a lo que pudiera pensarse, la salida obligatoria o la expulsión del territorio español. Esto último podía suceder en el supuesto de que el extranjero careciese de alguno de los requisitos exigidos por la legislación de extranjería para permanecer en España. Es más, incluso si el extranjero no reunía estos requisitos, la ley 5/1984 preveía la posibilidad de que por razones humanitarias o de interés público pudiera autorizarse la permanencia en España del solicitante de asilo[71], añadiendo su reglamento de aplicación, que dicha autorización revestiría la forma de autorización de estancia, debiendo el interesado solicitar una autorización de residencia temporal conforme a la ley de extranjería, que concedida surtiría efectos de autorización de trabajo hasta la resolución definitiva del expediente. No podemos sino afirmar la generosidad del legislador español. Ahora bien, si no concurrían razones humanitarias ni interés público para permanecer en territorio español, el extranjero, que hubiera visto denegada su solicitud de asilo, debía abandonar el territorio nacional en el plazo que se le

---

[71] Disponía el artículo 17 de la Ley: "*1.La inadmisión a trámite o la denegación de la solicitud de asilo determinarán el rechazo en frontera o la salida obligatoria o expulsión del territorio español, según los casos, del extranjero si careciera de alguno de los requisitos para entrar o permanecer en España de acuerdo con la legislación general de extranjería.*
2. No obstante lo dispuesto en el número anterior, por razones humanitarias o de interés público podrá autorizarse, en el marco de la legislación general de extranjería, la permanencia en España del interesado cuya solicitud haya sido inadmitida a trámite o denegada, en particular cuando se trate de personas que, como consecuencia de conflictos o disturbios graves de carácter político, étnico o religioso, se hayan visto obligadas a abandonar su país y que no cumplan los requisitos a que se refiere el número 1 del artículo tercero de esta Ley.
3. En todo caso, el rechazo o la expulsión del interesado no podrá determinar el incumplimiento de la obligación establecida en el apartado 1 del artículo 33 de la Convención de Ginebra sobre el Estatuto de los Refugiados, ni suponer el envío a un tercer Estado en que carezca de protección efectiva contra la devolución al país perseguidor, con arreglo a la citada Convención".

señalase al efecto, transcurrido el cual dejaba de beneficiarse de las prestaciones sociales y de trabajo de las que pudiera estar disfrutando[72].

---

[72] Dispone el artículo 31 del Real Decreto 203/1995: "*La notificación de la denegación de la solicitud de asilo irá acompañada de la orden de salida obligatoria del extranjero, en el plazo que se indique, de acuerdo con lo dispuesto en la normativa de extranjería vigente. Una vez finalizado este plazo, no se podrá beneficiar de las prestaciones contempladas en el artículo 15 del presente Reglamento, y quedará sujeto a la incoación de un expediente de expulsión del territorio nacional.*
2. No obstante, el extranjero cuya solicitud de asilo hubiese sido denegada, podrá permanecer en España si reúne los requisitos necesarios con arreglo a la legislación general de extranjería. Si se hubiese suspendido la tramitación o ejecución de una orden de expulsión en virtud de la solicitud de asilo, la denegación supondrá la continuación de las actuaciones.
3. El Ministro del Interior, a propuesta de la Comisión Interministerial de Asilo y Refugio, podrá autorizar la permanencia en España, conforme a lo previsto en el artículo 17.2 de la Ley 5/1984, de 26 de marzo, reguladora del derecho de asilo y de la condición de refugiado, siempre que se aprecien motivos serios y fundados para determinar que el retorno al país de origen supondría un riesgo real para la vida o la integridad física del interesado.
Dicha autorización revestirá la forma de autorización de estancia. En el plazo de un mes, contado desde la notificación de la resolución, salvo retrasos por causa justificada, el interesado deberá solicitar la autorización de residencia temporal prevista en el apartado 3 del artículo 45 del Reglamento de la Ley Orgánica 4/2000, de 11 de enero, sobre derechos y libertades de los extranjeros en España y su integración social . Una vez solicitada esta autorización, la resolución del Ministro del Interior por la que se autoriza la permanencia del interesado en España surtirá efectos de autorización de trabajo y permitirá, en su caso, el alta del interesado en la Seguridad Social, hasta que recaiga resolución expresa sobre la solicitud formulada. Estas circunstancias se harán constar expresamente en la propia resolución del Ministro del Interior.
4. Por razones humanitarias distintas de las señaladas en el apartado anterior, el Ministro del Interior, a propuesta de la Comisión Interministerial de Asilo y Refugio, podrá autorizar la permanencia del interesado en España y, en su caso, recomendar la concesión de una autorización de residencia conforme a lo previsto en el apartado 3 del artículo 45 del Reglamento de la Ley Orgánica 4/2000, de 11 de enero, sobre derechos y libertades de los extranjeros en España y su integración social, siempre y cuando la concurrencia de dichas razones humanitarias quede

La resolución por la cual se denegaba el asilo podía ser objeto de reconsideración en vía administrativa o bien podía ser objeto de control jurisdiccional. En efecto, la ley 5/1984 reguladora del derecho de asilo y de la condición de refugiado y en su desarrollo el Real Decreto 203/1995, preveían la posibilidad de que el solicitante pidiese la revisión o reexamen de su expediente a la Oficina de Asilo y Refugio siempre y cuando aportase nuevas pruebas o bien considerase que ya no existían las circunstancias que fundamentaban la denegación[73]. Asimismo, la precitada ley consideraba, tras su reforma por la 9/1994[74], que, como regla general, todas las resoluciones previstas en

---

acreditada en el expediente de solicitud de asilo. Dicha autorización de permanencia revestirá la forma de autorización de estancia.
5. Si a la finalización de la autorización de estancia o residencia concedida mantuvieran su vigencia los motivos que la justificaron, el interesado podrá instar, según proceda, la renovación de la autorización de estancia o de residencia temporal. Cuando proceda y, en todo caso, en los supuestos del apartado 3 de este artículo, la autoridad competente para ello solicitará informe a la Comisión Interministerial de Asilo y Refugio sobre dicha vigencia. Transcurridos tres meses desde la fecha de solicitud de renovación sin que haya recaído resolución expresa, se entenderá concedida la renovación por silencio positivo.
Alternativamente, y siempre que cumpla los requisitos establecidos a este efecto, a excepción del visado, el interesado podrá obtener una autorización de residencia y trabajo, de la duración que corresponda en función del tiempo que haya residido y, en su caso, trabajado legalmente en España".

73 Vid. el artículo 9 de la Ley y el artículo 38 de su Reglamento de aplicación.

74 Con anterioridad a su reforma por la ley de 1994, la Ley reguladora del derecho de asilo y de la condición de refugiado no preveía la posibilidad de que la resolución denegatoria del asilo por parte del Ministro del Interior fuera controlable jurisdiccionalmente; tan solo se preveía su revisión en vía administrativa ante el Consejo de Ministros habida cuenta de la configuración del asilo como acto graciable. Sin embargo, tal situación no pasó desapercibida por la doctrina, quien consideró que la misma producía una clara indefensión al solicitante. Vid. en este sentido, García Macho, R., "El derecho de asilo y del..., cit., p. 784.

ella ponían fin a la vía administrativa y, en consecuencia, eran recurribles ante la jurisdicción contencioso-administrativa[75], recursos a los que se otorgaba una tramitación preferente. Por lo demás, no puede resultar extraño que la norma atribuyese esta competencia a la jurisdicción contencioso-administrativa puesto que al proceder tales resoluciones del Ministro del Interior las mismas son auténticos actos administrativos.

3. EL DERECHO DE ASILO EN LA LEY 12/2009, DE 30 DE OCTUBRE, REGULADORA DEL DERECHO DE ASILO Y DE LA PROTECCIÓN SUBSIDIARIA

En octubre de 2009, el legislador español aprueba una nueva ley de asilo por virtud de la cual se derogaba la anterior Ley 5/1984, de 26 de marzo, reguladora del derecho de asilo y de la condición de refugiado.

La nueva ley se promulga en el marco de la construcción del Sistema Europeo Común de Asilo, que se inicia con el Tratado de Ámsterdam de 1997, y cuyo objetivo es establecer unos estándares mínimos en los países de la Unión Europea en torno a diferentes cuestiones relativas al derecho de asilo, especialmente la acogida y tramitación de las solicitudes de asilo. La primera fase en la construcción del SECA culmina en 2004, fase esta en la que verán la luz normas comunitarias, básicamente directivas, que era necesario incorporar al Derecho español. Precisamente, dicha normativa comunitaria exigía la promulgación de una nueva de Ley de asilo, ley que debía transponer dichas directivas. Y como bien señala el legislador en el Preámbulo de

---

75 Con la salvedad de que se hubiese presentado petición de reexamen en frontera a que se refería el artículo 5.7 de la ley puesto que se entendía que era la resolución de esta petición la que ponía fin a la vía administrativa.

la Ley, de entre las precitadas normas "*destacan, por afectar al núcleo de todo sistema de asilo, la Directiva 2004/83/CE, del Consejo, de 29 de abril, por la que se establecen normas mínimas relativas a los requisitos para el reconocimiento y el estatuto de nacionales de terceros países o apátridas como refugiados o personas que necesitan otro tipo de protección internacional y al contenido de la protección concedida; la Directiva 2005/85/CE*[76]*, del Consejo, de 1 de diciembre, sobre normas mínimas para los procedimientos que deben aplicar los Estados miembros para conceder o retirar la condición de refugiado; y el Capítulo V de la Directiva 2003/86/CE, del Consejo, de 22 de septiembre, sobre el derecho de reagrupación familiar relativo a los refugiados*"[77].

Pero la nueva ley no solo será consecuencia de la normativa comunitaria sino que también vendrá motivada por exigencias internas. En efecto, la norma va a introducir disposiciones, respetando el mínimo establecido por la normativa europea, encaminadas a profundizar en la eficacia de la protección internacional otorgada por nuestro ordenamiento jurídico. E igualmente, no puede pasarse por alto la obsolescencia de la antigua ley, la cual, como bien señala la ley de 2009 en su Preámbulo, contenía "*disposiciones que, con el transcurso del tiempo, han perdido eficacia, a la vez que, por su relativa antigüedad, no*

---

76 La Directiva 2005/85/CE ha sido derogada por el artículo 53 de la Directiva 2013/32/UE del Parlamento Europeo y del Consejo, de 26 de junio de 2013, sobre procedimientos comunes para la concesión o la retirada de la protección internacional.

77 Y añade el legislador en su Preámbulo: "*La transposición de esta legislación de la Unión Europea supone la total acogida en nuestro ordenamiento de la denominada Primera Fase del Sistema Europeo Común de Asilo, tal y como se recoge en las Conclusiones de Tampere de 1999 y se ratifica en el Programa de La Haya de 2004, pues contiene las bases para la constitución de un completo régimen de protección internacional garante de los derechos fundamentales, partiendo de la Convención de Ginebra de 1951 y el Protocolo de Nueva York de 1967, sobre el estatuto de los refugiados como piedra angular del régimen jurídico internacional de protección de las personas refugiadas*".

contempla cuestiones que en la actualidad son esenciales e insoslayables en el ámbito de la protección internacional".

Las exigencias europeas y las exigencias nacionales denotaban que la necesaria reforma de la ley de asilo había de tener tal entidad que desaconsejaba, en buenos principios de técnica legislativa, llevar a cabo modificaciones parciales de la ley 5/1984. Se imponía, pues, la elaboración y aprobación de una nueva ley. Como se puso de manifiesto en el Preámbulo de la Ley 12/2009, de 30 de octubre, reguladora del derecho de asilo y de la protección subsidiaria, la elaboración de esta nueva ley "*ha de permitir tanto satisfacer adecuadamente las necesidades derivadas de la incorporación del amplio elenco de actos normativos de la Unión Europea, como reflejar de modo adecuado las nuevas interpretaciones y criterios surgidos en la doctrina internacional y en la jurisprudencia de órganos supranacionales como el Tribunal de Justicia de las Comunidades Europeas o el Tribunal Europeo de Derechos Humanos, con el objeto de mejorar las garantías de las personas solicitantes y beneficiarias de protección internacional".*

3.1. El concepto de protección internacional

La Ley 12/2009, de 30 de octubre, introduce de manera expresa en nuestro ordenamiento jurídico un concepto amplio como es el de protección internacional; concepto amplio porque incluye tanto el derecho de asilo como el derecho a la protección subsidiaria.

El derecho de asilo se sigue definiendo de forma prácticamente idéntica a como lo hacía la Ley de 1984, tras su reforma por la ley 9/1994, viniendo a ratificar la eliminación de la dualidad asilo-refugio que se contenía en la primigenia ley de 1984. En este sentido, el derecho de asilo, según reza el artículo 2 de la Ley, "*es la protección dispensada a los nacionales no comunitarios o a los apátridas a quienes se reconozca la condición de refugiado en los términos definidos en el artículo 3 de esta Ley y en la Convención sobre el Estatuto de los Refugiados, hecha en Ginebra el 28 de julio de 1951, y su Protocolo, suscrito en Nueva York el 31 de enero de 1967".* Y es justamente el artículo 3 el que determina en quienes concurren las circunstancias para obtener la condición de refugiado incorporando a la norma de manera expresa lo preceptuado en la Convención de Ginebra. Así, se reconocerá esta condición de refugiado *"a toda persona que, debido a fundados temores de ser perseguida por motivos de raza, religión, nacionalidad, opiniones políticas, pertenencia a determinado grupo social, de género u orientación sexual, se encuentra fuera del país de su nacionalidad y no puede o, a causa de dichos temores, no quiere acogerse a la protección de tal país, o al apátrida que, careciendo de nacionalidad y hallándose fuera del país donde antes tuviera su residencia habitual, por los mismos motivos no puede o, a causa de dichos temores, no quiere regresar a él, y no esté incurso en alguna de las causas de exclusión del artículo 8*[78] *o de las causas de denegación o revocación del*

[78] Dispone el artículo 8 de la ley 12/2009: "*1. Quedarán excluidas de la condición de refugiados:*
a) las personas que estén comprendidas en el ámbito de aplicación de la sección D del artículo 1 de la Convención de Ginebra en lo relativo a la protección o asistencia de un órgano u organismo de las Naciones Unidas distinto del Alto Comisionado de las Naciones Unidas para los Refugiados. Cuando esta protección o asistencia haya cesado por cualquier motivo, sin que la suerte de tales personas se haya solucionado definitivamente con arreglo a las Resoluciones aprobadas sobre el particular por la Asamblea General de las Naciones Unidas, aquéllas tendrán, «ipso facto», derecho a los beneficios del asilo regulado en la presente Ley;
b) las personas a quienes las autoridades competentes del país donde hayan fijado su residencia les hayan reconocido los derechos y obligaciones que son inherentes a la posesión de la nacionalidad de tal país, o derechos y obligaciones equivalentes a ellos.
2. También quedarán excluidas las personas extranjeras sobre las que existan motivos fundados para considerar que:
a) han cometido un delito contra la paz, un delito de guerra o un delito contra la humanidad, de los definidos en los instrumentos internacionales que establecen disposiciones relativas a tales delitos;

artículo 9[79]*"*.Estos fundados temores de persecución política se deben basar, según el artículo 6 de la nueva ley que no es sino fruto de la transposición literal del artículo 9.1 de la Directiva 2004/83/CE, no en cualquier acto de persecución sino en actos que cualitativamente se han de caracterizar por ser graves y han de tener como denominador común la transgresión o violación de derechos fundamentales (nada nuevo bajo el sol). En efecto, de conformidad con el precitado precepto, dichos actos han de ser "*suficientemente graves por su naturaleza o carácter reiterado como para constituir una violación grave de los derechos fundamentales*" o bien ser "*una acumulación lo suficientemente grave de varias medidas, incluidas las violaciones de derechos humanos*" que

---

b) han cometido fuera del país de refugio antes de ser admitidas como refugiadas, es decir, antes de la expedición de una autorización de residencia basada en el reconocimiento de la condición de refugiado, un delito grave, entendiéndose por tal los que lo sean conforme al Código Penal español y que afecten a la vida, la libertad, la indemnidad o la libertad sexual, la integridad de las personas o el patrimonio, siempre que fuesen realizados con fuerza en las cosas, o violencia o intimidación en las personas, así como en los casos de la delincuencia organizada, debiendo entenderse incluida, en todo caso, en el término delincuencia organizada la recogida en el apartado cuarto del artículo 282 bis de la Ley de Enjuiciamiento Criminal, en relación con los delitos enumerados;

c) son culpables de actos contrarios a las finalidades y a los principios de las Naciones Unidas establecidos en el Preámbulo y en los artículos 1 y 2 de la Carta de las Naciones Unidas.

3. El apartado segundo se aplicará a las personas que inciten a la comisión de los delitos o actos mencionados en él, o bien participen en su comisión".

79 .El artículo 9 de la Ley 9/2009 establece: "*En todo caso, el derecho de asilo se denegará a:*

a) las personas que constituyan, por razones fundadas, un peligro para la seguridad de España;

b) las personas que, habiendo sido objeto de una condena firme por delito grave constituyan una amenaza para la comunidad".

pueda afectar a la persona como si se tratase de una violación grave de derechos humanos[80].

En lo que a los motivos de persecución se refiere, de nuevo la LAPS (artículo 7) lo que hace es transponer de forma idéntica, aunque haciendo gala de una mala técnica legislativa, lo dispuesto en el artículo 10 de la precitada Directiva, en donde se concreta como se deben valorar esos motivos que no son, ni más ni menos, a los que hace referencia la Convención de Ginebra de 1951, esto es, la raza, la religión, la nacionalidad, el grupo social y las opiniones políticas. Creo que solo merece una valoración positiva el hecho de que la ley explicite los elementos a tener en cuenta a la hora de valorar los motivos de persecución, tratando de arrojar luz sobre cuestiones en principio complejas. Así, y a mero título de ejemplo, señala la ley que el concepto de raza comprenderá el color, el origen o la pertenencia a un determinado grupo étnico[81].

---

80 A mero título ejemplificativo, señala la Ley, transponiendo literalmente el artículo 9.2 de la Directiva 2004/83/CE, la forma que pueden revestir los actos de persecución. Así, el artículo 6.2 menciona, entre otros, actos de violencia física o psíquica, incluidos los actos de violencia sexual; medidas legislativas, administrativas, policiales o judiciales que sean discriminatorias en sí mismas o que se apliquen de manera discriminatoria; procesamientos o penas que sean desproporcionados o discriminatorios; denegación de tutela judicial de la que se deriven penas desproporcionadas o discriminatorias; procesamientos o penas por la negativa a prestar servicio militar en un conflicto en el que el cumplimiento de dicho servicio conllevaría delitos o actos comprendidos en las cláusulas de exclusión establecidas en el apartado segundo del artículo 8 de esta Ley y actos de naturaleza sexual que afecten a adultos o a niños.

81 Señala el artículo 7 de la Ley 12/2009: *"Al valorar los motivos de persecución se tendrán en cuenta los siguientes elementos:*
a) el concepto de raza comprenderá, en particular, el color, el origen o la pertenencia a un determinado grupo étnico;

Hay que llamar la atención sobre el hecho de que la LAPS a la hora de determinar los motivos de persecución que pueden dar lugar a la condición de refugiado acoge los establecidos en la Convención de Ginebra pero añade alguno más como es el género u orientación sexual; sin embargo, a continuación pare-

---

b) el concepto de religión comprenderá, en particular, la profesión de creencias teístas, no teístas y ateas, la participación o la abstención de hacerlo, en cultos formales en privado o en público, ya sea individualmente o en comunidad, así como otros actos o expresiones que comporten una opinión de carácter religioso, o formas de conducta personal o comunitaria basadas en cualquier creencia religiosa u ordenadas por ésta;
c) el concepto de nacionalidad no se limitará a poseer o no la ciudadanía, sino que comprenderá, en particular, la pertenencia a un grupo determinado por su identidad cultural, étnica o lingüística, sus orígenes geográficos o políticos comunes o su relación con la población de otro Estado;
d) el concepto de opiniones políticas comprenderá, en particular, la profesión de opiniones, ideas o creencias sobre un asunto relacionado con los agentes potenciales de persecución y con sus políticas o métodos, independientemente de que el solicitante haya o no obrado de acuerdo con tales opiniones, ideas o creencias;
e) se considerará que un grupo constituye un grupo social determinado, si, en particular:
- las personas integrantes de dicho grupo comparten una característica innata o unos antecedentes comunes que no pueden cambiarse, o bien comparten una característica o creencia que resulta tan fundamental para su identidad o conciencia que no se les puede exigir que renuncien a ella, y
- dicho grupo posee una identidad diferenciada en el país de que se trate por ser percibido como diferente por la sociedad que lo rodea o por el agente o agentes perseguidores.
En función de las circunstancias imperantes en el país de origen, se incluye en el concepto de grupo social determinado un grupo basado en una característica común de orientación sexual o identidad sexual, y, o, edad, sin que estos aspectos por sí solos puedan dar lugar a la aplicación del presente artículo. En ningún caso podrá entenderse como orientación sexual, la realización de conductas tipificadas como delito en el ordenamiento jurídico español.
Asimismo, en función de las circunstancias imperantes en el país de origen, se incluye a las personas que huyen de sus países de origen debido a fundados temores de sufrir persecución por motivos de género y, o, edad, sin que estos aspectos por sí solos puedan dar lugar a la aplicación del presente artículo".

ce reducir de manera considerable la entidad de estos motivos al señalar en su artículo 7, a la hora de concretar los elementos a tener en cuenta para valorar los motivos de persecución, que "*en función de las circunstancias imperantes en el país de origen, se incluye en el concepto de grupo social determinado un grupo basado en una característica común de orientación sexual y/o edad, sin que estos aspectos por si solos puedan dar lugar a la aplicación del presente artículo*". De la misma manera, y en relación con el género, el referido precepto estipula que "*en función de las circunstancias imperantes en el país de origen, se incluye a las personas que huyen de sus países de origen debido a fundados temores de sufrir persecución por motivos de género y/o edad, sin que estos aspectos por si solos puedan dar lugar a la aplicación del presente artículo*"[82].

Por otra parte, la nueva norma reguladora del asilo actualmente vigente incorpora un nuevo concepto: protección subsidiaria, cuyo contenido, aunque mejorado, coincide grosso modo con la protección que la anterior ley (art. 17.2) y su reglamento de aplicación (art. 31.3 y 31.4) concedían por razones humanitarias. En efecto, el legislador define el derecho a la protección subsidiaria distinguiéndolo del derecho de asilo y en este sentido considera a aquel derecho como el "*dispensado a las personas de otros países y a los apátridas que, sin reunir los requisitos para obtener el asilo o ser reconocidas como refugiadas, pero respecto de las cuales se den motivos fundados para creer que si regresasen a su país de origen en el caso de los nacionales o, al de su anterior residencia habitual en el caso de los apátridas, se enfrentarían a un riesgo real de sufrir alguno de los daños graves previstos en el artículo 10 de esta Ley, y que no pueden o, a causa de dicho riesgo,*

---

82 Galparsoro valora de forma positiva que dichos motivos se mencionen de manera expresa en la Ley porque contribuyen a su visibilización, sin perjuicio de que ya venían aplicándose en la práctica. Vid., "Una nueva Ley para el asilo en tiempos de crisis" en *Régimen jurídico del derecho de asilo...*, cit., p. 110.

no quieren, acogerse a la protección del país de que se trate, siempre que no concurra alguno de los supuestos mencionados en los artículos 11 y 12 de esta Ley[83]*"*. En definitiva, y como bien señala García Mahamut[84], a través de la protección subsidiaria se protege a aquellas personas que no reuniendo los requisitos para ser refugiadas y siempre que no se hayan incursas en ninguna causa

---

83 Establecen los artículos 11 y 12 de la ley: Artículo 11: " *1. Quedarán excluidas de la condición de beneficiarias de la protección subsidiaria aquellas personas respecto de las que existan fundados motivos para considerar que:*
a) han cometido un delito contra la paz, un delito de guerra o un delito contra la humanidad, de los definidos en los instrumentos internacionales que establecen disposiciones relativas a tales delitos;
b) han cometido fuera del país de protección antes de ser admitidas como beneficiarias de la protección subsidiaria, es decir, antes de la expedición de la autorización de residencia basada en el reconocimiento de la condición de beneficiario de protección subsidiaria, un delito grave, entendiéndose por tal los que lo sean conforme al Código Penal español y que afecten a la vida, la libertad, la indemnidad o la libertad sexual, la integridad de las personas o el patrimonio, siempre que fuesen realizados con fuerza en las cosas, o violencia o intimidación en las personas, así como en los casos de la delincuencia organizada, debiendo entenderse incluida, en todo caso, en el término delincuencia organizada la recogida en el apartado cuarto del artículo 282 bis de la Ley de Enjuiciamiento Criminal, en relación con los delitos enumerados;
c) son culpables de actos contrarios a las finalidades y a los principios de las Naciones Unidas establecidos en el Preámbulo y en los artículos 1 y 2 de la Carta de las Naciones Unidas;
d) constituyen un peligro para la seguridad interior o exterior de España o para el orden público.
2. Lo dispuesto en los apartados anteriores se aplicará a quienes inciten a la comisión de los delitos o actos mencionados en los mismos, o bien participen en su comisión".
Artículo 12: *"En todo caso, la protección subsidiaria se denegará a:*
a) las personas que constituyan, por razones fundadas, un peligro para la seguridad de España;
b) las personas que, habiendo sido objeto de una condena firme por delito grave constituyan una amenaza para la comunidad".

84 "El nuevo régimen jurídico del derecho de asilo…, cit., p. 51

de exclusión o denegación, temen regresar a su país de origen o de su anterior residencia pues se enfrentarían al riesgo real de sufrir bien una condena a pena de muerte o el riesgo de su ejecución material, bien tortura o tratos inhumanos o degradantes o bien amenazas graves contra la vida o la integridad de los civiles motivadas por una violencia indiscriminada en situaciones de conflicto internacional o interno[85].

Resulta paradójico, sin embargo, y ejemplo de una mala técnica legislativa, que aunque, tal y como he puesto de manifiesto, esta protección subsidiaria coincide con la protección que por razones humanitarias concedía la antigua normativa, la Ley 12/2009 reguladora del derecho de asilo y de la protección subsidiaria (LAPS) sigue previendo en el supuesto de una resolución denegatoria de asilo, que al extranjero se le autorice su estancia o residencia en España por razones humanitarias[86].

Ahora bien, siendo cierto lo anterior, no es menos cierto que el legislador de 2009 ha eliminado el carácter residual que en la anterior Ley tenía esta protección subsidiaria en tanto que protección humanitaria. Y es que, en efecto, la nueva ley reguladora del asilo y de la protección subsidiaria dedica por completo el Capítulo II de su Título I a regular las condiciones para la concesión del derecho a la protección subsidiaria, la cual, como bien destaca su Preámbulo, "*aparecía configurada como una institución carente de entidad propia y, por ende, desprovista de una regulación detallada de sus elementos esenciales*". Asimismo, parece clara la voluntad del legislador de dar un tratamiento uniforme al régimen jurídico de la protección otorgada por el derecho de asilo y al régimen jurídico de la protección otorgada por el derecho a la protección subsidiaria, lo cual lejos de sorprender, no puedes ser sino objeto de valoración positiva, si

---

85 Vid. el artículo 10 de la LAPS, que no es sino una transposición literal del artículo 15 de la Directiva 2004/83/CE.

86 Vid. artículo 37 de la LAPS.

tenemos en cuenta que, aunque las causas que dan lugar a uno u otro derecho o protección difieren, sin embargo, su finalidad es otorgar protección a aquellos extranjeros cuyos derechos fundamentales (vida, integridad física y libertad) corran peligro en sus países de origen.

Por otra parte, y en lo que se refiere al ámbito subjetivo de la protección internacional constituida, como ya hemos dicho, por el derecho de asilo y la protección subsidiaria, la LAPS excluye de manera expresa en varios de sus preceptos (artículo 1, 2 y 16.1[87]) de la misma a los extranjeros comunitarios. Dicho en sentido positivo, en nuestro país únicamente podrán gozar de la protección que brindan el derecho de asilo y el derecho a la protección subsidiaria los extranjeros no comunitarios y los apátridas, lo que, en definitiva, supone excluir a los extranjeros comunitarios del ámbito de aplicación de la ley.

Ciertamente, la exclusión de los extranjeros comunitarios de la protección internacional que brinda la Ley resulta coherente con la consideración de los países integrantes de la Unión como países seguros, en donde aparecen suficientemente garantizados, como regla general, los derechos fundamentales y libertades públicas. Ahora bien, ello no puede hacernos perder de vista que tal exclusión parece que no casa bien, desde una perspectiva jurídica, con las prescripciones de la Convención de Ginebra. Esta última, que ha constituido y constituye la base sobre la que descansa la protección internacional en España y, por ende, en la Unión Europea, no distingue a los extranjeros por su país de origen a efectos de la concesión de la referida protección, tal y como expresamente se deduce del artículo 1 de la misma. Es más, el artículo 3 de dicho cuerpo normativo señala expresamente que "*los Estados contratantes aplicarán las*

---

[87] Dispone el artículo 16.1 de la LAPS: "*Las personas nacionales no comunitarias y las apátridas presentes en territorio español tienen derecho a solicitar protección internacional en España*".

disposiciones de esta Convención a los refugiados, sin discriminación por motivos de raza, religión o país de origen". Si además, tenemos en cuenta que en la práctica, si bien de manera excepcional, se puede producir algún o algunos casos de persecución en el ámbito comunitario, considero que de *lege ferenda* se debería otorgar por nuestro legislador protección internacional a través del derecho de asilo o del derecho a la protección subsidiaria a cualquier extranjero con independencia de sus país de origen[88].

3.2. Procedimiento de asilo

Es el Título II de la Ley 12/2009, de 30 de octubre, reguladora del derecho de asilo y de la protección subsidiaria el que contempla aquellos aspectos atinentes al procedimiento de asilo y al procedimiento de la protección subsidiaria. Hay que llamar la atención sobre el hecho de que la ley configura un procedimiento único para ambas modalidades de protección, lo cual, en principio, debe ser objeto de una valoración positiva ya que como afirma su Preámbulo "*permitirá que, al examinar de manera simultánea y, eventualmente de oficio, ambas posibilidades, se eviten dilaciones innecesarias o prácticas abusivas*". Esta valoración simultanea de ambos tipos de protección aparece corroborada en la parte dispositiva de la norma en cuyo artículo 16, apartado 3, dispone que "*la presentación de la solicitud conllevará la*

---

88 Especialmente critico con la exclusión de los extranjeros comunitarios del ámbito de aplicación de la LAPS se muestra Galparsoro para quien estaríamos ante una norma inconstitucional. A juicio de este autor, excluir a los ciudadanos comunitarios del amparo del derecho de asilo contradice la letra de la Convención de Ginebra pero también de la Constitución española, puesto que dichas normas no permiten excluir ni discriminar a nacionales de terceros países del ámbito de aplicación de dicha institución en su regulación legal. Vid., "Una nueva Ley para el asilo..., cit. p. 100 y ss.

valoración de las circunstancias determinantes del reconocimiento de la condición de refugiado, así como de la concesión de la protección subsidiaria". Que la ley configure un mismo procedimiento para los dos tipos de protección es también laudable habida cuenta, tal y como he manifestado en las líneas precedentes, de la clara voluntad del legislador de dar un tratamiento uniforme al régimen jurídico de la protección otorgada por el derecho de asilo y al régimen jurídico de la protección otorgada por el derecho a la protección subsidiaria. Por lo demás, y al igual que en la anterior normativa, el procedimiento de protección internacional se articula en dos fases: una primera, de admisión o inadmisión a trámite de la solicitud de protección internacional; y una segunda, en la que se concede o deniega esta protección. Las razones que fundamentan la introducción de esta primera fase ya han sido expuestas al analizar la ley de 1984, por lo que me remito a lo allí dicho. Asimismo, se sigue contemplando la doble posibilidad de que la solicitud se presen en frontera o en territorio.

Ahora bien, ese Titulo II que lleva por rubrica *"De las reglas procedimentales para el reconocimiento de la protección internacional"*, y que establece, en consecuencia, el procedimiento a seguir para solicitar y resolver el procedimiento de protección internacional, transpuso en su momento la Directiva 2005/85/CE del Consejo, de 1 de diciembre, sobre normas mínimas para los procedimientos que deben aplicar los Estados miembros para conceder o retirar la condición de refugiado; Directiva esta que fue derogada por una posterior de 2013, en concreto, por la Directiva 2013/32/UE del Parlamento Europeo y del Consejo, de 26 de junio de 2013, sobre procedimientos comunes para la concesión o la retirada de la protección internacional, por lo que a la hora de analizar el procedimiento previsto en la Ley española no podemos obviar lo dispuesto en esta última Directiva por si en punto al procedimiento hubiera supuesto algún cambio en concreto en relación con la Directiva de 2005.

Pero además, la Ley 12/2009 no ha sido objeto del desarrollo reglamentario previsto en su Disposición Final Tercera[89], por lo que sigue vigente el Real Decreto 203/1995, de 10 de febrero, por el que se aprobó el Reglamento de aplicación de la Ley 5/1984, de 26 de marzo, reguladora del derecho de asilo y de la condición de refugiado, modificada por la Ley 9/1994, de 19 de mayo, con las perniciosas consecuencias que tal situación produce en el proceso de protección internacional que debe brindar España a los necesitados de la misma. Esta situación inédita, como la califica García Vitoria[90], también deberá ser tenida en cuenta a la hora de analizar el procedimiento de asilo y de la protección subsidiaria prevista en la referida Ley.

A. Presentación de la solicitud y efectos

La puesta en marcha del procedimiento de protección internacional requiere, obvio es decirlo, la presentación de la correspondiente solicitud por parte de quien desea conseguir el estatuto de asilado o la protección subsidiaria. La solicitud deberá presentarse, como regla general, mediante comparecencia personal, a excepción de que exista imposibilidad física o legal, en cuyo caso se hará a través de representante. Nada ha cambiado con respecto a la normativa anterior. Asimismo, la Ley se remite a su reglamento de desarrollo para determinar los lugares en que puede presentarse la solicitud. Habida cuenta de la inexistencia de esta norma, debemos considerar que tales lugares son los establecidos en el reglamento de apli-

---

89 Dispone la Disposición Final Tercera de la Ley: "*Se autoriza al Gobierno para dictar, en el plazo de seis meses, cuantas disposiciones de carácter reglamentario exija el desarrollo de la presente Ley*".

90 Vid., "Una década sin Reglamento de asilo en España. Obstáculos e interpretaciones divergentes", en *Anuario CIDOB de la inmigración*, 2018, p. 118.

cación de la ley de 1984, esto es,: OAR, puestos fronterizos de entrada al territorio español, Oficinas de extranjeros, Comisarias Provinciales de Policía o Comisarias de distrito que se señalen por el Ministro de Interior y Misiones diplomáticas en el extranjero[91]. Y en estas dependencias se les informará acerca del procedimiento a seguir, de sus derechos y obligaciones (derecho a interprete, asistencia letrada, asistencia sanitaria, etc) de las prestaciones sociales que le corresponden así como la posibilidad que tienen de contactar con el ACNUR y con las organizaciones que estimen pertinentes[92].

En relación con la presentación de la solicitud de asilo en Embajadas y Consulados, la LAPS es más restrictiva que la primigenia Ley de 1984. En efecto, la antigua ley permitía que la solicitud de asilo se presentase en las referidas dependencias al señalar "*que la petición de asilo presentada ante una Embajada o Consulado será cursada a través del Ministerio de Asuntos Exteriores*"[93], disposición esta que se mantuvo tras la reforma operada por la Ley 9/1994, de 19 de mayo[94]. Sin embargo, la nueva norma ha suprimido la presentación de la solicitud en tales espacios y en su lugar ha previsto la posibilidad de que los embajadores puedan promover el traslado del solicitante de asilo a nuestro país "*para hacer posible la presentación de la solicitud conforme al procedimiento previsto en esta Ley*"[95]. Y este traslado solo será posible cuando el solicitante no sea nacional del país en el que se sitúe la representación diplomática y además corra peligro su integridad física, remitiéndose la Ley al reglamento de desarrollo correspondiente para que sea este el que determine las condiciones de acceso a las embajadas y consulados

---

91 Vid. el art. 17.1 de la LAPS.

92 Vid. los arts. 17.3 y 18 de la LAPS.

93 Vid. el art. 4.3 de la Ley 5/1984.

94 Vid. el art. 4.4 de la Ley 5/1984, tras su reforma por la Ley 9/1994.

95 .Vid. el art. 38 de la LAPS.

así como el procedimiento encaminado a determinar la necesidad de dar traslado al extranjero a nuestro país[96]. Si bien es cierto que aquella previsión se introdujo en la primigenia ley de forma coherente con la concepción del asilo como una concesión de naturaleza graciable por parte del Estado español[97], no es menos cierto que con la reforma operada en 1994 se produce un cambio en la naturaleza jurídica del asilo, pasando a configurase como un derecho subjetivo y aún así se mantuvo aquella posibilidad. Considero que en este caso, el Reglamento de aplicación, inexistente hasta este momento, debería hacer un desarrollo del artículo 38 de la LAPS en el sentido más favorable a la concesión de la protección internacional de tal forma que permita la presentación de la solicitud de protección internacional en las sedes diplomáticas, debiendo concretar de la forma más detallada posible aquellos casos en lo que debe entenderse que corra peligro la integridad física del solicitante de conformidad con los motivos establecidos en la Convención de Ginebra a efectos de que el jefe de la misión diplomática autorice el traslado a España. Se evita así en la medida de lo posible la discrecionalidad de aquel, procediéndose de conformidad con el referido instrumento internacional.

---

96 Especialmente crítico con la literalidad del artículo 38 de la Ley se muestra Galparsoro para quien la potestad atribuida al embajador para permitir el traslado a España de personas en riesgo no supone el mantenimiento de la vía diplomática y menos aún considerando la ausencia de legaciones de nuestro país en muchas de las naciones de las que provienen los solicitantes. Tampoco entiende este autor que si el mecanismo previsto en dicho precepto legal no inicia el procedimiento de asilo se excluya a los nacionales del país donde se ubique la Embajada; un retroceso, a su juicio, injustificado y de especial gravedad ante los obstáculos ya existentes para acceder al procedimiento en territorio español, cit. p. 114.

97 En similar sentido, vid. Garcia Mahamut, "El nuevo régimen jurídico…, cit., p. 79

En cualquier caso, y en contra del criterio del Gobierno español de turno que solo de manera excepcional admitía el acceso al procedimiento de asilo a través de esta vía alegando básicamente la ausencia de desarrollo reglamentario del artículo 38 de la LAPS, se han manifestado tanto el TEDH como el Tribunal Supremo español. En efecto, en la Sentencia del Tribunal de Estrasburgo de 13 de febrero de 2020 (asunto ND y NT c. España), el TEDH señala que de conformidad con el artículo 2.2 del Código Civil español continua vigente el Real Decreto 203/1995 el cual preveía un procedimiento específico que permitía a los embajadores determinar si las solicitudes de asilo presentadas en las embajadas y consulados españoles eran reales y, en su caso, organizar el traslado a España de los interesados, mediante su admisión urgente en caso de riesgo elevado en un tercer país. De acuerdo con dicho Real Decreto, el expediente debía resolverse en un plazo máximo de tramitación de seis meses y era susceptible de recurso. La aplicación de este procedimiento fue confirmada por una circular de 20 de noviembre de 2009, enviada por el Gobierno a todos los embajadores españoles y que contenía instrucciones sobre las modalidades de dichos traslados. En esta circular se establece que *"si según su criterio la integridad física de esa persona corre peligro, se lleve a cabo el traslado al territorio nacional (lo que implica facilitar un visado en su caso y eventualmente obtener un billete de avión de ida a España que siempre requerirán una autorización previa de este Ministerio)"*. Por su parte, el TS, en la sentencia 1327/2020, ha considerado que la norma procedimental regulada en el artículo 38 de la LAPS, posibilitando la promoción del traslado del solicitante de asilo a España para hacer posible la presentación de la solicitud de conformidad con lo establecido en la misma, viene impuesta por la propia Ley, que señala la competencia para ello de los Embajadores de España y las circunstancias que deben valorarse al efecto, de tal forma que la aplicación efectiva de dicho precepto no puede quedar condicionada a su desarrollo reglamentario[98], puesto que, hasta que dicho desarrollo se produzca, resultan subsistentes las disposiciones reglamentarias referidas a la ley anterior, en cuanto no se opongan a la actual.

Por otra parte, de nuevo, y de forma coherente con la finalidad de la protección internacional que se concreta en otorgar protección al extranjero que tiene un temor fundado a sufrir persecución política en su país de origen o daños graves, la norma exige que la solicitud se presente, como regla general, sin demora y, en su caso, en el plazo máximo de un mes desde la entrada en territorio español[99], salvo cuando se produzcan causas sobrevenidas en el país de origen, en cuyo caso el plazo de un mes se computará a partir del momento en que se produzcan los acontecimientos que justifiquen su temor a ser perseguido o sufrir daños graves.

Y al igual que en la anterior normativa, los efectos más importantes que produce la presentación de la solicitud de asilo son dos. Por una parte, la prohibición de que la persona solicitante pueda ser objeto de retorno, devolución o expulsión hasta que se resuelva sobre su solicitud o no sea admitida. No obstante, en este ámbito, el legislador permite, por razones de salud o seguridad públicas, al Ministro del Interior adoptar las medidas cautelares pertinentes de conformidad con la legisla-

98 La falta de desarrollo reglamentario es el argumento aducido por el Gobierno español para no contestar, como regla general, las solicitudes de protección internacional presentadas fuera del territorio español. En la sentencia referida *supra*, el Tribunal Supremo considera que, en tales casos, la falta de resolución por la Administración supone un acto presunto susceptible de impugnación.
Un comentario de esta sentencia puede verse en Noticias Jurídicas de enero de 2021, Pérez Medina, Dévika, "La reapertura de la solicitud de asilo en el extranjero".

99 Vid. el artículo 17.2 de la LAPS.

ción de extranjería. Y por otro lado, el otro importante efecto que produce la presentación de la solicitud es la suspensión, hasta la resolución definitiva del proceso de protección, de la ejecución del fallo de cualquier proceso de extradición de la persona interesada, debiendo poner inmediatamente en conocimiento del órgano, sea judicial o gubernativo, que estuviera conociendo del proceso de extradición, la presentación de la solicitud. La única novedad que presenta la ley en relación con la normativa anterior es la excepción a esta suspensión de la ejecución de la extradición. En efecto, la nueva norma permite la extradición del solicitante de protección internacional a otro Estado miembro de la Unión Europea, en virtud de las obligaciones dimanantes de una orden europea de detención y entrega así como a un país tercero ante órganos judiciales penales internacionales, lo cual parece coherente y congruente con el artículo 1 F de la Convención de Ginebra, el cual establece los supuestos en los que no procede la aplicación de la misma entre los que se encuentran haber cometido un delito contra la paz, un delito de guerra o un delito contra la humanidad así como un grave delito común fuera del país de refugio, antes de ser admitido como refugiado[100].

---

[100] Dispone el artículo 1 F de la Convención de Ginebra: "*Las disposiciones de esta Convención no serán aplicables a persona alguna respecto de la cual existan motivos fundados para considerar:*
a) Que ha cometido un delito contra la paz, un delito de guerra o un delito contra la humanidad, de los definidos en los instrumentos internacionales elaborados para adoptar disposiciones respecto de tales delitos;
b) Que ha cometido un grave delito común, fuera del país de refugio, antes de ser admitida en él como refugiada;
c) Que se ha hecho culpable de actos contrarios a las finalidades y a los principios de las Naciones Unidas".

B. Inadmisión a trámite de la solicitud

La solicitud de protección internacional puede ser inadmitida a trámite siempre y cuando concurra alguna de las circunstancias que de forma tasada establece la Ley. Son circunstancias tasadas porque tal y como señalan los artículos 20 y 21 de aquella, el Ministro del Interior podrá inadmitir a trámite las solicitudes a través de resolución motivada siempre y cuando concurran algunas de las circunstancias en ella previstas. Y al igual que la normativa anterior, se distingue entre la inadmisión de solicitudes presentadas en territorio español y la inadmisión de solicitudes presentadas en frontera, haciendo coincidir el legislador las circunstancias que en un supuesto o en otro dan lugar a la inadmisión.

Centrándonos en las circunstancias que pueden dar lugar a la inadmisión de la solicitud presentada en territorio español, la Ley 12/2009 reguladora de derecho de asilo y de la protección subsidiaria distingue dos grandes tipos de circunstancias:

a) Circunstancias de inadmisión por falta de competencia del Estado español para el examen de las solicitudes. En este supuesto, la falta de competencia de España es consecuencia bien de lo establecido por la normativa comunitaria o bien de lo dispuesto en los Convenios internacionales en los que España sea parte, debiéndose comunicar al solicitante el Estado competente[101].

---

[101] Dispone el artículo 20. 1 a) y b) de la LAPS: "*1. El Ministro del Interior, a propuesta de la Oficina de Asilo y Refugio, podrá, mediante resolución motivada, no admitir a trámite las solicitudes cuando concurra alguna de las circunstancias siguientes:*
- Por falta de competencia para el examen de las solicitudes:
a) cuando no corresponda a España su examen con arreglo al Reglamento (CE) 343/2003, del Consejo, de 18 de febrero, por el que se establecen los criterios y mecanismos de determinación del Estado miembro responsable del examen de una

b) Circunstancias de inadmisión por falta de requisitos. Algunas de estas circunstancias son el resultado de la transposición a nuestro país de la Directiva 2005/85/CE, de 1 de diciembre, la cual en la actualidad se ha visto derogada por la Directiva 2013/32/UE, de 26 de junio. En cualquier caso, la derogación no afecta al contenido de la Ley puesto que tales circunstancias se han previsto también en los mismos términos en esta última Directiva. Estas circunstancias que son el resultado de la transposición de la normativa comunitaria se concretan en dos: cuando la persona solicitante se halle reconocida como refugiada y tenga derecho a residir u obtener protección internacional efectiva en un tercer Estado y cuando aquella proceda de un tercer país seguro[102].

---

solicitud de asilo presentada en uno de los Estados miembros por un nacional de un tercer país;
b) cuando no corresponda a España su examen de conformidad con los Convenios Internacionales en que sea Parte. En la resolución por la que se acuerde la no admisión a trámite se indicará a la persona solicitante el Estado responsable de examinarla. En este caso, dicho Estado habrá aceptado explícitamente su responsabilidad y se obtendrán garantías suficientes de protección para la vida, libertad e integridad física de los interesados, así como del respeto a los demás principios indicados en la Convención de Ginebra, en el territorio de dicho Estado".

[102] Dispone el artículo 20.1 c) y d) de la LAPS: *"El Ministro del Interior, a propuesta de la Oficina de Asilo y Refugio, podrá, mediante resolución motivada, no admitir a trámite las solicitudes cuando concurra alguna de las circunstancias siguientes:*
- Por falta de requisitos:
c) cuando, de conformidad con lo establecido en el artículo 25.2.b) y en el artículo 26 de la Directiva 2005/85/CE del Consejo, la persona solicitante se halle reconocida como refugiada y tenga derecho a residir o a obtener protección internacional efectiva en un tercer Estado, siempre que sea readmitida en ese país, no exista peligro para su vida o su libertad, ni esté expuesta a tortura o a trato inhumano o degradante y tenga protección efectiva contra la devolución al país perseguidor, con arreglo a la Convención de Ginebra;

Asimismo, la LAPS prevé como circunstancias de inadmisión por falta de requisitos, la reiteración de la solicitud ya denegada en España o la presentación de una nueva solicitud con otros datos personales y el supuesto de una solicitud presentada por un nacional de un Estado miembro de la Unión[103]. Ciertamente, este último supuesto creo que constituye una reiteración innecesaria habida cuenta que la Ley excluye ya des-

---

d) cuando la persona solicitante proceda de un tercer país seguro, de conformidad con lo establecido en el artículo 27 de la Directiva 2005/85/CE del Consejo y, en su caso con la lista que sea elaborada por la Unión Europea, donde, atendiendo a sus circunstancias particulares, reciba un trato en el que su vida, su integridad y su libertad no estén amenazadas por razón de raza, religión, nacionalidad, pertenencia a grupo social u opinión política, se respete el principio de no devolución, así como la prohibición de expulsión en caso de violación del derecho a no ser sometido a torturas ni a tratos crueles, inhumanos o degradantes, exista la posibilidad de solicitar el estatuto de refugiado y, en caso de ser refugiado, a recibir protección con arreglo a la Convención de Ginebra; siempre que el solicitante sea readmitido en ese país y existan vínculos por los cuales sería razonable que el solicitante fuera a ese país. Para la aplicación del concepto de tercer país seguro, también podrá requerirse la existencia de una relación entre el solicitante de asilo y el tercer país de que se trate por la que sería razonable que el solicitante fuera a ese país". El artículo 25.2 b), el artículo 26 y el artículo 27 de la Directiva 2005/85/CE se corresponden en la actualidad con los artículos 33.2 b), 35 y 38 de Directiva 2013/32/UE.

103 Dispone el artículo 20. 1. e) y f) de la LAPS: "*El Ministro del Interior, a propuesta de la Oficina de Asilo y Refugio, podrá, mediante resolución motivada, no admitir a trámite las solicitudes cuando concurra alguna de las circunstancias siguientes:*

e) cuando la persona solicitante hubiese reiterado una solicitud ya denegada en España o presentado una nueva solicitud con otros datos personales, siempre que no se planteen nuevas circunstancias relevantes en cuanto a las condiciones particulares o a la situación del país de origen o de residencia habitual de la persona interesada;

f) cuando la persona solicitante sea nacional de un Estado miembro de la Unión Europea, de conformidad con lo dispuesto en el Protocolo al Tratado Constitutivo de la Comunidad Europea sobre el derecho de asilo a nacionales de Estados miembros de la Unión Europea".

de su inicio a los extranjeros comunitarios de la protección internacional que brinda la misma al entender que se trata de países seguros y, por tanto, respetuosos con los derechos fundamentales.

Por su parte, y en lo que se refiere a la inadmisión de la solicitud presentada en frontera, la LAPS prevé dos supuestos: la inadmisión a trámite de la solicitud y la denegación de la solicitud. En cuanto a las circunstancias que pueden dar lugar a la inadmisión a trámite de la solicitud de protección internacional, el artículo 21 de la LAPS se remite a las señaladas en relación con las solicitudes presentadas en territorio, esto es, falta de competencia del Estado español para el examen de la solicitud y falta de requisitos. Y en lo que se refiere a la denegación de la solicitud en frontera, se trata de una de las novedades que presenta la Ley en relación con la anterior normativa. Desde el punto de vista de la necesaria celeridad del procedimiento, pienso que merece una valoración positiva puesto que de lo que se trata con el establecimiento de esta primera fase es de que puedan tramitarse las solicitudes que no sean abusivas e infundadas, puesto que las solicitudes infundadas, que en la práctica son bastantes, conlleva una ralentización del procedimiento en detrimento de los verdaderamente necesitados de protección internacional. Esta denegación directa del Ministro del Interior debería conllevar una mayor agilidad del procedimiento siempre y cuando, como de manera proporcionada hace el legislador, se trate de circunstancias que justifiquen de manera clara la denegación directa de la solicitud. En consecuencia, el Ministro el Interior de manera motivada podrá denegar directamente la solicitud siempre y cuando concurran las siguientes circunstancias: que en la solicitud se planteen cuestiones que no guarden relación con el examen de los requisitos para el reconocimiento de la condición de refugiado o la concesión de la protección subsidiaria; que la persona solicitante proceda de un país de origen seguro; que la persona solicitante incurra en alguno de los supuestos de exclusión o de denegación previstos en la propia Ley y que su solicitud sea infundada por contener alegaciones contradictorias, incoherentes, inverosímiles e insuficientes[104].

Ahora bien, no puedo pasar por alto la diferente naturaleza jurídica de la inadmisión a trámite y de la denegación de la solicitud. No es lo mismo inadmitir a trámite que denegar. Así, la inadmisión a trámite se prevé por causas formales de tal forma que la Administración no entrará en el fondo el asunto. Sin embargo, la denegación de la solicitud supone poner fin al procedimiento de asilo al considerar la Administración que no hay indicios suficientes de la existencia de un fundado temor de persecución política. Y el plazo para resolver es muy breve, como regla general de 4 días, lo cual creo que va en detrimento de las garantías de los solicitantes de asilo porque la Administración, en determinados casos, deberá entrar en el fondo

---

[104] Dispone textualmente el artículo 21.2 y 3 de la LAPS: *"1. Cuando una persona extranjera que no reúna los requisitos necesarios para entrar en territorio español presente una solicitud de protección internacional en un puesto fronterizo, el Ministro del Interior podrá no admitir a trámite la solicitud mediante resolución motivada cuando en dicha solicitud concurra alguno de los supuestos previstos en el apartado primero del artículo 20. En todo caso, la resolución deberá ser notificada a la persona interesada en el plazo máximo de cuatro días desde su presentación.*
2. Asimismo, el Ministro del Interior podrá denegar la solicitud mediante resolución motivada, que deberá notificarse a la persona interesada en el plazo máximo de cuatro días desde su presentación, cuando en dicha solicitud concurra alguno de los siguientes supuestos:
a) los previstos en las letras c), d) y f) del apartado primero del artículo 25
b) cuando la persona solicitante hubiese formulado alegaciones incoherentes, contradictorias, inverosímiles, insuficientes, o que contradigan información suficientemente contrastada sobre su país de origen, o de residencia habitual si fuere apátrida, de manera que pongan claramente de manifiesto que su solicitud es infundada por lo que respecta al hecho de albergar un fundado temor a ser perseguida o a sufrir un daño grave".

para resolver[105]. No obstante, es jurisprudencia constante del TS considerar que deben ser interpretadas de manera restrictiva las posibilidades de denegar las solicitudes de protección internacional de acuerdo con lo dispuesto en el artículo 21.2 de la LAPS[106].

Y al igual que señalé cuando analizaba la ley 5/1984 reguladora del derecho de asilo y de la condición de refugiado, la exigencia de que la resolución del Ministro del Interior sea motivada junto con el establecimiento de una lista de circunstancias tasadas que pueden dar lugar a la inadmisión a trámite de la solicitud solo pueden merecer un juicio positivo puesto que constituyen, sin lugar a dudas, garantías a favor del solicitante de protección internacional en el sentido de ofrecerle la certeza que aquella resolución puede ser objeto de control jurisdiccional para determinar si la referida fundamentación o

---

105 A este respecto señala García Mahamut que si, en términos generales, las causas de inadmisión a trámite previstos para la solicitud en puestos fronterizos son más bien procesales y no sustantivas, por el contrario, la denegación de la solicitud incorpora, en un espacio muy corto de tiempo para resolver, otra causa más abierta que dependiendo de su interpretación en su aplicación puede ser más propia de una fase de sustanciación en el procedimiento. Y añade esta autora que, a efectos de una mayor garantía para el ejercicio efectivo del derecho, cabe preguntarse si los efectos de la inadmisión a trámite y de la denegación directa de la protección internacional son exactamente los mismos. En la respuesta a esta cuestión se encuentra uno de los nudos gordianos que plantea la aparente restricción legal. Si bien parece claro que para denegar las solicitudes (especialmente aquellas basadas en las alegaciones incoherentes, contradictorias...) se exige una especial diligencia por parte de la Administración que deberá motivar suficientemente tal denegación, no es menos cierto que ello puede plantear un problema de plazos ciertamente relevante para la Administración y para el ACNUR. Vid., "El nuevo régimen jurídico..., cit., p. 71.

106 Vid., por todas, la sentencia del TS 1834/2016, de 18 de julio.

motivación puede subsumirse en alguna de las circunstancias previstas en la LAPS. Asimismo, la exigencia de que la resolución sea motivada constituye una garantía para el solicitante habida cuenta de la rapidez con que se ha configurado esta primera fase procedimental de admisión o inadmisión a trámite o de denegación directa en frontera.

Por otra parte, la Ley establece unos plazos dentro de los cuales debe resolver el Ministro del Interior sobre la admisión o inadmisión a trámite o denegación directa de la solicitud presentada. Estos plazos se han acortado en relación con los establecidos en la normativa anterior en lo que a las solicitudes presentadas en territorio se refiere y aparecen previstos en la Ley, mientras que anteriormente se establecían en el reglamento de aplicación de la Ley 5/1984, de 26 de marzo. En efecto, en el caso de las solicitudes presentadas en territorio español, la no admisión a trámite de la solicitud debe notificarse al interesado en el plazo de un mes desde la presentación de aquella, mientras que en el caso de las solicitudes presentadas en frontera, tanto la inadmisión a trámite como la denegación directa deberán notificarse en el plazo máximo de 4 días desde su presentación[107], si bien en el caso de la denegación, este plazo podrá ampliarse a 10 días siempre y cuando el ACNUR de forma motivada lo solicite y que el solicitante incurra en alguno de los supuesto de exclusión o denegación previstos en la Ley. El acortamiento del plazo a la mitad en el caso de la solicitud de protección internacional presentada en territorio español

---

107 El computo de los plazos, según jurisprudencia constante del TS, se debe hacer de hora a hora, o de momento a momento y sin exclusión de días inhábiles en el supuesto de solicitudes presentadas en frontera; computo este que es aplicable también cuando las solicitudes se presentan en un CIE. Interpretación esta razonable si tenemos en cuenta que lo que prima en el caso del procedimiento en frontera es una resolución rápida. Vid., por todas, la STS 1801/2019, de 17 de diciembre.

merece también una valoración positiva puesto que contribuye a otorgar mayor rapidez al procedimiento. De la misma forma, el establecimiento de unos plazos por el legislador para resolver y notificar deviene una garantía para el solicitante de asilo, sobre todo si tenemos en cuenta que el legislador configura el silencio administrativo en sentido positivo, de tal forma que si transcurre el plazo fijado para efectuar la notificación al interesado, se considera admitida a trámite la solicitud con los efectos que conlleva la misma, a saber, permanencia provisional en el territorio español, si la solicitud se presenta en este[108], y si la solicitud se presenta en frontera, conllevará la autorización de entrada y la permanencia provisional en nuestro país[109].

Por lo demás, y al igual que sucedía en la normativa anterior, la resolución por la cual se inadmite a trámite la solicitud de protección internacional presentada en frontera puede ser objeto de reexamen. Y de la misma forma, la LAPS permite que sea objeto de reexamen la denegación directa de la solicitud presentada en frontera por parte del Ministro del Interior[110].

---

108 Establece el artículo 20.2 de la LAPS: "*La no admisión a trámite prevista en este artículo deberá notificarse en el plazo máximo de un mes contado a partir de la presentación de la solicitud. El transcurso de dicho plazo sin que se haya notificado la resolución a la persona interesada determinará la admisión a trámite de la solicitud y su permanencia provisional en territorio español, sin perjuicio de lo que pueda acordarse en la resolución definitiva del procedimiento. La no admisión a trámite conllevará los mismos efectos que la denegación de la solicitud*".

109 Dispone el artículo 21.5 de la LAPS: "*El transcurso del plazo fijado para acordar la inadmisión a trámite, o la denegación de la solicitud en frontera, la petición de reexamen, o del previsto para resolver el recurso de reposición sin que se haya notificado la resolución de forma expresa, determinará su tramitación por el procedimiento ordinario, así como la autorización de entrada y permanencia provisional de la persona solicitante, sin perjuicio de lo que pueda acordarse en la resolución definitiva del expediente*".

110 Establece el artículo 21.4 LAPS: "*Contra la resolución de inadmisión a trámite o de denegación de la solicitud se podrá, en el plazo de dos días contados*

Ahora bien, esta reconsideración por parte del Gobierno de la solicitud de protección internacional se producirá siempre y cuando en el plazo de dos días desde la notificación de la resolución de inadmisión o denegación se requiera por el extranjero solicitante de la protección; petición de reexamen que suspenderá los efectos de aquella: el rechazo del extranjero en frontera. Esta posibilidad de reexamen constituye, si duda, una garantía del solicitante de asilo y de la protección subsidiaria; garantía que se ve robustecida al señalar el legislador que en el plazo de dos días desde que fue presentada la petición debe notificarse la resolución, resolviendo el reexamen, al interesado puesto que en caso de silencio administrativo el mismo ha de entenderse en sentido positivo y, por tanto, la admisión a trámite de la solicitud por el procedimiento ordinario así como la entrada y permanencia provisional en España.

De la misma forma, y también en garantía de los solicitantes, la ley prevé la audiencia del ACNUR antes de emitirse cualquier resolución por parte del Ministro del Interior en relación con la inadmisión a trámite o denegación de la solicitud en frontera así como en relación con el reexamen[111]. Y al igual que se preveía en la antigua normativa, el solicitante, hasta que se resuelva su solicitud, deberá permanecer en las dependencias habilitadas al efecto. El artículo 22 de la ley es claro a este respecto: "*En todo caso, durante la tramitación de la petición de reexamen y del recurso de reposición previstos en los apartados cuarto*

---

desde su notificación, presentar una petición de reexamen que suspenderá los efectos de aquélla. La resolución de dicha petición, que corresponderá al Ministro del Interior, deberá notificarse a la persona interesada en el plazo de dos días desde el momento en que aquélla hubiese sido presentada".

111 Dispone el artículo 35.2 de la LAPS: "*Asimismo será informado inmediatamente de la presentación de las solicitudes en frontera y podrá entrevistarse, si lo desea, con los solicitantes. Con carácter previo a dictarse las resoluciones que sobre estas solicitudes prevén los apartados primero, segundo y tercero del artículo 21 de la presente Ley, se dará audiencia al ACNUR*".

y quinto del artículo 21 de la presente Ley, así como en los supuestos en los que se solicite la adopción de las medidas a las que se refiere el apartado segundo de su artículo 29, la persona solicitante de asilo permanecerá en las dependencias habilitadas a tal efecto".

Respecto a la permanencia del solicitante de asilo en frontera en las dependencias habilitadas al efecto, suscitó mucha polémica en relación con la antigua ley de 1984, que tras su reforma por la ley de 1994, introdujo dicha previsión, al considerarse que dicha permanencia constituía una detención por tiempo superior al previsto en la Constitución y, en consecuencia, era inconstitucional. Precisamente, el Defensor del Pueblo interpuso un recurso de inconstitucionalidad contra el antiguo artículo 5.7. 3 de la Ley reguladora del asilo y la condición de refugiado por considerar que el mismo vulneraba en su contenido esencial el derecho a la libertad personal del artículo 17 CE, en particular, las garantías judiciales y el tiempo máximo de detención que establece el artículo 17.2 CE[112]. El TC vino a zanjar la cuestión a través de la STC 53/2002 en la que consideró que la permanencia del extranjero en las dependencias habilitadas al efecto por el tiempo marcado en dicho precepto era conforme con la Constitución. En efecto, para el Tribunal los solicitantes de asilo disfrutan del derecho a la libertad que a todos reconoce el artículo 17.1 CE, pero a renglón seguido señalará que la estancia del solicitante en aquellas dependencias en ningún caso impide que ese mismo extranjero *"abandone aquel lugar de espera cuando lo considere conveniente, aunque no, por supuesto, para entrar incondicionalmente en España, ámbito este en el que no disfruta del derecho fundamental a entrar y salir libremente de España (art. 19 CE), solo reconocido constitucionalmente a los españoles"*. Asimismo, señala el TC que el derecho a la libertad del que disfrutan los extranjeros solicitantes de asilo

[112] En relación con este tema, vid. Pérez Sola, N., La regulación del derecho de asilo y refugio en España, Jaén, 1997, p. 148 y ss.

no es, como el resto de los derechos fundamentales, absoluto e ilimitado, deduciendo del artículo 17.2 CE que toda privación de libertad ha de ser limitada en el tiempo, y, en este sentido, considera que la Ley de 1984 establece límites temporales a la permanencia establecida por la Ley y objeto de enjuiciamiento constitucional. A partir de aquí, y puesto que de conformidad con su jurisprudencia, toda restricción de libertad ha de ser cierta y previsible, concluye, por lo que ahora nos importa, que las restricciones del artículo 5.7.3 de la ley eran conformes con las referidas exigencias constitucionales. Y ello en base a tres órdenes de razones: en primer lugar, afirmará el Tribunal, "*el artículo 5.7.3 de la LDA establece con precisión un máximo de permanencia o espera en las dependencias adecuadas del puesto fronterizo: cuatro días (y dos días más en el caso de que inadmitida la solicitud de asilo se paralice la expulsión del extranjero mediante una petición de reexamen)*". En segundo lugar, "*tampoco hay indeterminación alguna sobre el régimen de la permanencia: impide la libre entrada en España, pero no se opone a que el extranjero regrese a su lugar de procedencia o a un tercer Estado*". Y en tercer lugar, a juicio del Tribunal, "*lo mismo cabe decir del sentido de la permanencia del extranjero en el puesto fronterizo, que consiste en la protección del Estado a quien se dice perseguido, pues de la propia redacción del artículo 5.7.3 LDA, en su inciso final , se desprende una obligación prestacional de la Administración en cuanto a habilitar dependencias adecuadas en las que tiene lugar la espera-que no la detención-del peticionario de asilo*".

Analizada la certeza y previsibilidad de las restricciones legales, a continuación considera el alto Tribunal que las mismas deben ser también proporcionadas, es decir, idóneas, necesarias y ponderadas. En cuanto a la idoneidad de la restricción para el fin que se persigue "*es innegable que la permanencia de los peticionarios de asilo en dependencias adecuadas evita eficazmente que, por vía de la protección al perseguido, se eludan las leyes que regulan la entrada, residencia y circulación de los extranjeros en España*". Y en lo que a la necesariedad respecta, a juicio del TC "*no se percibe con claridad qué otra medida menos restrictiva de la libertad puede alcanzar el mismo nivel de eficacia en la aplicación del régimen ordinario de entrada de extranjeros que la permanencia o espera de los solicitantes en «dependencias adecuadas» de frontera; téngase en cuenta, en todo caso, que la autorización de entrada provisional (a la espera de la admisión a trámite de la petición de asilo) claramente presenta dificultades aplicativas en caso de inadmisión definitiva de la petición de asilo: tanto por la necesaria localización del solicitante como por la necesidad de un traslado físico al puesto fronterizo*". Y finalmente, el artículo 5.7.3 LDA, según el alto Tribunal, es conforme con el mandato de ponderación, puesto que "*se trata –en primer lugar– de una restricción cierta (según razonamos ya más arriba, FJ 7). Es, además, una restricción claramente limitada: tanto en relación con los sujetos afectados (únicamente los extranjeros peticionarios de asilo cuya solicitud aún no ha sido admitida a trámite) como en el tiempo (un máximo de cuatro días, y dos días más si, inadmitida la solicitud, se paraliza la expulsión del extranjero por medio de una petición de reexamen), en el espacio (no impide el retorno del extranjero a su lugar de procedencia o su entrada en otro Estado) y en el modo de la restricción (ausencia de régimen penitenciario o disciplinario). Y es también, por último, una limitación a la libertad plenamente controlada: ora en forma administrativa (el art. 5.7.1 LDA prevé –incluso– una posible visita de un representante del Alto Comisionado de Naciones Unidas para los Refugiados) como judicial*".

En definitiva, de la jurisprudencia sentada por el TC en esta sentencia, hemos de convenir en la constitucionalidad del artículo 22 de la actual LAPS[113].

---

[113] Galparsoro se ha mostrado crítico con esta sentencia. Este autor duda de si una persona perseguida demandante de protección internacional realiza una libre elección a la hora de solicitar asilo o si son las circunstancias los que le empujan a hacerlo. Para Galparsoro el dilema que debe abordarse radica en dilucidar hasta qué punto puede prevalecer el control de fronteras sobre el derecho a solicitar protección internacional. Y en su opinión la respuesta es clara: la eficacia práctica de un derecho humano universal, como es el derecho

Por lo demás, la no admisión a trámite de la solicitud de protección internacional o la denegación de la misma conllevará, como regla general, la devolución, la expulsión, la salida obligatoria del territorio español o el traslado al territorio del Estado competente para analizar la solicitud. Sin embargo, esta regla general conoce dos excepciones. En efecto, y en primer lugar, que la persona interesada reúna los requisitos para permanecer en España, de conformidad con la legislación de extranjería, en situación de estancia o residencia; y en segundo lugar, de conformidad también con dicha legislación, se autorice su estancia o residencia por razones humanitarias[114].

Y al igual que en la normativa anterior, la resolución por la que se admite a trámite una solicitud de asilo presentada en territorio español no puede ser objeto de reexamen. Así se desprende de una interpretación sistemática de los artículos 21.4 y 29 de la LAPS, de tal forma que la resolución de inadmisión en territorio se considera que pone fin a la vía administrativa, siendo susceptible de recurso de reposición potestativo y de recurso ante la jurisdicción contencioso-administrativa.

C. Admisión a trámite de la solicitud y efectos

Si la solicitud de protección internacional es admitida a trámite, se iniciará ya el procedimiento en sentido estricto o segunda fase del procedimiento de protección de asilo y protección subsidiaria, el cual podrá tramitarse como procedimiento ordinario o bien de urgencia.

---

de asilo, no puede ser socavado de forma absoluta por los intereses de control de fronteras de un Estado o de un grupo de Estados. Vid., "Una nueva ley para el asilo..., cit., p. 121 y ss.

[114] Vid. artículo 37 de la LAPS.

En lo que se refiere al procedimiento ordinario, ninguna novedad con respecto al procedimiento previsto en la antigua normativa reguladora del asilo[115], siendo de destacar que el silencio administrativo se interpreta ahora en sentido negativo, esto es, transcurridos seis meses desde la presentación de la solicitud sin que el Ministro del Interior haya resuelto, se entiende denegada la solicitud. La gran innovación de la LAPS en lo que al procedimiento se refiere es la previsión de la tramitación de cuestiones que no guarden relación con el examen de los requisitos de urgencia de la solicitud de protección internacional admitida a trámite. Esta tramitación de urgencia no se podrá acordar por el Ministro del Interior en cualquier supuesto, sino solo cuando concurra alguna de las circunstancias que enumera la norma de forma tasada:

a) cuando la solicitud parezca manifiestamente fundada

b) que se haya presentado por personas que tengan necesidades específicas, especialmente menores no acompañados

---

115 Este procedimiento aparece previsto en el artículo 24 de la LAPS en los siguientes términos: *"1. Toda solicitud de protección internacional admitida a trámite dará lugar al inicio, por parte del Ministerio del Interior, del correspondiente procedimiento, al que se incorporarán las diligencias de instrucción del expediente. Si fuera procedente la realización de nuevas entrevistas a las personas solicitantes, aquéllas deberán reunir los requisitos previstos en el artículo 17.*
2. Finalizada la instrucción de los expedientes, se elevarán a estudio de la Comisión Interministerial de Asilo y Refugio, que formulará propuesta al Ministro del Interior, quien será el competente para dictar la correspondiente resolución por la que se conceda o deniegue, según proceda, el derecho de asilo o la protección subsidiaria.
3. Transcurridos seis meses desde la presentación de la solicitud sin que se haya notificado la correspondiente resolución, la misma podrá entenderse desestimada, sin perjuicio de la obligación de la Administración de resolver expresamente y de lo dispuesto en el apartado séptimo del artículo 19 de la presente Ley.

c) Que la solicitud plantee exclusivamente cuestiones que no guarden relación con el examen de los requisitos para el reconocimiento de la condición de refugiado o la concesión de la protección subsidiaria.

d) Que el solicitante proceda de un país de origen seguro y posea su nacionalidad y si fuera apátrida, en el que tuviera su residencia habitual.

e) Que el solicitante, sin motivo justificado, presente la solicitud transcurrido el plazo de un mes exigido por la propia Ley.

f) Que la persona solicitante incurra en los supuestos de exclusión o de denegación de la condición de refugiado y del derecho de asilo o de la protección subsidiaria.

g) Las solicitudes presentadas en Centros de Internamiento para Extranjeros

La peculiaridad que presenta la tramitación de urgencia es que los plazos se verán reducidos a la mitad en relación con los plazos previstos para el procedimiento ordinario. En lo demás, se tramitará de la misma forma que este.

La admisión a trámite de la solicitud de asilo, según dispone la Ley, conllevará para aquellos solicitantes sin recursos económicos, servicios sociales y de acogida con el objetivo de garantizar sus necesidades básicas. Asimismo, la ley prevé la posibilidad de que el solicitante obtenga autorización para trabajar en España. Ahora bien, tanto en un caso como en otro, la Ley se remite a lo que disponga su reglamento de desarrollo. ¿Cuál es ese Reglamento? Por paradójico que parezca, trece años después de la publicación de la Ley de 2009 se ha publicado el Real Decreto 220/2022, de 29 de marzo, por el que se regula el sistema de acogida en materia de protección internacional. Precisamente, este reglamento viene a desarrollar el Capítulo III del Título II que lleva por rúbrica *"De las condiciones de acogida de los solicitantes de protección internacional"*, transponiendo ahora las disposiciones de la Directiva 2013/33/UE por la que se aprueban normas para la acogida de los solicitantes de protección internacional y que busca garantizar, precisamente, "*unas condiciones y un nivel de vida dignas de los solicitantes y unas condiciones comparables en los Estados miembros*"[116]; reglamento que era de todo punto necesario habida cuenta del desbordamiento, por el incremento de solicitudes de protección internacional, del Sistema Nacional de Acogida de Protección Internacional, al cual es necesario, por tanto, dotarle de cierto grado de eficiencia. Es desde luego criticable la actitud de los Gobiernos españoles en lo que se refiere, por lo que ahora importa, al desarrollo reglamentario de las condiciones de acogida de los extranjeros que piden protección internacional[117], sin perjuicio de que hemos de valorar de manera positiva que, aunque tarde, se haya acometido la reforma de aquel Sistema Nacional en aras a garantizar adecuadamente a los solicitantes de asilo y protección subsidiaria una serie de medidas a su favor de naturaleza económico-social, máxime si tenemos en cuenta la demora que en la mayoría de las ocasiones sufre la resolución de los expedientes.

D. Efectos de la concesión del asilo

Al igual que la anterior normativa, la LAPS obliga a notificar al interesado la resolución recaída en su expediente.

Si la resolución es favorable a la concesión del asilo o de la protección subsidiaria, como ya hemos manifestado en las páginas precedentes, y puesto que el objetivo de la protección internacional es otorgar protección al extranjero que teme de

---

116 Vid. el Preámbulo del Real Decreto 220/2022.

117 El Real Decreto 220/2022 especifica y desarrolla los derechos de los solicitantes de protección internacional que contiene el artículo 18 de la Ley 12/2009.

manera fundada que va a ser objeto de persecución política, es evidente que el primer efecto derivado de aquella resolución es el "non refoulement", esto es, la imposibilidad de que sea devuelto al país en que pudiera ser perseguido. Asimismo, la resolución favorable supone otorgarle la condición de refugiado o beneficiario de la protección subsidiaria otorgándoles, tanto en un caso como en otro, el mismo estatuto de protección internacional compuesto por una serie de derechos y prestaciones que tienen por finalidad lograr la integración de aquellos en nuestro país. Estamos de acuerdo con Galparsoro cuando señala que la equiparación entre el estatuto de refugiado y el de la protección complementaria es una de las novedades más beneficiosas de la Ley[118]. Entre los derechos y prestaciones que conforman dicho estatuto son de destacar los derechos establecidos en la Convención de Ginebra de 1951, los derechos establecidos en nuestra normativa de extranjería para los demás extranjeros así como los derechos previstos en la normativa de la Unión Europea. En especial y entre otros, son de destacar: la autorización de residencia y trabajo permanente, la expedición de documentos de identidad, el acceso a los servicios públicos de empleo; el acceso a la educación, etc[119].

---

118 " Una nueva ley para el asilo..., cit., p. 137.

119 Señala textualmente el artículo 36 de la LAPS: "*1.La concesión del derecho de asilo o de la protección subsidiaria implicará el reconocimiento de los derechos establecidos en la Convención de Ginebra sobre el Estatuto de los Refugiados, en la normativa vigente en materia de extranjería e inmigración, así como en la normativa de la Unión Europea, y, en todo caso:*
a) la protección contra la devolución en los términos establecidos en los tratados internacionales firmados por España;
b) el acceso a la información sobre los derechos y obligaciones relacionados con el contenido de la protección internacional concedida, en una lengua que le sea comprensible a la persona beneficiaria de dicha protección;
c) la autorización de residencia y trabajo permanente, en los términos que establece la Ley Orgánica 4/2000, de 11 de enero, sobre derechos y libertades de los extranjeros en España y su integración social;

Es de destacar que la LAPS dedica todo un Título, en concreto su Título III, a regular el mantenimiento de la unidad familiar y la extensión a los familiares del estatuto de protección

---

d) la expedición de documentos de identidad y viaje a quienes les sea reconocida la condición de refugiado, y, cuando sea necesario, para quienes se beneficien de la protección subsidiaria;
e) el acceso a los servicios públicos de empleo;
f) el acceso a la educación, a la asistencia sanitaria, a la vivienda, a la asistencia social y servicios sociales, a los derechos reconocidos por la legislación aplicable a las personas víctimas de violencia de género, en su caso, a la seguridad social y a los programas de integración, en las mismas condiciones que los españoles;
g) el acceso, en las mismas condiciones que los españoles, a la formación continua u ocupacional y al trabajo en prácticas, así como a los procedimientos de reconocimiento de diplomas y certificados académicos y profesionales y otras pruebas de calificaciones oficiales expedidas en el extranjero;
h) la libertad de circulación;
i) el acceso a los programas de integración con carácter general o específico que se establezcan;
j) el acceso a los programas de ayuda al retorno voluntario que puedan establecerse;
k) el mantenimiento de la unidad familiar en los términos previstos en la presente Ley y acceso a los programas de apoyo que a tal efecto puedan establecerse.
2. Con el fin de facilitar la integración de las personas con estatuto de protección internacional, se establecerán los programas necesarios, procurando la igualdad de oportunidades y la no discriminación en su acceso a los servicios generales.
3. Las personas con estatuto de protección internacional podrán seguir beneficiándose de todos o algunos de los programas o prestaciones de que hubieran disfrutado con anterioridad a la concesión del estatuto en aquellos casos en que circunstancias especiales así lo requieran, con sometimiento al régimen previsto para tales programas y prestaciones por el Ministerio de Trabajo e Inmigración.
4. En casos específicos, debido a dificultades sociales o económicas, las Administraciones Públicas podrán poner en marcha servicios complementarios a los sistemas públicos de acceso al empleo, a la vivienda y a los servicios educativos generales, así como servicios especializados de interpretación y traducción de documentos, ayudas permanentes para ancianos y personas con discapacidad y ayudas económicas de emergencia".

internacional. Se denota de esta forma la especial sensibilidad del legislador hacia este tema, tratando, en cualquier caso, de establecer una serie de garantías a fin de evitar un uso abusivo de la extensión familiar del derecho de asilo o de la protección subsidiaria, estableciendo una lista cerrada de supuestos en los que procede aquella[120].

---

[120] Disponen textualmente los artículos 39, 40 y 41 de la LAPS:
"Artículo 39 Mantenimiento de la unidad familiar
1. Se garantizará el mantenimiento de la familia de las personas refugiadas y beneficiarias de protección subsidiaria en los términos previstos los artículos 40 y 41 de la presente Ley.
2. Cuando, durante la tramitación de una solicitud de protección internacional, los miembros de la familia de la persona interesada a los que se hace referencia en el artículo 40 se encontrasen también en España, y no hubiesen presentado una solicitud independiente de protección internacional, se les autorizará la residencia en España con carácter provisional, condicionada a la resolución de la solicitud de protección internacional y en los términos que reglamentariamente se determinen".
Artículo 40 Extensión familiar del derecho de asilo o de la protección subsidiaria
1. El restablecimiento de la unidad familiar de las personas refugiadas y beneficiarias de protección subsidiaria podrá garantizarse mediante la concesión, respectivamente, del derecho de asilo o de la protección subsidiaria por extensión familiar, en los siguientes supuestos:
a) Los ascendientes en primer grado que acreditasen la dependencia y sus descendientes en primer grado que fueran menores de edad, quedando exceptuado el derecho a la extensión familiar en los supuestos de distinta nacionalidad.
Las relaciones familiares de los ascendientes y descendientes deberán establecerse mediante las pruebas científicas que sean necesarias, en los casos donde no pueda determinarse sin dudas esa relación de parentesco.
b) El cónyuge o persona ligada por análoga relación de afectividad y convivencia, salvo los supuestos de divorcio, separación legal, separación de hecho, distinta nacionalidad o concesión del estatuto de refugiado por razón de género, cuando en el expediente de la solicitud quede acreditado que la persona ha sufrido o tenido fundados temores de sufrir persecución singularizada por violencia de género por parte de su cónyuge o conviviente.
c) Otro adulto que sea responsable del beneficiario de protección internacional, de acuerdo con la legislación española vigente, cuando dicho beneficiario sea un menor no casado.

4. VALORACIÓN CRÍTICA

Ciertamente, el tema de la protección internacional, lejos de ser baladí, reviste gran importancia a la vez que se trata de

---

d) Podrá también concederse asilo o protección subsidiaria por extensión familiar a otros miembros de la familia de la persona refugiada o beneficiaria de protección subsidiaria siempre que resulte suficientemente establecida la dependencia respecto de aquellas y la existencia de convivencia previa en el país de origen.
2. La Oficina de Asilo y Refugio tramitará las solicitudes de extensión familiar presentadas. Una vez instruidas se procederá, previo estudio en la Comisión interministerial de Asilo y Refugio, a elevar la propuesta de resolución al Ministro del Interior, quien resolverá.
3. La resolución por la que se acuerde la concesión del derecho de asilo o de la protección subsidiaria por extensión familiar conllevará para los beneficiarios los efectos previstos en el artículo 36.
4. En ningún caso se concederá protección internacional por extensión familiar a las personas incursas en los supuestos previstos en los apartados 2 y 3 del artículo 8 y en los artículos 9, 11 y 12 de la presente ley".
Artículo 41. Reagrupación familiar
1. Las personas refugiadas y beneficiarias de protección subsidiaria podrán optar por reagrupar a las enumeradas en el artículo anterior, aun cuando ya se encontrasen en España, sin solicitar la extensión del estatuto de que disfruten. Esta reagrupación será siempre aplicable cuando los beneficiarios sean de nacionalidad distinta a la persona refugiada o beneficiaria de protección subsidiaria.
2. En este supuesto, que se desarrollará reglamentariamente, no se exigirá a los refugiados o beneficiarios de la protección subsidiaria, ni tampoco a los beneficiarios de la reagrupación familiar, los requisitos establecidos en la normativa vigente de extranjería e inmigración.
3. La resolución por la que se acuerde la reagrupación familiar implicará la concesión de autorización de residencia y, en su caso, de trabajo, de análoga validez a la de la persona reagrupante.
4. La reagrupación familiar será ejercitable una sola vez, sin que las personas que hubiesen sido reagrupadas y obtenido autorización para residir en España en virtud de lo dispuesto en el apartado anterior puedan solicitar reagrupaciones sucesivas de sus familiares.
5. En ningún caso se concederá protección internacional por extensión familiar a las personas incursas en los supuestos previstos en los apartados 2 y 3 del artículo 8 y en los artículos 9, 11 y 12 de la presente Ley".

un tema complicado. En efecto, los legisladores a la hora de regular la protección internacional se mueven, *grosso modo*, entre la necesaria protección de las fronteras frente a un uso abusivo del derecho de asilo y la necesidad de otorgar protección internacional a aquellos que realmente lo necesitan. Como con acierto ha señalado Friz-Prguda (anterior representante de ACNUR en España), las consideraciones a tener en cuenta por los normadores oscilan entre el deber de cualquier Estado de preservar la seguridad de las fronteras y prevenir comportamientos fraudulentos; luchar frente al incremento de fenómenos sociales negativos como la exclusión, el racimo y la xenofobia; y evitar la instrumentalización política de la inmigración; y la necesidad de preservar una serie de valores y obligaciones humanitarias fundamentales, entre las que destacan la de otorgar protección y asilo a quien lo necesita[121]. Y buena prueba de cuanto decimos puede atisbarse en la ley 12/2009, de 30 de octubre, reguladora del derecho de asilo y de la protección subsidiaria y cuyo contenido ha sido expuesto en los aspectos más relevantes en las páginas que nos preceden.

Esta ley reguladora del derecho de asilo vigente actualmente en España se inserta en el seno de la construcción del Sistema Europeo Común de Asilo (SECA) y con la mima se transpusieron las directivas que la UE había elaborado en una primera fase del SECA tales como la Directiva 2004/83/CE, del Consejo, de 29 de abril, por la que se establecían normas mínimas relativas a los requisitos para el reconocimiento y el estatuto de nacionales de terceros países o apátridas como refugiados o personas que necesitan otro tipo de protección internacional y al contenido de la protección concedida; así como la Directiva 2005/85/CE, del Consejo, de 1 de diciembre, sobre normas

---

[121] Vid. "Reflexiones sobre el refugio y asilo en España" en *El fenómeno migratorio en España: Reflexiones desde el ámbito de la Seguridad Nacional*, Madrid, 2019, p. 81.

mínimas para los procedimientos que deben aplicar los Estados miembros para conceder o retirar la condición de refugiado; y la Directiva 2003/86/CE, del Consejo, de 22 de septiembre, sobre el derecho de reagrupación familiar relativo a los refugiados. Ahora bien, la promulgación de la LAPS coincide con el inicio de la segunda fase del SECA; segunda fase en la cual se elaboran las Directivas 2013/32/UE del Parlamento Europeo y del Consejo, de 28 de junio de 2013, sobre procedimientos comunes para la concesión o retirada de la protección internacional, que a la sazón ha derogado a la Directiva 2005/85/CE transpuesta por la LAPS y la Directiva 2013/33/UE, del Parlamento Europeo y del Consejo por la que se aprueban normas para la acogida de los solicitantes de protección internacional. Bien podemos decir que la LAPS nació desfasada[122] y sigue desfasada. De hecho, la misma no ha sido reformada para transponer estas dos últimas directivas, a pesar que la Directiva 2005/85/CE en la que se basaba la LAPS fue derogada por la Directiva 2013/32/UE. No puede resultar extraño que el Defensor del Pueblo en el año 2016 recomendara al Ministro del Interior la incorporación al ordenamiento jurídico español de las directivas que conforman el sistema europeo común de asilo (sobre procedimientos, acogida y definición)[123]. Es más, la Comisión Europea en el año 2019 envió un dictamen a España advirtiéndole sobre la falta de transposición de la Directiva

---

122 Esta situación ya fue advertida por García Mahamut en el momento de publicación de la LAPS. En efecto, esta autora ya afirmó que la LAPS nada más entrar en vigor se enfrentaba con el hecho de que las Directivas que había transpuesto iban a ser modificadas para cumplir con los objetivos de aumentar la protección otorgada a las victimas de persecución y en mejorar la coherencia de los instrumentos de asilo de la UE y de prevenir el fraude y aumentar la eficiencia del procedimiento de asilo. Vid. "El nuevo régimen jurídico…, cit., p. 88.

123 Vid. el estudio sobre El asilo en España. La protección internacional y los recursos del sistema de acogida, realizado por el Defensor del Pueblo, Madrid, 2016, p. 104.

2013/32/CE. Solo la Directiva 2013/33/UE ha sido transpuesta por el Real Decreto 220/2022, por el que se aprueba el Reglamento por el que se regula el sistema de acogida en materia de protección internacional y parece que no lo ha hecho bien. En el momento de cerrar este trabajo la Comisión ha iniciado un procedimiento de infracción (26/01/2023)contra nuestro país por no haber transpuesto de manera correcta y plena a su legislación nacional las nuevas reglas comunes sobre las condiciones de acogida.

La situación es cuando menos sorprendente y no ha contribuido a solucionar, sino que ha agravado, el colapso que sufre nuestro sistema nacional de acogida.

Pero a mayor abundamiento, también es sorprendente que la Ley de asilo y protección subsidiaria actualmente vigente no ha sido objeto del correspondiente desarrollo reglamentario con las consiguientes consecuencias negativas a la hora de conseguir una aplicación efectiva de la Ley. De nuevo, el Defensor del Pueblo recomendó en el año 2016 al Ministro del Interior elaborar con carácter urgente el Reglamento de la Ley 12/2009, de 30 de octubre[124]. Señala García Vitoria[125] que es necesario desarrollar reglamentariamente la LAPS para desarrollar las obligaciones de protección de la vida familiar y de tratamiento diferenciado de las personas vulnerables, reforzar el derecho a la asistencia jurídica y reducir la discrecionalidad administrativa en la tramitación de los visados por razones de protección internacional en embajadas y consulados[126], dando

---

124 *Ibidem*, p. 104.

125 Vid., "Una década sin reglamento de asilo..., cit., p. 118 y ss.

126 García Vitoria señala también que se han producido discrepancias entre una aplicación restrictiva de la ley por parte de la Administración y una interpretación por los órganos de control más favorable para la efectividad de los derechos, por lo que se podría utilizar el Reglamento para resolver las discrepancias entre una y otros. *Ibidem*, p. 127.

cuenta de esta forma los ámbitos en los que más distorsiones provoca la ausencia de reglamento.

"Nunca es tarde si la dicha es buena". Pero hay que tener en cuenta que desde 2016 se ha iniciado lo que podríamos llamar la 3 fase del SECA de la que saldrá la normativa europea necesaria para armonizar y unificar los diferentes sistemas de asilo de los Estados miembros de la UE, puesto que la práctica ha demostrado que los solicitantes de asilo no son tratados de la misma forma por todos estos Estados: los Estados miembros difieren no solo en lo que respecta a las condiciones de acogida sino que también el reconocimiento de la protección internacional varia de un Estado a otro[127]. Sin embargo, parece que el avance en la construcción del Sistema Común de Asilo no goza de buena salud[128], habiendo propuesto de nuevo la Comisión en el año 2020 un Pacto sobre Migración y Asilo, con la finalidad de establecer un marco europeo común global en la mate-

---

127 Como consecuencia, los solicitantes de asilo viajan por Europa y solicitan asilo en los países en los que consideran que tendrán mayores posibilidades de recibir protección internacional.
Como con acierto señala Porras Ramírez, el SECA, dado su carácter mínimo, ha propiciado prácticas estatales muy distintas y una diferente ejecución de normas comunes, dado el amplio margen de discrecionalidad que deja en manos de los Estados miembros de cara a su desarrollo y aplicación. Vid., "Un pacto sobre inmigración y asilo en la Unión Europea", en Migraciones y asilo en la Unión Europea, coord. por J.M. Porras, Navarra, 2020, p. 153.

128 Fernández Rozas ha puesto de manifiesto en relación con este tema que ante la paralización de las negociaciones para avanzar en la construcción del SECA, se requiere un amplio debate acerca del devenir de aquel, que incluya cuestiones como un código común de asilo y el reconocimiento mutuo de las decisiones en materia de asilo. Vid. "Luces y sombras de veinte años de política común en materia de control de fronteras, asilo e inmigración ante la defensa de un dionisiaco estilo de vida europeo", en *Ciudadanía, asilo e inmigración en la Unión Europea, I Foro europeo de Derecho Internacional Privado,* coord. por A. Fernández, Madrid, 2020, p. 58.

ria, para lo cual se han formulado varias propuestas legislativas, que por lo que a nosotros nos interesa, destacan: reemplazar el sistema de Dublín por un nuevo sistema de gestión del asilo y la migración que asigne mejor las solicitudes de asilo entre los Estados miembros; cambiar la Directiva sobre procedimientos de asilo por un Reglamento modificado para armonizar los procedimientos de la UE; reemplazar la Directiva relativa a los requisitos de asilo por un Reglamento para armonizar las normas de protección y los derechos de los solicitantes de asilo y modificar la Directiva sobre las condiciones de acogida para velar para que los solicitantes de asilo disfruten de unas normas de acogida armonizadas. Es cierto que el debate se encuentra estancado habida cuenta de la escasa, por no decir ninguna, voluntad de algunos de los Estados miembros en establecer un verdadero sistema común de protección internacional, pero estando negociando los Estados nuevas normas en el seno de la Unión, ¿hasta qué punto merece la pena iniciar adaptaciones y reformas legislativas, así como desarrollos reglamentarios que es probable que nazcan desfasados? ¿No es preferible que hasta la existencia de nuevas normas comunitarias, sea el Tribunal Supremo, con una interpretación más favorable al ejercicio del derecho a la protección internacional que el Gobierno, el que vaya limando las disfuncionalidades que produce la falta de desarrollo reglamentario de la Ley? En este sentido, no está de más recordar que el TS en su sentencia 1582/2022, de 29 de noviembre, lleva a cabo la aplicación de las Directivas 2013/32/UE (art. 46.5)[129] y 2013/33/UE (art. 15.3)[130], y considera que el solicitante de asilo al que se le ha denegado la

---

129 .Dispone el artículo 46.5 de la Directiva 2013/32/UE: "*Sin perjuicio de lo dispuesto en el apartado 6, los Estados miembros permitirán que los solicitantes permanezcan en el territorio hasta que haya expirado el plazo dentro del cual pueden ejercer su derecho a un recurso efectivo y, cuando se haya ejercitado ese derecho dentro del plazo, en espera del resultado del recurso*".

130 Establece el artículo 15.3 de la directiva 2013/33/UE: "*No se privará al solicitante del acceso al mercado de trabajo cuando se interponga un recurso,*

protección internacional tiene derecho a que se le prorroguen los beneficios que tenía concedidos provisionalmente el recurrente durante la tramitación del procedimiento administrativo como solicitante de asilo y, en concreto, la autorización para residir en España y trabajar.

Sea como fuere, lo cierto es que el sistema nacional de asilo funciona de manera deficiente; deficiencias que año tras año se ponen de manifiesto en los informes anuales del Defensor del Pueblo. Así, en el último informe publicado que es el de 2021 puede leerse: " *El incumplimiento sistemático del plazo establecido en la Directiva de Procedimientos de 2013 para registrar la solicitud, tres días hábiles, si es ante autoridad competente, y un máximo de seis días hábiles, si el órgano receptor no ostenta la competencia, continúa siendo objeto de preocupación para el Defensor del Pueblo.*

Son numerosas las quejas de ciudadanas ante la imposibilidad de obtener una cita previa, que les permita el acceso al procedimiento de protección internacional.

La Comisaría General de Extranjería y Fronteras reconoció en 2020 la existencia de graves retrasos, dado el aumento de solicitantes de protección internacional desde 2015, y la necesidad de documentarles con la tarjeta roja, que se renueva cada seis meses. Dichas demoras se agravaron por la situación sanitaria y generaron una acumulación de carga de trabajo, que no se ha solucionado en 2021".

No puede resultar extraño que la doctrina venga afirmando que el sistema se encuentra colapsado[131], lo cual es consecuencia del ingente número de solicitudes presentadas y de la escasez de medios personales para instruir todos los expedientes.

---

que tenga efectos suspensivos, contra una decisión negativa tomada en un procedimiento ordinario, hasta la notificación de su desestimación".

131 Vid., por todos, Garcia Mahamut, R., "El sistema de protección internacional en España: estado de la cuestión", en *Migraciones y asilo en al Unión Europea,* coord. Por J.M. Porras, cit., p. 364

Téngase en cuenta a este respecto, según los datos facilitados por la Oficina de Asilo y Refugio del Ministerio del Interior, que la misma ha recibido 118.842 solicitudes de protección internacional en 2022[132], un 81,5% más que en el año anterior (65.482) y la mayor cifra desde la creación de la oficina en 1992.

Es evidente que nuestras autoridades no pueden mirar para otro lado ante una situación tan indeseable en un tema tan delicado como es la protección internacional, debiendo adoptar medidas normativas y de otra índole a nivel interno y, por supuesto, favorecer el dialogo con los otros Estados miembros a efectos de seguir avanzando en la construcción del Sistema Europeo Común de Asilo del que España forma parte.

Bibliografía

BLANQUER, D., *Asilo político en España. Garantías del extranjero y garantías del interés general*, Madrid, 1997.

DEFENSOR DEL PUEBLO, *El asilo en España. La protección internacional y los recursos del sistema de acogida*, Madrid, 2016.

FERNÁNDEZ ROZAS, J.C., "Luces y sombras de veinte años de política común en materia de control de fronteras, asilo e inmigración ante la defensa de un dionisiaco estilo de vida europeo", en FERNANDEZ PEREZ, A., *Ciudadanía, asilo e inmigración en la Unión Europea, I Foro europeo de Derecho Internacional Privado*, Iprolex, Madrid, 2020.

FRIZ PRGUDA, F., "Reflexiones sobre el refugio y asilo en España", en: COMITÉ ESPECIALIZADO DE INMIGRACIÓN, *El fenómeno migratorio en España reflexiones desde el ámbito de la Seguridad Nacional*, Gobierno de España, Ministerio de la Presidencia, Relaciones con las Cortes e Igualdad, 2019.

---

132 Y ello a pesar de que en este mismo periodo, el Ministerio del Interior ha resuelto un total de 91.369 expedientes de protección internacional, lo que supone un incremento del 27,2% respecto al año anterior (71.833).

GALPARSORO GARCÍA, J., "Una nueva ley para el asilo en tiempos de crisis", en; VIDAL FUEYO, M.C. (coord..), *Régimen jurídico del derecho de asilo en la Ley 12/2009*, Centro de Estudios Políticos y Constitucionales, 2010.

GARCIA MACHO, R.J., "El derecho de asilo y del refugiado en la Constitución española", en *Estudios sobre la Constitución española, homenaje a García de Enterría*, Tomo II, Madrid, 1991.

GARCIA MAHAMUT, R., "El nuevo régimen jurídico del derecho de asilo y de la protección subsidiaria en España a la luz de la ley 12/2009, de 30 de octubre: principales novedades y desafíos", en VIDAL FUEYO, M.C. (coord..), *Régimen jurídico del derecho de asilo en la Ley 12/2009*, Centro de Estudios Políticos y Constitucionales, 2010.

GARCIA VITORIA, I., "., "Una década sin Reglamento de asilo en España. Obstáculos e interpretaciones divergentes", *Anuario CIDOB de la inmigración*, 2018.

MARTÍN ARRIBAS, J.J., *Los Estados Europeos frente al desafío de los refugiados y el derecho de asilo,* Madrid, 2000.

PALAO MORENO, G., "Asilo e inmigración: retos para el Derecho Internacional y Europeo en el siglo XXI", en: CUARTERO, M.V. (dir.) *Inmigración: retos para el Derecho en el siglo XXI*, Navarra, 2019.

PÉREZ MEDINA, D., "La reapertura de la solicitud de asilo en el extranjero", *Noticias jurídicas,* enero 2021.

PÉREZ SOLA, N., *La regulación del derecho de asilo y refugio en España,* Ediciones Adhara, 1997.

PORRAS RAMÍREZ, J.M., "Un pacto sobre inmigración y asilo en la Unión Europea", en: PORRAS RAMÍREZ, J.M., *Migraciones y asilo en la Unión Europea,* Thomson Reuters Aranzadi, Navarra, 2020

SANTOLAYA MACHETTI, P., *El derecho de asilo en la Constitución española,* Valencia, 2001.

Capítulo 8.

EL DERECHO A LA SEGURIDAD SOCIAL DEL TRABAJADOR MIGRANTE EXTRACOMUNITARIO IRREGULAR: ALGUNOS RECONOCIMIENTOS EN EL ORDENAMIENTO JURÍDICO ESPAÑOL

MAGDALENA GONZÁLEZ JIMÉNEZ

Profesora Contratada Doctora de la Universidad de Castilla -La Mancha

1. CONSIDERACIONES PREVIAS

La inmigración es uno de los fenómenos sociales y demográficos que más ha transformado a la sociedad española en las últimas décadas, de manera que nuestro país ha pasado de ser un país de emigrantes a convertirse en un país receptor de inmigración. El crecimiento económico sostenido incrementó la llegada de trabajadores extracomunitarios, proporcionando mano de obra abundante, flexible y relativamente barata a sectores como la construcción, la agricultura o los servicios. Y ello sin que tal transformación sociodemográfica se haya producido, en términos generales, con excesivas tensiones o conflictos sociales particularmente graves.

Un cierto punto de inflexión se arrastra, sin embargo, desde el inicio de la grave crisis económica sufrida por España desde finales de 2007 traducida en un aumento espectacular de los niveles de desempleo, ajustes presupuestarios y recortes de prestaciones sociales. Más recientemente, a lo largo de la última década, Europa se ha enfrentado de nuevo a una profunda recesión económica acompañada de un aumento del número de ataques terroristas a raíz de los conflictos en Oriente medio, y a una grave crisis migratoria caracterizada por la llegada masiva de refugiados e inmigrantes al Sur de Europa. Comenzándose a cuestionar no solo la llegada de nuevos inmigrantes, sino el impacto que los ya residentes, y máxime los irregulares, puede tener sobre el Estado de bienestar y su sostenibilidad futura[1].

En todo caso, la construcción del modelo español de inmigración, entendido como el conjunto de derechos y obligaciones de los inmigrantes con vistas a su integración, precisa no sólo de estudios sobre el balance de los cambios normativos y jurisprudenciales de los derechos de los inmigrantes en situación regular, sino también, de los numerosos inmigrantes en situación irregular que, en calidad de personas, reclaman, por ejemplo, derechos a derivar de su condición de trabajador por cuenta ajena, aun sin estar en posesión de la correspondiente autorización.

---

1 Más ampliamente, García de Paor, C.G., "La polarización de la opinión pública europea ante la inmigración: análisis de los factores influyentes", *Comillas Journal of International Relations*, n.º 21, 2021.

En este trabajo nos centraremos en el alcance de los derechos de Seguridad Social que podrían predicarse del trabajador extranjero irregular extracomunitario o no nacional de un tercer país no amparado por el ámbito de aplicación del Derecho de la Unión, en base a la presunción de laboralidad contenida en el art. 8 del Estatuto de los Trabajadores.

2. CONFIGURACIÓN CONSTITUCIONAL DEL SISTEMA DE SEGURIDAD SOCIAL Y SU ÁMBITO SUBJETIVO

El sistema de Seguridad Social constituye el núcleo originario principal del Estado de bienestar español. En su art. 41, la Constitución española establece que: "Los poderes públicos mantendrán un régimen público de Seguridad Social para todos los ciudadanos, que garantice la asistencia y prestaciones sociales suficientes ante situaciones de necesidad, especialmente en caso de desempleo. La asistencia y prestaciones complementarias serán libres"[2].

El derecho a la Seguridad Social se encuadra, pues, dentro de los principios rectores de la política social y económica del

---

2 Del mismo se deriva una nítida separación entre el régimen público de la Seguridad Social y las prestaciones complementarias libres basadas en una lógica contractual privada y financiada con fondos también privados a cargo de los asegurados. Esta última forma de protección se dispensa principalmente por entidades de previsión social y los fondos de pensiones y su contenido prestacional está constituido básicamente por prestaciones asistenciales y económicas, que como afirma la jurisprudencia constitucional, sin salir del ámbito genérico de la protección social, se encuentra fuera del núcleo institucional de la Seguridad Social (STC 208/1988). Se deja así a la libertad de los particulares la suscripción de todo tipo de dispositivos de protección social encaminados al mismo fin público de proteger las situaciones de necesidad, pero no pensados para desplazar la protección social pública sino para complementarla.

Estado (arts. 39 a 52 CE), principios que informan la legislación positiva, la práctica judicial y la actuación de los poderes públicos, y que solo pueden hacerse valer ante los jueces y tribunales de acuerdo con lo que dispongan las leyes que los desarrollan.

Nuestra Constitución establece un sistema o régimen público de Seguridad Social de configuración legal, lo que implica que los derechos subjetivos de las personas al respecto no están garantizados directamente por la misma, sino por las leyes ordinarias dictadas en cumplimiento de la misma. Se trata, pues, de derechos que solo nacen mediante su desarrollo legal que, en todo caso, deberá respetar su contenido esencial.

El amplio margen de libertad de apreciación y configuración del legislador para establecer los requisitos exigibles para acceder a las prestaciones económicas de la Seguridad Social y las situaciones que han de estimarse protegidas a su amparo se ha destacado constantemente en la jurisprudencia del Tribunal Constitucional (SSTC 184/1990, 66/1994, 41/2013, 92 y 157/2014, entre otras). Considerando que al ser los derechos de Seguridad Social derechos sociales de prestación que implican una carga financiera considerable, le corresponde al legislador estatal “en función de las situaciones de necesidad existentes y de los medios financieros disponibles, determinar la acción protectora a dispensar por el régimen público de Seguridad Social y las condiciones para el acceso a las prestaciones y su pérdida” (STC 37/1994).

Sin embargo, el legislador no goza de una libertad absoluta en la delimitación del sistema de Seguridad Social, pues como se continúa argumentando en la sentencia anterior: “el art. 41 impone a los poderes públicos la obligación de establecer -o mantener- un sistema protector que se corresponda con las características técnicas de los mecanismos de cobertura propias de un sistema de Seguridad Social. En otros términos, el referido precepto consagra, en forma de garantía institucional, un régimen público "cuya preservación se juzga indispensable para asegurar los principios constitucionales, estableciendo... un núcleo o reducto indisponible por el legislador... de tal suerte que ha de ser preservado en términos reconocibles para la imagen que de la misma (la Seguridad Social) tiene la conciencia social en cada tiempo y lugar"[3].

Centrándonos ahora en su titularidad, para analizar el derecho a la Seguridad Social de los extranjeros no comunitarios habría que tomar como punto imprescindible de partida la jurisprudencia del Tribunal Constitucional sobre el artículo 13 de la Constitución, en cuya virtud: "La titularidad y ejercicio de los derechos (y libertades) fundamentales de los extranjeros en España debe deducirse de los preceptos que integran el Título I". Lo que implica que el legislador, aun disponiendo de un amplio margen de libertad para concretar los términos en los que los extranjeros han de gozar de los derechos y libertades en España "se encuentra sometido a límites derivados del conjunto del título I de la Constitución, y especialmente los contenidos en los apartados primero y segundo del artículo 10 CE", no gozando "de igual libertad para regular la titularidad y el ejercicio de los distintos derechos del título I, pues aquélla depende del concreto derecho afectado".

A partir de la aseveración anterior, el Tribunal Constitucional efectúa una clasificación de los derechos y libertades de los extranjeros, entendidos en sentido amplio, distinguiendo entre:

- Derechos del Título I que "corresponden a los extranjeros por propio mandato constitucional y no resulta posi-

3 Tal y como sintetiza Baró Pazos, M.ª L., "Artículo 41", en Pérez-Tremps, P. y Saiz Arnaiz, A., (Dirs.), *Comentario a la Constitución española. 40 aniversario 1978-2018. Libro-homenaje a Luis López Guerra*, Tomo I, Tirant Lo Blanch, Valencia, 2018, pp. 806-807.

ble un tratamiento desigual respecto de los españoles". Se trata de derechos "que pertenecen a la persona en cuanto tal y no como ciudadano, o dicho de otro modo, se trata de derechos que son imprescindibles para la garantía de la dignidad humana que conforme al art. 10.1 de nuestra Constitución es el fundamento del orden político español" (SSTC 107/1984, de 23 de noviembre, FJ 3; 99/1985, de 30 de septiembre, FJ 2; 130/1995, de 11 de septiembre, FJ 2; y 236/2007, de 7 de noviembre, FJ 3).

- Derechos cuya titularidad "la Constitución reconoce directamente a los extranjeros". Ello implica, de entrada, "que el legislador no puede negar tales derechos a los extranjeros, aunque sí puede establecer "condicionamientos adicionales" respecto a su ejercicio por parte de aquéllos, si bien "ha de respetar, en todo caso, las prescripciones constitucionales" (STC 115/1987, de 7 de julio, FF JJ 2 y 3; y 236/2007, de 7 de noviembre, FJ 4).
- Y una tercera categoría, la relevante a nuestros efectos: derechos de los que serán titulares "los extranjeros en la medida y condiciones que se establezcan en los Tratados y las Leyes", esto es, "derechos que no son atribuidos directamente por la Constitución a los extranjeros pero que el legislador puede extender a los no nacionales aunque no sea necesariamente en idénticos términos que los españoles" (SSTC 94/1993, de 22 de marzo, FJ 3; 236/2007, de 7 de noviembre, FJ 4[4]).

---

[4] Continúa diciendo esta resolución, en ese mismo fundamento jurídico, que "el art. 13.1 CE no dice, en efecto, que los extranjeros dispongan de los mismos derechos que los españoles, siendo precisamente ese precepto el que "en nuestra Constitución establece los límites subjetivos determinantes de la extensión de la titularidad de los derechos fundamentales a los no nacionales" [Declaración del Tribunal Constitucional 1/1992, de 1 de julio, FJ 3 b]".

De nuestra jurisprudencia se deduce que éste sería el régimen jurídico de derechos tales como el derecho al trabajo (STC 107/1984 de 23 de noviembre, FJ 4), el derecho a la salud (STC 95/2000 de 10 de abril, FJ 3), el derecho a percibir una prestación de desempleo (STC 130/1995, de 11 de septiembre, FJ 2), y también con matizaciones el derecho de residencia y desplazamiento en España (SSTC 94/1993, de 22 de marzo, FJ 3; 242/1994, de 20 de julio, FJ 4; 24/2000, de 31 de enero, FJ 4; 236/2007, de 7 de noviembre, FJ 4).

Eso sí, la libertad del legislador al respecto se verá restringida, en todo caso, "por el contenido delimitado para el derecho por la Constitución y los Tratados Internacionales". Adicionalmente, las condiciones de ejercicio establecidas "deberán dirigirse a preservar otros derechos, bienes o intereses constitucionalmente protegidos, y guardar adecuada proporcionalidad con la finalidad perseguida" (236/2007, de 7 de noviembre, FJ 4).

En este sentido, el legislador podría tomar en consideración el dato de su situación legal y administrativa en España, y exigir a los extranjeros la autorización de su estancia o residencia "como presupuesto para el ejercicio de algunos derechos constitucionales que por su propia naturaleza hacen imprescindible el cumplimiento de los requisitos que la misma Ley establece para entrar y permanecer en territorio español" (STC 236/2007, de 7 de noviembre, FJ 4). Esta opción no es constitucionalmente ilegítima, como se ha puesto de manifiesto por diversas decisiones de este Tribunal. Así, en la STC 107/1984, de 23 de noviembre, se admitió que «una legislación que exige el requisito administrativo de la autorización de residencia para reconocer la capacidad de celebrar válidamente un contrato de trabajo no se opone a la Constitución» (FJ 4). Y en la STC 242/1994, que la expulsión podía llegar a ser «una medida restrictiva de los derechos de los extranjeros que se encuentran residiendo legítimamente en España» (FJ 4). También cabría citar la STC 94/1993, que señaló que el art. 19 CE reconoce la libertad de circulación «a los extranjeros que se hallan legalmente en nuestro territorio» (FJ 4), invocando los arts. 12 y 13 del Pacto Internacional de Derechos Civiles y Políticos de 1966. O la STC 95/2000, de 10 de abril, en la que se debatió si la demandante cumplía la condición exigida a los extranjeros por el art. 1.2 de la Ley 14/1986, de 25 de abril, General de Sanidad para poder acceder al derecho a la protección de la salud y a la atención sanitaria, a saber, «que tengan establecida su residencia en el territorio nacional», sin discutir la constitucionalidad de tal requisito.

Se trataría, en definitiva, y con los límites anteriormente señalados, de *derechos de configuración legal*, como lo es el derecho a la Seguridad Social.

En la actualidad, la Ley General de Seguridad Social (LGSS), texto refundido aprobado mediante el Real Decreto Legislativo 8/2015, de 30 de octubre, es la norma principal que pretende dar cumplimiento al mandato constitucional de mantener un régimen público de Seguridad Social que garantice la asistencia y prestaciones sociales suficientes ante situaciones de necesidad.

En atención a su art. 7 habría que distinguir la modalidad contributiva de la no contributiva.

3. PRESTACIONES CONTRIBUTIVAS

De la modalidad contributiva son beneficiarios "los extranjeros que residan o se encuentren legalmente en España", siempre que "ejerzan su actividad en territorio nacional" (art. 7.1 LGSS).

Por su parte, la Ley Orgánica 4/2000, de 11 de enero, de derechos y libertades de los extranjeros en España y su integración social (LOEx), establece en su art. 10.1 que "los extranjeros residentes que reúnan los requisitos previstos en esta Ley Orgánica y en las disposiciones que la desarrollen tienen derecho a ejercer una actividad remunerada por cuenta propia o ajena, así como a acceder al sistema de la Seguridad Social, de conformidad con la legislación vigente". Y en su art. 14, apartado 1°, que "los extranjeros residentes tendrán el derecho a acceder a las prestaciones y servicios de la Seguridad Social en las mismas condiciones que los españoles".

De la comparación del art. 7.1 LGSS con el art. 14.1 LOEx hay que extraer la conclusión de que la LGSS no se ve afectada por lo dispuesto en la LOEx: si el extranjero reside o se encuentra legalmente en España y ejerce su actividad en el territorio nacional tiene los mismos derechos que los españoles, desapareciendo el criterio de la nacionalidad como criterio delimitador del campo de aplicación de la Seguridad Social.

Sin embargo, lo que suscita controversia en los tribunales y en la doctrina es si un trabajador extranjero en situación irregular (es decir, sin la correspondiente autorización de residencia y/o trabajo) podría causar derecho a las prestaciones del sistema de Seguridad Social *ex* art. 36.5 LOEx, a cuyo tenor "la carencia de la autorización de residencia y trabajo, sin perjuicio de las responsabilidades del empresario a que dé lugar, incluidas las de Seguridad Social, no invalidará el contrato de trabajo respecto a los derechos del trabajador extranjero, ni será obstáculo para la obtención de las prestaciones derivadas de supuestos contemplados por los convenios internacionales de protección a los trabajadores u otras que pudieran corresponderle, siempre que sean compatibles con su situación. En todo caso, el trabajador que carezca de autorización de residencia y trabajo no podrá obtener prestaciones por desempleo".

Para clarificar este interrogante habría que distinguir entre contingencias profesionales (accidente de trabajo y enfermedad profesional) y contingencias comunes.

3.1. Contingencias profesionales

En el caso de las contingencias profesionales, el art. 42.2 del Real Decreto 84/1996, de 26 de enero, por el que se aprueba el Reglamento General sobre Inscripción de Empresas y Afiliación, Altas, Bajas y Variaciones de Datos de Trabajadores en la Seguridad Social, prevé una situación especial para los trabajadores extranjeros que se hallen en situación irregular ("sin encontrarse legalmente en España y sin autorización para trabajar o documento que acredite la excepción a la obligación de obtenerla"), de países que hayan firmado el Convenio n.º 19 de la Organización Internacional del Trabajo (OIT), de 5 de junio de 1925, sobre igualdad de trato entre los trabajadores extranjeros y nacionales en materia de indemnización por accidentes de trabajo (ratificado por España el 24 de mayo de 1928, Gaceta del 26), cuyo art. 1.2 establece expresamente que la igualdad de trato "será otorgada a los trabajadores extranjeros y a sus derechohabientes sin ninguna condición de residencia". Esta situación especial se traduce en que se les considerará en alta de pleno derecho, "a los solos efectos de la protección frente a las contingencias de accidentes de trabajo y enfermedades profesionales (...) sin perjuicio de la aplicación, a los mismos efectos de protección, del principio de reciprocidad expresa o tácitamente reconocida". En su virtud, si el trabajador extranjero en situación irregular sufre un accidente de trabajo o una enfermedad profesional, y es de un país que ha firmado y ratificado el Convenio n.º 19 de la OIT, tendrá derecho a las prestaciones por estas contingencias. Y en condiciones equiparables a los nacionales que trabajan irregularmente (por falta de alta y cotización), lo que supondrá su automaticidad, por lo que en caso de incumplimiento de las obligaciones del empresario para con el trabajador la entidad gestora o mutua anticipará el pago de la prestación, sin perjuicio de repercutir ulteriormente contra el empresario infractor y con la responsabilidad subsidiaria del Instituto Nacional de Seguridad Social (INSS)[5].

3.2. Contingencias comunes

En el supuesto de las contingencias comunes la cuestión es más complicada por la redacción ya vista del art. 36.5 LOEx y del art. 42.2 del Real Decreto 84/1996 que establece que "los extranjeros que, precisando de autorización administrativa previa para trabajar, desempeñen una actividad en España careciendo de dicha autorización, no estarán incluidos en el sistema de la Seguridad Social", pero añade igualmente un párrafo que conlleva confusión al señalar "sin perjuicio de que puedan considerarse incluidos a efectos de la obtención de determinadas prestaciones de acuerdo con lo establecido en esta Ley".

Abogar por la equiparación absoluta en materia de empleo entre los extranjeros en situación de regularidad e irregularidad administrativa resulta inviable. Nuestro sistema actual, estructurado en torno a la solicitud y concesión de autorizaciones para trabajar en función de la Situación Nacional de Empleo, parte de la premisa de la preferencia de los nacionales sobre los extranjeros no comunitarios en lo que respecta al derecho de acceso al mercado de trabajo. Entonces, ¿cómo conciliar el cumplimiento de los requisitos administrativos advertidos en forma de autorizaciones –fuertemente asentados en nuestro ordenamiento jurídico- con el progresivo reconocimiento de efectos al contrato celebrado con un inmigrante irregular en

---

5 De Miguel Pajuelo, F., "La protección social de los extranjeros en España", en Palomar Olmeda, A. (Coord.), *Tratado de Extranjería. Aspectos civiles, penales, administrativos y sociales*, Tomo II, Aranzadi, Navarra, 2010, p. 180.

España? Para ello resulta de especial interés aludir a la evolución del marco normativo en esta materia[6].

La Ley 4/2000, de 11 de enero, sobre derechos y libertades de los extranjeros en España y su integración social, en su primera versión, disponía en su art. 33.1 que: "Los extranjeros mayores de dieciséis años que deseen ejercer cualquier actividad lucrativa laboral o profesional en España deberán obtener una autorización administrativa para trabajar o el permiso de trabajo". Y en el apdo. 3º de este mismo art. que: "Los empleadores que contraten a un trabajador extranjero deberán solicitar y obtener autorización previa del Ministerio de Trabajo y Asuntos Sociales. La carencia de la correspondiente autorización para contratos por parte del empleador, sin perjuicio de las responsabilidades a que dé lugar, no invalidará el contrato de trabajo respecto a los derechos del trabajador extranjero". Era la primera vez que la legislación española contenía una previsión específica en cuanto a la posibilidad de que el contrato celebrado con extranjero no comunitario carente de autorizaciones administrativas desplegase efectos, aunque sin concretar los derechos que podía invocar el trabajador.

En su interpretación, la doctrina se dividió entre los que opinaban que ello no impedía seguir manteniendo la nulidad del contrato de trabajo celebrado sin las preceptivas autorizaciones administrativas[7]; quienes sostenían que el legislador

---

6 Seguiremos para ello, aunque sintéticamente, la recapitulación de Díaz Aznarte, M.T.: "El trabajador extranjero en situación administrativa irregular", en Monereo Pérez, J.L. (Dir.), *Protección jurídico-social de los trabajadores extranjeros*, Comares, Granada, 2010, pp. 408 a 418.

7 Ramos Quintana, M. I., "Trabajadores extranjeros e integración social", *TL*, nº 54/2000, pp. 54-55. Entiende la autora que esta construcción de origen jurisprudencial y de recepción en el debate científico sobre la nulidad del contrato celebrado sin permiso se mantiene intacta en la nueva LO 4/2000. Aunque matiza lo anterior al entender que lo que realmente ha hecho el legislador es otorgar un efecto diferente

abogaba por la validez del contrato en tales circunstancias[8] y quienes se inclinaban por la necesidad de atender a la casuística para determinar la nulidad o validez del mismo[9]. Igualmente, también surgieron interpretaciones muy dispares con relación al alcance que debía otorgarse a la expresión "derechos", interpretada de manera restrictiva por unos[10] y extensiva por otros[11]. Como señala DÍAZ AZNARTE, el legislador optó intencionadamente por una "fórmula normativa opaca", susceptible de diversas interpretaciones, conculcándose con

---

a la nulidad contractual, pues "siendo el contrato nulo, el empresario debe cumplir con todas las obligaciones contraídas con el trabajador extranjero, no limitándose únicamente a la remuneración, que sería la consecuencia aplicable a partir de lo dispuesto por el Estatuto de los Trabajadores, sino a todas las obligaciones propias de la relación de trabajo, como si se tratara de un contrato válido". En el mismo sentido Moreno Vida, M.N., "El art. 36 de la LOExIS. Autorización para la realización de actividades lucrativas", en Monereo Pérez, J.L. y Molina Navarrete, C. (Dirs.), *Comentario a la Ley y al Reglamento de Extranjería e Integración Social*", Comares, Granada, 2001, pp. 581-582: "la falta de autorización para trabajar invalidará el contrato de trabajo, pero se garantizarán todos los derechos del trabajador extranjero".

8 Álvarez Cortés, J.C., "Los beneficiarios del derecho de asistencia sanitaria en la Ley de Extranjería", *Relaciones Laborales*, nº 1/2001, pp. 365-398.

9 Pedrajas Pérez, F., "Derecho al Trabajo", en Moya Escudero, M. (Coord.), *Comentario Sistemático a la Ley de Extranjería (LO 4/2000 y LO 8/2000)*, Comares, Granada, 2000, pp. 187-188.

10 Tabarini-Castellani Aznar, M., "Las consecuencias contractuales de la falta de permiso de trabajo tras la nueva Ley de Extranjería. A propósito de la STSJ de Cataluña de 14 de mayo de 2002", *AL*, nº 10/2003, p. 155. Este autor sostiene que el art. 10 LOEx sólo reconoce el derecho a la Seguridad Social a los extranjeros que se encuentren en nuestro país en situación de regularidad.

11 Ramos Quintana, M. I., "Trabajadores extranjeros e integración social", cit., p. 55.

ello el principio de seguridad jurídica en materia tan sumamente delicada[12].

En la Sentencia de 29 de septiembre de 2003, el Tribunal Supremo declarará, en unificación de doctrina, que "el contrato del extranjero no autorizado no es a partir de la expuesta LO 4/2000 un contrato nulo", añadiendo que esta "conclusión se reafirma aún de manera más patente en la LO 8/2000[13]". Se trataba de una empresa de hostelería que despide verbalmente a una trabajadora argentina (vendedora ambulante en ferias y eventos), a la que tenía contratada a pesar de que carecía de autorización para trabajar (aunque residía legalmente en nuestro país) cuando ella comunica que está embarazada y no puede realizar sobreesfuerzos. El Tribunal Supremo califica el despido como nulo, por vulnerar derechos fundamentales de la trabajadora (art. 55.5 ET tras la modificación introducida por la Ley 39/1999, de 5 de noviembre, para promover la conciliación de la vida familiar y laboral de las personas trabajadoras). La sanción correspondiente a tal declaración de nulidad es la readmisión inmediata de la trabajadora con abono de los salarios de tramitación. Sin embargo, el Tribunal Supremo no se pronuncia sobre los graves problemas de ejecución

---

12 Díaz Aznarte, M.T., "El trabajador extranjero en situación administrativa irregular", cit., p. 410.

13 En esta primera reforma de la LO 4/2000, el nuevo artículo 36.1 quedará redactado del siguiente modo: "Los extranjeros mayores de dieciséis años para ejercer cualquier actividad lucrativa, laboral o profesional, deberán obtener, además del permiso de residencia o autorización de estancia, una autorización administrativa para trabajar". Y su apdo. 3º: "Los empleadores que deseen contratar a un extranjero no autorizado para trabajar deberán obtener previamente, conforme a lo dispuesto en el apartado 1 de este artículo, autorización del Ministerio de Trabajo y Asuntos Sociales. La carencia de la correspondiente autorización por parte del empleador, sin perjuicio de las responsabilidades a que dé lugar, no invalidará el contrato de trabajo respecto a los derechos del trabajador extranjero".

que plantea su decisión (sobre este extremo volveremos más adelante).

Esta sentencia formó parte de una emblemática terna que implicó un cambio sustancial en la línea jurisprudencial sostenida hasta entonces por el Tribunal Supremo. En efecto, referidas esta vez no a los efectos netamente contractuales de la carencia de autorizaciones, sino a su repercusión en materia de Seguridad Social (en concreto se aborda la problemática de la protección frente a accidentes de trabajo), las SSTS de 9 de junio de 2003 y de 7 de octubre de 2003 declararán que "el contrato de trabajo del extranjero no autorizado no es, en la actual legislación un contrato nulo. Y, siendo ello así no puede verse privado el trabajador de una protección que, en nuestro sistema de relaciones laborales, es inherente al contrato de trabajo y así lo ha sido siempre desde la primitiva Ley de Accidentes de Trabajo de 1900".

Ante la situación descrita, el legislador adopta una nueva modificación de la LO 4/2000, vía LO 14/2003, de 20 de noviembre[14]. Y era de esperar que aprovechase la ocasión para

---

[14] Esta segunda reforma de la LO 4/2000 modificará de nuevo el citado art. 36: "1. Los extranjeros mayores de 16 años para ejercer cualquier actividad lucrativa, laboral o profesional, precisarán de la correspondiente autorización administrativa previa para trabajar. Esta autorización habilitará al extranjero para residir durante el tiempo de su vigencia, extinguiéndose si transcurrido un mes desde la notificación al empresario de la concesión de la misma no se solicitase, en su caso, el correspondiente visado.
2. Cuando el extranjero se propusiera trabajar por cuenta propia o ajena, ejerciendo una profesión para la que se exija una titulación especial, la concesión de la autorización se condicionará a la tenencia y, en su caso, homologación del título correspondiente. También se condicionará a la colegiación, si las leyes así lo exigiesen.
3. Para la contratación de un extranjero el empleador deberá solicitar la autorización a que se refiere el apartado 1 del presente artículo. La carencia de la correspondiente autorización por parte del empresario,

resolver las "zonas grises" apuntadas. La nueva redacción del art. 36.3 quedará del siguiente modo: "Para la contratación de un extranjero el empleador deberá solicitar la autorización a que se refiere al apartado 1 del presente artículo. La carencia de la correspondiente autorización por parte del empresario, sin perjuicio de las responsabilidades a que dé lugar, incluidas aquellas en materia de seguridad social, no invalidará el contrato de trabajo respecto a los derechos del trabajador extranjero, ni será obstáculo para la obtención de las prestaciones que pudieran corresponderle". Ello implicaba una novedad trascendental: el reconocimiento expreso de efectos jurídicos al respecto también en materia de Seguridad Social, pero, de nuevo, no se concreta el alcance de las expresiones contenidas en el precepto, de modo que las dudas sobré qué derechos y prestaciones quedaban incluidos en tal previsión legal siguieron sin resolverse. Así, para algunos autores, el contrato debía seguir reputándose nulo[15]; para otros válido[16]; desde una po-

---

sin perjuicio de las responsabilidades a que dé lugar, incluidas aquellas en materia de seguridad social, no invalidará el contrato de trabajo respecto a los derechos del trabajador extranjero, ni será obstáculo para la obtención de las prestaciones que pudieran corresponderle. 4. En la concesión inicial de la autorización administrativa para trabajar podrán aplicarse criterios especiales para determinadas nacionalidades en función del principio de reciprocidad".

[15] Montoya Melgar, A., *El empleo ilegal de inmigrantes*, Aranzadi, Madrid, 2007, p. 110: "el reconocimiento de efectos jurídicos a un contrato que en términos civiles y laborales debería reputarse como nulo, no deja de tener una cobertura legal clásica y ello porque se ajusta al supuesto excepcional previsto en el art. 6.3 CC: Los actos contrarios a las normas imperativas y a las prohibitivas son nulos de pleno derecho, salvo que en ellas se establezca un efecto distinto para el caso de contravención".

[16] Es el caso, aunque con matices, de Ramos Quintana, M.I., "El derecho al trabajo y los derechos en materia de Seguridad Social" en Aja, E. (Coord.), *Los derechos de los inmigrantes en España*, Tirant lo Blanch, Valencia, 2009, pp. 372-373.

sición intermedia se defiende la nulidad relativa del mismo, mientras otros acuden a la clásica distinción entre efectos *ex nunc* y *ex tunc* de la nulidad[17].

En este punto, el Tribunal Supremo emitirá una nueva sentencia clave en la materia, en unificación de doctrina, la STS de 18 de marzo de 2008, en la que negará a los extranjeros sin autorización de residencia el derecho a disfrutar de la protección por desempleo, y *obiter dicta* de las prestaciones por contingencias comunes[18], pues lo contrario implicaría una regularización indirecta a través de decisiones judiciales en contra del espíritu de la legislación vigente. Veámoslo más detenidamente.

En su FJ 4 y siguientes sostiene, por un lado, que al contrario de lo que ocurre con las contingencias profesionales, "no existen Convenios Internacionales integrados en nuestra normativa interna que así lo autoricen". Y que "la interpretación del art. 36.3 en su inciso final "ni será obstáculo para la obtención de las prestaciones que pudieran corresponderle" debe conducir a conclusiones distintas, en función de cúal sea la situación del trabajador extranjero.

---

17 Alonso Pérez, M.T., "Los efectos de la nulidad del contrato de trabajo", *Revista española de Derecho del Trabajo,* nº 138/2008, p. 345 y ss. También Navarro Amaro, S., "Sobre los efectos jurídicos del contrato celebrado con inmigrante en situación irregular", en Sánchez-Rodas Navarro, C. (Coord.), *Aspectos jurídicos de la inmigración irregular en la UE,* Laborum, Sevilla, 2009, p. 42-43.

18 Rodríguez Cardo, I.A., Comentario al artículo 7 LGSS, en Martín Valverde y García Murcia (Dirs.), *Ley General de Seguridad Social. Comentada y con jurisprudencia,* La Ley, Madrid, 2009, p. 60; y Maldonado Molina, J.A., "El derecho a la Seguridad Social. Configuración técnica-jurídica de un derecho social protector de los trabajadores extranjeros", en Monereo Pérez, J.L. (Dir.), *Protección jurídico-social de los trabajadores extranjeros,* cit., p. 276. Vid. también, Rubio Velasco, M.ª F., *Los derechos laborales y de Seguridad Social de los inmigrantes irregulares en España,* Laborum Ediciones, Murcia, 2020, pp. 154 a 156.

Si éste cuenta con autorización de residencia, la falta de la autorización para trabajar, dado que ya no invalida el contrato, no puede ser obstáculo para la obtención de las prestaciones de Seguridad Social, a las que el extranjero residente tiene derecho, ex. art. 14.1 de la propia LOEx [19], en pie de igualdad con los trabajadores españoles.

Si, por el contrario, el extranjero tampoco cuenta con la autorización de residencia, el hecho de trabajar sin la autorización de trabajo, pese a ser una falta grave, no será obstáculo para que pueda obtener "las prestaciones que pudieran corresponderle". Pero tales prestaciones, de acuerdo con el art. 14.3 LOEx antes trascrito, ya no serían las que reconoce en sus números 1 y 2 solo a los extranjeros "residentes", sino los "servicios y prestaciones sociales básicas"; entendiendo por tales, tanto los servicios sociales a los que alude el art. 53 LGSS., como aquellas prestaciones sociales que las leyes declaren o consideren básicas a estos efectos, entre las que cabe citar la prestación de asistencia sanitaria de urgencia que el art. 12 de la propia LOEx reconoce a todos los extranjeros sin distinción, y también las prestaciones que nuestra sentencia de 26-5-2004 (rec. 351/2003) calificó de "asistencia social externa a la S. Social que no está comprendida en la reserva competencial del Estado (art. 149.1.17 de la Constitución, sino en el art. 148 de

---

[19] El art. 14 LOEx, bajo la rúbrica "Derecho a Seguridad Social y a los servicios sociales" establecía por entonces lo siguiente:
"1. Los extranjeros residentes tendrán derecho a acceder a las prestaciones y servicios de la Seguridad Social en las mismas condiciones que los españoles.
2. Los extranjeros residentes tendrán derecho a los servicios y a las prestaciones sociales, tanto a los generales y básicos como a los específicos, en las mismas condiciones que los españoles.
3. Los extranjeros, cualquiera que sea su situación administrativa, tienen derecho a los servicios y prestaciones sociales básicas".

la norma suprema, como competencia, que puede ser exclusiva de las Comunidades Autónomas (STC 239/2002)".

El principal argumento que utiliza el Alto Tribunal para extraer esta conclusión es que, "desde la perspectiva finalista de la LOEx, no es lógico que el extranjero en situación irregular, es decir, no residente, pueda acceder por el hecho de cometer una falta grave que autoriza a su expulsión, a cualesquiera prestaciones de S. Social, a las que inicialmente y de acuerdo con el art. 14 de la misma LOEx, nunca tendría derecho. Ni tampoco es lógico, reconocer a los extranjeros en situación irregular, los mismos derechos que a los extranjeros residentes (que en la materia que nos ocupa tienen los mismos que los españoles) cuando es notorio que la legislación española de extranjería ha estado orientada siempre a estimular la emigración legal". Lo contrario implicaría una regularización indirecta a través de decisiones judiciales en contra del espíritu de la legislación vigente.

A lo que añade que, la LGSS ha establecido una serie de requisitos legales en el caso de la prestación de desempleo "que en ningún caso pueden cumplir los extranjeros en situación irregular", tales como:

- El art. 203.1 LGSS sólo otorga el derecho al desempleo a quienes "pudiendo y queriendo trabajar" pierden el empleo. Los extranjeros no residentes aunque quieran trabajar no puede legalmente al verse imposibilitados de obtener la pertinente autorización.
- El art. 209.1 LGSS establece que sólo pueden solicitar la prestación de desempleo las personas que cumplan los requisitos del art. 207 LGSS, circunstancia que no concurre en el caso de los extranjeros irregulares, y entre los que se encuentra "acreditar disponibilidad para buscar activamente empleo y para aceptar colocación adecuada a través de la suscripción del compromiso de actividad al que se refiere el art. 231 LGSS". Para el Tribunal Su-

premo resulta evidente que el inmigrante irregular no puede suscribir el citado compromiso de actividad, que comporta obligaciones como la búsqueda activa de empleo o la aceptación de una colocación adecuada, que "el extranjero irregular no puede atender puesto que no puede realizar ninguna actividad laboral".

Todo lo expuesto le lleva a la conclusión de que la prestación de desempleo solo la puede obtener el extranjero residente que ha realizado servicios por cuenta ajena sin contar con la pertinente autorización para trabajar, pero no el que, como el actor, se encontraba en España en situación irregular (FJ 9).

Posteriormente, el legislador tampoco aprovecha la reforma de la LO 2/2009 para zanjar la polémica. Se aclara que si carece de autorización de residencia y trabajo no podrá obtener prestaciones por desempleo. Ello parece ratificar la doctrina de la STS de 18 de marzo de 2008, anteriormente analizada, que admite la cobertura por desempleo para el que teniendo la autorización de residencia carece de la autorización de trabajo. Y se precisa que, como norma general, la concesión de estas prestaciones no implicará una modificación de su situación administrativa [a diferencia del inmigrante regularizado que, a su expiración, renovará su autorización de residencia y trabajo si fuese perceptor de la prestación contributiva por desempleo, o beneficiario de una prestación económica asistencial de carácter público destinada a lograr su inserción social o laboral (art. 38.6). Pero, en general, ha mantenido el tono ambiguo que ha provocado el debate doctrinal y jurisprudencial aludido, con lo que continuarán las elucubraciones en cuanto a los efectos jurídicos concretos de este contrato. La nueva redacción del art. 36 LOEx es la siguiente:

"1. Los extranjeros mayores de dieciséis años precisarán, para ejercer cualquier actividad lucrativa, laboral o profesional, de la correspondiente autorización administrativa previa para residir y trabajar. La autorización de trabajo se concederá conjuntamente con la de residencia, salvo en los supuestos de penados extranjeros que se hallen cumpliendo condenas o en otros supuestos excepcionales que se determinen reglamentariamente.

2. La eficacia de la autorización de residencia y trabajo inicial se condicionará al alta del trabajador en la Seguridad Social. La Entidad Gestora comprobará en cada caso la previa habilitación de los extranjeros para residir y realizar la actividad.

3. Cuando el extranjero se propusiera trabajar por cuenta propia o ajena, ejerciendo una profesión para la que se exija una titulación especial, la concesión de la autorización se condicionará a la tenencia y, en su caso, homologación del título correspondiente y, si las leyes así lo exigiesen, a la colegiación.

4. Para la contratación de un extranjero, el empleador deberá solicitar la autorización a que se refiere el apartado 1 del presente artículo, que en todo caso deberá acompañarse del contrato de trabajo que garantice una actividad continuada durante el período de vigencia de la autorización.

5. La carencia de la autorización de residencia y trabajo, sin perjuicio de las responsabilidades del empresario a que dé lugar, incluidas las de Seguridad Social, no invalidará el contrato de trabajo respecto a los derechos del trabajador extranjero, ni será obstáculo para la obtención de las prestaciones derivadas de supuestos contemplados por los convenios internacionales de protección a los trabajadores u otras que pudieran corresponderle, siempre que sean compatibles con su situación. En todo caso, el trabajador que carezca de autorización de residencia y trabajo no podrá obtener prestaciones por desempleo.

Salvo en los casos legalmente previstos, el reconocimiento de una prestación no modificará la situación administrativa del extranjero.

6. En la concesión inicial de la autorización administrativa para trabajar podrán aplicarse criterios especiales para determinadas nacionalidades en función del principio de reciprocidad.

7. No se concederá autorización para residir y realizar una actividad lucrativa, laboral o profesional, a los extranjeros que, en el marco de un programa de retorno voluntario a su país de origen, se hubieran comprometido a no retornar a España durante un plazo determinado en tanto no hubiera transcurrido dicho plazo.

8. Reglamentariamente se determinarán las condiciones y requisitos para hacer posible la participación de trabajadores extranjeros en sociedades anónimas laborales y sociedades cooperativas".

A modo de resumen de todo este *iter*: determinar qué derechos laborales y de Seguridad Social ostenta un trabajador inmigrante irregular en España no es cuestión fácil de resolver, pues, a estas alturas, y pese a las numerosas reformas de la Ley Orgánica 4/2000, la normativa vigente sigue dando lugar a confusión.

Comenzado con los derechos laborales, hay consenso respecto a que ha de ser reconocido el derecho al salario (art. 9.2 del Estatuto de los Trabajadores) para evitar el enriquecimiento injusto del empresario.

También se ha apuntado que gozaría igualmente de las "garantías del art. 32 del Estatuto de los Trabajadores y las prestaciones del Fondo de Garantía Salarial, la seguridad y salud laborales, la limitación del tiempo de trabajo, la ocupación efectiva, la acción asistencial de la empresa[20]...".

En esta línea garantista, los tribunales españoles han reconocido el derecho de un inmigrante irregular despedido a cobrar el prorrateo de las pagas extraordinarias y las vacaciones no disfrutadas y a cobrar la indemnización y los salarios de tra-

---

[20] Montoya Melgar, A., "El Empleo Ilegal de Inmigrantes", *Revista de Derecho de la Unión Europea*, n.º 17/2009, p. 21.

mitación en caso de despido improcedente. E, incluso, se ha interpretado que la falta de renovación de las autorizaciones administrativas genera la aparición de una causa de ineptitud sobrevenida que permite aplicar el régimen indemnizatorio de los despidos objetivos.

En todo caso, en relación con los derechos laborales del trabajador irregular, la cuestión más controvertida ha sido la posible readmisión en tales casos, sobre todo en los supuestos de nulidad del despido. Posibilidad rechazada por los tribunales, que limitan la condena al pago de la indemnización por despido, pues lo contrario sería tanto como condenar al empresario a actuar ilegalmente por segunda vez.

Estos mismos argumentos resultarían aplicables a los supuestos de excedencia regulados en el Estatuto de los Trabajadores, por lo que parece que habría que mantener la imposibilidad para un inmigrante irregular de ejercicio del derecho a la excedencia, por cuanto no se podría condenar al empresario a reincorporarlo[21].

No obstante, no hay que perder de vista las importantes dificultades prácticas para el ejercicio efectivo de estos derechos, pues cualquier reclamación por parte del trabajador pondría de manifiesto la irregularidad de su situación administrativa.

En materia de contingencias comunes parte de la doctrina se decanta por la exigencia de estar en situación de residencia legal, además de cumplir con el resto de los requisitos exigidos para poder causar derecho a las distintas prestaciones del sistema según la LGSS. Si no tiene la residencia legal tendrá derecho, en su caso, a las prestaciones asistenciales establecidas por las Comunidades Autónomas y los servicios sociales de

---

21 Sánchez-Rodas Navarro, C., "Derechos laborales y de Seguridad Social de los inmigrantes en España" en Arellano Ortiz, P. (Ed,), *Trabajadores Migrantes y Seguridad Social*, Librotecnia, Santiago, Chile, 2015, p. 49-50.

las Corporaciones Locales, prestaciones todas ellas extra muros del sistema de la Seguridad Social. Y ello en base a la línea argumental ya analizada del Tribunal Supremo en Sentencia de 18 de marzo de 2008, que estiman plenamente aplicable pese a la última reforma legislativa de la LO 2/2009[22]. Para otros, las prestaciones del art. 36.5 LOEx deben reconocerse en un sentido omnicomprensivo también al inmigrante sin residencia legal al no establecerse "distinción concreta y específica alguna referente a si se tratan de las de origen profesional o comunes", con la única excepción de la prestación por desempleo, expresamente excluida en el art. 36.5 de la vigente Ley Orgánica 4/2000, tras la reforma del 2009 según jurisprudencia del TS de 2008[23].

En todo caso, como norma general, para estas prestaciones por contingencias comunes no habrá anticipo, porque el trabajador irregular no está en alta[24] [salvo desempleo (automaticidad absoluta) o supuesto de alta del trabajador en la fecha en que se produce el hecho que da lugar a la prestación (automaticidad relativa), a semejanza de lo que ocurriría con los nacionales que trabajan irregularmente por falta de alta y cotización]. El único responsable será el empresario –cuando la ausencia de los requisitos que impiden acceder a las corres-

---

22 Alonso-Olea García, B., *Derecho de la protección social,* Aranzadi, Navarra, 2020, 4ª ed., p. 73 a 76.

23 Triguero Martínez, L.A., "El Derecho social *vs* el trabajo informal en la economía sumergida de los trabajadores extranjeros inmigrantes sin autorización de trabajo: la acción del derecho social al trabajo", en Monereo Pérez, J.L. y Perán Quesada, S. (Dirs.), *Derecho social y trabajo informal. Implicaciones laborales, económicas y de Seguridad Social del fenómeno del trabajo informal y de la economía sumergida en España y Latinoamérica,* Comares, Granada, 2016, p. 281.

24 No puede estar en alta y bien se cuida el art. 42.2 del RD 84/1996 de señalar, por oposición a las contingencias profesionales, que ese alta no existe.

pondientes prestaciones de Seguridad Social sea imputable a la actuación del empleador- y a él deberán dirigir los trabajadores sus reclamaciones de forma directa. Y sin contar con ninguna garantía adicional del percibo efectivo de la prestación, de forma que, por ejemplo, la insolvencia empresarial provocaría la falta de satisfacción[25].

No obstante todo el debate anterior, no se puede obviar la escasa virtualidad que en la práctica puede llegar a tener este derecho, pues el posible disfrute de prestaciones por contingencias comunes, sobre todo de algunas de ellas como la incapacidad permanente o jubilación, implicará largos períodos de trabajo, difíciles de reunir y probar por un trabajador irregular, especialmente en el caso de sucesión de múltiples empleadores.

4. PRESTACIONES NO CONTRIBUTIVAS

En cuanto a la modalidad no contributiva, según el art. 7.2 LGSS, tienen derecho a estas prestaciones "los extranjeros que residan legalmente en territorio español, en los términos pre-

---

25 Y todo ello al margen de que según el art. 54.1.d) LOEx constituye una infracción muy grave: "La contratación de trabajadores extranjeros sin haber obtenido con carácter previo la correspondiente autorización de residencia y trabajo, incurriéndose en una infracción por cada uno de los trabajadores extranjeros ocupados, siempre que el hecho no constituya delito". Sancionable con multa desde 10.001 hasta 100.000 euros. Y que según el art. 48.1 de la Ley 62/2003, de 30 de diciembre, de medidas fiscales, administrativas y del orden social, el importe de la multa "se incrementará en la cuantía que resulte de calcular lo que hubiera correspondido ingresar por cuotas de Seguridad Social y demás conceptos de recaudación conjunta, desde el comienzo de la prestación de trabajo del trabajador extranjero hasta el último día en que se constate dicha prestación de servicios". Se trata con ello de desincentivar fuertemente el recurso a la contratación de trabajadores extranjeros irregulares.

vistos en la Ley Orgánica 4/2000, de 11 de enero, sobre derechos y libertades de los extranjeros en España y su integración social y, en su caso, en los tratados, convenios, acuerdos o instrumentos internacionales aprobados, suscritos o ratificados al efecto".

Según la LOEx "son residentes los extranjeros que se encuentren en España y sean titulares de una autorización para residir". Autorización de residencia que será bien de residencia temporal bien de residencia de larga duración. La autorización de residencia temporal, art. 31 LOEx (ya no lucrativa, ya por reagrupación familiar, ya por ejercer cualquier actividad lucrativa, laboral o profesional) se concede por un plazo máximo de cinco años (un año la inicial, dos renovaciones por períodos de dos años). Plazo a partir del cual, según el art. 32 LOEx, se puede solicitar y obtener la autorización de residencia de larga duración.

Además, al igual que los españoles y los ciudadanos de la Unión Europea, y según la LGSS, deberán cumplir con un determinado período de residencia legal en España, período que variará según la prestación:

- Prestaciones familiares: No se exige período alguno, basta con tener la residencia legal en territorio español (art.s 352.1.a LGSS y 10 del Real Decreto 1335/2005, de 11 de noviembre, por el que se regulan las Prestaciones Familiares de la Seguridad Social).

- Pensión de invalidez no contributiva. Se exige "residir legalmente en territorio español y haberlo hecho durante cinco años, de los cuales dos deberán ser inmediatamente anteriores a la fecha de solicitud de la pensión" (art.s 363.1.b LGSS y 1.b de su reglamento de desarrollo, el Real Decreto 357/1991, de 15 de marzo, de desarrollo de la Ley 26/1990, de 20 de diciembre, sobre prestaciones no contributivas de la Seguridad Social).

- Pensión de jubilación no contributiva. Se requiere residir "legalmente en territorio español y lo hayan hecho durante diez años entre la edad de dieciséis años y la edad de devengo de la pensión, de los cuales dos deberán ser consecutivos e inmediatamente anteriores a la solicitud de la prestación" (art.s 369.1 LGSS y 8.b del Real Decreto 357/1991).

Bibliografía

ALONSO-OLEA GARCÍA, B., *Derecho de la protección social,* Aranzadi, Navarra, 2020.

ALONSO PÉREZ, M.T., "Los efectos de la nulidad del contrato de trabajo", *Revista española de Derecho del Trabajo,* nº 138/2008.

ÁLVAREZ CORTÉS, J.C., "Los beneficiarios del derecho de asistencia sanitaria en la Ley de Extranjería", *Relaciones Laborales,* nº 1/2001.

BARÓ PAZOS, M.ª L., "Artículo 41", en PÉREZ-TREMPS, P. Y SAIZ ARNAIZ, A., (Dirs.), *Comentario a la Constitución española. 40 aniversario 1978-2018. Libro-homenaje a Luis López Guerra,* Tomo I, Tirant Lo Blanch, Valencia, 2018.

DE MIGUEL PAJUELO, F., "La protección social de los extranjeros en España", en

DÍAZ AZNARTE, M.T., "El trabajador extranjero en situación administrativa irregular", en MONEREO PÉREZ, J.L. (Dir.), *Protección jurídico-social de los trabajadores extranjeros,* Comares, Granada, 2010.

GARCÍA DE PAOR, C.G., "La polarización de la opinión pública europea ante la inmigración: análisis de los factores influyentes", *Comillas Journal of International Relations,* n.º 21, 2021.

MALDONADO MOLINA, J.A., "El derecho a la Seguridad Social. Configuración técnica-jurídica de un derecho social protector de los trabajadores extranjeros", en MONEREO PÉREZ, J.L. (Dir.), *Protección jurídico-social de los trabajadores extranjeros,* Comares, Granada, 2010.

MONTOYA MELGAR, A., *El empleo ilegal de inmigrantes,* Aranzadi, Madrid, 2007.

MONTOYA MELGAR, A., "El Empleo Ilegal de Inmigrantes", *Revista de Derecho de la Unión Europea,* n.º 17/2009.

MORENO VIDA, M.N., "El art. 36 de la LOExIS. Autorización para la realización de actividades lucrativas", en MONEREO PÉREZ, J.L. Y MOLINA NAVARRETE, C. (Dirs.), *Comentario a la Ley y al Reglamento de Extranjería e Integración Social*", Comares, Granada, 2001.

NAVARRO AMARO, S., "Sobre los efectos jurídicos del contrato celebrado con inmigrante en situación irregular", en SÁNCHEZ-RODAS NAVARRO, C. (Coord.), *Aspectos jurídicos de la inmigración irregular en la UE,* Laborum, Sevilla, 2009.

PALOMAR OLMEDA, A. (Coord.), *Tratado de Extranjería. Aspectos civiles, penales, administrativos y sociales,* Tomo II, Aranzadi, Navarra, 2010.

PEDRAJAS PÉREZ, F., "Derecho al Trabajo", en Moya Escudero, M. (Coord.), *Comentario Sistemático a la Ley de Extranjería (LO 4/2000 y LO 8/2000),* Comares, Granada, 2000.

RAMOS QUINTANA, M. I., "Trabajadores extranjeros e integración social", *TL,* nº 54/2000.

RAMOS QUINTANA, M.I., "El derecho al trabajo y los derechos en materia de Seguridad Social" en AJA, E. (Coord.), *Los derechos de los inmigrantes en España,* Tirant lo Blanch, Valencia, 2009.

RODRÍGUEZ CARDO, I.A., "Comentario al artículo 7 LGSS", en MARTÍN VALVERDE Y GARCÍA MURCIA (Dirs.), *Ley General de Seguridad Social. Comentada y con jurisprudencia,* La Ley, Madrid, 2009.

RUBIO VELASCO, M.ª F., *Los derechos laborales y de Seguridad Social de los inmigrantes irregulares en España,* Laborum Ediciones, Murcia, 2020.

SÁNCHEZ-RODAS NAVARRO, C., "Derechos laborales y de Seguridad Social de los inmigrantes en España" en ARELLANO ORTIZ, P. (Ed,), *Trabajadores Migrantes y Seguridad Social,* Librotecnia, Santiago, Chile, 2015.

TABARINI-CASTELLANI AZNAR, M., "Las consecuencias contractuales de la falta de permiso de trabajo tras la nueva Ley de Extranjería. A propósito de la STSJ de Cataluña de 14 de mayo de 2002", *AL,* nº 10/2003.

TRIGUERO MARTÍNEZ, L.A., "El Derecho social *vs* el trabajo informal en la economía sumergida de los trabajadores extranjeros inmigrantes sin autorización de trabajo: la acción del derecho social al trabajo", en MONEREO PÉREZ, J.L. Y PERÁN QUESADA, S. (Dirs.), *Derecho social y trabajo informal. Implicaciones laborales, económicas y de Seguridad Social del fenómeno del trabajo informal y de la economía sumergida en España y Latinoamérica,* Comares, Granada, 2016.

Capítulo 9.

INMIGRACIÓN, SEGURIDAD Y DERECHOS FUNDAMENTALES: UNA MIRADA HACIA ITALIA

MARÍA RUIZ DORADO

Profesora Ayudante Doctor de la Universidad de Castilla -La Mancha

SUMARIO: 1. Introducción. 2. Del derecho de asilo a la seguridad y el orden público. 2.1. Algunos apuntes sobre el derecho de asilo en la Constitución italiana 2.2. ¿La seguridad y el orden público? 3. La protección humanitaria en riesgo: algunas consideraciones a raíz del Decreto Cutro. 4. Bibliografía.

1. INTRODUCCIÓN

Vivimos en una sociedad globalizada en la que, como puso de manifiesto Pedro De Vega García[1], "en los umbrales del tercer milenio estamos asistiendo al doble y contradictorio fenómeno del ensanchamiento de los espacios económicos y sociales en los que hasta ahora los hombres desarrollaban su existencia, al tiempo que se produce la más escandalosa reducción de sus ámbitos políticos".

---

1 DE VEGA GARCÍA, P., "Mundialización y Derecho constitucional: la crisis del principio democrático en el constitucionalismo actual", *Revista de Estudios Políticos (Nueva Época)*, n. 100, abril-junio 1998. P. 13.

Si bien es cierto que esta apertura ha permitido un avance en las economías de mercado, también ha repercutido en los flujos migratorios. Y es que la globalización y el denominado transnacionalismo son dos fenómenos consustanciales, con importantes consecuencias, tales como: la necesidad de integración plena de los inmigrantes en los países receptores, principalmente, mediante su inserción laboral[2]. Esta afirmación parece del todo lógica, sin embargo, la implementación de políticas de integración no es una cuestión baladí, sobre todo en épocas de crisis económica.

Más allá de los retos que plantea la consecución de la interculturalidad, no podemos pasar por alto los éxodos masivos de población en busca de "un mejor porvenir" o "fuga por motivos humanitarios"[3] que ponen en jaque la economía y seguridad de los Estados receptores.

En Italia, al igual que en la mayor parte de los países occidentales, la yuxtaposición del término seguridad con inmigración ha creado, en palabras de Fulvia Ugolini, "un binomio, tanto en términos de comunicación como de legislación, que ahora es difícil de separar, especialmente en lo que respecta a la opinión pública"[4]. En las últimas décadas encontramos normativas tendentes a la identificación de "sujetos peligrosos"

---

2 *Vid.* SOLÉ, C. y CACHÓN, L., "Presentación. Globalización e inmigración: los debates actuales", *Revista Española de Investigaciones Sociológicas (Reis)*, n. 116, año 2006. Pp. 13-54.

3 Conviene precisar que los motivos de emigración no se reducen a la búsqueda del bienestar o a la llamada "fuga de cerebros", sino que en muchos casos, obedece a una huida por grandes crisis humanitaria, situaciones de guerra, regímenes dictatoriales, persecuciones políticas, entre otros.

4 UGOLINI, F., "Convergenza tra politiche di immigrazione e diritto penale. Alcuni aspetti problematici", *federalismi.it*, n. 3, año 2019. P. 2.

para la sociedad y la seguridad pública; sujetos peligrosos entre los que se encuentran preferentemente los extranjeros[5].

El uso deplorable de políticas del miedo, centradas en la consideración del extranjero como enemigo, para implementar medidas cada vez más restrictivas de derechos fundamentales en aras a crear una falsa sensación de seguridad, son una técnica muy recurrente de los Estados. A modo de ejemplo, podríamos citar desde las políticas nazis que dieron lugar al genocidio del Holocausto, a la aprobación de la *Patriot Act* estadounidense tras los atentados del 11 S[6], o los "Decreto Salvini" y "Decreto Cutro" en Italia.

De ahí que el presente capítulo pretenda analizar la última actuación legislativa italiana en materia de inmigración (Decreto Ley 20/2023, de 10 de marzo, convertido en Ley 5/2023, de 5 de mayo: Decreto Cutro), poniendo el énfasis en las limitaciones introducidas en cuanto a los permisos de residencia por protección humanitaria.

2. DEL DERECHO DE ASILO A LA SEGURIDAD Y EL ORDEN PÚBLICO

La Constitución italiana de 1948 alude expresamente al reconocimiento de derechos a los extranjeros y a su situación jurídica de conformidad con las normas del Derecho internacional. Sin embargo, quizás por su carácter sustancialmente

---

5 FAMIGLIETTI, G., "Per una società giusta e inclusiva. I diritti dei migranti nella Costituzione italiana", Ponencia impartida en el Seminario organizado en la Università di Messina, 10 de mayo de 2020.

6 Para un estudio sobre la *USA Patriot Act,* sobre todo en materia de interceptación de comunicaciones *vid.* RUIZ DORADO, M., *Constitución y Espionaje,* Tirant lo Blanch, Valencia año 2022. Pp. 28 y ss.

estatal, no siempre aporta un marco de actuación que de soluciones satisfactorias a la problemática recurrente que giran en torno a este colectivo[7]. Entre los principales problemas encontramos la inmigración masiva o los casos de inmigración ilegal, y la incidencia que tienen sobre el derecho al asilo constitucionalmente garantizado en el art. 10.3 CI.

Del mismo modo, la Carta Magna italiana menciona expresamente, hasta en 10 ocasiones (5 en la parte I y 5 en la Parte II), a la seguridad pública, sin dotarla de contenido específico; siendo predicable dicha ausencia de concreción del orden público. Pese a ello, resulta interesante como todas, o casi todas, las limitaciones en materia de inmigración tienen como fundamento ambos conceptos jurídicos indeterminados, sobre todo en cuanto al ejercicio del mencionado derecho de asilo.

De ahí que devenga imprescindible, en este trabajo de investigación, el estudio tanto del derecho de asilo como de los límites de seguridad y orden público.

2.1 Algunos apuntes sobre el derecho de asilo en la Constitución italiana

Resulta innegable que la Constitución italiana está impregnada por la dicotomía entre *status civitatis* y *status personae*. De ahí que frente a los derechos civiles inherentes a toda persona *per se*, encontramos ciertos derechos que se reservan única y exclusivamente a los ciudadanos (*vgr.* derechos políticos). Podría desprenderse, como puso de manifiesto Paolo Carrozza que "a través de la noción jurídica de ciudadanía, cualquiera que sea

7 Para un estudio en profundidad sobre algunos problemas sobre inmigración y derechos fundamentales *vid.* BASCHERINI, G., *Immigrazione e diritti fondamentali. L'esperienza italiana tra storia costituzionale e prospettive europee*, Jovene Editore, Roma año 2007. Pp. 105-107.

el criterio que inspire su regulación, la definición del elemento personal de un determinado Estado-nación se ha basado así históricamente en la exclusión y no en la inclusión: quien no es ciudadano es extranjero, aunque desee, por necesidad o por libre elección, vivir permanentemente en el territorio del país de acogida, y la entrada en la comunidad estatal formada por ciudadanos por parte del extranjero se considera una especie de amenaza al orden establecido (el estatal, fundado en la ciudadanía), por lo que se somete a complejas normas de residencia y a procedimientos aún más laboriosos, que implican pruebas no siempre claras de 'lealtad' o 'integración', a quien pretende acceder a la ciudadanía del país de acogida (la denominada naturalización)"[8].

De lo que podemos extraer, que cuanto menor sea la diferencia entre ambos *status*, mayor será el grado de integración y civilización de la sociedad de un Estado. Si bien es cierto que no somos partidarios de esa concepción, un tanto utópica a nuestro juicio, de la universalización de derechos o ciudadanía

---

8 Traducción propia. Texto original: "Tramite la nozione giuridica di cittadinanza, quale che sia il criterio ispiratore della relativa disciplina, la definizione dell'elemento personale di un determinato Stato-nazione si è dunque storicamente fondata sull'esclusione piuttosto che sull'inclusione: chi non è cittadino è straniero, anche se desidera, per necessità o libera scelta, vivere stabilmente sul territorio del paese ospite, e l'ingresso nella comunità statale formata dai cittadini da parte dello straniero viene considerato una sorta di minaccia dell'ordine stabilito (quello statuale, fondato sulla cittadinanza), sì da essere soggetto a complesse regole per il soggiorno e ancor più faticose e procedure, implicanti non sempre chiare prove di "fedeltà" o di "integrazione", per chi intenda accedere alla cittadinanza del paese ospite (la c.d. naturalizzazione)". CARROZZA, P., "Noi e gli altri. Per una cittadinanza fondata sulla residenza e sull'adesiones ai doveri costituzionali", en BIONDI DAL MONTE, F., ROSSI, E. y VRENNA, M. (Dirs.), *la governance dell'immigrazione. Diritti, politiche e competenze*, Il Mulino, Bolinia, marzo año 2013. P. 36.

universal que parece defender Luigi Ferrajoli[9], ni tampoco de la postura más restrictiva y estatalista de Alessandro Pace[10]– que considera la Constitución como un hecho político y afirma que los derechos inviolables no son sagrados ni naturales – que aboga por la extensión del principio de igualdad y sus garantías a la condición de ciudadano en sentido estricto; al menos sí que nos parece adecuada idea de Paolo Carrozza de considerar que: "ciudadano es todo aquel que reside permanentemente en un país y respeta sus deberes constitucionales, independientemente de su ciudadanía o nacionalidad de origen"[11].

A. Cuestiones previas: arts. 2 y 3 de la Constitución italiana

La Constitución italiana de 1948, en su art. 2, establece que: "La República reconoce y garantiza los derechos inviolables del hombre, tanto como individuo, como en el seno de las formaciones sociales en las que desarrolla su personalidad, y exige el cumplimiento de los deberes inderogables de solidaridad política, económica y social". De este artículo podemos extraer el reconocimiento, por un lado, del derecho al libre desarrollo de la personalidad y, por otro, del derecho a la libre autodeterminación.

---

9 *Vid.* FERRAJOLI, L., *Por una Constitución de la Tierra. La humanidad en la encrucijada*, Editorial Trotta, 2ª Edición, junio año 2023.

10 PACE, A., *Problematica delle libertà costituzionali. Parte generale: Introduzione allo studio dei diritti costituzionali*, CEDAM, 3ª edición, Padova, enero año 2003. Y, más actualizado, PACE, A, "Dai diritti del cittadino ai diritti fondamentali dell'uomo", *Rivista dell'Associazione Italiana dei Costituzionalisti*, n. 00, 2 de julio de 2010. Pp. 1-22.

11 CARROZZA, P., "Noi e gli altri. Per una cittadinanza...". *Cit.* P. 51. Idea que parece ser sostenida por el Tribunal de Justicia de la Unión Europea (*vgr.* STJUE de 8 de marzo 2011: C- 34/09).

En relación con los extranjeros vemos como tales derechos inviolables se reconocen a todas las personas. Y máxime si se pone en relación con el art. 3 CI[12], habida cuenta de que no se puede hablar de libre determinación si no hay igualdad. Del mismo modo, la intangibilidad de la autodeterminación es considerada como una expresión inmediata de la dignidad[13], puesto que el individuo sólo es autónomo en sus propias determinaciones si goza de independencia en la toma de decisiones personales, sin interferencias de terceros públicos o privados[14]. En esta línea, Francesco Belvisi, con gran perspicacia, afirma que: "El reconocimiento de los derechos y de la dignidad de la persona puede ser también definido por el notorio binomio de la "igual consideración y respeto", entendido como principio contrario a la discriminación. La misma consiste –según cuanto recita el art. 3 Const. – en hacer "*distinzione di sesso, di razza, di lingua, di religione, di opinioni politiche, di condizioni personali e sociali*": todas ellas características, que son atinentes a la identidad personal y confluyen dentro de una noción más comprensiva de "cultura". Cuando ofendo la identidad de una

---

12 Art. 3 CI: "Tutti i cittadini hanno pari dignità sociale e sono eguali davanti alla legge, senza distinzione di sesso, di razza, di lingua, di religione, di opinioni politiche, di condizioni personali e social. È compito della Repubblica rimuovere gli ostacoli di ordine economico e sociale, che, limitando di fatto la libertà e l'eguaglianza dei cittadini, impediscono il pieno sviluppo della persona umana e l'effettiva partecipazione di tutti i lavoratori all'organizzazione politica, economica e sociale del Paese".

13 Para un estudio reciente sobre dignidad e inmigración *vid.* DIAZ REVORIO, F.J., "De la dignidad a las medidas antidiscriminatorias: reflexiones sobre los derechos de los migrantes", en PORRAS RAMÍREZ, J. M. y REQUENA DE TORRE, M.D. (Coords.), *La inclusión de los migrantes en la Unión Europea y España. Estudio de sus derechos,* Thomson Reuters Aranzadi, año 2021. Pp. 93-118.

14 En esta línea *vid.* MARINI, G., "La giuridificazione della persona. Ideologie e tecniche nei diritti della personalità", *Rivista di Diritto Civile,* n. 3., vol. 52, año 2006. Pp. 359 y ss.

persona, discriminándola, vulnero inmediatamente también su dignidad. Al contrario, reconozco dignidad a una persona, tratándola "*as equal*", esto es, con igual consideración y respecto a su identidad"[15].

La Corte Constitucional italiana, en reiterada jurisprudencia[16], ha reconocido a los extranjeros como sujetos de los que son predicables las garantías del mencionado art. 3 CI; aunque limitadas a los derechos inviolables y con posibilidad de establecer restricciones razonables y proporcionadas a su ejercicio (sobre todo en materia de derechos políticos). Dicha extensión de garantías a los extranjeros supone adicionalmente que el disfrute de los derechos inviolables no puede depender de requisitos censurables como la posesión de recurso económicos suficientes (apartado 2 del art. 3 CI).

La misma línea parece seguir el legislador italiano mediante el reconocimiento de derechos y deberes a los extranjeros en el art. 2 del *Testo unico sull'immigrazione*, a pesar de su cuestionable reciente actuación mediante el Decreto Cutro, que será objeto de análisis con posterioridad.

Adicionalmente al reconocimiento de derechos inviolables, el art. 2 *in fine* CI establece el deber de cumplimiento de deberes constitucionales, y retomando la concepción de ciudadanía de Paolo Carrozza[17] (a la que nos hemos adherido al inicio del presente epígrafe) junto con la idea de que la esencia de la dignidad está constituida por los derechos y deberes, llegamos a la conclusión de que tal mandato es predicable también

---

15 BELVISI, F., "Sociedad multicultural, persona y Constitución: el inmigrante como pariah", *Revista Derechos y libertades*, n. 22, enero año 2010. P. 167.

16 *Vgr.* SSCC 306/2008; 11/2009; 187/2010, 329/2011, entre otras.

17 *Vid.* Nota a pie de p. 10.

de los extranjeros[18]. Y esta línea parece ser la seguida por la jurisprudencia de la Corte Constitucional, en la que poniendo en relación el art. 2 con el art. 52 CI, aboga por un concepto amplio de ciudadanía (similar al que nosotros sostenemos) y hace prevalecer su dimensión constitucional frente a la puramente formal[19].

B. El derecho de asilo

El derecho de asilo está consagrado en el art. 10.3 CI, en virtud del cual: "Todo extranjero al que se impida en su país el ejer-

---

[18] Vid. BELVISI, F., "Sociedad multicultural, persona y Constitución...". Cit.

[19] *Vgr.* SCC 309/2013 (FJ. 6): "No es razonable subordinar la posibilidad de acceder al servicio social voluntario a la posesión de la ciudadanía italiana o de otro Estado de la Unión Europea, ya que se trata de servicios personales prestados espontáneamente en favor de otros individuos o de la colectividad. Tales servicios representan la realización más directa del principio de solidaridad social, para el que la persona está llamada a actuar no por cálculo utilitario o por imposición de una autoridad, y la participación en tales formas de solidaridad debe incluirse entre los valores fundacionales del ordenamiento jurídico, reconocidos, junto con los derechos inviolables del hombre, como fundamento de la convivencia social prefigurada normativamente por el Constituyente". Traducción propia.
Texto original: "È irragionevole subordinare la possibilità di accedere al servizio sociale volontario al possesso della cittadinanza italiana o di altro stato dell'Unione europea, in quanto si tratta di prestazioni personali effettuate spontaneamente a favore di altri individui o della collettività. Tali prestazioni rappresentano la più diretta realizzazione del principio di solidarietà sociale, per il quale la persona è chiamata ad agire non per calcolo utilitaristico o per imposizione di un'autorità, e la partecipazione a tali forme di solidarietà deve essere ricompresa tra i valori fondanti dell'ordinamento giuridico, riconosciuti, insieme ai diritti inviolabili dell'uomo, come base della convivenza sociale normativamente prefigurata dal Costituente".
En la misma línea SCC 119/2015.

cicio efectivo de las libertades democráticas garantizadas por la Constitución italiana tendrá derecho al asilo en el territorio de la República, según las condiciones establecidas por Ley".

Podemos identificar como presupuesto o requisito previo– que permite diferenciar la situación jurídica subjetiva del extranjero solicitante de asilo frente al resto de extranjeros que tengan reconocido un interés legítimo genérico de entrada[20] – la imposibilidad del ejercicio efectivo de las libertades democráticas garantizas en la norma fundamental italiana, en su país de origen. Estamos, por tanto, ante un derecho subjetivo a entrar y residir en el territorio italiano, al menos a efectos de presentación de la solicitud de asilo, que se reconoce tanto a los extranjeros como a los apátridas[21], siempre y cuando se les impida el ejercicio efectivo de al menos una de las libertades democráticas garantizadas en la Constitución italiana[22]. Cuestión que conlleva que tal derecho puede ejercerse incluso en ausencia de regulación específica al respecto[23].

---

20 En este sentido, la Corte Constitucional italiana, en su Auto 503/1987, estableció que: "un extranjero no tiene, por regla general, un derecho adquirido de entrada y residencia en el Estado y, por lo tanto, las libertades pertinentes bien pueden limitarse para proteger intereses públicos particulares, como la seguridad en el sentido de una vida civil ordenada". Traducción propia.
Texto original: "lo straniero non ha di regola un diritto acquisito di ingresso e di soggiorno nello Stato e pertanto le relative libertà ben possono essere limitate a tutela di particolari interessi pubblici quale quello attienente alla sicurezza intesa come ordinato vivere civile".

21 Aunque existen posiciones en contra del reconocimiento del derecho de asilo a los apátridas: *vgr.* QUADRI, R., "Cittadinanza", en AZAHARA, A (Dir.)., *Novissimo Digesto Italiano. Cat–Cond*, Utet, vol. III, Turín año 1959. Pp 314 y ss.

22 *Vid.* BENVENUTI, M., *Il diritto di asilo nell'ordinamento costituzionale italiano. Un'introduzione*, CEDAM, Roma año 2007. Pp. 50-52.

23 Al respecto *vid.* Sentencias de la Corte de Casación 4674/1997; 907/1999; 25028/2005; entre otras.

En cuanto a la referencia al "ejercicio efectivo", coincidiendo con la perspectiva de Francesca Rescigno[24], supone que el impedimento que legitima el acceso a dicho derecho requiere de una evaluación de la situación individual de cada solicitante, con independencia de la regulación vigente en el país de origen. Es decir, es imprescindible realizar una evaluación "caso por caso", en aras a analizar el impacto de dicho impedimento sobre el individuo, con el fin de evitar la falsa sensación de jerarquía entre las libertades democráticas garantizadas por la Constitución italiana de 1948.

No obstante, cabe mencionar como excepción al presupuesto previo del asilo, como bien apunta Antonio Cassese[25], encontramos la exclusión de aquellos extranjeros cuya persecución sea de legal y por subversión del orden constitucional– según la normativa vigente en su país de origen – siempre y cuando goce de una constitución democrática; puesto a que en caso contrario contravendría lo preceptuado en el art. 10.4 CI.

Como contenido necesario del derecho de asilo del art. 10.3 CI, podemos identificar:[26]

- El derecho del extranjero de solicitar asilo en el territorio italiano.
- El derecho del extranjero de ser admitido o de permanecer en el territorio italiano, al menos al menos para presentar y hacer examinar la solicitud de asilo y, en caso de denegación, hasta el agotamiento de todos los recursos legales contra la misma, aunque el extranjero no cumpla

---

24 RESCIGNO, F., *Il diritto di asilo*, Carocci Editore, año 2011. P. 219.

25 CASSESE, A., "Art. 10-12", en, BRANCA, G., *Commentario della Costituzione*, Bolonia-Roma, año 1975. P. 536.

26 *Vid.* BONETTI, P., "Art. 10", en CLEMENTI, F., CUOCOLO, L., ROSA, F. y VIGEVANI, G.E. (Dirs.), *La Costituzione italiana. Commento articolo per articolo*, Il Mulino, año 2021. Pp. 83 y 83.

o haya dejado de cumplir los requisitos legales generales de entrada o residencia de extranjeros.

- El derecho a residir en el territorio de la República italiana ejerciendo en él aquellas libertades democráticas fundamentales garantizadas por la Constitución italiana que no son estrictamente inherentes al *estatus civitatis* y que, en cambio, se impedían en el país de origen[27].
- El derecho a estar protegido contra el riesgo de ser sometido a cualquier acto hostil por parte de sujetos públicos o privados en el país de origen, lo que implica también la prohibición de ser rechazado o expulsado del territorio italiano, incluida la prohibición de extradición por delitos políticos (art. 10.4 CI.) al menos al Estado en el que no goza de libertades democráticas.
- El derecho de un extranjero a residir en el territorio de la República mientras en el Estado al que pertenece persista algún tipo de impedimento para el ejercicio de una sola de las libertades democráticas garantizadas por la Constitución italiana; en sí misma, por tanto, no puede tratarse de una estancia indefinida, sino de una estancia por un período de tiempo que no puede definirse de antemano, sino que está vinculado a acontecimientos futuros e inciertos que no dependen ni del extranjero acogido ni del Estado de acogida.

Por otra parte, el art. 10. 3 *in fine* CI hace remisión expresa a que por ley se regularán las condiciones de ejercicio del derecho de asilo. En virtud del apartado 2 del art. 10 CI, dicha ley, al regular la condición jurídica de los extranjeros, deberá ser conforme con el Derecho internacional aplicable a la materia.

---

27 *Vid.* SCC 11/1968.

Además, esta reserva de ley no supone que el legislador pueda limitar el derecho de asilo de forma general, sino que le otorga al órgano legislativo la potestad de precisar las modalidades procedimentales y los requisitos subjetivos del solicitante, así como de determinar las condiciones, derechos y obligaciones relativos a la permanencia del solicitante de asilo[28]. Conviene precisar que el poder del legislador ordinario de regular las condiciones sólo es en términos cuantitativos y no cualitativos; pudiendo, única y exclusivamente, introducir un número máximo de entradas de extranjeros, con el fin de proteger bienes constitucionales tales como la seguridad o el orden público[29].

Empero, esta garantía constitucional no comporta la imposibilidad de expulsión del solicitante de asilo, pero siempre reduciéndose a supuestos extremos y nunca al país de origen[30].

Por último, no podemos pasar por alto la posibilidad de que las normas que regulan las condiciones de ejercicio del derecho de asilo prevean distintos tipos de estatus con base en diferentes condiciones previas (distintos tipos de impedimentos para el ejercicio de las libertades constitucionales), incluso en observancia de la legislación internacional aplicable a la materia.

Centrándonos en el ordenamiento jurídico italiano, actualmente, aunque con riesgo de supresión (como veremos con posterioridad cuando abordemos algunas modificaciones introducidas por el denominado Decreto Cutro), existen tres formas o modalidades diferentes que se incluirían dentro del derecho de asilo constitucionalmente protegidol: el *estatus de*

---

28 D'ORAZIO, G., *Lo straniero nella costituzione italiana. Asilo, condizione giuridica, estradizione*, CEDAM, Padova, año 1992. P. 102.

29 BONETTI, P., "Art. 10...". *Cit.* P. 34.

30 *Vid*

refugiado, el *estatus de protección subsidiaria* y *diversas formas de protección humanitaria.*

El primero, el *estatus de refugiado*[31], resultaría predicable de aquellos extranjeros que tengan fundados temores de ser perseguidos por motivos políticos, religiosos, étnicos o sociales (art. 1 Convención de Ginebra sobre el estatuto de los refugiados de 1951).

El segundo, el *estatus de protección subsidiaria*[32], surge fruto de la insuficiencia de cobertura a ciertas situaciones en la Convención de Ginebra. Este *estatus* es aplicable a aquellos extranjeros que tengan fundados temores de ser sometidos a la pena de muerte (prohibición del art. 27 CI y del Protocolo 13 CEDH); o a torturas o tratos inhumanos o degradantes (prohibición de los arts. 13, 25 y 27 CI, y art. 3 CEDH); o violencia generalizada en situaciones de conflicto interno o internacional.

El tercero, *diversas formas de protección humanitaria*, contempla desde el permiso de residencia por tratamiento médico, el permiso de residencia por calamidad, el permiso de residencia para casos especiales, al permiso de residencia de protección especial. Esta última modalidad será objeto de análisis con posterioridad, dado que es sobre la que más negativamente ha incidido el Decreto Cuatro.

---

31 Para un estudio en profundidad sobre la condición de refugiado *vid.* RATHAUS, F., "I refugiati: chi sono?", en HEIN, C. (Dir.), *Rifugiati. Vent'anni di storia del diritto d'asilo in Italia*, Donzelle Editore, año 2010. Pp. 3-19.

32 Para más información sobre el estatus de protección subsidiaria *vid.* ALBANO, S., "La protezione sussidiaria tra minaccia individuale e pericolo generalizzato", *Rivista Questione Giustizia*, n. 2, año 2018. Fecha de última consulta: 22 de mayo 2023. https://www.questionegiustizia.it/rivista/2018-2.php

2.2. ¿La seguridad y el orden público?

Como anticipábamos, resulta una práctica frecuente, la invocación de los conceptos jurídicos indeterminados de seguridad y orden público, para establecer límites o restricciones de derechos fundamentales; siendo especialmente preocupante en materia de inmigración, sobre todo como límite del derecho al asilo.

A. La seguridad pública

En sus orígenes preconstitucionales, dicha seguridad era entendida como la competencia o facultad otorgada a las fuerzas del orden para mantener el orden público, la seguridad ciudadana, la propiedad y el cumplimiento de las normas integrantes del ordenamiento jurídico italiano[33]. Empero, con la entrada en vigor de la Constitución se produjo un cambio de paradigma, adquiriendo distintas acepciones:[34]

- Es un bien constitucionalmente protegido, que no sólo representa una de las necesidades que tiene en cuenta el Constituyente, sino que tiene su propia fisonomía concreta y autónoma respecto a las áreas en las que se le hace remisión. En el año 2001, la Corte Constitucional en su sentencia n. 187, estableció que estamos ante un

---

33 Art. 1 R.D. 773/1931 de 18 de junio, *Approvazione del testo unico delle leggi di pubblica sicurezza*: "L'autorità di pubblica sicurezza veglia al mantenimento dell'ordine pubblico, alla sicurezza dei cittadini, alla loro incolumità e alla tutela della proprietà; cura l'osservanza delle leggi e dei regolamenti generali e speciali dello Stato, delle province e dei comuni, nonché delle ordinanze delle autorità; presta soccorso nel caso di pubblici e privati infortuni".

34 GIUPPONI, T.F., *La sicurezza e le sue "dimensioni"* costituzionali en VIDA, S (Dir.) *Diritti umani. Teorie, analisi, applicazione*, Bolonia año 2008. Pp. 275-301.

bien o valor constitucionalmente protegido, y negó la posibilidad de que, dentro del catálogo de derechos inviolables ex. Art. 2 CI, exista un derecho a que se proteja su propia seguridad frente a los actos punibles como delito, mediante intervenciones de las autoridades judiciales que limiten la libertad personal de los demás.

- Se trata de una competencia estatal, como se desprende del elenco de materias sobre las que el Constituyente italiano de 1948 atribuyó la potestad legislativa exclusiva al Estado (art. 117. 2. D) y h) CI[35]). En el mismo sentido, la sentencia de la Corte Constitucional 77/1987 confirmó el carácter estatal al afirmar que la seguridad pública es una función del Estado "inherente a la prevención de delitos y al mantenimiento del orden público"[36].
- Goza de un plano tanto interno como externo. La Constitución italiana prevé, en la administración de esta, tareas internas como referencias a la seguridad exterior[37].
- Tiene una vertiente individual -garantizando al individuo el disfrute y ejercicio de determinados derechos y libertades, frente a injerencias de terceros públicos o privados[38]

35 Art. 117.2. d) y h) CI: "Lo Stato ha legislazione esclusiva nelle seguenti materie: d) difesa e Forze armate; sicurezza dello Stato; armi, munizioni ed esplosivi; [...] h) ordine pubblico e sicurezza, ad esclusione della polizia amministrativa locale".

36 SCC 77/1987: "[...] la funzione inerente alla prevenzione del crimine e al mantenimento dell'ordine pubblico". En el mismo sentido *vid.* SCC 218/1988.

37 *Vgr.* art. 52.1 CI: "La difesa della Patria è sacro dovere del cittadino".

38 Al respecto la Corte Constitucional italiana puso de manifiesto, en su sentencia 2/1956, que: "[...] hay seguridad cuando un ciudadano puede llevar a cabo su actividad lícita sin verse amenazado por ofensas a su personalidad física y moral: es la "vida civil ordenada", que es sin duda el objetivo de un estado de derecho, libre y democrático". Traducción propia.

– y una vertiente colectiva – constituyéndola como límite explícito al ejercicio de ciertas libertades colectivas, por ejemplo, a la hora de restringir libertades individuales en favor de necesidades de la colectividad.

- Posee una dimensión material habida cuenta de que los valores constitucionales, en un sistema democrático abierto como es el italiano, deben ser respetados tanto desde el punto de vista de los comportamientos externos como de las prácticas concretas.

B. El orden público

Siendo el orden público un concepto jurídico indeterminado, debemos partir de la premisa, recuperando algunas de las perspectivas que caracterizaban a la seguridad pública, de la doble tipificación del significado y contenido de dicho concepto: el orden público material y el orden público ideal[39].

Podemos entender el orden público material como una condición de la paz social, caracterizado por el estrecho vínculo existente con el hecho (material) o con la contingencia. Por lo tanto, podemos afirmar que existiría orden público material en aquellas situaciones no susceptibles de conflicto entre los miembros de un grupo o colectividad social organizada determinada o entre dichos individuos y su ordenamiento jurídico de referencia[40]. En cambio, con orden público ideal se hace

---

Texto original: "[...] sicurezza si ha quando un cittadino può svolgere la sua lecita attività senza essere minacciato da offese alla propria personalità fisica e morale: è l' "ordinato vivere civile", che è indubbiamente la meta di uno Stato di diritto, libero e democratico".

39 LAVAGNA, C., "Il concetto di ordine pubblico alla luce delle norme costituzionali", *Democrazia e Diritto*, año 1967. Pp. 361.

40 PACE, A., "Il concetto di ordine pubblico nella Costituzione italiana", *Archivio Giuridico*, n.165/1, año 1963. P.113.

referencia a la conexión con los principios éticos y sociales que constituyen la base de la denominada "vida civilizada" en un momento histórico determinado. Cuestión que explica la gran capacidad de influencia que dicho bien jurídico tiene en la producción normativa[41].

Centrándonos en el ordenamiento jurídico italiano, con el germen del Estado democrático se reavivó el debate sobre los riesgos que suponía la introducción del orden público como límite de principios, derechos y libertades constitucionales, sobre todo por la experiencia fascistas precedente. Así pues, en sede de Asamblea Constituyente, sobre todo en el debate sobre el art. 16 de la Constitución italiana (antiguo, art. 10. 1 y 2 del Proyecto de Constitución), Palmiro Togliatti expuso la necesidad de limitar la expansión de los poderes de la autoridad pública en detrimento de la libertad, característico del periodo autocrático precedente. En contra posición, Aldo Moro consideraba imprescindible la necesidad de un poder de policía que debía proteger la libertad de los ciudadanos, es decir, la previsión del orden público, aunque ello supusiese la determinación de su contenido y alcance[42].

Otros debates que tuvieron por objeto la cláusula de orden público fueron los relativos al derecho de asociación previsto en el art. 18 de la Constitución italiana (antiguo artículo 13 del Proyecto de Constitución) y al derecho de libertad religiosa consagrado en el art. 19 de la Constitución italiana (antiguo art. 14 del Proyecto de Constitución).

En cuanto a la primera de las discusiones mencionadas, deviene especialmente relevante la mención de Lelio Basso (po-

---

41 LAVAGNA, C., "Il concetto di ordine... *Cit.* P. 365.

42 Al respecto *véase* FALZONE, V., PALERMO, F., CONSENTINO, F., *La Costituzione della Reppublica Italiana,* Colombo in Roma via Campo Marzio, año 1976. Pp. 47 y 48.

nente del citado precepto), en la sesión de 25 de septiembre de 1946, al dictamen del Consejo de Estado sobre el proyecto ley sobre la seguridad pública[43] y, en concreto, la parte relativa al art. 237 que preveía la regulación de la libertad de asociación.

En su dictamen, el Consejo de Estado afirmó que, en lo referente al artículo sobre la libertad de asociación, el proyecto de ley no incluía ninguna referencia a las expresiones "objeto ilícito, contrario a la ley o al orden público o a la moral", ya que la referencia mencionada, de carácter elástico, habría conllevado un amplio margen de discrecionalidad a la autoridad del Estado; viéndose perjudicado el propio derecho a proteger[44].

En relación con el segundo de los debates suscitados, el texto del art. 14 de Proyecto de Constitución relativo a la libertad religiosa y de culto preveía como límites los principios y ritos contrarios al orden público y a la buena costumbre.Al respecto, Walter Binni se opuso a dicha previsión alegando que se trataba de una fórmula peligrosa que facilitaría que se garantizase tal derecho inviolable y supondría una la ampliación desmesura de la facultad discrecional de la autoridad. En la misma línea se pronunció Tito Oro Nobili al considerar que, bajo tal redacción, el límite del orden público era susceptible de manipulación por parte de las fuerzas de policía, quedando a su libre arbitrio.

Sin bien es cierto que se reconocieron otros límites análogos como la seguridad pública objeto de estudio en el párrafo inmediatamente precedente, todos los intentos de previsión constitucional del orden público como límite de los derechos y libertades de los ciudadanos fracasaron. No siendo hasta el año 2001, con la reforma constitucional operada por la Ley

---

43 Conviene precisar que el Proyecto de ley no llegó a prosperar.

44 Al respecto *véase* FALZONE, V., PALERMO, F., CONSENTINO, F., *La Costituzione della... Cit.* pp. 49-51.

constitucional 3/2001 de 18 de octubre, "Modifiche al titolo V parte seconda della Costituzione", cuando se reconoce a nivel constitucional el denominado orden público[45].

Recuperando las tipologías de orden público mencionadas al inicio de este epígrafe, en Italia la doctrina es prácticamente unánime al considerar que el único significado compatible del orden público sería el que se limita a su esencia material, cuyo objetivo es garantizar la seguridad de los ciudadanos. Si bien es cierto que reconocen el posible fundamento constitucional del orden público ideal llegan a la conclusión de que no sería viable desde el punto de vista constitucional[46].

Al respecto la Corte Constitucional italiana ha considerado que estamos ante un bien jurídico de relevancia constitucional capaz de limitar otros bines constitucionalmente garantizados; haciendo especial hincapié en las libertades públicas. En este sentido, un ejemplo de ello es la sentencia 19/1962, afirmó que: "la exigencia de orden público, aunque inspirada en sistemas autoritarios, no es en absoluto ajena ni incompatible con los sistemas democráticos y jurídicos. [...] Puesto que no cabe duda de que, entendido de esta manera, el orden público es un bien inherente al sistema constitucional vigente, no puede dudarse de que el mantenimiento del mismo -en el sentido de la preservación de las estructuras jurídicas de convivencia social, establecidas por la ley, por cualquier intento de modificarlas o de hacerlas inoperantes mediante el uso ilegal o la amenaza de la fuerza- es un objetivo inmanente del sistema constitucional". Estipulando además que: "[...] la tutela constitucional de los

---

45 En concreto en el art. 117.1 h) de la Constitución modificado por el art. 3 de la Ley constitucional 3/2001 de 18 de octubre.

46 En esta línea *véase*: ESPOSITO, C., *La Costituzione italiana*, Editorial Saggi, Padova año 1954. Pp. 50 y ss.; PALADIN, L., *Ordine pubblico*, en *Novissimo Digesto italiano*, vol. XII, Turín año 1965. Pp. 132 y ss.; entre otros.

derechos tiene siempre un límite insuperable garantizado por la Constitución. Esto es tanto más cierto cuando se trata de bienes que- como el orden público- son patrimonio de toda la humanidad"[47].

A nuestro juicio, y aplicado al objeto de este capítulo, tanto la seguridad pública como el orden público son bienes jurídicos análogos que sirven de límite tanto de derechos como de las libertades con el objetivo de prevenir la comisión de hechos tipificados como delitos o que atenten contra funcionamiento normal de un Estado y, por ende, dotar de seguridad a los ciudadanos.

3. LA PROTECCIÓN HUMANITARIA EN RIESGO: ALGUNAS CONSIDERACIONES A RAÍZ DEL DECRETO CUTRO

Debemos partir de la premisa de que con el Decreto Ley 113/2018, de 4 de octubre que fue convertido por la Ley

---

47 Sentencia de la Corte Constitucional 19/1962: "L'esigenza dell'ordine pubblico, per quanto altrimenti ispirata rispetto agli ordinamenti autoritari, non è affatto estranea agli ordinamenti democratici e legalitari, né è incompatibile con essi. [...] Non potendo dubitarsi che, così inteso, l'ordine pubblico è un bene inerente al vigente sistema costituzionale, non può del pari dubitarsi che il mantenimento di esso– nel senso di preservazione delle strutture giuridiche della convivenza sociale, instaurate mediante le leggi, da ogni attentato a modificarle o a renderle inoperanti mediante l'uso o la minaccia illegale della forza–sia finalità immanente del sistema costituzionale". Y, "[…] la tutela costituzionale dei diritti ha sempre un limite insuperabile nella esigenza che attraverso l'esercizio di essi non vengano sacrificati beni, ugualmente garantiti dalla Costituzione. Il che tanto più vale, quando si tratti di beni che–come l'ordine pubblico–sono patrimonio dell'intera collettività". En la misma línea véase: sentencias de la Corte Constitucional 168/1971; 199/1972; 210/1976, entre otras.

132/2018, de 1 de diciembre (el llamado "Decreto Salvini") se suprimió tajantemente el permiso de residencia por razones humanitarias. Afortunadamente, con la entrada en vigor del Decreto Ley de Seguridad 130/2020, de 21 de octubre, convertido en Ley n. 173/2020, de 18 de diciembre, recuperó la protección humanitaria más allá de la circunscrita a los solicitantes de asilo, introduciendo nuevas figuras en el Decreto Legislativo 286/1998 (en adelante, *Testo unico sull'immigrazione*).

De este modo, se introdujeron nuevas formas de permisos de residencia por protección humanitaria que, con posterioridad, podían convertirse en permisos de trabajo. Entre los principales permisos, se encontraban:

El permiso de residencia por tratamiento médico (*permesso di soggiorno per cure mediche*), predicable de aquellos extranjeros que no debían ser expulsados del territorio italiano por encontrarse en grave estado psico-físico o por padecer patologías graves que comportarían un perjuicio significativo para su salud en caso de regreso a su país de origen o procedencia.

- El permiso de residencia para casos especiales (*permesso di soggiorno per casi speciali*), aplicable cuando el extranjero era víctima de violencia o explotación grave y veía peligrar su seguridad/integridad.
- El permiso de residencia por calamidad (*permesso di soggiorno per calamità*), procedente cuando el país al que el extranjero debía regresar se encontraba en una situación de grave calamidad que no le permitía regresar y permanecer en condiciones de seguridad.
- Y, el más novedoso, el permiso de residencia por protección especial (*permesso di soggiorno per protezione speciale*), el cual podía expedirse a un extranjero cuando se cumplían algunas de las siguientes condiciones: a) No podrá ser expulsado ni devuelto a un Estado en el que pueda ser objeto de persecución por motivos de raza, orienta-

ción sexual, identidad de género, lengua, nacionalidad, religión, opinión política o condiciones personales o sociales.

b) Cuando haya motivos razonables para creer que estaría en peligro de ser sometido a tortura o a tratos inhumanos o degradantes, teniendo también en cuenta la existencia de violaciones sistemáticas y graves de los derechos humanos en ese Estado.

c) Cuando existan obligaciones constitucionales (como el derecho de asilo o el peligro de ser juzgado o condenado por delitos políticos cuya extradición esté prohibida por el artículo 10.4 CI, salvo en el caso de delitos de genocidio) o internacionales que impidan denegar la expedición o la renovación o revocación de un permiso de residencia.

d) Si existen motivos razonables/fundados para creer que la expulsión del territorio nacional podría dar lugar a una violación del derecho al respeto de su vida privada y familiar -excepto en el caso de denegación de protección internacional, por haber cometido los delitos graves a los que se refiere el art. 10 párrafo 2 del Decreto Legislativo n. 251/2007 , o constituye un peligro para la seguridad nacional de conformidad con artículo 12 del Decreto Legislativo 251/2007 y casos en virtud del artículo 16 del Decreto Legislativo 251/2007- siempre de conformidad con la Convención de Ginebra y la Carta de Derechos Fundamentales de la Unión Europea.

Este último permiso protege a quienes no pueden regresar a un Estado porque en él se les impide de facto ejercer sus derechos fundamentales o su derecho a la vida privada y familiar garantizados por el art. 8 CEDH y madurado en Italia según el cual es necesario realizar la valoración comparativa de la situación subjetiva y objetiva del solicitante con referencia al país de origen, en comparación con la situación de integración alcanzada en el país de acogida (Sentencia de la Corte de Casación 29459/2019), a fin de verificar si la repatriación puede dar lugar a la privación de la titularidad y ejercicio de derechos humanos, por debajo del núcleo ineliminable, constitutivos del estatuto de la dignidad de la persona, en comparación con la situación de integración alcanzada en el país de acogida (Sentencia de la Corte de Casación 4455/2018)[48].

Sin embargo, con el cambio en el Gobierno y de mayorías en el parlamento italiano a finales del año 2022, el Ejecutivo, aprovechando el *shock* que produjo en la sociedad italiana el desastre del naufragio de inmigrantes que pretendía llegar a Cuatro de forma masiva[49], retrocedió hacia posturas más próximas al Decreto Salvini de 2018, bajo el pretexto de que la seguridad de la República italiana estaba en riesgo.

En esta línea, se promulgó el Decreto Ley 20/2023, de 10 de marzo que se convirtió por Ley 5/2023, de 5 de mayo, que ha supuesto una gran restricción para los derechos de los migrantes, especialmente, para el derecho de asilo consagrado en el art. 10.3 CI. Los principales aberrantes cambios que merecen destacar a los efectos de permisos o formas de protección humanitaria son:[50]

---

48 *Vid.* BONETTI, P., "Art. 10…". *Cit.* P. 83. Para más información sobre el permiso de residencia por protección especial *vid.* BONETTI, P., "Il permesso di soggiorno per protezione speciale dopo il Decreto Legge n. 130/2020: una importante innovazione nel diritto degli stranieri", en Molfetta, M. y Marchetti, C. (Dirs.), *Il diritto d'asilo–Report 2021–Gli ostacoli verso un noi sempre più grande*, Editrice Tau, año 2021. Pp. 245-276.

49 Sobre el naufragio de Cutro *vid.* https://www.repubblica.it/cronaca/2023/03/03/news/naufragio_migranti_crotone_inchiesta-390292216/
Fecha d eúltima consulta: 2 de julio de 2023.

50 Para más información al respecto *vid. https://www.altalex.com/documents/news/2023/05/09/immigrazione-guida-decreto-cutro#p13*

- Se elimina el permiso de protección especial y la correspondiente prohibición de expulsión (art. 19 TUI).
- Se restringe la prohibición de expulsión en caso de "condiciones psicofísicas graves o derivadas de patologías graves", al único caso en que las condiciones de salud deriven de "patologías particularmente graves que no puedan ser tratadas adecuadamente en el país de origen" y elimina la posibilidad de convertir el permiso de residencia expedido para tratamiento médico en permiso de trabajo.
- Se limita la autorización por calamidades a situaciones "contingentes y excepcionales" y ya no sólo a la situación de "catástrofe grave", haciéndola prorrogable sólo por 6 meses y excluyendo la posibilidad de convertirla en una autorización por razones de trabajo.
- Se establece que los permisos de protección especial ya expedidos y actualmente vigentes se renovarán por una sola vez con una duración anual, sin perjuicio de la opción de convertirlos en permisos de trabajo.
- Se introduce un nuevo supuesto de expedición de permiso de residencia para víctimas de violencia doméstica también víctimas del delito de "compulsión o inducción al matrimonio" (art. 558 bis *Codice Penale*).

Como se puede observar, la ultraderecha populista italiana mediante el empleo de políticas del miedo, contra los inmigrantes , como el Decreto Cutro, que restringen con dudosa legitimidad constitucional el derecho al asilo consagrado en el art.10.3 CI, imponen medidas que *a priori* pueden parecer una herramienta contra la inmigración ilegal y las mafias de tráfico, pero que tienen como consecuencia precisamente un

---

Fecha de ultima consulta: 2 de julio de 2023.

aumento de la condición de extranjero ilegal o irregular por la perdida de instrumentos efectivos de protección humanitaria. Y, con ello, no queremos decir que los bienes constitucionalmente reconocidos como la seguridad pública y el orden público no hayan de ser garantizados (ni empleados como límites del derecho de asilo), pero no pueden operar como límite desproporcionado o que atiendan más a finalidades político-electorales que a la salvaguarda de la República italiana.

Bibliografía

ALBANO, S., "La protezione sussidiaria tra minaccia individuale e pericolo generalizzato", *Rivista Questione Giustizia*, n. 2, año 2018.

BASCHERINI, G., *Immigrazione e diritti fondamentali. L'esperienza italiana tra storia costituzionale e prospettive europee*, Jovene Editore, Roma año 2007.

BELVISI, F., "Sociedad multicultural, persona y Constitución: el inmigrante como pariah", *Revista Derechos y libertades*, n. 22, enero año 2010.

BENVENUTI, M., *Il diritto di asilo nell'ordinamento costituzionale italiano. Un'introduzione*, CEDAM, Roma año 2007.

BONETTI, P., "Art. 10…". *Cit.* P. 83. Para más información sobre el permiso de residencia por protección especial *vid.* BONETTI, P., "Il permesso di soggiorno per protezione speciale dopo il Decreto Legge n. 130/2020: una importante innovazione nel diritto degli stranieri", en Molfetta, M. y Marchetti, C. (Dirs.), *Il diritto d'asilo–Report 2021–Gli ostacoli verso un noi sempre più grande*, Editrice Tau, año 2021.

BONETTI, P., "Il permesso di soggiorno per protezione speciale dopo il Decreto Legge n. 130/2020: una importante innovazione nel diritto degli stranieri", en Molfetta, M. y Marchetti, C. (Dirs.), *Il diritto d'asilo–Report 2021–Gli ostacoli verso un noi sempre più grande*, Editrice Tau, año 2021.

CARROZZA, P., "Noi e gli altri. Per una cittadinanza fondata sulla residenza e sull'adesiones ai doveri costituzionali", en BIONDI DAL MONTE, F., ROSSI, E. y VRENNA, M. (Dirs.), *la governance dell'immigrazione. Diritti, politiche e competenze*, Il Mulino, Bolinia, marzo año 2013.

CASSESE, A., "Art. 10-12", en, BRANCA, G., *Commentario della Costituzione*, Bolonia-Roma, año 1975.

DE VEGA GARCÍA, P., "Mundialización y Derecho constitucional: la crisis del principio democrático en el constitucionalismo actual", *Revista de Estudios Políticos (Nueva Época)*, n. 100, abril-junio 1998.

DIAZ REVORIO, F.J., "De la dignidad a las medidas antidiscriminatorias: reflexiones sobre los derechos de los migrantes", en PORRAS RAMÍREZ, J. M. y REQUENA DE TORRE, M.D. (Coords.), *La inclusión de los migrantes en la Unión Europea y España. Estudio de sus derechos,* Thomson Reuters Aranzadi, año 2021.

D'ORAZIO, G., *Lo straniero nella costituzione italiana. Asilo, condizione giuridica, estradizione,* CEDAM, Padova, año 1992.

FAMIGLIETTI, G., "Per una società giusta e inclusiva. I diritti dei migranti nella Costituzione italiana", Ponencia impartida en el Seminario organizado en la Università di Messina, 10 de mayo de 2020.

FERRAJOLI, L., *Por una Constitución de la Tierra. La humanidad en la encrucijada,* Editorial Trotta, 2ª Edición, junio año 2023.

GIUPPONI, T.F., *La sicurezza e le sue "dimensioni"* costituzionali en VIDA, S (Dir.) *Diritti umani. Teorie, analisi, applicazione,* Bolonia año 2008.

https://www.repubblica.it/cronaca/2023/03/03/news/naufragio_migranti_crotone_inchiesta-390292216/

https://www.altalex.com/documents/news/2023/05/09/immigrazione-guida-decreto-cutro#p13

MARINI, G., "La giuridificazione della persona. Ideologie e tecniche nei diritti della personalità", *Rivista di Diritto Civile,* n. 3., vol. 52, año 2006.

PACE, A, "Dai diritti del cittadino ai diritti fondamentali dell'uomo", *Rivista dell'Associazione Italiana dei Costituzionalisti,* n. 00, 2 de julio de 2010.

PACE, A., *Problematica delle libertà costituzionali. Parte generale: Introduzione allo studio dei diritti costituzionali,* CEDAM, 3ª edición, Padova, enero año 2003.

QUADRI, R., "Cittadinanza", en AZAHARA, A (Dir.)., *Novissimo Digesto Italiano. Cat–Cond,* Utet, vol. III, Turín año 1959.

RATHAUS, F., "I refugiati: chi sono?", en HEIN, C. (Dir.), *Rifugiati. Vent'anni di storia del diritto d'asilo in Italia,* Donzelle Editore, año 2010.

RESCIGNO, F., *Il diritto di asilo,* Carocci Editore, año 2011.

RUIZ DORADO, M., *Constitución y Espionaje,* Tirant lo Blanch, Valencia año 2022.

SOLÉ, C. y CACHÓN, L., "Presentación. Globalización e inmigración: los debates actuales", *Revista Española de Investigaciones Sociológicas (Reis)*, n. 116, año 2006.

UGOLINI, F., "Convergenza tra politiche di immigrazione e diritto penale. Alcuni aspetti problematici", *federalismi.it*, n. 3, año 2019.

Capítulo 10.

INMIGRANTES IRREGULARES Y PRIVACIONES DE LIBERTAD: DETENCIÓN E INTERNAMIENTO DE EXTRANJEROS Y DERECHOS FUNDAMENTALES

Mª ELENA REBATO PEÑO
Profesora Titular de Derecho Constitucional UCLM

INTRODUCCIÓN

Las sociedades actuales de nuestros países son sin duda sociedades globales, interraciales, y donde la presencia de ciudadanos no nacionales es un hecho. La inmigración es una realidad y la presencia de inmigrantes irregulares en nuestros países otra, que hace que entre otras medidas se contemple en los ordenamientos jurídicos figuras privativas de libertad que aseguren la devolución a sus países de origen, a aquellos inmigrantes irregulares, a aquellos inmigrantes que se han convertido en irregulares o simplemente a aquellos irregulares que han cometido algún delito cuya sanción supone la expulsión del país en el que residen fácticamente hablando.

Será nuestro objetivo analizar algunas de las privaciones de libertad que sufren los extranjeros en nuestro país, deteniéndonos en profundidad en la detención como medida preventiva previa al internamiento y al internamiento posterior. Ambas medidas,–detención e internamiento- cumplen con la finalidad cautelar de custodiar a aquellos extranjeros mientras se lleva a cabo la sustanciación de su expediente administrativo o expulsión del país.

1. CONSIDERACIONES PREVIAS NECESARIAS

En este trabajo utilizaremos reiteradamente el concepto de inmigrante irregular, aún siendo conscientes de la imprecisión del propio término que no se encuentra definido, ni en la normativa nacional de extranjería, ni tampoco en la europea. Incluso en la Directiva 2008/115/CE, de 16 de diciembre de 2008, relativa a normas y procedimientos comunes en los Estados miembros para el retorno de los nacionales de terceros países en situación irregular (Directiva de retorno, en lo sucesivo), se hace referencia a la situación de irregularidad sin una definición previa de la misma.

No nos detendremos en este punto, por no ser este uno de los pilares de nuestro trabajo, sino que simplemente y como apunte introductorio a la cuestión, haremos nuestra la definición de la Organización Internacional para las Migraciones que define las migraciones irregulares, como "*el movimiento de personas que se desplazan al margen de las normas de los países de origen, de tránsito o de acogida.*"

Según los datos ofrecidos por el Ministerio del Interior, que coinciden con los reflejados por la base de datos statista[1], el número de inmigrantes irregulares que llegaron a España en el año 2022 se ha reducido un 25.6% respecto al año 2021[2]. Sin embargo, seguimos hablando de más de treinta mil inmigrantes que entran en España de forma ilícita, siendo el año 2018, en el que se produjo una mayor presencia como puede verse en el gráfico. Esta tendencia decreciente, se mantiene en los primeros meses de este año 2023[3], siendo el número de inmigrantes irregulares de 7.282, frente a los 11.465 en el mismo periodo en el año 2022[4]. Una reducción en el flujo migratorio de un 36.5% (- 4.183 migrantes), lo cual no significa que la problemática haya desaparecido.

---

1 Inmigración: llegadas legales e ilegales a España 2015-2022 | Statista. Última consulta 15 de mayo de 2023

2 Paradójicamente esta tendencia no es la misma en el ámbito europeo, dado que, según las últimas estadísticas publicadas por la Comisión europea, el cruce ilegal de fronteras en el primer semestre del año 2022 aumentó un 81% respecto al mismo periodo en el año anterior (que también se había incrementado un 58% respecto a 2020). Estadísticas sobre la emigración a Europa. Última consulta 21 de mayo de 2023.

3 A nivel europeo la línea continua en sentido ascendente respecto al cruce de fronteras de forma ilegal, si bien es cierto que las rutas más afectadas por este incremento son las del Mediterráneo oriental y las Balcánicas; no así las del Mediterráneo o África Occidental, que son las que afectan más directamente a España y que por tanto pueden explicar las diferencias entre nuestro país y el continente. Así lo reflejan los datos de FRONTEX Migratory Map (europa.eu). Última consulta 17 de mayo de 2023

4 Datos del Ministerio del Interior. Presentación de PowerPoint (interior.gob.es).Última consulta 20 de mayo de 2023

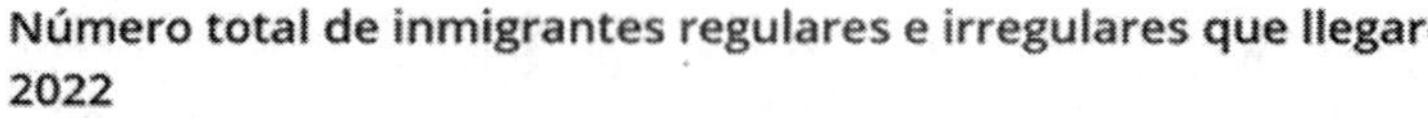

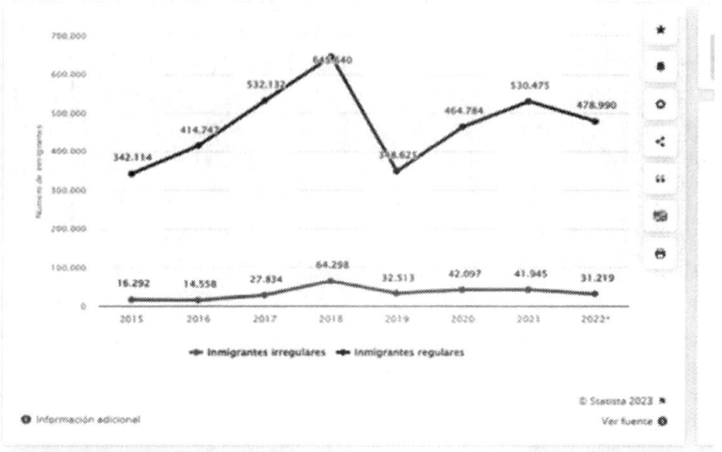

Por otra parte, la obtención de cifras exactas no deja de ser una cuestión compleja pues procede de distintos organismos, sin que sea posible en muchas ocasiones la centralización y organización de los datos. Por ejemplo, en relación al cruce de fronteras en la Unión Europea, los números proceden de la Agencia europea de la guardia de fronteras y costas (FRONTEX). En el ámbito mundial, las cifras las ofrece la Agencia de Naciones Unidas para Refugiados (ACNUR), respecto a las personas que solicitan asilo e incluso son de gran ayuda y ajustadas a la realidad los datos que proporcionan las Organizaciones No Gubernamentales (ONG, en adelante) que trabajan con los migrantes.

La recogida de datos ciertos sobre la migración es fundamental para ayudar a la Unión Europea y a los propios países a adoptar medidas y políticas públicas que se ajusten a las nuevas características y desafíos de la migración (cuyos perfiles varían dependiendo del momento, del origen geográfico y de los motivos del abandono de su país). Así lo pone de manifiesto el Reglamento (UE) 2020/851 del Parlamento Europeo y del

Consejo de 18 de junio de 2020 por el que se modifica el Reglamento (CE) nº 862/2007 sobre las estadísticas comunitarias en el ámbito de la migración y la protección internacional y que señala la necesidad de que los países recojan datos sobre migración y protección internacional con periodicidad inferior a un año. [5]

2. ALGUNAS PRIVACIONES DE LIBERTAD DE LOS EXTRANJEROS EN ESPAÑA

El artículo 17.1 de la Constitución española (CE, en adelante), reconoce el derecho de toda persona a la libertad y a la seguridad y a no ser privado de la misma si no es en los casos y en las formas previstas en la ley. Se consagra, así como derecho fundamental el derecho del que es titular toda persona física a no sufrir injerencias en su ámbito de libertad personal si estas no se encuentran previstas en las leyes o no cuentan con las garantías que la propia Constitución prevé.

Por tanto, todas las privaciones de libertad establecidas en el ordenamiento jurídico español, que exceden de las mencionadas a nivel constitucional (detención y prisión), deben estar expresamente contempladas en la ley, sin que el legislador goce de absoluta libertad a la hora de configurar las mismas, ya que tiene como parámetro ineludible el artículo 5.1 del Convenio Europeo de Derechos Humanos[6], que reproduce un lis-

---

[5] Con el objetivo de hacer efectivo el Reglamento 2020/851 del Parlamento Europeo y del Consejo de 18 de junio de 2020, el Centro Nacional de Inmigración y Fronteras (CENIF), se encuentra inmerso en un proyecto técnico que comenzó en agosto de 2022 y finalizará en 2024.

[6] *1. Toda persona tiene derecho a la libertad y a la seguridad. Nadie puede ser privado de su libertad, salvo en los casos siguientes con arreglo al procedimiento establecido por la Ley:*

tado exhaustivo que tal y como ha declarado el TEDH debe interpretarse de manera restrictiva[7].

---

a) Si ha sido penado legalmente en virtud de una sentencia dictada por un tribunal competente.
b) Si ha sido detenido preventivamente o internado, conforme a derecho por desobediencia a una orden judicial o para asegurar; el cumplimiento de una obligación establecida por la Ley.
c) Si ha sido detenido preventivamente o internado conforme a derecho, para hacerle comparecer ante la autoridad judicial competente, cuando existan indicios racionales de que ha cometido una infracción o cuando se estime necesario para impedirle que cometa una infracción o que huya después de haberla cometido.
d) Si se trata del internamiento de un menor en virtud de una orden legalmente acordada con el fin de vigilar su educación, o de su detención, conforme a derecho, con el fin de hacerle comparecer ante la autoridad competente.
e) Si se trata del internamiento, conforme a derecho, de una persona susceptible de propagar una enfermedad contagiosa, de un enajenado, de un alcohólico, de un toxicómano o de un vagabundo.
f) Si se trata de la detención preventiva o del internamiento conforme a derecho, de una persona para impedir que entre ilegalmente en el territorio contra la que esté en curso un procedimiento de expulsión o extradición.

7 *"El artículo 5.1 que formula una lista limitativa (...) de excepciones que están pidiendo una interpretación estricta. Tampoco concordaría con la finalidad y el objeto de este precepto; garantizar que no se despoje a nadie arbitrariamente de su libertad (...). Dicha opinión desconoce a mayor abundamiento la importancia del derecho a la libertad en una sociedad democrática."* Caso Winterwep (24 de octubre de 1979, párrafo37). En esta misma línea el Caso Engel y otros (STEDH de 8 de junio de 1976). *"(...) la lista de privaciones de libertad que enumera revisten un carácter exhaustivo como testimonian las palabras <<salvo en los siguientes casos >>"* (párrafo 57); y el Caso Irlanda contra el Reino Unido (STEDH de 18 de enero de 1978) *"En su apartado primero, el artículo 5 enumera los casos en los que el Convenio permite que se prive a alguien de su libertad Salvo lo dispuesto en el artículo 15 -y sin perjuicio del artículo 1 del Protocolo número 4 ratificado por el Reino Unido-, la lista tiene naturaleza limitada que se desprende de las palabras << salvo en los casos siguientes >> y que confirma el artículo 17"* (Párrafo 194)

Entre esos supuestos, concretamente en el artículo 5.1.f), se encontraría prevista la detención o internamiento vinculados a la policía de fronteras, y por tanto abriría la puerta a que el legislador incluyera esa limitación de libertad en nuestra legislación, como así hizo desde la primera ley que regulaba los derechos y libertades de los extranjeros en España, la Ley Orgánica 7/1985, de 1 de julio sobre derechos y libertades de los extranjeros en España.

En la misma, concretamente en su artículo 26[8], se preveían dos privaciones de libertad. La primera, una detención preven-

---

[8] **1.** Los extranjeros podrán ser expulsados de España, por resolución del Director de la Seguridad del Estado, cuando incurran en alguno de los supuestos siguientes:
a) Encontrarse ilegalmente en territorio español, por no haber obtenido la prórroga de estancia o, en su caso, el permiso de residencia, cuando fueran exigibles.
b) No haber obtenido permiso de trabajo y encontrarse trabajando, aunque cuente con permiso de residencia válido.
c) Estar implicados en actividades contrarias al orden público o la seguridad interior o exterior del Estado o realizar cualquier tipo de actividades contrarias a los intereses españoles o que puedan perjudicar las relaciones de España con otros países.
d) Haber sido condenados, dentro o fuera de España, por una conducta dolosa que constituya en nuestro país delito sancionado con pena privativa de libertad superior a un año, salvo que sus antecedentes penales hubieran sido cancelados.
e) Incurrir en demora u ocultación dolosa o falsedad grave en la obligación de poner en conocimiento del Ministerio del Interior, las circunstancias relativas a su situación, de acuerdo con el artículo 14.
f) Carecer de medios lícitos de vida, ejercer la mendicidad, o desarrollar actividades ilegales.
2. En los supuestos a que se refieren los apartados a), c) y f) del número anterior, se podrá proceder a la detención del extranjero con carácter preventivo o cautelar mientras se sustancia el expediente. La autoridad gubernativa que acuerde tal detención se dirigirá al Juez de Instrucción del lugar en que hubiese sido detenido el extranjero,

tiva cautelar inferior a las setenta y dos horas mientras se sustanciaba el expediente de expulsión del extranjero y la segunda en relación a la posibilidad de decretar el internamiento de un extranjero en centros o locales que no tuvieran carácter penitenciario, en aquellos casos en que el extranjero se encontrara ilegalmente en territorio español, estuviera implicado en actividades contrarias al orden público o seguridad exterior o interior del Estado, careciera de medios lícitos de vida o realizara actividades ilegales.

Como vemos en relación a la privación de libertad de los extranjeros en materia de extranjería, tenemos que distinguir dos figuras fundamentalmente

1. Detención preventiva o cautelar.
2. Internamiento de extranjeros ordenado por resolución judicial para proceder a la ejecución de su expulsión o devolución cuando ésta no hubiera podido realizarse en el plazo de setenta y dos horas.

2.1. La detención cautelar como privación de libertad previa al internamiento

A. Naturaleza jurídica

Ya desde la primera ley de extranjería se avaló la posibilidad como medida cautelar en un procedimiento de expulsión, de

---

en el plazo de setenta y dos horas, interesando el internamiento a su disposición en centros de detención o en locales que no tengan carácter penitenciario. De tal medida se dará cuenta al Consulado o Embajada respectivos y al Ministerio de Asuntos Exteriores. El internamiento no podrá prolongarse por más tiempo del imprescindible para la práctica de la expulsión, sin que pueda exceder de cuarenta días. (…)

que la autoridad gubernativa detuviera al extranjero mientras se encontraba en trámite su expediente[9].

Esta regulación fue recurrida por el Defensor del Pueblo ante el Tribunal Constitucional, aunque en relación no tanto a la detención cautelar sino al internamiento, pero aquel también fue objeto de pronunciamiento en la STC 115/1987. El sumo intérprete de la Constitución afirmó la constitucionalidad de la detención preventiva cautelar (sobre la que en realidad no había ninguna duda), por considerar que esta privación de libertad no vinculada a un procedimiento penal cumplía todas las exigencias constitucionales y convencionales establecidas sobre las mismas: previsión legal, (estaba comprendida en el elenco de privaciones de libertad que reconoce el Convenio en el artículo 5.1. apartado f) y razonabilidad.

Se trataría por tanto de una detención desligada de un procedimiento penal, cuestión esta que no es pacífica en la doctrina desde hace años y que nos lleva a plantearnos si quiera brevemente la naturaleza jurídica de la detención cautelar en el curso de un procedimiento de expulsión y retorno.

Ya hemos señalado en otras publicaciones[10], que tras la afirmación del Tribunal Constitucional en la STC 98/1986, sobre la detención como *"cualquier situación en que la persona se vea impedida u obstaculizada para autodeterminar, por obra de su voluntad, una conducta lícita, de suerte que la detención no es una decisión*

---

9 No haremos referencia aquí a otras situaciones de detención cautelar que puede sufrir el extranjero en nuestro país, como la detención con fines de identificación (art.16.2 Ley Orgánica 4/2015 de Seguridad Ciudadana); o la detención con fines de extradición (art. 8 Ley de Extradición Pasiva 4/1985), por no estar directamente relacionados con las privaciones de libertad de los extranjeros en procesos de extranjería.

10 Por todas, REBATO PEÑO, Mª Elena, *La detención desde la Constitución,* Tirant Lo Blanch, 2006, p. 34 y ss.

que se adopte en el curso de un procedimiento, sino una pura situación fáctica, sin que puedan encontrarse zonas intermedias entre detención y libertad y que siendo admisible teóricamente la detención pueda producirse en el curso de una situación voluntariamente iniciada por la persona" (F.J 4º); sería difícilmente imaginable encontrar privaciones de libertad que no constituyan de facto una detención, pues o se está en libertad o se está privado de ella, es decir detenido. Todo ello además teniendo en cuenta, como había afirmado el Tribunal Constitucional un año antes, que la comisión de un hecho delictivo no es el único título habilitante para el legislador a la hora de establecer privaciones o restricciones de libertad[11].

Se podría admitir así, una definición de detención en sentido estricto y entenderla como *"aquella medida que puede ser adoptada por la autoridad judicial, el Ministerio Fiscal, los particulares y los agentes de las Fuerzas y Cuerpos de Seguridad del Estado consistente en la privación de libertad del sujeto como consecuencia de su vinculación a un hecho delictivo. Se trata por tanto de una detención estrechamente conectada a un eventual proceso penal que podrá surgir o no, por la presunta comisión de un hecho delictivo"*[12]. En la misma línea la STS nº 2356/1993 de 16 de octubre.

Sin embargo y ante la afirmación del propio Tribunal Constitucional en la sentencia 174/1999, de que no toda medida

---

11 *"(…) ni se agota en la modalidad de prisión los supuestos de restricción o privación de libertad, como resulta de una lectura del precepto y de su interpretación (como manda el art. 10.2 de la Constitución) a la luz de los textos internacionales (en lo que ahora interesa, del art. 5 de la Convención Europea), ni sólo la comisión de un hecho delictivo es título para restringir la libertad. La restricción de libertad es un concepto genérico del que una de sus modalidades es la prisión en razón de un hecho punible, como revela, por lo demás, el art. 5 citado, al establecer los supuestos en que el derecho a la libertad se limita, y al enumerar, junto al referido a un hecho delictivo, otros casos en que no rige la regla delito-privación de libertad"* (FJ.3º). STC 178/1985

12 REBATO PEÑO, Mª Elena, *La detención…*. Op.cit. pp. 34 y 35

de compulsión personal constituye detención preventiva[13], consideramos que lo más importante respecto a esta detención cautelar vinculado a los procesos de extranjería sería sí independientemente de considerarse una detención preventiva del artículo 17.2 CE o una privación de libertad incluida en el ámbito del artículo 17.1 CE, le sería de aplicación los derechos y garantías constitucionales que ofrecen los artículos 17.2 , 17.3 y 17.4 CE. Es decir, el tiempo mínimo imprescindible como primer límite para la privación de libertad y en todo caso el máximo de setenta y dos horas sin puesta a disposición judicial; junto al derecho a la información, a la asistencia letrada o el derecho a instar un procedimiento de habeas corpus. Cuestiones estas que dependerán de la propia naturaleza de la privación de libertad, una vez afirmado por el propio Tribunal que pese a que *"el "detenido" al que se refieren estas previsiones constitucionales es, en principio, el afectado por una medida cautelar de privación de libertad de carácter penal (…). (…) ello no significa que las garantías establecidas en los núms. 2 y 3 del art. 17 no deban ser tenidas en cuenta en otros casos de privación de libertad distintos a la detención preventiva"*. STC 341/1993. FºJº 6º

---

13 Como resume acertadamente MARTINEZ PARDO, V.J. *"(..) la STC 147/1999 entiende que las restricciones a la libertad deambulatoria del extranjero sujeto a un expediente de retorno, expulsión o devolución constituyen privaciones de libertad sujetas al canon del artículo 17 CE. Pero esas privaciones de libertad sólo constituyen una forma de detención preventiva de los artículos 17.2 y 3 CE cuando su adopción por las autoridades gubernativas no es la mera ejecución forzosa mediante la compulsión personal del afectado de una orden administrativa de expulsión o devolución. En el caso de que la detención se acuerde por la autoridad administrativa para ejecutar esas órdenes se tratará de una privación de libertad del artículo 17.1 CE derivada de la ejecución forzosa de una resolución administrativa mediante la compulsión física sobre la persona (…)". Detención e internamiento de extranjeros,* Thomson, Aranzadi, 2006, p. 126.

B. Evolución normativa

Esta figura de privación de libertad se ha mantenido desde 1985 hasta la actualidad en la legislación de extranjería sobre derechos y libertades de los extranjeros en España (con la excepción del periodo que estuvo en vigor la LO 4/2000 en su primigenia redacción), contemplándose como medida cautelar en el artículo 61.1 d), para dos supuestos concretos:

1. La detención cautelar por la autoridad gubernativa tras la incoación de un procedimiento sancionador en el que pueda proponerse la expulsión.

La gravedad de las infracciones cometidas por los extranjeros, pueden motivar la adopción por la autoridad gubernativa de esta medida cautelar de privación de libertad, en vez de imponer la sanción de multa (art. 57.1 LO 4/2000, de 11 de enero, sobre derechos y libertades de los extranjeros en España, LOEX en adelante).

Tal y como señala Martínez Pardo será *"el periculum in mora el requisito que va a condicionar que la práctica de la detención sea conforme a derecho, si existe un título de imputación cuando se incoe un expediente de expulsión, solo es posible justificar la medida cautelar o preventiva de detención, evitando la discrecionalidad administrativa, cuando se pretenda asegurar el cumplimiento de la resolución final de dicho expediente administrativo. Cuando el extranjero esté en una situación de la que se desprenda la posibilidad de que se dé a la fuga, o de que se oculte, se dará el presupuesto de periculum in mora justificativo de la detención (…). Para ello deben tenerse en cuenta además de las circunstancias personales, familiares, económicas, laborales y cualquiera otra que haga que presumir la permanencia del extranjero a disposición de la autoridad administrativa".* [14]

---

[14] MARTÍNEZ PARDO, V.J. *Detención e internamiento de extranjeros*, Thomson, Aranzadi, 2006 p. 132

2. Otros supuestos de detención, entre los que se incluirían los siguientes supuestos:

2.a. Incumplimiento de una orden de expulsión, expirado el plazo de cumplimiento voluntario (art. 64.1 LOEX)[15].

El artículo 246 del Real Decreto 557/2011, de 20 de abril por el que sea aprueba el Reglamento de desarrollo de la LO 4/2000 (REX, en adelante), establece que el plazo de cumplimiento voluntario de la expulsión será fijado en la propia resolución y oscilaría entre siete y treinta días después de la notificación de esta, prorrogables bajo determinadas circunstancias[16] y siendo excepcional un plazo inferior a quince días. Una vez transcurrido dicho plazo sin que se produzca el abandono del territorio *"los funcionarios policiales competentes en materia de extranjería procederán a su detención y conducción hasta el puesto de salida por el que haya de hacerse efectiva la expulsión"*

2.b. Devolución de extranjeros en los casos *en "habiendo sido expulsados contravengan la prohibición de entrada en España;* **o**[17] los que pretendan entrar ilegalmente en el país" (art. 58.3 LOEX).

---

15 *"1. Expirado el plazo de cumplimiento voluntario sin que el extranjero haya abandonado el territorio nacional, se procederá a su detención y conducción hasta el puesto de salido por el que se deba hacer efectiva la expulsión. Si la expulsión no se pudiera ejecutar en el plazo de setenta y dos horas, podrá solicitarse la medida de internamiento regulada en los artículos anteriores (...)"*

16 *"246.2. (...) Con carácter previo a su finalización, el plazo de cumplimiento voluntario de la orden de expulsión podrá prorrogarse en atención a las circunstancias que concurran en cada caso concreto, tales como la duración de la estancia, tener a cargo menores escolarizados o la existencia de otros vínculos familiares y sociales.*
En el caso de que el extranjero tenga a cargo menores escolarizados, no procederá la ejecución de la sanción de expulsión hasta la finalización del curso académico salvo que el otro progenitor sea residente en España y pueda hacerse cargo de ellos."

17 La negrilla es nuestra.

En estos supuestos, en los que no es necesario un expediente de expulsión, aun cuando la ley no menciona expresamente la detención, ésta se produce de facto como única medida posible para el cumplimiento de la devolución de los extranjeros en las situaciones mencionadas supra, puesto que tienen que ser trasladados a los puestos establecidos para efectuar la devolución y eso supone ineluctablemente una privación de libertad fáctica.

El Reglamento que desarrolla la ley de extranjería, expresamente indica que en el caso de los extranjeros que pretendan entrar ilegalmente en el país "*las Fuerzas y Cuerpos de Seguridad del Estado encargadas de la custodia de costas y fronteras que hayan interceptado a los extranjeros que pretenden entrar irregularmente en España los conducirán con la mayor brevedad posible a la correspondiente comisaría del Cuerpo Nacional de Policía, para que pueda procederse a su identificación y, en su caso, a su devolución.*" (art. 23.2 REX).

Es en este punto donde cobran especial relevancia los Centros de Atención Temporal de Extranjeros (CATE, en adelante), que pueden definirse como centros de detención inmediatos ante llegadas de inmigrantes, camuflados en razones humanitarias y que carecen de regulación legal en nuestro ordenamiento desde su origen en el año 2018. Se convierten en una prolongación de las dependencias policiales como solución de urgencia y como respuesta a las deficiencias de toda índole que sufrían los inmigrantes, (la mayor parte de ellos en situaciones de vulnerabilidad en el momento de llegada a nuestro país): alojamiento en pabellones en condiciones de hacinamiento, deficiente asistencia sanitaria, etc.

La Secretaría de Estado de Seguridad en la Resolución de 23 de julio de 2018, define a los CATE como "*instalaciones concebidas para realizar las primeras actuaciones en un tiempo máximo de estancia de 72 horas mientras se tramitan las diligencias iniciales de identificación y comprobación de antecedentes para después ser de-*

rivados a CIE o a disposición de las ONG" [18]; o incluso añadimos nosotros antes de ser trasladados a los Centros de Atención, Emergencia y Derivación (CAED, en lo sucesivo[19]), por un periodo máximo de quince días, en aquellos casos en los que no se interna a estos en los CIE y en los que es bastante improbable su deportación.

Al igual que comentábamos en relación a las cifras de la inmigración irregular, tampoco son claras las fechas en las que podemos empezar a hablar de la creación de estos nuevos centros detentivos para inmigrantes. El informe del Defensor del Pueblo como Mecanismo Nacional de Prevención de la Tortura en su informe del año 2018[20], ya hace referencia a la visita realizada a los denominados CATE de San Roque y Motril, realizando recomendaciones a las autoridades para mejorar las

---

18 Iker Barbero define a los CATE como *"centros ubicados en las inmediaciones portuarias donde las personas rescatadas o interceptadas en el mar son desembarcadas directamente a unos recintos vallados, conformados por módulos prefabricados, y donde permanecerán detenidas durante un periodo máximo de 72 horas para que agentes de la Policía Nacional española (y Frontex) procedan a la identificación e investigación policial, y donde determinadas entidades procuran una serie de servicios como la atención médica y acogida (Cruz Roja), información sobre protección internacional (ACNUR/CEAR) y asistencia letrada (los turnos de extranjería de los Colegios de Abogacía)"; en* "Los centros de atención temporal de extranjeros como nuevo modelo de control migratorio: situación actual, (des)regulación jurídica y mecanismos de control de derechos y garantías", *Derechos y libertades,* nº 45, junio 2021, p. 271.

19 Al igual que los CATE, carecen de regulación legal, aunque a diferencia de los primeros pueden enmarcarse dentro de la red pública de centros de migraciones para el *"cumplimiento de fines de integración social"*, que menciona el art. 234 del Real Decreto 557/2011, de 20 de abril, por el que se aprueba el Reglamento de la Ley Orgánica 4/2000, sobre derechos y libertades de los extranjeros en España y su integración social, tras su reforma por Ley Orgánica 2/2009.

20 https://www.defensordelpueblo.es/wp-content/uploads/2020/10/Informe_2018_MNP_accesible.pdf

condiciones de estancia (se sustituyen las 13 tiendas de campaña que servían de alojamiento por módulos prefabricados) o de asistencia letrada que resultaba inidónea por su carácter colectivo, entre otras. Pero independientemente de su denominación, lo que sí es claro es la localización de su origen en la gran afluencia de inmigrantes en el año 2018, cuyo principal cometido como señala BOZA, será *"distinguir entre inmigrantes que pueden ser objeto procedimientos de repatriación y aquellos que no"* [21]; o tratar de *"contener a las personas el tiempo suficiente para proceder a su identificación y solicitar en su caso protección internacional"* [22].

Pese al vacío legal existente en nuestro ordenamiento jurídico gran parte de la doctrina afirma no sólo la oportunidad, sino también la necesidad de estos centros, dado que han aumentado el porcentaje de expulsión en los CIE[23]. Desde la puesta en marcha de estos Centros de Atención Temporal, solo se interna en los CIE, a aquellos extranjeros con cuyos países de origen hay acuerdos que faciliten su deportación (principalmente Marruecos o Argelia). El resto de extranjeros alojados en los CATE, una vez finalizado el plazo máximo de setenta y dos horas, pasarán probablemente a los CAED o quedarán en libertad.

C. Garantías del extranjero detenido preventivamente

1. El límite temporal máximo de setenta y dos horas

El artículo 63 de la LOEX establece el plazo máximo de detención cautelar en cualquiera de los supuestos mencionados

---

21 BOZA MARTÍNEZ, Diego y PÉREZ MEDINA, Devika. "New migrant detention strategies in Spain: short-term assistance centres and internment centres form foreign nationals", *Paix et Securité Internationales, nº 7, 2019, p. 271*

22 BARBERO, Iker en "Los centros de atención…."op.cit. p. 273

23 Así lo acredita BOZA MARTÍNEZ, D, en "New migrant detention…."cit. pp 272 y 273

supra en setenta y dos horas previas a la solicitud de internamiento y/o puesta a disposición judicial. Este límite máximo coincide con el previsto constitucionalmente en el artículo 17.2 CE para los supuestos de detención preventiva. Se trata en cualquier caso de un techo máximo que no debe agotarse salvo que sea estrictamente necesario.

La jurisprudencia constitucional y la del Tribunal Europeo de Derechos Humanos, han establecido que la duración de las privaciones de libertad y restricciones establecidas por el legislador deberán ser idónea, necesarias y proporcionadas a la finalidad que se pretenda con las mismas. En este caso, esta medida cautelar por su vinculación con la inmigración irregular tiene una finalidad específica cual es la expulsión, devolución y/o o rechazo en frontera del extranjero. Por tanto, la duración de la misma debe estar orientada a este propósito.

En el supuesto de incoación del expediente de expulsión, se persigue garantizar la ejecución de la expulsión, al igual que en el caso del incumplimiento de esta medida de forma voluntaria en los plazos previstos para ello. En esto casos, la expulsión del extranjero deberá realizarse de la manera más ágil y rápida posible y en todo caso antes de que finalice el plazo de setenta y dos horas. Si las autoridades constatan que la expulsión no se va a poder llevarse a cabo en este periodo, deberán de forma inmediata poner al detenido a disposición judicial y solicitar la medida de internamiento sin mayor dilación.

Si se trata de devolución o retorno, uno de los múltiples interrogantes que surgen es el lugar en el que debe retenerse al extranjero mientras se efectúa la detención o retorno. El artículo 15 REX, habla de *"instalaciones destinadas al efecto en el puesto fronterizo hasta que, con la mayor brevedad posible, retorne al lugar de procedencia o continúe viaje hacia otro país donde sea admitido"* (art. 15.4). Por tanto, podemos estar hablando de retención en, salas de rechazados en los aeropuertos u otro tipo de instalaciones. En muchas ocasiones y aunque no sea lo más adecuado esta privación de libertad se lleva a cabo en los centros de internamiento de extranjeros. La intención de la misma y por tanto su duración debe estar enfocada a garantizar esa devolución o retorno y debe realizarse de manera inmediata y en todo caso en el plazo máximo de setenta y dos horas [24].

En el caso del rechazo en frontera y sin ánimo de exhaustividad, hemos de llamar la atención sobre la especialidad que supone la presencia de extranjeros en la zona de tránsito o zona de rechazados en el aeropuerto o puesto fronterizo de que se trate, pues en estos casos hay una gran disparidad respecto a las circunstancias de cada uno de los mismos. Así pues, a aquellos extranjeros que presentan su solicitud de asilo o de protección subsidiaria en los puestos fronterizos no les es de aplicación este plazo máximo de setenta y dos horas, pues no se trata realmente de una situación de detención preventiva del art. 17.2 CE, y ya la propia Ley 12/2009, reguladora del derecho de asilo y de protección subsidiaria establece un plazo general para resolución de las solicitudes de cuatro días (arts. 21 y 22), lo cual excede de inicio el plazo máximo de 72 horas previsto constitucionalmente. [25]

---

24 *"El regreso se ejecutará de forma inmediata y, en todo caso, dentro del plazo de 72 horas desde que se hubiese acordado. Si no pudiera ejecutarse dentro de dicho plazo, la autoridad gubernativa o, por delegación de ésta, el responsable del puesto fronterizo habilitado se dirigirá al juez de instrucción para que determine, en su caso, el lugar donde haya de ser internado el extranjero, hasta que llegue el momento del regreso (…)"* Art. 15.3. Real Decreto 557/2011, de 20 de abril, por el que se aprueba el Reglamento de la Ley Orgánica 4/2000, sobre derechos y libertades de los extranjeros en España y su integración social, tras su reforma por Ley Orgánica 2/2009.

25 *"Este Tribunal viene declarando desde la STC 341/1993, FJ 6, que el "detenido" a que se refiere el art. 17.2 CE es, en principio, el afectado por una medida cautelar de privación de libertad de carácter penal; y por lo mismo, el límite máximo de setenta y dos horas no es aplicable cuando la privación de libertad sirve a un fin radicalmente distinto, como es la protección de quien se dice perseguido con simultáneo aseguramiento de que la entrada y estancia de los extranjeros en España se hacen con pleno respeto a la Ley. Ahora bien, desde la misma STC*

2. Otras garantías del Detenido

Ya dijimos que no a todas las detenciones y/o privaciones de libertad le son de aplicación de forma automática las garantías que la Constitución (artículos 17.2; 17.3, 17.4 y 24), y la Ley de Enjuiciamiento Criminal (arts. 520 y ss.) contemplan; ya que habrá que tener en cuenta la propia naturaleza y finalidad de la privación de libertad.

En el supuesto que nos ocupa, a los extranjeros detenidos de forma preventiva les asisten los siguientes derechos, independientemente de que se encuentren en condición de irregularidad en el territorio español.

a. Derecho a la información de los motivos de la detención y de los derechos que le asisten.

Ya el Tribunal Europeo de Derechos Humanos en el Caso Murray contra Reino Unido, de 28 de octubre de 1994, afir-

---

341/1993 también venimos diciendo que del art. 17.2 CE se induce que toda privación de libertad, aun no siendo detención, ha de ser limitada en el tiempo. Este criterio fue reiterado en las SSTC 174/1999, FJ 4, y 179/2000, de 26 de junio, FJ 2, ambas referidas a la expulsión de extranjeros desde la zona de tránsito aeroportuaria. Debe advertirse desde este momento que ese límite temporal frente a toda privación de libertad —distinta de la detención para la persecución penal— no es necesariamente uniforme, sino que ha de adecuarse —por supuesto sin concesiones arbitrarias a las autoridades gubernativas— a las finalidades que en cada caso persigue la privación de libertad. Pues bien, ninguna duda hay sobre los límites temporales que el art. 5.7.3 LDA fija a la permanencia o espera de los peticionarios de asilo en "dependencias adecuadas": hasta cuatro días y, en caso de que se pida el reexamen de una solicitud inadmitida a trámite, hasta dos días más. Tampoco hay duda alguna sobre el carácter máximo de esos plazos y sobre la consecuencia (supuesto que no se dicte denegación expresa) que sigue a su cumplimiento: el derecho a entrar provisionalmente en España, más allá de las "dependencias adecuadas" del puesto fronterizo y sin más límite que las posibles restricciones en la fijación de residencia que prevé el art. 4.3 LDA. De lo expuesto hasta aquí resulta que la supuesta privación de libertad del art. 5.7.3 LDA tiene límites temporales claramente definidos. "

maba que el derecho a ser informado de las razones de su detención es *"una garantía elemental: toda persona detenida debe saber por qué"*. Esta garantía constitucional, también se encuentra contemplada en el art. 5.2 del CEDH, que añade que esta información deberá proporcionársele de la manera más breve posible y en una lengua que comprenda, lo que implica el uso del intérprete en caso de que sea necesario. El contenido de la información puede modularse en función de las circunstancias del caso, permitiendo que la información que se ofrece al inicio de la detención sea más o menos detallada; pero en todo caso la misma debe ajustarse a la veracidad de la finalidad de la medida privativa. Así lo manifestó el Tribunal Europeo en el caso Conka contra Bélgica de 5 de febrero de 2002, en el que las autoridades belgas conducen a los demandantes a comisaría bajo el pretexto de completar la documentación relativa a su solicitud de asilo. Una vez allí, decretan su prisión provisional. Aunque en este supuesto, el Tribunal Europeo entiende que no puede afirmarse que se vulnere el derecho a ser informado de los motivos de la detención, pues ésta información se ofrece en el momento en que se decreta su detención preventiva en comisaría, si considera *"que no es compatible con el artículo 5 que, en el marco de una operación planificada de expulsión y en el deseo de facilidad y eficacia, la administración decida conscientemente engañar a las personas, incluso en situación ilegal, sobre el fin de una convocatoria, para poder privarles más fácilmente de su libertad"* (párrafo 42).

b. El derecho a la tutela judicial efectiva.

El extranjero detenido preventivamente tendría acceso a los recursos que existiesen en el ámbito del procedimiento administrativo en el que se encontrara inmerso, así como el derecho a la asistencia jurídica que puede ser gratuita en el caso de carecer de recursos económicos suficientes.

La STC 95/2003 declaró inconstitucional la Ley de Asistencia Jurídica Gratuita de 1996, que privaba de este beneficio a los extranjeros que no tuvieran residencia legal en España, recordando que la STC 99/1985, consideró en primer lugar que el derecho a la tutela judicial efectiva era un derecho que correspondía a todas las personas con independencia de su nacionalidad o situación jurídica en el país; y segundo la *"conexión instrumental entre el derecho a la asistencia jurídica gratuita y el derecho a la tutela judicial efectiva"*. Por ende, toda persona que sea titular del derecho a la tutela judicial efectiva lo es también del derecho a la asistencia jurídica gratuita, si cumple los términos previstos para el legislador para este supuesto (art. 22.1 LOEX) *"Dicho de otro modo, la privación por el legislador del derecho a la gratuidad de la justicia a un grupo de personas físicas que reúnan las condiciones económicas previstas con carácter de generalidad para acceder a tal derecho implica una lesión del derecho fundamental a la tutela judicial efectiva al que, de forma instrumental, ha de servir el desarrollo legislativo del art. 119 CE, pues si no se les reconociese el derecho a la gratuidad de la justicia su derecho a la tutela judicial efectiva resultaría meramente teórico y carecería de efectividad"* F.J 4 º

c. Derecho a la asistencia letrada.

El artículo 22.2 LOEX señala los extranjeros *"que se hallen en España tienen derecho a la asistencia letrada en los procedimientos administrativos que puedan llevar a su denegación de entrada, devolución, o expulsión del territorio español (..)"*. En el mismo sentido los artículos los artículos 15 y 23.2 del REX, para el supuesto de aquellos extranjeros a los que se deniegue la entrada en España, por carecer de los requisitos para ello y en el caso de un procedimiento de devolución; o en el de inicio de un procedimiento de expulsión (art.243 REX).

El contenido de la asistencia letrada estará en función del tipo de detención del que hablemos.

d. Derecho a comunicar su detención y lugar de custodia

El artículo 520 de la Ley de Enjuiciamiento Criminal (LeCRim, en adelante) determina que, salvo en supuestos de incomunicación, el detenido tiene derecho a que se comunique a un familiar o a la persona que él indique el hecho de la privación de libertad y su lugar de custodia; así como a comunicarse telefónicamente con la persona de su elección bajo la presencia de un funcionario policial o del fiscal.

En el caso de las detenciones cautelares de extranjeros deberá comunicarse también a las oficinas consulares del país de origen del detenido; y en el supuesto específico de denegación de entrada señala el art. 60.4 LOEX, se añade expresamente que deberá notificarse al Ministerio de Asuntos Exteriores.

e. Derecho a la asistencia médica

Ni la LOEX, ni el Reglamento de la ley de extranjería hacen referencia a este derecho para los supuestos de detención cautelar, no obstante, aplicando analógicamente y por extensión lo previsto en el art. 520 LeCrim, puede inferirse que también como se explicita en el apartado i), el detenido preventivamente tiene derecho a ser reconocido por un médico forense o bien por el médico de la institución en la que se encuentre o por cualquiera dependiente del Estado y de la Administración.

f. Derecho a no declarar, a guardar silencio y a no declararse culpable.

Al igual que en el supuesto anterior, aunque la legislación de extranjería y su reglamento de desarrollo no consideren estos derechos, derivan de lo establecido en líneas generales desde el artículo 520.2. a).[26]

g. Derecho a instar un procedimiento de habeas corpus.

El apartado cuarto del artículo 17 CE, advierte que la ley deberá prever un procedimiento de habeas corpus para la inmediata puesta a disposición judicial del detenido ilegalmente.

---

26 "*2. Derecho a guardar silencio no declarando si no quiere, a no contestar alguna o algunas de las preguntas que le formulen, o a manifestar que sólo declarará ante el juez*"

Se trata de un procedimiento de cognición limitada (centrado únicamente en el análisis de la legalidad de la privación de libertad), antiformalista, dado que puede presentarse por escrito o de forma oral y en el que no es necesario la presencia del abogado o del procurador y ágil dado que debe que se resuelve en el plazo de veinticuatro horas desde la incoación del expediente.

En este caso, deberemos entender el concepto de detención ilegal de manera amplia[27] y por tanto considerar que son personas detenidas ilegalmente, tal y como afirma el artículo 1 de la Ley Orgánica 6/1984 reguladora del procedimiento de habeas corpus:

- Aquellas cuya detención no respete los requisitos establecidos constitucional y legalmente
- Aquellas cuya privación de libertad exceda del plazo establecido en las leyes sin que haya sido puesto a disposición judicial
- Aquellas internadas de forma ilícita.

Como vemos, el legislador no limita los supuestos a las detenciones o privaciones de libertad sin intervención judicial; sin embargo y teniendo en cuenta que la finalidad del procedimiento de habeas corpus no es otra que la inmediata puesta a disposición judicial del privado de libertad ilegal, el Tribunal Constitucional ha afirmado que aquel *"(…) que elige el procedimiento de habeas corpus ha de saber, (…) que se trata de que un Juez del orden jurisdiccional penal o de la jurisdicción militar, examine,*

---

27 Así lo ha manifestado el Tribunal Constitucional en la STC 98/1986 al considerar que *"no es constitucionalmente tolerable que situaciones efectivas de privación de libertad, en las que, de cualquier modo, se impida u obstaculice la autodeterminación de la conducta lícita, queden sustraída a la protección que a la libertad dispensa la Constitución por medio de una indebida restricción del ámbito de las categorías que en ella se emplean"* . FJ. 4º

aunque sea de manera interina, la legalidad de una privación de libertad NO acordada por órganos judiciales" FJ. 3º (STC 194/2001). [28] Por tanto, procederá su interposición en aquellas detenciones como las que aquí se están examinando, dado que se trata de privaciones de libertad ordenadas por la autoridad gubernativa y sin intervención judicial (STC 66/96). Cuestión diferente es su aplicabilidad en el caso de los internamientos.

2.2. El internamiento de inmigrantes irregulares como forma privativa de libertad.

A. Marco normativo del internamiento de extranjeros

El marco normativo de referencia en relación al internamiento de inmigrantes irregulares lo constituyen la Ley Orgánica 4/2000, sobre derechos y libertades de los extranjeros en España; el Real Decreto 162/ 2014, por el que se aprueba el reglamento de funcionamiento y régimen interior de los centros de internamientos de extranjeros, (Reglamento CIE, en lo sucesivo); y la Directiva 2008/115/CE, de 16 de diciembre, relativa a normas y procedimientos comunes en los Estados miembros para el retorno de los nacionales de terceros países en situaciones de irregularidad (en adelante, Directiva de retorno).

Sin perjuicio del parámetro constituido por el artículo 5 del Convenio Europeo de Derechos Humanos, como hemos señalado al inicio de este estudio, en relación al apartado *"1. c) Si ha sido detenido preventivamente o internado conforme a derecho, para hacerle comparecer ante la autoridad judicial competente, cuando existan indicios racionales de que ha cometido una infracción o cuando se*

---

28 Ya discrepamos de esta interpretación en REBATO PEÑO, Mª Elena, La *detención*.... p. 246 y ss.

estime necesario para impedirle que cometa una infracción o que huya después de haberla cometido"; en relación a la detención preventiva y el *f) "Si se trata de la detención preventiva o del internamiento conforme a derecho, de una persona para impedir que entre ilegalmente en el territorio contra la que esté en curso un procedimiento de expulsión o extradición"*, que vamos a ver a continuación.

Según establece la Directiva de retorno (art.15), los Estados miembros podrán internar a los nacionales de terceros países en los casos en que estos sean objeto de un procedimiento de retorno, para preparar el mismo; o bien para materializar la expulsión. Textualmente señala este precepto *"especialmente cuando"*, pero no únicamente, si existe riesgo de fuga o bien el sujeto destinatario de la orden de expulsión, evita o dificulta el mismo[29].

Bajo este paraguas protector, los Estados miembros de la Unión Europea, pueden ordenar el internamiento de extranjeros en centros especializados, que no tengan carácter penitenciario[30] y en el que éstos sólo estén privados del derecho

---

29 Recordemos que el TEDH, ha manifestado en la Sentencia A y otros contra Reino Unido, de 19 de febrero de 2009, que *"El artículo 5.1 f) no exige que la detención de una persona se considere razonablemente necesaria, por ejemplo, para impedir que cometa un delito o se fugue"*. (Párrafo 164). Previamente ya lo había afirmado en la sentencia Chahal contra Reino Unido, de 15 de noviembre de 1999.

30 El artículo 2 del Real Decreto 162/2014, de 14 de marzo, por el que se aprueba el reglamento de funcionamiento y régimen interior de los centros de internamiento de extranjeros , define los Centros de internamiento de extranjeros como *"establecimientos públicos de carácter no penitenciario, dependientes del Ministerio del Interior, destinados a la custodia preventiva y cautelar de extranjeros para garantizar su expulsión, devolución o regreso por las causas y en los términos previstos en la legislación de extranjería, y de los extranjeros que, habiéndoseles sustituido la pena privativa de libertad por la medida de expulsión, el juez o tribunal competente así lo acuerde en aplicación de lo dispuesto por el artículo 89.6 del Código Penal"*.

de libertad personal, con la finalidad de custodiarles preventivamente, mientras se sustancia el expediente administrativo o la ejecución de la expulsión o devolución. Se trata pues de una privación de libertad de carácter provisional que sólo procederá en determinados supuestos, con una finalidad específica y cuya duración deberá ser limitada sin que supere en ningún caso los seis meses, salvo excepciones. [31]

Los CIE, se han revelado como una institución jurídica muy discutida, llegándose a afirmar que se trata de *"lugares de excepción donde el Estado de Derecho está suspendido"*[32]; o incluso auténticos campos de concentración[33]. La razón de la polémica respecto a los mismos radica en que pese a que tal y como señala la

---

31 "*5. El internamiento se mantendrá mientras se cumplan las condiciones establecidas en el apartado 1 y sea necesario para garantizar que la expulsión se lleve a buen término. Cada Estado miembro fijará un periodo limitado de internamiento, que no podrá superar los seis meses.* (…) Este plazo sólo puede prorrogarse *6. (…) por un periodo limitado no superior a doce meses más, con arreglo a la legislación nacional, en los casos en que, pese a haberse desplegado por su parte todos los esfuerzos razonables, pueda presumirse que la operación de expulsión se prolongará debido a: a) la falta de cooperación del nacional de un tercer país de que se trate, o b) demoras en la obtención de terceros países de la documentación necesaria* ". Directiva de retorno

32 FERNÁNDEZ BESA, Cristina. *Los centros de internamiento de extranjeros (CIE).* Iustel, 2021, p. 49

33 *"Si todo lo anterior es cierto, si la esencia del campo de concentración consiste en la materialización del estado de excepción y en la consiguiente creación de un espacio en el que la nuda vida y la norma entran en un umbral de indistinción, tendremos que admitir entonces que nos encontramos en presencia de un Campo cada vez que se crea una estructura de ese tenor independientemente de la entidad de los crímenes que allí se cometan y cualesquiera que sean su denominación o sus peculiaridades topográficas. Tan campo de concentración es pues el estadio de Bari en el que en 1991 la policía italiana amontonó provisionalmente a los emigrantes clandestinos albaneses como el velódromo de invierno en el que las autoridades de Vichy agruparon a los judíos antes de entregarlos a los alemanes". Homo sacer. El poder soberano y la mala vida.* Pre- Textos, Valencia, 1998, pp. 221 y 222.

normativa son centros con carácter no penitenciario, sin embargo, incluyen elementos propios de una institución de control, dado que la seguridad de los mismos estará a cargo del Cuerpo Nacional de Policía quien para mantener el orden interior y exterior en éstos están autorizados a utilizar armas de fuego. Si bien, podrán renunciar a ellas en *"aquellas zonas o espacios en las que razones de seguridad así lo aconsejen"* (art. 11.4 Real Decreto 162/2014, Reglamento CIES). No obstante, y aunque como afirma González Beilfus, esto puede suponer un conflicto con la finalidad y definición de los CIE *"ni el poder reglamentario, ni los tribunales de justicia han considerado que el carácter no penitenciario de los CIE imposibilite desde un punto de vista legal que su régimen interno sea más restrictivo que el de las prisiones ordinarias"* [34]. Así lo ha afirmado categóricamente la STS de 10 de febrero de 2015[35].

---

34 GONZÁLEZ BEILFUS, Markus. "El régimen jurídico de los centros de internamiento de extranjeros: evolución normativa y cuestiones pendientes" en REVENGA SÁNCHEZ, Miguel y FERNÁNDEZ ALLÉS, José Joaquín (Coords.) *Los centros de internamiento de extranjeros. Régimen jurídico tras el Reglamento de 2014 y la STS de 10 de febrero de 2015.* Tirant Lo Blanch, Valencia, 2016, p. 93.

35 La STS de 10 de febrero de 2015, considera que este artículo 11.4 del Reglamento de los Centros es ajustado a derecho porque del hecho *"de que el régimen de los centros de internamiento no tenga carácter penitenciario, con la consecuencia que parece derivarse de ello de que el régimen de internamiento haya de ser menos restrictivo, no deriva -en contra de lo que sostienen las recurrentes- ninguna consecuencia legal concreta en relación con la forma de prestarse el servicio de seguridad. Por un lado, porque el que los miembros de la Policía Nacional lleven sus armas de fuego reglamentarias no supone que deban emplearlas como medio ordinario para mantener la seguridad, sino sólo como medida excepcional y en último término en casos de grave alteración del orden y para asegurar la integridad física propia y de los internos, como por lo demás es la regla general para su uso en cualquier contexto y circunstancia. Por otro lado, porque el Reglamento atribuye la responsabilidad de la seguridad en los centros de internamiento a los miembros del Cuerpo Nacional de Policía, y estos prestan servicio de manera ordinaria -como indica el Abogado del Estado- llevando sus armas de fuego reglamentarias.*

Todo ello sin perjuicio de poner de manifiesto, graves deficiencias en su funcionamiento, como la prolongación de los internamientos a sabiendas de que el cumplimiento de la devolución o expulsión no se va a producir, no reconocimiento del derecho de visitas o asistencia sanitaria no prestada[36], entre otras apreciaciones que aconsejarían plantearse su desaparición o metamorfosis.

En cualquier caso, no consideramos que se esté ante instituciones fuera del Estado de Derecho, ya que al contrario de los anteriormente mencionados CATE, los CIE tienen cobertura legal; si bien el control de su actividad resulta insuficiente y su funcionamiento real muy discutible.

Finalmente, porque en circunstancias extremas siempre habría necesidad de encargar el restablecimiento del orden a las fuerzas de seguridad provistas de sus armas reglamentarias, tal como ocurre en los centros penitenciarios. En definitiva, la previsión que se impugna no parece ser sino la consecuencia de la opción del titular de la potestad reglamentaria de encomendar la seguridad en los centros de internamiento al Cuerpo Nacional de Policía, cuyos miembros actúan de forma ordinaria llevando sus armas de fuego reglamentarias. Y precisamente por ser esa la forma habitual de prestar servicio los miembros del Cuerpo Nacional de Policía se especifica la posibilidad de que cuando así lo permitan o aconsejen razones de seguridad, se pueda acordar que pueda prestarse servicio sin armas de fuego". FJ.4º.

[36] El último informe del Defensor del Pueblo publicado correspondiente a las actuaciones llevadas a cabo en el año 2022 relata las deficiencias encontradas y denunciadas en los CIES y cómo sería recomendable una más amplia asistencia sanitaria entre las que se incluyera, la atención psicológica en este caso para el CIE de Madrid. Defensor del Pueblo- Informe anual 2022. Volumen I. p. 171.

Actualmente existen siete centros de internamiento[37], (CIE, en adelante) con carácter oficial[38] en Algeciras, Barcelona, Madrid, Murcia, Santa Cruz de Tenerife, Las Palmas de Gran Canaria y Valencia; aunque está a punto de finalizarse la construcción del octavo CIE, con una capacidad superior a 500 personas, que intentará paliar las deficiencias que se han revelado sobre estos centros, permitiendo la separación de los internos por sexo, nacionalidad o religión[39].

Tal y como reflejan las últimas estadísticas publicadas por el Servicio jesuita de Migrantes[40] y que tienen carácter oficial por proceder directamente del Ministerio del Interior, el número de personas internadas en los CIE se ha reducido casi en un noventa por ciento respecto a 2009, siendo en la actualidad de 1.841 personas internadas en 2021.

---

37 Temporalmente pueden cerrarse para acometer obras de mejora en sus instalaciones, como en el año 2022 en el que sólo funcionaron cinco centros de internamiento (Murcia y Santa Cruz de Tenerife no estaban operativos por reforma), por los que pasaron 2.082 personas.

38 Ocasionalmente pueden servir a este fin otros centros como terminales aeroportuarias, pabellones, etc.

39 No valoraremos aquí los Centros de Estancia Temporal para inmigrantes (CETI), que constituyen centros de acogida de temporal para inmigrantes que se encuentran en situación irregular en Ceuta y Melilla, con un régimen abierto que les permite mantener su libertad personal en la ciudad autónoma hasta su traslado a la Península o resolución de su expediente.

40 Anexo de cifras: informe CIE 2021–Servicio Jesuita a Migrantes (sjme.org)

Gráfico 1: España. Evolución de la cifra de personas internadas en CIE (2009-2021).

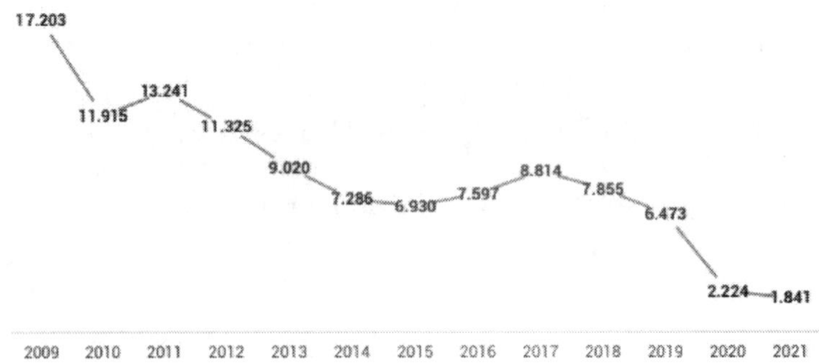

Fuente: Ministerio del Interior.

Este descenso obedece no sólo al impacto de la pandemia por COVID 19, que obligó a cerrar la mayor parte de estos centros de internamiento y cuyos efectos aún perduran, o a la necesidad de reforma de algunos CIE como señala el informe mencionado; sino también a que el automatismo a la hora de decretar el internamiento de extranjeros se ha reducido exponencialmente, examinando con más detalle por parte de los jueces las circunstancias que pueden autorizar estos internamientos. Todo ello unido además a la creación de los CATE es de 2018, que como indicábamos han tenido un papel importante en el decrecimiento del número de inmigrantes en situación de irregularidad que finalmente se trasladan a los CIE.

Pero si bien es cierto que el número de personas internadas tiene una tendencia decreciente, lo cual podría llevarnos a la conclusión de la innecesariedad de estos centros y su sustitución por otro tipo de instituciones donde la afectación de derechos de personas que en su mayoría no han cometido ningún delito, sea menor ; no lo es menos que no se ha mejorado la efectividad de los mismos, dado que el porcentaje de devoluciones que finalmente se efectúan en estos centros sigue siendo bastante desalentador, pues según el gráfico que a continuación se muestra sólo un 48.16% fue expulsado o devuelto desde los CIE[41], un porcentaje algo inferior a los años previos.

Tabla 9: España. Motivos de salida de cada CIE (2021).

Causa de salida del CIE	ALG	BCN	LPA	MAD	MUR	TEN	VLC	Total	%
Expulsión	8	34	266	222	35	27	108	**700**	36,36%
Libertad antes de plazo por imposibilidad de documentar	59	115	68	91	97	46	62	**538**	27,95%
Devolución por violación de prohibición de entrada	0	113	3	16	9	79	7	**227**	11,79%
Salida por orden administrativa o judicial	26	72	4	26	0	46	0	**174**	9,04%
Libertad por orden judicial	7	21	1	42	15	4	21	**111**	5,77%
Libertad por agotamiento plazo internamiento	1	26	9	17	3	20	18	**94**	4,88%
Traslado a otro CIE	32	5	6	0	8	5	1	**57**	2,96%
Ingreso en prisión	0	10	0	1	5	2	4	**22**	1,14%
Fuga	0	0	0	0	0	2	0	**2**	0,10%
Total causas	**133**	**396**	**357**	**415**	**172**	**231**	**221**	**1.925**	**100,00%**

Fuente: Ministerio del Interior.

Ante este panorama, examinemos un poco más en detalle los CIE, el perfil de los inmigrantes irregulares internados en ellas y los derechos que les son atribuidos.

B. La constitucionalidad de la medida privativa de libertad.

Ya indicábamos en el inicio de estas páginas que el internamiento de extranjeros fue una de las medidas privativas de libertad que el legislador introdujo desde el primer momento en las leyes que regulaban los derechos y libertades de los extranjeros en España, concretamente desde la Ley 7/1985, que fue la primera norma al respecto.

En ella, se señalaba la posibilidad de que la autoridad gubernativa se dirigiera al Juez de Instrucción en el plazo de setenta y dos *"interesando el internamiento a su disposición en centros de detención o en locales que no tengan carácter penitenciario"* (art.

---

[41] Anexo de cifras: informe CIE 2021–Servicio Jesuita a Migrantes (sjme.org) .Última consulta 23 de mayo de 2023

26 2 LO 7/1985). Ante esta redacción, el Defensor del Pueblo alegó que se trataba de una privación de libertad impuesta por la autoridad gubernativa, lo cual sería contrario a lo previsto en el artículo 25.3 CE. El Tribunal Constitucional decide realizar una interpretación conforme a la ley y lleva a cabo una relectura de la norma, (al igual que hará años después en la STC 17/2013, en relación a los registros en los centros de internamiento), lo que en nuestra opinión solo sirve de para enmascarar una mala redacción de la ley por su imprecisión y ambigüedad[42].

Según el sumo intérprete constitucional, el internamiento de extranjeros no incumple lo previsto en los artículos 25.3, ni 17.2 de la Constitución española, ya *que "Lo que el precepto legal establece es que el órgano administrativo, en el plazo máximo de setenta y dos horas, ha de solicitar del Juez que autorice el internamiento del extranjero pendiente del trámite de expulsión. El órgano judicial habrá de adoptar libremente su decisión teniendo en cuenta las circunstancias que concurren en el caso, en el bien entendido no las relativas a la decisión de la expulsión en si misma (sobre la que el Juez no ha de pronunciarse en este procedimiento), sino las concernientes, entre otros aspectos, a la causa de expulsión invocada, a la situación legal y personal del extranjero, a la mayor o menor probabilidad de su huida o cualquier otra que el Juez estime relevante para adoptar su decisión"* STC 115/1987, FJº1º.

---

[42] En el voto particular a la STC 17/2013, el Magistrado Perez Tremps señala que el problema es la calidad de la ley que se está sometiendo al enjuiciamiento del Tribunal por la utilización de términos imprecisos, afirmando la *"necesidad de que se regulen las medidas limitativas de derechos fundamentales con un grado de determinación y certeza suficiente para evitar que se genere grave inseguridad o incertidumbre sobre su modo de aplicación efectiva"*. Por tanto, no cabría en este caso interpretación conforme posible, sino que debería haberse declarado inconstitucional la ley.

Por tanto, no se trataba de una medida administrativa, sino de una medida decretada por la autoridad judicial, que ha de ser motivada y que tiene carácter cautelar y excepcional, dado que no es una consecuencia inmediata de la sustanciación de un procedimiento de expulsión, sino que dependerá de otras circunstancias relacionadas con el supuesto. Como tal medida cautelar excepcional tenía una duración máxima establecida que no sería superior a los cuarenta días[43], aunque en la regulación actual este plazo máximo sería de 60 días.

Esta redacción tan ambigua interpretada en el sentido constitucional adecuado por el Tribunal Constitucional, se subsana en las leyes posteriores y actualmente el art. 62 de la LOEX, establece expresamente y de forma literal que será el juez *previa audiencia del interesado y del Ministerio Fiscal mediante auto motivado* quien decreta el internamiento atendiendo a diversas circunstancias que no quedan circunscritas a encontrarse en

---

43 "*Este carácter excepcional, resulta ya del propio art. 26.2 de la Ley Orgánica 7/1985, que aun cuando utiliza el término «imprescindible» sólo respecto a la duración, implícitamente parece dar a entender que ha de ser también imprescindible la propia pérdida de libertad, de modo que no es la sustanciación del expediente de expulsión, sino las propias circunstancias del caso, por razones de seguridad, orden público, etc., las que han de justificar el mantenimiento de esa pérdida de libertad, siendo el Juez, guardián natural de la libertad individual, el que debe controlar esas razones. Este carácter restringido y excepcional de la medida de internamiento se refleja también en la existencia de una duración máxima, de modo que la medida de internamiento no puede exceder, en ningún caso, de cuarenta días, que es también la duración máxima de la prisión preventiva de los extranjeros prevista en el art. 16.4 del Convenio Europeo de Extradición, de 13 de diciembre de 1957, ratificado por España el 21 de abril de 1982 («Boletín Oficial del Estado» de 8 de junio). Dentro de esa duración máxima podrá el Juez autorizar la pérdida de libertad sin perjuicio de que, en el caso de haberse autorizado una duración menor, pueda la autoridad administrativa solicitar de nuevo del órgano judicial la ampliación del internamiento sin superar, claro está, el tiempo máximo fijado en la ley.*" STC 115/1987. FJº.1.

los supuestos previstos en las leyes. No obstante, la Directiva de retorno, continúa manteniendo en su art. 15.2 la posibilidad de que el internamiento sea ordenado por autoridades administrativas. En este último supuesto, sin embargo, los Estados miembros deberán establecer un control judicial *"rápido"* para controlar la legalidad del internamiento; o bien prever un procedimiento para la incoación de un procedimiento que permita un control judicial ágil de la legalidad del mismo. La alusión a este recurso podría reconducirse en el caso español al procedimiento de habeas corpus, si bien como hemos visto en líneas anteriores, el sumo intérprete de la Constitución desde la sentencia 115/1987, afirmó la constitucionalidad del internamiento decretado por autoridad judicial, sin que la detención ordenada por una autoridad administrativa pudiera superar las setenta y dos horas.

En todo caso, la privación de libertad que constituye el internamiento debe tener un carácter excepcional; tener como finalidad la ejecución de la expulsión o el retorno; que la misma se desarrolle en el lugar y con las condiciones previstas para ello y una duración razonable al propósito perseguido, pues lo contrario revelaría una detención o privación de libertad de carácter arbitrario[44].

C. Supuestos

En el caso de España, el internamiento en los centros de extranjeros procederá en los siguientes supuestos (art. 62 LOEX):

1. Incoado un expediente de expulsión por:

   a. Haber sido condenado dentro o fuera de España por delito doloso sancionado en nuestro país con pena

---

[44] Por todas, STEDH Mikolenko contra Estonia, de 8 de octubre de 2009

privativa de libertad superior a un año (art. 57.2 LOEX).

b. Por haber cometido una infracción grave al:

b.1. Encontrarse irregularmente en territorio español (53.1 a) LOEX).

b.2 Incumplimiento de medidas impuestas por razones de seguridad pública, de presentación periódica o de alejamiento de fronteras (art. 53.1.d) LOEX).

b.3. Participación del extranjero en actividades contrarias al orden público que se consideren como graves o muy graves según la Ley Orgánica de Seguridad Ciudadana (art. 53.1.f y 54.1.a).

c. Participación de forma individual o formando parte de una organización que promueva o facilite la inmigración clandestina en territorio español si el hecho constituye delito. (art. 54.1.b) LOEX).

2. Orden judicial de internamiento en los casos en que no se pueda efectuar la devolución de extranjeros interceptados en frontera que pretendan entrar irregularmente en el país; o entrar contraviniendo la prohibición establecida en una orden de expulsión en el plazo de setenta y dos horas (art. 58.6 LOEX).

Según el informe del Servicio Jesuita a Migrantes que venimos examinando, en el año 2021[45], estos fueron los porcentajes de personas internadas en los CIE, según las causas enumeradas supra

---

45 Anexo de cifras: informe CIE 2021–Servicio Jesuita a Migrantes (sjme.org) Última consulta 23 de mayo de 2023

Tabla 5: Personas internadas según las causas clasificadas en grandes bloques (2021).

Personas internadas	2021	%
Por expedientes de devolución	1.306	70,94%
Por órdenes de expulsión	533	28,95%
Por denegaciones de entrada	1	0,05%
Por salida obligatoria	1	0,05%
Total	1.841	100,00%

Fuente: Ministerio del Interior.

El internamiento será decretado por el Juez de Instrucción del lugar de la detención, previa audiencia del interesado y del Ministerio Fiscal, teniendo en cuenta en los expedientes de expulsión (arts. 53.1 a), d) y f); 54. 1 a) y b); y 57.2 LOEX), no sólo el principio de proporcionalidad, sino otras circunstancias *"en especial el riesgo de incomparecencia por carecer de domicilio o de documentación identificativa, las actuaciones del extranjero tendentes a dificultar o evitar la expulsión, así como la existencia de condena o sanciones administrativas previas y otros procesos penales o procedimientos administrativos sancionadores pendientes. Asimismo, en caso de enfermedad grave del extranjero, el juez valorará el riesgo del internamiento para la salud pública o la salud del propio extranjero"* (art. 62.1 LOEX).

La mera incoación por tanto de un procedimiento de expulsión no supone automáticamente que se decrete el internamiento en un CIE; sino que este sólo procede en caso de que sea la medida menos lesiva para los derechos del extranjero para garantizar su retorno. Como señala Martínez Liboreiro[46] el automatismo entre la resolución de los procedimientos sancionadores de extranjería y el internamiento como medida

46 MARTÍNEZ LIBOREIRO, Fernanda. "Derechos de las personas internas en los centros de internamiento de extranjeros: especial referencia a la situación de las mujeres víctimas de trata con fines de explotación sexual" en REVENGA SÁNCHEZ, Miguel y FERNÁNDEZ ALLÉS, José Joaquín (Coords.) *Los centros de internamiento de extranjeros. Régimen jurídico tras el Reglamento de 2014 y la STS de 10 de febrero de 2015*. Tirant Lo Blanch, Valencia, 2016, p. 240

cautelar es una práctica *"a todas luces contraria a la proporcionalidad y excepcionalidad que exigía el Tribunal Constitucional, no siendo una cuestión menor ya que afecta al derecho a la libertad, a la vida privada y familiar de cientos de miles de personas extranjeras que se encuentran en nuestro país cuyos derechos deben ser respetados en condiciones de igualdad"*; debiendo hacer uso de las medidas cautelares que contempla el artículo 61 LOEX entre las que figuran:

- La presentación periódica ante las autoridades competentes
- Residencia obligatoria en un lugar determinado
- Retirada del pasaporte o documentación
- Detención cautelar gubernativa por un periodo máximo de 72 previa a la solicitud de internamiento.
- Internamiento preventivo, previa autorización judicial en los centros de internamiento
- Cualquier otra medida cautelar acordada judicialmente que se estime adecuada y suficiente.
- Suspensión de actividades la prestación de fianzas, avales, o la inmovilización del medio de transporte utilizado, en el caso de sanciones a trasportistas.

Para que el juez de instrucción pueda valorar la opción de imponer otras medidas cautelares, sería imprescindible que la autoridad que interesa el internamiento ante el juez ampliara la información que ofrece al mismo, (circunstancia esta que no se deriva del art. 23 del Reglamento CIE) sobre el arraigo social del inmigrante, su situación familiar, etc.[47]

---

[47] Artículo 23 *Solicitud de internamiento derivada de un expediente administrativo de expulsión, devolución o denegación de entrada*

D. Duración del Internamiento

La duración del internamiento en nuestro país, al igual que ocurre con la detención preventiva ex. art. 17.2 CE, tiene un primer plazo constituido por el tiempo imprescindible para ejecutar el expediente y uno máximo de sesenta días, que como puede observarse se encuentra muy por debajo del plazo límite de la directiva comunitaria, que permite prolongar este plazo hasta los seis meses, e incluso doce meses más, cuando la expulsión se prolongue por *:a) La falta de cooperación del nacional de un tercer país de que se trate; o demoras en la obtención de terceros países de la documentación necesaria* " (art. 15.6 Directiva de retorno).

Estamos por tanto ante un primer plazo que es el que debe regir *"tiempo imprescindible para los fines del expediente"* (arts. 61.2 LOEX y 21.2 Reglamento CIE); o mientras se mantengan las condiciones que motivaron su expulsión (riesgo de fuga o actitud del nacional extranjero dificultando el retorno o la expulsión); o bien *el tiempo necesario para garantizar que la expulsión se lleve a buen término"* (art.15. 5 Directiva). Este tiempo imprescindible no podrá superar en el caso español los sesenta días sin que *"pueda acordarse un nuevo internamiento por cualquiera de las causas previstas en un mismo expediente"* (art. 61.2 LO 4/2000).

-1. La solicitud de ingreso se formalizará de manera motivada ante la autoridad judicial, según lo establecido en la Ley Orgánica 4/2000, de 11 de enero, por el instructor del expediente administrativo.
-2. El instructor que solicite la autorización de internamiento de un extranjero dispondrá su presentación ante el juez de instrucción competente, junto con aquellos documentos que formen parte del expediente o resolución de expulsión, devolución o denegación de entrada.
-3. Asimismo, el instructor aportará al juez certificado de todos los periodos de internamiento en centro o centros por dicho extranjero de los que se tenga constancia, con indicación de los expedientes administrativos de los que derivaron tales medidas cautelares y los juzgados que las acordaron, así como de su resolución.

Es este último aspecto el que provocó una contradicción con lo previsto en el Reglamento en su primera redacción que establecía que *"3. Podrá solicitarse un nuevo internamiento del extranjero, por las mismas causas que determinaron el internamiento anterior, cuando habiendo ingresado con anterioridad no hubiera cumplido el plazo máximo de sesenta días, por el periodo que resta hasta cumplir éste. Igualmente se podrán solicitar nuevos ingresos del extranjero si obedecen a causas diferentes, en este caso por la totalidad del tiempo legalmente establecido" (art. 21.3 Reglamento CIE, en su redacción de marzo de 2014).*

La STS de 10 de febrero de 2015 declara nulo este primer inciso por entrar en contradicción con la literalidad y finalidad lógica del artículo 62.3 LOEX, que no solo señala un plazo máximo para el internamiento decretado, sino que intenta impedir el automatismo de la medida, que se produciría en el caso de que fuera posible sin más ordenar un nuevo internamiento por las mismas causas[48]*, pues quizás en esta segunda ocasión, si bien el fundamento del internamiento se mantiene, no ocurre lo mismo con el resto de circunstancias (riesgo de fuga o no colaboración del no nacional)".*

"En efecto, hay que partir del hecho indiscutible de que la Ley prohíbe de manera taxativa e incondicionada un nuevo internamiento por las mismas causas en un mismo expediente, y lo hace de manera separada al establecimiento del plazo máximo de internamiento. De esta manera, la Ley configura una doble garantía en relación con la medida de internamiento: un plazo máximo de seis meses de internamiento, por un lado, y un solo internamiento en un mismo expediente de expulsión por las mismas causas, por otro. En cuanto a esta segun-

---

48 *"(…) aun siendo posible entender que resulta compatible con los términos literales de la Ley, no deja de ser una completa alteración de la lógica del precepto, que es bien sencilla: acordada una medida cautelar de internamiento en un expediente de expulsión por unas determinadas razones, no puede volverse a acordar de nuevo por dichas mismas razones, sea cual sea el plazo por el que se acordó la medida".* F. Jº 5.

da garantía se trata pues de asegurar que la concurrencia de unas concretas causas sólo da lugar a un internamiento, con independencia del tiempo por el que se acordase el internamiento, seis meses o menos. Y en el caso de que el interno haya de ser puesto en libertad por agotarse el internamiento acordado por el juez -haya sido de seis meses o de menos- y no haber finalizado el expediente de expulsión, o porque habiendo finalizado el mismo no haya podido practicarse la expulsión, no puede acordarse un nuevo internamiento por las mismas razones que llevaron al internamiento ya agotado". FJ.5º

Excluida por tanto la posibilidad de decretar un nuevo internamiento por las mismas causas, sólo cabe un nuevo internamiento si este obedece a causas diferentes y por el tiempo máximo establecido de 60 días; no existiendo en la actualidad cobertura legal en el caso español para poder prorrogar el internamiento hasta 12 meses más, salvo la concatenación de distintos periodos de internamiento motivados por causas dispares.

Pero ¿qué periodo de tiempo es compatible con la exigencia de brevedad que deriva del artículo 5 del CEDH?

El TEDH en el Caso Auad contra Bulgaria, de 11 de octubre de 2011, ha señalado que el Convenio Europeo de Derechos Humanos no contempla plazos máximos y que la duración de la detención o privación de libertad en estos casos dependerá de la legislación nacional del Estado que se trate y de la evaluación de los hechos y circunstancias que rodean al asunto. En este caso, en el que la duración de la detención es de 18 meses (plazo máximo otorgado por la Directiva de retorno en el art. 15.6), al igual que había declarado antes en el caso Mikolenko contra Estonia, de 8 de octubre de 2009, (en el que la duración de la privación de libertad del demandante había sido de tres años y once meses), concluyó que la duración de ambas privaciones de libertad no eran razonables, dado que en el primero de los casos el procedimiento de expulsión no fue llevado a cabo por las autoridades búlgaras con la suficiente diligencia[49]. En el asunto Mikolenko contra Estonia, el Tribunal de Estrasburgo, advierte que la duración de la privación de libertad prevista en el art. 5.1 f) del Convenio sólo se justifica mientras está en curso un procedimiento de expulsión o deportación, siempre y cuando este se desarrolle de forma diligente. No obstante, cuando las autoridades estonas comprueban la práctica imposibilidad para llevar a cabo la expulsión por la falta de colaboración de Rusia, la detención debería haber cesado de forma inmediata y procederse al examen de medidas alternativas.

3. LOS DERECHOS DE LOS EXTRANJEROS EN LOS CIES

La reforma de la LOEX, por la LO 14/2003, supuso solventar algunas deficiencias de la legislación en relación con los CIES y sobre todo con respecto a los derechos y libertades de los extranjeros internados. El primer paso es que el propio artículo 62 bis, de forma expresa reconoce que los inmigrantes internados en los centros no tendrán más limitaciones que las de su libertad ambulatoria, sin perjuicio añadimos nosotros, como posteriormente hizo el Reglamento CIE, de aquellos que deriven de forma directa y sean necesarias *conforme al contenido y la finalidad de la medida judicial de internamiento acordada.* (art. 16.1 Reglamento LOEX). Derechos que se verán ampliados con la trasposición de la Directiva de retorno a través de la reforma a la LOEX por la LO 2/2009 y por el Reglamento CIE.

---

[49] En la misma línea STEDH A y otros contra Reino Unido, de 19 de febrero de 2009 y Chahal contra Reino Unido, de 15 de noviembre de 1999.

3.1. Derecho a la información (arts. 62.bis.1ªa); 62 quater LOEX;16. 2.a y 29 Reglamento CIE).

El internado en el momento de su ingreso deberá ser informado de su situación de la manera más inmediata y precisa posible; así como de los derechos y obligaciones que le asisten, de las normas de funcionamiento y disciplinarias del centro y de los procedimientos a seguir para formular peticiones o quejas.

Este derecho incluía implícitamente la asistencia de un intérprete para que traslade al interno toda la información en un idioma comprensible para ellos, pero el propio Reglamento lo consagra de forma expresa en el apartado j) del art. 16 del Reglamento CIE, acentuando su gratuidad si careciese de medios económicos.

Toda la información le será proporcionada por el centro mediante la entrega de un boletín informativo en el que conste expresamente el derecho a dirigir sus peticiones al juez de control de la estancia, sin que se haga mención expresa a que deba recibir información sobre la posibilidad de solicitar asilo o protección internacional.

En el último informe realizado por la Comisión española de Ayuda al Refugiado (CEAR) en 2022, se denunciaba las dificultades para que desde los CIE se tramitaran solicitudes de protección internacional ya que además del hecho de la desinformación al respecto, la exigencia de presentación de esta solicitud por escrito lo hacía inviable para las personas que no saben leer ni escribir[50].

---

50 En el informe se señala la tendencia decreciente en las solicitudes de protección internacional desde los CIE, que obedecían no sólo a al cierre de los CIE durante la pandemia, sino a las dificultades que los abogados tenían para entrevistarse con tiempo suficiente con los internos o a disponer de un traductor eficaz en estas entrevistas. Informe-Anual-2022.pdf (cear.es)

Aunque no se menciona expresamente ni en la LOEX, ni en el Reglamento CIE, esta información que debe ofrecerse a los internos en el momento inicial de la privación de libertad debería mantenerse a lo largo del internamiento para que los extranjeros puedan ser instruidos sobre el estado en que se encuentra su procedimiento de expulsión o devolución y de las diferentes opciones que se le presentan.

3.2. Derecho al respeto a la vida, integridad física y a la salud (arts. 62 bis 1. B LOEX; y 16.2 b) Reglamento CIE)

El artículo 62.bis.1.b) LOEX indica *"que el extranjero internado tiene derecho a que se vele por el respeto a su vida, integrad física y salud, sin que puedan en ningún caso ser sometidos a tratos degradantes o a malos tratos de palabra o de obra y que sea preservada su dignidad y su intimidad"*. Este mandato legislativo implica acciones de los poderes públicos en dos niveles. El primero para evitar que los extranjeros internados reciban malos tratos físicos y/o psíquicos contrarios a su dignidad como seres humanos. El segundo orientado a la protección para la salud y por tanto con conexión directa al derecho a obtener asistencia médica y sanitaria adecuada. En caso de embarazo, las mujeres tendrán un seguimiento médico especial.

A. El derecho a un trato digno y a no recibir torturas, tratos inhumanos o degradantes o malos tratos físicos o psíquicos.

Las denuncias por malos tratos en los CIE son consustanciales a su propia creación. La Fiscalía, el Defensor del Pueblo, las ONG y los jueces de control de los CIE, denuncian públicamente los malos tratos que se llevan a cabo en estos centros, aunque de forma aislada, y que en muchas ocasiones son justificados en la resistencia que ofrece el propio interno al cumplimiento de las órdenes de los encargados de la seguridad en el centro; a autolesiones o bien a lesiones producidas en altercados violentos entre internados, que se producen dentro de los centros. Los problemas se presentan a la hora de investigar y acreditar esos malos tratos, en parte por las carencias de los informes médicos que constituyen los partes de lesiones y que no se ajustan a los requerimientos que se derivan del Protocolo Estambul en relación a las investigaciones de los malos tratos y torturas con respecto a las personas privadas de libertad[51].

Por ello el Defensor del Pueblo en su condición de MNP, ha sugerido:

- Que los CIE cuenten con un libro de quejas de malos tratos
- Que se instaure un protocolo de tramitación de quejas y denuncias de malos tratos de las personas internadas en los CIE. Estas recomendaciones del Defensor del Pueblo son tenidas en cuentas según señala el Informe del Defensor del Pueblo del año 2022 en una recomendación de los jueces de control del CIE de Madrid en 2022 en el que reafirma la necesidad *"de implantar un protocolo de tramitación de quejas y denuncias de malos tratos;* y *la obligatoriedad de trasladar al juzgado de control a la persona que alegue malos tratos con el fin de garantizar una investigación eficaz (…)"*[52].
- El inicio inminente de investigaciones en el mismo momento en que la dirección tenga conocimiento de que se hayan podido producir malos tratos en el centro.

---

51 Un estudio detallado sobre las denuncias de malos tratos en los CIE puede encontrarse en RÍOS MARTÍN, Juan Carlos. "Garantías jurídicas frente al maltrato en los Centros de Internamiento de Extranjeros, Revista *Crítica Penal y Poder*, nº 18, 2019

52 Informe del Defensor del Pueblo 2022, Defensor del Pueblo- Informe anual 2022. Volumen I, p.168

- Que en los partes de lesiones se detallen con exactitud las lesiones que el paciente presenta y que el facultativo observa y cómo relata aquel que se han producido.

Pese a las deficiencias destacadas no podemos olvidar que el Reglamento CIE, establece una garantía en este ámbito cual es el reconocimiento médico en el ingreso del inmigrante y que serviría para acreditar posibles lesiones que se produzcan a posteriori del ingreso.

No sólo se tiene derecho a presentar quejas y peticiones en el ámbito de los malos tratos, sino también para la defensa en general de sus derechos, de forma que se garantice su anonimato.

B. Derecho a la asistencia médica y sanitaria (arts. 62 bis1.d LOEX; 14, 16.2 e) y f) Reglamento CIE).

Todos los internos en el momento de su ingreso serán sometidos a un examen médico para detectar cualquier padecimiento o enfermedad y adoptar las medidas necesarias para su cuidado, como su ingreso en un centro hospitalario o aislamiento. Previa comunicación al director y puesta en conocimiento del juez será posible la asistencia a una consulta médica o el traslado a un centro hospitalario si el facultativo a cargo del CIE lo estimara conveniente.

Cada CIE debe contar con un servicio de asistencia sanitaria integrado por un médico y al menos un ayudante técnico sanitario o un graduado universitario en enfermería; correspondiendo a la Dirección General de Policía la adecuación de este servicio médico al nivel de ocupación del centro.

El servicio de asistencia médica se encargará también de la atención farmacéutica y de la inspección de los servicios de higiene, informando a la dirección de las medidas a adoptar en relación a:–El estado y preparación de los alimentos;–El aseo e higiene de los internados;–La higiene, calefacción y ventilación de las dependencias; los servicios de control periódico de la salubridad; y de la prevención de epidemias y adopción de medidas de aislamiento de pacientes infecto- contagiosos[53].

El 22 de marzo de 2022, el Defensor del Pueblo emitió una recomendación a la Secretaría de Estado de Migraciones para establecer mecanismos de coordinación entre los servicios médicos de los CIE y los de las instituciones penitenciarias en caso de que los internos procedan de éstas[54].

3.3. Derecho de acceso a los servicios de asistencia social, jurídica y cultural (art. 62.bis.2 LOEX y artículo 15 Reglamento CIE)

En todos los centros se dispondrá de servicios de asistencia social y cultural a los internados, que se orientará *"fundamentalmente a la resolución de los problemas surgidos a los extranjeros internados y, en su caso, a sus familias, como consecuencia de la situación*

---

53 Tal y como se denuncia en el informe del Servicio Jesuita a Migrantes, el aislamiento o separación temporal es una medida que se aplica no solo por razones médicas, sino *"para atajar agresiones entre internos, otras para atajar situaciones conflictivas contra la propia institución… "*. No existe un control de los motivos que justifican el aislamiento, ni de su duración alcanzando en algunos casos los 23 días. TERRITORIO HOSTIL. ANEXO DE CIFRAS (sjme.org) p. 5

54 *"Establecer a través de convenios de colaboración o por medio de cualquier otro instrumento normativo, medidas de coordinación interadministrativa que permitan definir los mecanismos de derivación sanitarios para los supuestos de traslados de internos, desde establecimientos penitenciarios a los centros de internamiento de extranjeros, con el fin de que los servicios médicos del CIE puedan conocer desde el momento de su llegada la historia clínica del paciente y, en su caso, el tratamiento prescrito por los equipos de atención sanitaria primaria o especializada del centro penitenciario de origen"*. Traslados de internos. Madrid. Defensor del Pueblo, fecha de última consulta 21 de mayo de 2023.

de ingreso, en especial a los relacionados con interpretación de lenguas, relaciones familiares con el exterior o tramitar documentos" (art. 15 Reglamento CIE).

3.4. Derecho a la asistencia letrada de oficio o de libre designación y derecho de defensa (arts. 62 bis 1.f) LOEX; 16.2.h) Reglamento CIE)

Al igual que cualquier privado de libertad, el extranjero internado goza del derecho a la asistencia letrada de libre designación o de oficio, así como del derecho a entrevistarse reservadamente con el mismo, incluso fuera del horario establecido en el centro si la situación del caso lo requiriese. Estas comunicaciones se desarrollarán asegurando la confidencialidad de las mismas en las dependencias que a tales efectos existan en los centros. Para garantizar esta asistencia jurídica, se suscribirán acuerdos de colaboración con los colegios de abogados del lugar en el que se encuentre el CIE, con la finalidad de establecer las condiciones de funcionamiento de esta asistencia para los internos que lo soliciten. Pese a estas previsiones legales, el Defensor del Pueblo en su último informe publicado correspondiente el año 2021, sigue denunciando las carencias de la asistencia letrada en estos centros por las dificultades para entrevistarse reservadamente con el letrado, contactar con él o recibir información sobre los derechos que le asisten.

Relacionado con el derecho de defensa y de tutela se encuentra el derecho a presentar quejas y peticiones en defensa de sus derechos e intereses legítimos. Estas peticiones ante los órganos administrativos, judiciales o ante el propio Ministerio Fiscal o el Defensor del Pueblo, deberán consignarse en el registro del centro preservando el anonimato del denunciante ante su destinatario. Su resolución deberá notificarse a los interesados al igual que los recursos que procedan frente a esta y el procedimiento a seguir.

No obstante, lo previsto reglamentariamente, continúa denunciándose el incumplimiento de esta comunicación efectiva tanto de los procedimientos que están al alcance de los internados para formular estas quejas, como de la resolución de las mismas. TOMÉ GARCÍA, critica el hecho de *"sólo se reconozca legitimación para platear peticiones y quejas a los extranjeros internados cuando en nuestra opinión no existen razones de peso por las que deba negarles legitimación también a quienes acrediten un interés legítimo al respecto (abogado del interno, familiares, ONG, organismos internacionales...)"*[55] . Coincidimos con esta afirmación, pues si se ampliara la legitimación prevista en el Reglamento (art. 19), cabría la posibilidad de aumentar la efectividad del derecho y se paliarían las deficiencias apuntadas anteriormente.

3.5. Derecho a mantener comunicación con el exterior (arts. 62 bis 1 g), 62 bis.3 LOEX; y 16.2 g), 42, 43 y 59 Reglamento CIE).

Salvo resolución judicial, los internados tienen derecho a comunicarse con cualquier persona. En el momento de su ingreso, dispondrán de dos llamadas telefónicas gratuitas, siendo una de ellas a su abogado y la otra al familiar o persona de su confianza residente en España que el interno elija. A partir de ese momento el régimen de comunicaciones del extranjero con el exterior se regirá por lo establecido en las normas de régimen interior del CIE, que será quien determine el horario en que los internos pueden hacer uso de los teléfonos públicos del centro para emitir y recibir llamadas. El coste de las mismas corre a cargo del interno, por lo que esto es un elemento más que dificulta que se produzca esta comunicación. Pese a las reclamaciones de las ONG, del Defensor del Pueblo y de algunos jueces de instrucción en su labor de control de los CIE, no se

---

55 TOMÉ GARCÍA, José Antonio. *Internamiento preventivo de extranjeros conforme al nuevo Reglamento de los CIE.* Colex, 2014, p. 272.

ha modificado el Reglamento en el sentido de prever la posibilidad de que los internos hagan uso de sus propios teléfonos móviles, quedando por tanto a criterio de los propios CIE su permisividad o no.

Por otra parte, el interno tiene derecho a comunicar su traslado o ingreso en un CIE a la persona que él designe en España, a su abogado y a la oficina consular de su país.

Los extranjeros internados tendrán derecho a recibir visitas siguiendo las normas establecidas en el propio centro, respecto a los días, duración y espacios en que estas se desarrollan; garantizándose en la medida de lo posible la intimidad de las mismas y sin que puedan ser suspendidas por los funcionarios encargados de la vigilancia de la comunicación, salvo que se incumplan las normas del centro, y dando cuenta de forma inmediata a la dirección para que ésta adopte la resolución que proceda, según se establece en el art. 42.8 Reglamento CIE.[56]

[56] Dicho precepto fue impugnado ante el Tribunal Supremo, que rechazó la existencia de cualquier vicio de legalidad del artículo 48.2 del Real Decreto. "*Así pues, en conclusión, resulta conforme a derecho que una concreta visita o entrevista pueda ser suspendida en caso de incumplimiento de las normas de régimen interior contenidas en el propio Reglamento de los Centros de Internamiento de Extranjeros y en las directrices dictadas por la dirección del centro, si bien sólo cuando ello resulta imprescindible para el restablecimiento del orden y a fin de dar inmediata cuenta a la dirección para que esta adopte la medida que estime procedente. Y debe también señalarse que tanto la suspensión de la comunicación por parte de los funcionarios, como la posterior medida que adopte el director, deben estar presididas por los principios de proporcionalidad y razonabilidad, dado que en todo caso constituyen una restricción de un derecho de un interno (el derecho a las visitas o comunicaciones personales), aunque se trate de una medida de policía sobre una comunicación concreta. Quiere esto decir que la suspensión inmediata y posterior medida del director sólo resultarán procedentes si las mismas resultaban apropiadas y proporcionadas para el restablecimiento del orden en función de la concreta infracción de las normas de régimen interior que se hubiere cometido*".F. J° 6°.

Se les reconoce también el derecho a contactar con organizaciones no gubernamentales y organismos nacionales e internacionales de protección de inmigrantes. Organizaciones que a su vez tienen ex art. 62.bi.3. LOEX, derecho a visitar los centros de internamiento con los requisitos previstos en el art. 59 Reglamento CIE y que tal y como señala la Directiva de retorno (art. 16.4), pueden estar sujetas a autorización previa.

3.6. Derecho al resto de derechos.

Tal y como señalábamos en el inicio de este apartado, los extranjeros internados en los centros siguen siendo titulares de todos los derechos y su ejercicio sólo estará limitado en la medida en que guarde directa relación con la privación de libertad deambulatoria

Derecho a la protección de datos personales (art. 51 Reglamento CIE)

El artículo 51 del Reglamento CIE exige que, en los centros de internamiento, en aras a llevar un control de la actividad en los mismos, existan libros- registro en el que queden plasmadas las entradas y salidas de los internos; sus traslados y desplazamientos; las visitas que reciben; su flujo de correspondencia y las peticiones y quejas que formulen. Todos los datos que figuran esos registros, al igual que los que se consignan en el expediente personal del interno son susceptibles de ser considerados datos personales y por tanto debe limitarse el acceso a los mismos, así como su uso, que no podrá responder a otra finalidad distinta, tal y como señala el art. 17 Reglamento CIE, *"a la de gestionar la situación del sometido a internamiento y a las funciones de vigilancia y control, así como as de seguridad, salubridad y convivencia de todo el personal el centro y de la actividad de los mismos"*. En el caso de que los datos sean relativos a la salud, únicamente podrán acceder a los mismos las personas que lleven a cabo la actividad sanitaria y con la finalidad de garantizar la salubridad del propio interno en particular y del centro en general.

En ningún caso cabe la cesión o tratamiento de los datos obtenidos en este ámbito para fines diferentes a los mencionados.

Derecho a la intimidad (arts. 7.3, 16.2 k) y 42.5 Reglamento CIE)

Garantizar unas condiciones de privación de libertad dignas, implican la obligatoriedad de que desde la dirección de los CIE se procurará garantizar la intimidad de los internos en todos los ámbitos posibles: módulos independientes para permitir la separación por sexos de los internos (art. 7.3 Reglamento CIE); visitas con los familiares (art.42.5 Reglamento) y comunicación con el abogado entre otras.

Vinculado a ese derecho se encuentra también la potestad del extranjero internado a tener en su compañía a sus hijos menores. A tal efecto el Reglamento CIE, en los artículos 7.3 y 16.2. k), preveía esta oportunidad supeditándola en su redacción inicial a la existencia de módulos donde se pudiera garantizar la intimidad de la unidad familiar. Dicha limitación, sin embargo, fue considerada por el Tribunal Supremo en el año 2015, contraría a la Directiva de retorno, que en su artículo 17.2 establecía que *"a las familias internadas en espera de expulsión se les facilitará el alojamiento separado que garantice un grado adecuado de intimidad"*[57]. Todo ello teniendo en cuenta

---

57 Así el Tribunal Supremo consideró en relación al art. 7.3 del RD, que establecía que a las familias internadas se les facilitaría en la medida de lo posible alojamiento separado y el 16.2. k), su incompatibilidad con la imperatividad de la Directiva de retorno; *"(...) Sentado pues el carácter obligatorio que la Directiva da al mandato de que los internos que constituyan una familia deben disfrutar de un alojamiento separado que les*

que la propia Directiva establece que el internamiento de familias con menores debe ser el último recurso a adoptar por las autoridades y el tiempo de privación de libertad debe ser el mínimo posible.

El Tribunal Supremo también tuvo que manifestarse respecto a la previsión que contenía el artículo 55.2 del Reglamento CIE, que permitía que en *"situaciones excepcionales, y cuando sea necesario para garantizar la seguridad del centro o existan motivos racionalmente fundados para creer que el interno pudiera esconder objetos o sustancias prohibidas o no autorizadas, se podrá realizar el registro personal del mismo, incluso con desnudo integral si fuera indispensable, el cual se practicará por funcionarios del mismo sexo que el interno, en lugar cerrado y sin la presencia de otros internos, preservando en todo momento su dignidad e intimidad* ; si bien con autorización previa del director salvo urgencia o extraordinaria necesidad, *en cuyo caso será precisa la autorización del jefe de la unidad de seguridad, comunicándolo de forma inmediata al director".*

En este caso el Tribunal Supremo anula el precepto reproducido entendiendo que no respeta el principio de necesidad y proporcionalidad al establecer como supuestos habilitantes del registro corporal, bien motivos de seguridad o bien que se sospeche que el interno esconda objetos o sustancias prohibidas de forma alternativa y no de manera conjunta como el tribunal entiende que se deriva de la jurisprudencia del Tribunal Constitucional en la sentencia 17/203, en relación al art. 62 quinques[58].

---

asegure su unidad e intimidad, la trasposición efectuada por el Reglamento CIE en los artículos 7.3, segundo párrafo, y el 16.2.k) es incorrecta, puesto que condiciona dicha obligación a la disponibilidad material de módulos adecuados en los centros de internamiento. El artículo 17.2 de la Directiva de Retorno, por el contrario, obliga a los Estados a habilitar instalaciones que permitan el alojamiento separado de las familias internadas".

58 El Tribunal Constitucional entiende que los registros de personas, ropas y enseres que permite el artículo 62 quinques de la LOEX

"Así pues, de conformidad con la doctrina constitucional expuesta, los registros en los centros de internamiento de extranjeros sólo podrían producirse, en el esquema del precepto reglamentario, "en situaciones excepcionales" y cuando resultase "necesario para garantizar la seguridad del centro", respecto de aquellos internos sobre los que existiesen "motivos ra-

---

en el marco de las actuaciones de vigilancia y seguridad interior de los centros sólo son constitucionales y no vulneradoras del derecho a la intimidad personal del artículo 18 CE, en la medida que sean imprescindibles, cuenten con una orden de registro motivada por el centro y sean comunicadas al afectado. *"Así pues, la cuestión radica en determinar qué grado de afectación de su derecho constitucional a la intimidad puede verse justificado en razón de la situación del extranjero, teniendo en cuenta que su internamiento, al consistir en una privación de libertad, debe regirse por el principio de excepcionalidad, sin menoscabo de su configuración como medida cautelar. De esta forma, en su ponderación con el conflicto que se genera en supuestos como el presente con esos otros bienes jurídicos —seguridad y orden del establecimiento— igualmente dignos de protección, la medida ha de encontrarse justificada específicamente en atención a la conducta previa del extranjero internado o a las condiciones del centro y ha de llevarse a cabo utilizando los medios necesarios para procurar una mínima afectación de aquel derecho esencial. En otros términos, dichas medidas han de regirse por los principios de necesidad y proporcionalidad y realizarse de manera que se respete la dignidad y los derechos de los extranjeros internados. Esto último resulta especialmente exigible cuando se trate de medidas, como el registro de personas, que, aun debiendo entenderse como regla general limitado a un simple examen, inspección o reconocimiento, se practican directamente sobre ellas, pues han de emplearse los medios que limiten en menor medida la intimidad de los internados, la cual no debe quedar restringida más allá de lo indispensable (…).* Por tanto, *la medida prevista en el art. 62 quinquies 1 LOEx únicamente podrá adoptarse cuando resulte imprescindible ante concretas situaciones que pongan en riesgo la seguridad del establecimiento, viniendo obligada la Administración a justificar en cada caso la adopción de la medida y su alcance, así como a informar al afectado de la dimensión y la intensidad del registro. Solamente de acuerdo con las condiciones antes razonadas las limitaciones al derecho a la intimidad personal del art. 18 CE derivadas del precepto impugnado resultarán ser proporcionadas, atendiendo a la finalidad de mantenimiento del orden y la seguridad en los centros perseguida, por lo que el art. 62 quinquies 1 LOEx no vulnera el art. 18 CE."* F.Jº. 14

cionalmente fundados para creer que el interno pudiera esconder objetos o sustancias prohibidas o no autorizadas". F. J. 7º.

Derecho a la libertad religiosa (art. 45 Reglamento CIE)

La pluralidad de nacionalidades y por ende de confesiones religiosas que pueden concentrarse en los centros de internamiento conduce lógicamente a que, desde la dirección de los mismos, se garantice la libertad religiosa y se facilita la libertad de culto siempre con las limitaciones propias de los derechos fundamentales del resto de internos, la seguridad y las normas de convivencia del propio centro (art. 45 Reglamento CIE).

4. BREVE REFLEXIÓN FINAL

Tras el análisis del funcionamiento de los Centros de Internamiento de Extranjeros en España y de la situación de los inmigrantes que residen en ellos, podemos concluir estas páginas afirmando la necesidad de una reforma integral de los mismos, o incluso abogar por su desaparición.

Los Estados deben llevar a cabo una política de control de flujos migratorios y nuestro país no puede ser ajeno a esta realidad. Pero esa política de control debe acompañarse de una de integración, en la que juega un papel fundamental el reconocimiento efectivo de los derechos de los extranjeros[59].

Como se ha puesto de manifiesto en esta investigación, tanto el Ministerio Fiscal, como el Defensor del Pueblo, las ONG y

---

59 Así lo pone de manifiesto, GOMEZ FERNÁNDEZ, Itziar. *"La presencia de los grupos de personas de origen extranjero supone un foco de potenciales problemas si no se solventa de manera adecuada su integración, y la integración se articula a través del disfrute de los derechos, de modo que la titularidad de los derechos es el eje que articula el discurso sobre la integración y el diseño de las políticas de integración". El derecho a tener derechos: definición jurisprudencial del estatuto de la persona extranjera.* Aranzadi, Thomson, 2017, p. 67

los jueces de control de los CIE, han sido primero conscientes y luego delatores de cómo los derechos de los que son titulares los extranjeros en situación de irregularidad se quedaban a las puertas de los Centros de Internamientos. Algunas de las carencias denunciadas son:

- Masificación en los centros de internamiento.
- Déficit en la asistencia sanitaria de los centros, sobre todo en el ámbito de la salud mental, cuya atención es especialmente relevante en situaciones de estrés emocional como las que sufre el que está pendiente de un destino incierto.
- Puntos ciegos en los sistemas de videovigilancia que dificultan acreditar violencia o malos tratos dentro de los CIE.
- Inexistencia de módulos independientes para la convivencia familiar.
- Prohibición generalizada del uso de dispositivos móviles personales en el Centro, lo que obstaculiza y a veces impide su comunicación con el exterior al no disponer de medios económicos suficientes
- Mantenimiento del carácter pseudo penitenciario de los propios centros, pese a que la mayor parte de los internados en los CIE no han cometido delito alguno.
- Insuficiente información sobre los procedimientos a seguir o las opciones para solicitar asilo o protección internacional.

El Reglamento de los CIE, no respondió a las expectativas que se tenían sobre él puesto que siguió sin solventar cuestiones como las señaladas supra y que a todas luces hubieran mejorado el funcionamiento de los propios CIE.

Los Centros de Internamiento para extranjeros se han utilizado como una herramienta de lucha contra la inmigración irregular; al tiempo que han servido para enviar un mensaje de calma a la sociedad española, al "controlar en un lugar cerrado" al extranjero ilegal.

En estos momentos, con la experiencia de más de treinta años de funcionamiento de los CIE, creemos que es la ocasión adecuada para que o bien se reforme su regulación de forma que puedan resolverse las carencias manifestadas en los términos aconsejados por jueces, organizaciones de ayuda al inmigrante y Defensor del Pueblo; o bien desaparezcan y sean sustituidos por Centros de Atención Temporal, que han merecido una crítica muy favorable en cuanto a su funcionamiento por parte del Defensor del Pueblo, o por pisos o residencias tuteladas o por la adopción de otras medidas cautelares como la comparecencia periódica del extranjero en dependencias policiales mientras se efectúa su expulsión, entre otras.

No hay sinonimia entre los términos inmigración irregular y delincuencia cometida por inmigrantes, por lo que la permanencia de extranjeros en condiciones de irregularidad durante semanas en centros cerrados y sometidos a una disciplina cuasi carcelaria, con una expectativa incierta de devolución en los plazos previstos, afecta no sólo a su derecho a la libertad personal, sino a su propia dignidad como ser humano.

BIBLIOGRAFÍA

AGAMBEN, G., *Los centros de internamiento de extranjeros (CIE). Una introducción desde las Ciencias Penales.* Iustel, 2021.

BARBERO, I., "Los centros de atención temporal de extranjeros como nuevo modelo de control migratorio: situación actual, (des)regulación jurídica y mecanismos de control de derechos y garantías", *Derechos y libertades,* nº 45, junio 2021.

BOZA MARTÍNEZ, D. y PÉREZ MEDINA, D., "New migrant detention strategies in Spain: short-term assistance centres and internment centres form foreign nationals", *Paix et Securité Internationales,* nº 7, 2019.

FERNÁNDEZ BESA, C., *Los centros de internamiento de extranjeros (CIE)*. Iustel, 2021.

GONZÁLEZ BEILFUS, M., "El régimen jurídico de los centros de internamiento de extranjeros: evolución normativa y cuestiones pendientes" en REVENGA SÁNCHEZ, M. y FERNÁNDEZ ALLÉS, J.J. (Coords.), *Los centros de internamiento de extranjeros. Régimen jurídico tras el Reglamento de 2014 y la STS de 10 de febrero de 2015*. Tirant Lo Blanch, Valencia, 2016.

GÓMEZ FERNÁNDEZ, I., *El derecho a tener derechos: definición jurisprudencial del estatuto de la persona extranjera*. Aranzadi, Thomson, 2017

LEONÉS SALIDO, J.M., *Inmigración irregular y derechos fundamentales: ¿hay límites?* Bosch, 2017.

MARTÍNEZ LIBOREIRO, F., "Derechos de las personas internas en los centros de internamiento de extranjeros: especial referencia a la situación de las mujeres víctimas de trata con fines de explotación sexual" en REVENGA SÁNCHEZ, M. y FERNÁNDEZ ALLÉS, J.J. (Coords.) *Los centros de internamiento de extranjeros. Régimen jurídico tras el Reglamento de 2014 y la STS de 10 de febrero de 2015*. Tirant Lo Blanch, Valencia, 2016.

MARTINEZ PARDO, V.J., *Detención e internamiento de extranjeros*, Thomson, Aranzadi, 2006.

REBATO PEÑO, M.E., *La detención desde la Constitución*, Tirant Lo Blanch, 2006.

REVENGA SÁNCHEZ, M. y FERNÁNDEZ ALLÉS, J.J. (Coords.), *Los centros de internamiento de extranjeros. Régimen jurídico tras el Reglamento de 2014 y la STS de 10 de febrero de 2015*. Tirant Lo Blanch, Valencia, 2016.

RÍOS MARTÍN, J.C., "Garantías jurídicas frente al maltrato en los Centros de Internamiento de Extranjeros", Revista *Crítica Penal y Poder*, nº 18, 2019.

TOMÉ GARCÍA, J.A., *Internamiento preventivo de extranjeros conforme al nuevo Reglamento de los CIE*. Colex, 2014.